Hanna-Maria Schmalenbach

Frausein zur Ehre Gottes

Hanna-Maria Schmalenbach

Frausein zur Ehre Gottes

In jeder Kultur anders?

NEUFELD VERLAG

Das vorliegende Buch wurde ausgezeichnet mit dem George-W.-Peters-Preis des Evangelischen Forums für Mission, Kultur und Religion

Dieses Buch ist auch als E-Book erhältlich:
ISBN 978-3-86256-784-3

Die Deutsche Bibliothek verzeichnet diese Publikation in der Deutschen Nationalbibliografie; detaillierte bibliografische Daten sind im Internet über www.d-nb.de abrufbar

Umschlaggestaltung: spoon design, Olaf Johannson
Umschlagabbildung: Zolotarevs/Shutterstock.com
Satz: Neufeld Verlag
Herstellung: CPI – Clausen & Bosse, Birkstraße 10, 25917 Leck

2., durchgesehene Auflage 2021

ISBN 978-3-86256-168-1, Bestell-Nummer 590 168

Eine erste Auflage dieses Buches erschien 2007 unter dem Titel *Frausein zur Ehre Gottes im Kontext verschiedener Kulturen* im Verlag der Francke-Buchhandlung, Marburg

www.neufeld-verlag.de

Bleiben Sie auf dem Laufenden:
newsletter.neufeld-verlag.de
www.**facebook**.com/NeufeldVerlag
www.neufeld-verlag.de/**blog**

NEUFELD VERLAG

INHALT

4. Frauen in der Geschichte der Kirche

5. Praxis: Ein Biblisches Frauenbild kontextualisieren

VORWORT ZUR ZWEITEN AUFLAGE

Dieses Buch ist ursprünglich nicht für einen öffentlichen Leserkreis entstanden, sondern als missiologische Masterarbeit an der Akademie für Weltmission in Korntal, in der ich für mich selbst und meine Mitarbeiterinnen aus dem indigenen Volk der Tutunakú in Mexiko der Frage nachgehen wollte, was eigentlich Frausein zur Ehre Gottes bedeutet und welche Rolle Kultur dabei spielt.

Gibt es eine göttliche Schöpfungsordnung, in der die Frau in der Ehe und auch in der Gemeinde Jesu Christi dem Mann grundsätzlich untergeordnet ist? Oder ist eine solche Ordnung womöglich ein Kulturphänomen, das sich erst nach dem Bruch zwischen Gott und Mensch in den Völkern der Erde ausgeprägt hat und von Auslegern der Heiligen Schrift als Schöpfungsordnung missverstanden wurde? Solche und ähnliche Fragen begannen mich umzutreiben, als ich im missionsärztlichen Dienst in der Volksgruppe der Tutunakú in Mexiko miterlebte, wie erst im Rahmen der christlichen Lehre eine bewusst hierarchische Geschlechterbeziehung als „biblische Ordnung" eingeführt wurde, die es vorher bei den Tutunakú in dieser Form nicht gegeben hatte, und wie diese dann begabte und aktive Frauen in innere Konflikte brachte zwischen ihrem kulturellen Empfinden und ihrem Wunsch, Gottes Willen zu erkennen und zu tun.

Nach meiner Rückkehr aus Mexiko wurde mir bewusst, dass eine ähnliche Problematik auch viele Christen in Deutschland beschäftigt: Die Gesellschaft hat sich die Gleichberechtigung von Mann und Frau zum Ziel gesetzt, und unter jüngeren Menschen scheint diese auch selbstverständlich im kulturellen Empfinden verankert zu sein. Während viele christliche Kirchen und Gemeinden diese Entwicklung als evangeliumsgemäß begrüßen, bedeutet sie für manche eine besondere Herausforderung. Entsprechend ihrem Verständnis der Heiligen Schrift sehen sie in dieser Entwicklung eine nicht akzeptable Abweichung von der göttlichen Schöpfungsordnung, der sie sich verweigern müssen. Sich in dieser Frage der Heiligen Schrift noch einmal offen zuzuwenden, um das eigene Verständnis des biblischen Frauenbildes erneut an den biblischen Aussagen zu überprüfen, fällt oft schwer. Dabei geht es vor allem um die

Frage, ob eine hierarchische Geschlechterordnung in der Tat der göttlichen Schöpfungsordnung entspricht und deshalb um jeden Preis verteidigt werden muss, oder ob sie als Ausdruck kultureller und sündiger Strukturen verändert werden kann und gar sollte, ohne dem Willen Gottes zuwider zu handeln. Die Klärung dieser Frage greift tief in das evangelische Schriftverständnis konservativer Prägung hinein und wird unter anderem deshalb so kontrovers und leidenschaftlich diskutiert.[1]

An dieser Stelle möchte ich all den engagierten Männern und Frauen danken, die mir in zahllosen Gesprächen den Blick für die Komplexität, Reichweite und auch Emotionalität dieser Thematik geschärft haben und mich mit ihrem großen Interesse zu dieser Arbeit ermutigt haben, obwohl mich die Schwere und Vielschichtigkeit des Themas sowie die eigene Betroffenheit manchmal fast erdrücken wollten.

Meinen Dozenten an der Akademie für Weltmission in Korntal (jetzt *European School of Culture and Theology*) bin ich von Herzen dankbar für das vielseitige Handwerkszeug, das sie mir während meines Studiums für diese Arbeit in die Hand gegeben haben, und für ihre engagierte Begleitung während der Verfassung dieser Arbeit durch ermutigende Gespräche, Literaturhinweise und nicht zuletzt durch ihr anschauliches Vorbild einer natürlichen, partnerschaftlichen Geschlechterbeziehung unter Geschwistern in Christus.

Mein besonderer Dank gilt meinem geliebten Mann, der mir in vielen Gesprächen bei jedem Schritt dieser Arbeit Mut machend zur Seite stand und sie so zu einem wichtigen Stück unseres gemeinsamen Weges werden ließ.

Die erste Auflage dieses Buches wurde mit großem Interesse, ja vielfach mit Begeisterung und Erleichterung aufgenommen und hat vor allem Frauen Mut gemacht, ihre Gaben mit neuer Zuversicht und Gewissheit im Dienst für Gott einzusetzen.

Seither sind 14 Jahre vergangen, und man sollte meinen, dass die Themen um die Stellung und den Dienst der Frau in Ehe und Gemeinde einer neuen Selbstverständlichkeit des gemeinsamen und partnerschaftlichen Dienstes von Mann und Frau Platz gemacht hätten. Leider ist das nicht überall der Fall. Vielmehr taucht die grundsätzliche Frage nach der göttlichen Geschlechterordnung und ihren Konsequenzen für Mann und Frau in Ehe und Gemeinde immer wieder auf und führt in christlichen Gemeinden zu tiefen Konflikten und Spaltungen. Dass diese Frage vielfach mit der Stellung eines Christen zur Autorität der Heiligen Schrift und mit Begriffen wie

---

1 Ebenfalls heftig und leidenschaftlich findet eine ähnliche Diskussion auch unter Katholiken statt (Berger 2012, 11; Lobo Gajiwala 2012; Wendel 2016, 41).

„Gehorsam Gottes Ordnung gegenüber“ und „Bibeltreue“ verbunden wird, gibt ihr ein großes Gewicht.

Diese Entwicklung hat mich bewogen, eine zweite Auflage des inzwischen vergriffenen Buches anzustreben. Ich danke dem Neufeld Verlag von ganzem Herzen, dass das möglich wurde.

Dazu habe ich das ganze Buch nochmals durchgesehen, inzwischen erschienene Literatur eingearbeitet und entsprechend dem heutigen Sprachgebrauch auch manche sprachlichen Änderungen vorgenommen.

Die ersten beiden Kapitel sind nach wie vor eher von wissenschaftlichem (theologischem, kulturwissenschaftlichem und entwicklungsbiologischem) Interesse. Wer ein solches Interesse nicht hat, sondern vor allem die biblische Argumentation zum Thema verfolgen möchte, sei dazu ermutigt, ohne Verlust bei Kapitel 3 zu beginnen!

Nun ist es mein Gebet, dass auch diese zweite Auflage zur Orientierungshilfe wird für diejenigen, die nach Gottes Willen im Blick auf das Geschlechterverhältnis und die Stellung der Frau suchen. Das gilt in besonderer Weise auch für die, die sich mit dieser Frage in einem Kulturkontext beschäftigen, der nicht ihr eigener ist.

Hanna-Maria Schmalenbach

EINLEITUNG

Die Frage nach dem höchsten Lebensziel eines Christen beantwortet der Apostel Paulus so: „... dass wir etwas seien zum Lob seiner Herrlichkeit ...“ (Eph 1,12). Das Leben des Christen darf und soll die Größe, Heiligkeit und den unbeschreiblichen Wert Gottes auf dieser Welt zum Ausdruck bringen. Das geschieht mitten im Leben in den vielfältigen Bezügen des Alltags in einer spezifischen kulturellen und gesellschaftlichen Situation mit ihren Pflichten und Erwartungen.

„Nun führt euer Leben würdig des Evangeliums von Christus ...“ (Phil 1,27), ermahnte Paulus dementsprechend die Gläubigen der christlichen Gemeinde in Philippi und erinnerte sie an ihre wegweisende Funktion als „Lichter in der Welt“ (Phil 2,15). Für die jungen Christen aus einer polytheistischen Gesellschaft war es eine große Herausforderung, als „untadelige Kinder Gottes inmitten eines verdrehten und verkehrten Geschlechts“ (Phil 2,15) nach völlig anderen Maßstäben zu leben, als sie es bisher gewohnt waren, und dabei gleichzeitig nach dem Vorbild des Apostels „in allen Stücken allen zu Gefallen zu leben ..., damit sie gerettet werden“ (1Kor 10,33).

Beim Übergang des Evangeliums aus dem vorwiegend jüdischen Kontext in den multikulturell-hellenistischen der verschiedenen Orte im Römischen Reich durchdachte der Apostel im Blick auf die jeweiligen spezifischen Situationen der neuen Gemeinden die praktischen Implikationen des Evangeliums und suchte gemeinsam mit den Gläubigen vor Ort nach Lösungen für ihren Lebensvollzug. Diese sollten einerseits dem Evangelium ganz entsprechen, gleichzeitig aber in ihrem kulturellen Umfeld verstanden werden und keine unnötigen Hindernisse für die Ausbreitung des Evangeliums bedeuten. Dabei musste Paulus langfristig auch die Konsequenzen für die sozialen Ordnungen des öffentlichen Lebens im Blick haben (Marshall 1981, 21; Neill 1981, 7; Westfall 2016, 160–161). In den Briefen des Apostels, besonders deutlich in 1. Korinther 8–10, werden wir Zeugen dieses Ringens.

Menschen, die heute im interkulturellen Kontext die Botschaft des Evangeliums weitergeben, sehen sich vor ähnliche Aufgaben gestellt, wenn junge Christen aus einer anderen Kultur sie in ihre eigenen Fragestellungen an dieser Stelle einbeziehen und nach Lösungen fragen für die Umsetzung des Evangeliums in ihrem spezifischen Kontext. Das Vorgehen des Apostels Paulus ist dabei ihre wichtigste Orientierungshilfe.

Mitarbeiter im interkulturellen Dienst müssen sich allerdings dabei mit zwei Hindernissen auseinandersetzen: zum einen mit dem historisch-kulturellen Abstand der Kultur ihrer Gegenüber zur Welt des Hellenismus im ersten Jahrhundert, in die der Apostel hineinsprach, und zum anderen mit ihrer eigenen kulturellen Prägung, die nicht zum Maßstab werden darf, nach dem die Menschen anderer Kulturen „des Evangeliums würdig" leben sollen. Hier ist viel Feingefühl und Demut gefragt, deren Fehlen christlichen Mitarbeitern aus westlichen Kulturen von einheimischen Christen und Theologen vielfach und zunehmend angekreidet wird (Stott 1981, vii).[2] Dieser Prozess des Ringens um eine angemessene „Übersetzung" (Nicholls 1979, 65) des Evangeliums in verschiedene Kulturen spielt seit dem Lausanner Kongress (1974) in der evangelischen Missiologie eine wichtige Rolle (Beyerhaus et al. 1974, 15). Für diesen Vorgang wurde der Begriff *Kontextualisierung* eingeführt, der allerdings bisher nicht in allen christlichen Kreisen eine uneingeschränkt positive Aufnahme gefunden hat (Nicholls 1979, 21; Conn 1984, 163).[3]

Die Beziehung zwischen Evangelium und Kultur ist in den letzten Jahrzehnten, vor allem auf Anregung nichtwestlicher Theologen, vielfach thematisiert worden, besonders intensiv auf einer vom Lausanner Komitee für Weltevangelisation zu diesem Thema gestalteten internationalen Konferenz in Willowbank auf den Bermudas im Jahr 1978.[4]

Das Anliegen der diesem Buch zugrunde liegenden Arbeit setzt bei der komplexen Fragestellung an, in welchem Verhältnis Evangelium und Kultur im Blick auf die Rolle der Frau stehen, und wie in der christlichen Gemeinde ein schriftgemäßes Frauenbild in verschiedenen Kulturen zum Ausdruck gebracht werden kann. Grundsätzlicher noch muss dabei gefragt werden, in welchem Verhältnis der Wille des Schöpfers und

2 Diese Kritik wurde sogar 1974 in die Lausanner Verpflichtung aufgenommen und mit einer Mahnung zu mehr Demut an dieser Stelle verbunden (Beyerhaus et al. 1974, 15).

3 Er stammt ursprünglich aus dem Umfeld des Ökumenischen Rates der Kirchen und schließt auch Vorgehensweisen ein, bei denen nicht der Heiligen Schrift, sondern dem jeweiligen kulturellen Kontext die Autorität und Kontrolle über den gesamten Prozess eingeräumt wird (Larkin 1988, 130). Inzwischen hat er sich auch in der evangelischen Missiologie evangelikaler Prägung durchgesetzt, allerdings unter der Vorgabe, dass die Heilige Schrift Autorität, Maßstab und Vorbild im Prozess der Kontextualisierung ist, der stets an ihr gemessen und kontrolliert wird (May 2005, 349).

4 Die Beiträge der Konferenzteilnehmer sind in *Down to Earth: Studies in Christianity and Culture* (Stott und Coote 1981) zusammengestellt.

Erlösers zu kulturell definierten geschlechtsspezifischen Rollen und Verhaltensweisen steht.

Anstoß, mich der komplexen und vieldiskutierten Thematik um die Rolle der Frau aus dieser interkulturellen Perspektive zu stellen, war, wie bereits erwähnt, mein eigenes Erleben in dem indigenen Volk der Tutunakú[5] in Mexiko und besonders die gezielten und wiederholten Fragen junger Tutunakú-Christen nach dem biblischen Maßstab für die Geschlechterbeziehung. Bei den Tutunakú sind die Rollen von Mann und Frau zwar klar definiert und voneinander unterschieden; eine hierarchische Ordnung, in der die Frau dem Mann durchgehend untergeordnet und deshalb von bestimmten Tätigkeiten grundsätzlich ausgeschlossen ist, gibt es jedoch nicht.

Eine hierarchische „biblische Ordnung" der Geschlechter wurde den jungen Christen durch Lehrer und Gastprediger aus der mexikanischen Hauptgesellschaft beigebracht, wo der Machismo nach wie vor das Empfinden der Menschen durchdringt. Sie wiesen die Tutunakú-Christen nachdrücklich auf die „gottgewollte" Ordnung zwischen Mann und Frau und die entsprechenden Einschränkungen für den Dienst der Frau in der Gemeinde hin. Das warf viele Fragen auf. Durften Frauen also nicht wie Männer unbefangen ihre Erkenntnisse und Erfahrungen in den Versammlungen mitteilen? Mussten sie nun vorsichtig auf eine Ordnung achten, die ihnen vorher in diesem Zusammenhang gar nicht bewusst gewesen war? War das wirklich das Frauenbild der Heiligen Schrift?

In diesem Kontext wurde ich mir meiner eigenen Unsicherheit über den biblischen Befund einerseits und meiner großen Verantwortung als Rollenvorbild andererseits schmerzlich bewusst. In Gesprächen vor Ort zeigte sich immer wieder, dass bei dieser Frage die Spannung zwischen dem Schöpferwillen Gottes und dem Ausleben dieses Willens in verschiedenen Kulturen besonders deutlich zu spüren ist. Von meinen Tutunakú-Mitarbeiterinnen beauftragt, mich noch einmal gründlich mit dieser Thematik zu befassen, richtete ich während meines Studiums der Missiologie[6] in jedem Fach mein besonderes Augenmerk auf diese Fragestellung. Dabei wurde mir klar, dass nur eine gesamt-biblische Schau, die auch die kulturellen Aspekte der einzelnen Aussagen zu diesem Thema ganz ernstnimmt, ein ausgewogenes Bild über den biblischen

---

5 Die früher, auch zum Zeitpunkt der Herausgabe der ersten Auflage dieses Buches, gängige Benennung der Volksgruppe von außen war in Mexiko *totonaco*, eingedeutscht „totonak". In den letzten Jahren setzte sich die Eigenbezeichnung der Ethnie *tutunakú* (auf deutsch: „drei Herzen") zunehmend durch, und ich habe sie in Rücksprache mit einem Vertreter der Ethnie in dieser zweiten Auflage entsprechend geändert.

6 Heute ist der Studiengang vermehrt bekannt unter *Interkulturelle Theologie und Missionswissenschaft.*

Befund ergeben kann. Eine solche Gesamtschau wollte ich anstreben. Ziel meiner Arbeit sollte es sein, aus einer missiologischen Perspektive Orientierungshilfe für die Bildung einer eigenen Position zur gottgewollten Rolle der Frau zu geben. Zugleich war es mein Anliegen, Leitlinien für ein biblisch-kulturrelevantes Frauenbild herauszuarbeiten, bei dem der Wille Gottes und die verändernde Kraft des Evangeliums deutlich werden, ohne dass ein kultureller Anstoß entsteht, der die Verkündigung des Evangeliums hindern könnte. Dabei sollte soll das Vorgehen des Apostels Paulus wegweisend sein.

Befragt man die Literatur über das „biblische Frauenbild", so stellt sich heraus, dass in der westlichen Christenheit, die das theologische Denken der Welt bis zum Ende des 20. Jahrhunderts entscheidend geprägt hat, seit der Zeit der Kirchenväter bis in die 1960er Jahre hinein fast unangefochten das „traditionelle Verständnis" zum Geschlechterverhältnis vorherrschte. Hierbei wurde von einer biblisch gebotenen generellen Unterordnung der Frau unter die Autorität des Mannes in Familie, Gesellschaft und Gemeinde ausgegangen und von einer klar definierten Rollenverteilung, die der Frau bestimmte häusliche Pflichten zuwies und sie von den meisten Ämtern der Gemeinde ausschloss. Begründet wurde diese Sicht aus den entsprechenden Anweisungen in den Briefen des Apostels Paulus. Den Grund für diese Anordnungen sah man bis ins 20. Jahrhundert hinein in der generellen Minderwertigkeit der Frau, von dem Arzt P. J. Möbius noch 1908 als „physiologischer Schwachsinn" (Möbius 1908)[7] bezeichnet. Später erkannte man die Gleichwertigkeit der Geschlechter aufgrund der Schöpfung an, bestand jedoch weiter auf einer gottgewollten hierarchischen Ordnung im Geschlechterverhältnis, die durch die schöpfungsbedingte grundlegende Verschiedenheit der Geschlechter begründet wurde (Piper und Grudem 1991, xiv). Ob dieses Frauenbild tatsächlich dem ganzen biblischen Befund entspricht oder möglicherweise Ausdruck der kulturellen Prägung des christlichen Abendlandes durch griechisch-römisches Gedankengut ist, ist seit den 1960er Jahren vielfach und zunehmend gefragt worden.

Anlass dazu war nicht nur die neue feministische Bewegung, die sich in den 1960er Jahren in der westlichen Welt formierte und in gesellschaftlichen und kirchlichen Kreisen zu heftigen Auseinandersetzungen um die „Frauenfrage" führte (Piper und Grudem 1991, xiii), sondern auch das Erscheinen zahlreicher Werke, die neue Perspektiven für die Auslegung mancher schwer verständlichen Stellen im biblischen Befund eröffneten (Gundry 1987, 5). Die zunehmende Beteiligung von Frauen an der wissenschaftlichen Forschung trug maßgeblich zu dieser Horizonterweiterung bei.

7 Zitiert in Neuer 1993, 18.

In vielen Fachgebieten wurden von ihnen Fragestellungen bearbeitet, die vorher nur wenig im Blickfeld der Forscher gewesen waren. So konnten Wissenslücken geschlossen und in der Folge manche biblischen Texte besser verstanden werden. Dies gilt besonders für detaillierte und aus Quellen gut belegte Informationen über die Situation und Stellung der Frau in der römisch-griechischen und der jüdischen Welt des ersten Jahrhunderts, die traditionelle Einschätzungen ergänzen und an manchen Stellen auch korrigieren. Beispiele sind die Werke von Sarah B. Pomeroy, *Frauenleben im klassischen Altertum* (1985), Tal Ilan, *Jewish Women in Greco-Roman Palestine* (1995), Jane F. Gardner, *Frauen im Antiken Rom: Familie, Alltag, Recht* (1995). Wesentliche Verständnishilfen über die Situation im Römischen Reich geben auch die Werke des britischen Althistorikers Bruce W. Winter *After Paul Left Corinth* (2001) und *Roman Wives, Roman Widows* (2003). Den religiösen Hintergrund der jungen Christen, an die Paulus schrieb, beleuchtet das Ehepaar Richard und Catherine Clark Kroeger in *I Suffer Not a Woman* (1992), das im Jahr 2004 in deutscher Sprache unter dem Titel *Lehrverbot für Frauen?* erschien. Ein neuerer wertvoller Beitrag ist die Monografie von Lynn H Cohick (2009), *Women in the World of the Earliest Christians.* Ein tiefes Verständnis für die Bedeutung und Geschlechtsabhängigkeit des Ehrgefühls im Römischen Reich vermittelt Carlin A. Barton in *Roman Honor: The Fire in the Bones* (2001).

Allein die Lektüre dieser seit den 1970er Jahren entstandenen Werke fordert den ehrlichen Ausleger geradezu heraus, den biblischen Befund zur „Frauenfrage" nochmals gründlich zu bedenken. Im Bereich der Kirchen- und Missionsgeschichte hat Ruth A. Tucker eine wichtige Informationslücke gefüllt über die Beteiligung der Frau am Leben und Dienst der Gemeinde Jesu seit ihren ersten Anfängen bis heute in *Daughters of the Church* (1987, gemeinsam mit W. Liefeld), *Guardians of the Great Commission: The Story of Women in Modern Missions* (1988) und *The Changing Roles of Women in Ministry: The Early Church through the 18th Century* (2005).

Auf dem Hintergrund dieser Entwicklungen ist seit der Mitte des 20. Jahrhunderts eine Fülle von Literatur erschienen, die das erneute grundsätzliche theologische Nachdenken über die Rolle der Frau in den meisten christlichen Kirchen und Denominationen der westlichen Welt reflektiert, gleichzeitig aber auch eine Meinungsvielfalt und kritische Auseinandersetzung, die R. W. Pierce als „exegetischen Bürgerkrieg" bezeichnet (Pierce 1993, 343).

Dabei ist nicht zu übersehen, dass der Diskussion um die schriftgemäße Rolle der Frau eine tiefergehende hermeneutische Auseinandersetzung zugrunde liegt, die am Verständnis des Wesens und der Autorität der Heiligen Schrift selbst ansetzt (Scholer 1987, 407; Lakey 2010, 157). Das Ausmaß und die Tiefe dieser Auseinandersetzung wird in den Vorträgen und Diskussionen auf dem Kongress des *International Council on Biblical Inerrancy* 1982 in Chicago reflektiert, die in *Hermeneutics, Inerrancy and the Bible* (Radmacher und Preus 1984) zusammengestellt sind. Einen gründlichen und kommentierten Überblick über die Kernpunkte der Diskussion gibt W. J. Larkin in *Culture and Biblical Hermeneutics.* In Deutschland kommt diese Auseinandersetzung am schärfsten in der Zeitschrift *Bibel und Gemeinde* und in dem Buch *Die Unfehlbarkeit und Irrtumslosigkeit der Bibel* (Holthaus und Vanheiden 2002) zum Ausdruck. Die Diskussion um die schriftgemäße Rolle der Frau in vielen konservativen Kreisen der christlichen Gemeinde muss im Zusammenhang mit dieser grundsätzlichen theologischen Auseinandersetzung gesehen werden; das gibt ihr ein besonderes Gewicht.[8]

Eine übersichtliche Zusammenfassung über die beschriebene Meinungsvielfalt unter englischsprachigen evangelischen Forschern zum umstrittenen „Frauenthema" gibt R. W. Pierce im *Journal of the Evangelical Theological Society* (JETS; 1993, 343–355) und in Pierce und Groothuis (2005, 58–75). Die Uneinigkeit in der „Frauenfrage" unter den nordamerikanischen evangelischen Christen in den 1970er und 1980er Jahren führte 1986 zu einer Spaltung der *Evangelical Theological Society*, und es bildeten sich im Folgenden zwei einflussreiche Organisationen mit jeweils unterschiedlicher Einstellung zur biblischen Rolle der Frau: Der *Council on Biblical Manhood and Womanhood* (CBMW) vertritt die traditionelle Sicht einer in der Schöpfung begründeten hierarchischen Ordnung der Geschlechter in Familie und Gemeinde, während sich die *Christians for Biblical Equality* (CBE) für eine schöpfungs- und erlösungsbedingte Gleichrangigkeit der Frau in Familie und Gemeinde einsetzen. Die theologische Position des CBMW kommt in seinem Positionspapier, dem im November 1988 erstmals publizierten *Danvers Statement,* zum Ausdruck.[9] Eine gründliche theologische Ausarbeitung der verschiedenen Aspekte dieser Position von mehreren Autoren stellt das von John Piper und Wayne Grudem herausgegebene Buch *Recovering Biblical Manhood & Womanhood* (1991, zweite Auflage 2006) dar. Es enthält auch eine Liste der Forscher, die sich zu dieser Sicht über die Rolle von Mann und Frau bekennen, und am Ende des ersten Kapitels eine Liste aller Aufgaben, die aus der Sicht dieser Autoren Frauen in der Gemeinde zugestanden werden können. Eine gemäßigt hierarchische Position nimmt Steven Clark in seiner umfassenden Monografie *Man and Woman in Christ* (1980) ein, die auch gründliche soziokulturelle Erwägungen einschließt. Die

8 Die grundsätzliche Diskussion um ein angemessenes „bibeltreues" Schriftverständnis hat in den letzten Jahren in evangelisch-konservativen Kreisen an Schärfe und Unerbittlichkeit zugenommen. Siehe dazu z. B. Smith (2012). Dabei spielen Fragestellungen zum Geschlechterverhältnis eine große Rolle und vertiefen die Kluft zwischen den Parteien dieser Diskussion. Siehe hierzu auch George (2007, 280), Van Leeuwen (2007, 173) und Lakey (2010, 8–10).

9 Das Positionspapier ist im Internet zugänglich unter www.cbmw.com.

theologische Position der CBE wird in ihrem Positionspapier *Men, Women and Biblical Equality* dargestellt, das erstmals im April 1990 in der Zeitschrift *Christianity Today* publiziert wurde.[10] Die Zeitschrift *Priscilla Papers* veröffentlicht regelmäßig theologische Beiträge von Autoren, die der Sicht der CBE nahestehen. Zahlreiche Monografien geben einen Überblick über ihre Argumentation. Geordnet nach ihrem Erscheinungsdatum seien einige wesentliche Werke beispielhaft genannt: Paul Jewett, *Man as Male and Female* (1975), Patricia Gundry, *Woman Be Free* (1977), Gilbert Bilezikian, *Beyond Sex Roles* (1985), Aida Besancon Spencer, *Beyond the Curse* (1985), Gretchen Hull Gaebelein, *Equal to Serve* (1987), John T. Bristow, *What Paul Really Said About Women* (1988), Craig S. Keener, *Paul, Women & Wives* (1992), Rebecca Merrill Groothuis, *Women Caught in the Conflict: The Cultural War between Traditionalism and Feminism* (1994), Loren Cunningham und David Joel Hamilton, *Why not Women?* (2000). Verschiedene Beiträge zu einzelnen Aspekten der Diskussion aus egalitärer Sicht sind zusammengefasst in den Vortragsmanuskripten des *Evangelical Colloquium on Women and the Bible* im Oktober 1984 in A. Mickelsen (Hrsg.), *Women, Authority and the Bible* (1986). Eine sehr gute Zusammenstellung der verschiedenen Aspekte dieser Position stellt der von Ronald W. Pierce und Rebecca Merrill Groothuis (2005) inzwischen herausgegebene Sammelband *Disvcovering Biblical Equality: Complementarity without Hierarchy* dar. Seither kamen weitere gründliche vertiefende exegetische und theologische Studien zum Thema hinzu, so die Monografie von Philip B. Payne (2009) *Man and Woman, One in Christ: An Exegetical and Theological Study of Pauls's Letters* und von Cynthia Long Westfall (2016) *Paul and Gender: Reclaiming the Apostle's Vision for Men and Women in Christ.*

Zur vergleichenden Beurteilung der gegensätzlichen Meinungen dient das von B. und R. Clouse herausgegebene Buch *Women in Ministry – Four Views* (1989) und eine entsprechende Zusammenstellung aus Großbritannien von S. Lees, *The Role of Women* (1984).

Auch im deutschen Sprachraum wurde und wird die theologische Diskussion um die Rolle der Frau in Familie und Gemeinde seit den 1970er Jahren heftig geführt. Allerdings stellte sich die öffentliche Auseinandersetzung entsprechend der kirchlichen Gesamtsituation in der Praxis hier etwas anders dar: Innerhalb der evangelischen Landeskirchen bestand und besteht eine große Meinungsvielfalt, die das ganze Spektrum der feministischen Theologie einschließt und sich im Blick auf die Praxis vor allem auf die Frage der Frauenordination und des ungehinderten Zugangs zu kirchlichen Ämtern für Frauen konzentriert hat. Einen Überblick über die verschie-

10 Zugänglich im Internet unter www.cbeinternational.org.

denen Sichtweisen gibt hier die *idea-Dokumentation* Nr. 28/91, die anlässlich der Entscheidung der letzten Landeskirche, Schaumburg-Lippe, für die Ordination von Frauen verschiedene Stellungnahmen pro und kontra Frauenordination wiedergibt. In weiteren Veröffentlichungen zum Thema wird deutlich, dass Meinungsverschiedenheiten bis tief in die konservativ bibelgläubige Fraktion der Kirche hineinreichen: Die Positionen reichen von einer theologisch begründeten heftigen Ablehnung der Frauenordination, wie sie zum Beispiel in *Bibel und Gemeinde* (3/2001) zum Ausdruck kommt, bis zur ebenfalls theologisch begründeten völligen Zustimmung, wie das Positionspapier des Synodalgesprächskreises der „Lebendigen Gemeinde" in Baden-Württemberg *Die Frau in der Gemeinde* deutlich macht.

In den evangelischen Freikirchen im deutschsprachigen Raum herrscht ebenfalls eine große Meinungsvielfalt. So werden über den Dienst der Frau in der Gemeinde alle Positionen vom Gebot ihres vollständigen Schweigens im Gottesdienst (Darbystische Versammlungen) bis zu ihrer Teilnahme an allen Funktionen des Gemeindelebens (z.B. in den Gemeinden der Heilsarmee) vertreten und praktiziert. Einen Überblick über die Stellungnahmen einiger Freikirchen zum Thema gibt *idea-Dokumentation* Nr. 5/92. Gründliche theologische Erarbeitungen zur Stellung der Frau aus der beschriebenen traditionellen Sicht stellen die Monografien von Werner Neuer *Mann und Frau in christlicher Sicht* (1993) und Heinzpeter Hempelmann *Gottes Ordnungen zum Leben* (1997) dar. In einigen freien Gemeinden hat die aus dem Amerikanischen übersetzte Monografie von A. Strauch *Die Revolution der Geschlechter* (2001) eine große Bedeutung, die sich weitgehend an der Argumentation des CBMW orientiert, in der Darstellung allerdings auffällig kämpferisch wirkt. Einen für die deutsche freikirchliche Diskussion ebenfalls wesentlichen Beitrag zur Bestätigung der traditionellen Sicht stellt die Stellungnahme der Evangelischen Gesellschaft für Deutschland von Klaus Riebesehl, *Leitlinien zum Dienst der Frau in der Gemeinde* (2004) dar. Eine konservative, aber eher versöhnende Position findet man bei Alfred Kuen in seiner gründlichen biblisch-theologischen Abhandlung *Die Frau in der Gemeinde* (1998).

Während alle genannten Autoren sich deutlich für eine biblisch begründete hierarchische Beziehung zwischen Mann und Frau aussprechen, kommen sie doch für die Praxis des Gemeindelebens zu sehr unterschiedlichen Schlüssen von einem „totalen Redeverbot" der Frau im Gottesdienst (Neuer 1993) bis zum Zugestehen ihres Predigtdienstes (Hempelmann 1997). Auch ihre Berufung ins Ältestenamt ist nicht in allen Gemeinden ausgeschlossen (z.B. Hardmeier 2013). Die Inkonsequenz, mit der hier Linien gezogen und über den Dienst der Frau in der Gemeinde entschieden wird, macht vielen Betrachtern zu schaffen (z.B. Hardmeier 2013, 157–158). Lakey weist darauf hin, dass unter traditionellen Auslegern in der Praxis Elemente von Gleichrangigkeit und von Hierarchie in bunter Mischung nebeneinander stehen (2010, 15–18).

Von den Beiträgen zu einer egalitären Sicht unter Theologen im deutschen Sprachraum, die die Heilige Schrift als Autorität für Glauben und Leben hochhalten, ist das Buch von Christa Conrad *Der Dienst der ledigen Frau in deutschen Glaubensmissionen* (1998) zu erwähnen, das aus einer missionsgeschichtlichen Perspektive für eine biblisch begründete Gleichrangigkeit der Frau im geistlichen Dienst plädiert. Eine Zusammenstellung verschiedener Perspektiven und Aspekte aus egalitärer Sicht von unterschiedlichen Autoren ist das von Cornelia Mack und Friedhilde Stricker herausgegebene Buch *Begabt und beauftragt* (2000). Der ausführlichste theologische Beitrag, der sich in deutscher Sprache in Kreisen bibelgläubiger Christen aus egalitärer Sicht mit der „Frauenfrage“ befasst hat, ist bisher das aus dem Englischen übersetzte Buch von Marylin B. Smith und Ingrid Kern, *Ohne Unterschied? Frauen und Männer im Dienst für Gott* (2000), das die Position der Kommission für Frauenfragen der Weltweiten Evangelischen Allianz (WEA) zum Thema darstellt. Eine übersichtliche Kurzdarstellung einer egalitären Sicht bietet das ebenfalls aus dem Englischen übersetzte Büchlein von John Ortberg *Die Frau schweige?* (2004). Neu hinzugekommen ist die ausführliche Behandlung des Themas aus einer kulturwissenschaftlichen Perspektive von Annegret Braun, *Warum Eva keine Gleichstellungsbeauftragte brauchte* (2019).

In den Jahren seit der ersten Auflage dieses Buches hat die Frage nach Stellung und Dienst der Frau vor allem in freien Gemeinden und Organisationen konservativ-protestantischer Prägung in der westlichen Welt nach wie vor und immer wieder neu zu schweren Auseinandersetzungen und Gemeindespaltungen geführt.[11] Auch im römisch-katholischen Kontext hat sich die Auseinandersetzung intensiviert, wobei es hier vor allem um Fragen des Zutritts von Frauen zu den Weiheämtern der Kirche geht (Berger 2011, 210–212).

In der neueren Literatur fällt nun auf, dass man sich auf allen Seiten bemüht, die Schärfe in Ton und Wortwahl der Diskussion abzumildern. Das gilt besonders für die Vertreter eines hierarchischen Geschlechterverhältnisses. In ihrer Selbstbezeichnung fällt auf, dass sie ihre Sicht nicht mehr als „hierarchisch“ oder „traditionell“ bezeichnen wie früher, sondern als „komplementär“. Auch in ihrer Argumentation nehmen sie versöhnlichere Positionen ein, so Roland Hardmeier, *Himmelstöchter! Warum die*

---

11 Westfall beschreibt diese Entwicklung so: „Inzwischen ist die öffentliche Meinung an gewissen Orten, sei es in Gemeinden, in… Leiterschafts-Organisationen, in Ausbildungsstätten und auch in säkularen Foren in einer Weise zum Kampf mobilisiert worden, dass im Blick auf Geschlechterfragen kaum mehr Raum ist für eine Mittelposition“ (2016, 1; Übersetzung aus dem Englischen: H. S.).

Stärke der Frau in der Kirche gebraucht wird. Und warum das biblisch ist (2013) und Ulrich Neuenhausen, *Gemeinsam gesegnet: Männer und Frauen im Dienst für Jesus Christus* (2018).

Manche Autoren auf beiden Seiten fragen sich, wie es geschehen konnte, dass die Diskussion um die gottgewollte Stellung der Frau in der Gemeinde eine derart tiefe Spaltung in den Reihen bibelgläubiger konservativer Christen herbeiführen konnte, und suchen dringend nach Erklärungen, einigenden Perspektiven, ja neuen Paradigmen als Grundlage für die festgefahrene Diskussion (Husbands und Larsen 2007, 9; Sumner 2007, 250–265; George 2007, 266–288; Van Leeuwen 2007, 171–196; Lee-Barnewall 2016, 5–14; Westfall 2016, 1–6; Hiestand 2017, 101–118). Dabei nehmen auch Überlegungen zur Praxis einer von der Heiligen Schrift her erneuerten Geschlechterbeziehung in Ehe und Gemeinde und deren praktischen Konsequenzen für das Selbstverständnis und den Dienst der Frau zunehmend größeren Raum ein (z.B. LaCelle-Peterson 2008, Westfall 2016, Small 2020).

Dieses Buch möchte, auch in der zweiten, aktualisierten Auflage, angesichts der beschriebenen Meinungsvielfalt einen differenzierten und abwägenden Beitrag zu der umstrittenen Thematik leisten, der sich auf den biblischen Gesamtbefund gründet.

Aufgrund der engen Verflechtung der Rolle der Frau mit der Kultur, in der sie ausgelebt wird, habe ich dabei die Aussagen der Heiligen Schrift stets vor dem Hintergrund der Kulturen ausgelegt, in die sie direkt hineinsprechen, und auch die Ergebnisse wissenschaftlicher Untersuchungen aus den Natur- und Humanwissenschaften über die Natur und Kulturen des Menschen in meine Überlegungen einbezogen.

Dazu stelle ich in Kapitel 1 zunächst das komplexe Spannungsfeld der vielschichtigen Diskussion um das biblische Frauenbild vor. In Kapitel 2 geht es dann um eine Einführung in die kulturellen Aspekte, die unsere Thematik beeinflussen. Kapitel 3 stellt eine biblisch-theologische Betrachtung des biblischen Gesamtbefundes dar, die außer theologischen und hermeneutischen Ansätzen anderer Autoren auch die Ergebnisse von neurobiologischen, entwicklungspsychologischen und ethnologischen Studien in Beziehung zum Schriftbefund bringt. Ein kurzer kommentierter, geschichtlicher Überblick über die Rolle der Frau in der Kirchen- und Missionsgeschichte soll in Kapitel 4 das Bild abrunden. In Kapitel 5 werden die Befunde zusammengefasst und aus ihnen Richtlinien zur Kontextualisierung eines schriftgemäßen Frauenbildes erstellt, die es christlichen Mitarbeitern im interkulturellen Kontext ermöglichen, in jeder Kultur anzuknüpfen mit einem Frauenbild, das Gott ehrt und dem Evangelium kein unnötiges kulturelles Hindernis in den Weg legt.

In einem Nachwort möchte ich abschließend auf den Stand der Diskussion um die Stellung der Frau in den christlichen Gemeinden evangelisch-konservativer Prägung in der englisch- und deutschsprachigen westlichen Welt eingehen und neue Tendenzen und Bemühungen aufzeigen, einen gemeinsamen Weg aus der festgefahrenen Situation zu finden. Möge Gott es schenken, dass wir diesen Weg finden und trotz der Meinungsvielfalt gemeinsam glaubwürdige Zeugen des Evangeliums Jesu Christi sein können!

KAPITEL 1

FRAUSEIN ZUR EHRE GOTTES – DAS SPANNUNGSFELD DER DISKUSSION

Wer sich unter Christen, die ihr Leben und Denken nach der Heiligen Schrift ausrichten wollen, auf eine Diskussion zu der Frage einlässt, was Frausein zu Gottes Ehre bedeutet, wird bald etwas von der Spannung und Leidenschaftlichkeit spüren, mit der dieses Thema behandelt wird. Das mag an der persönlichen Betroffenheit aller Beteiligten liegen, hat aber, wie bereits angedeutet, auch noch tiefer liegende Gründe: Menschen, zu deren Selbstverständnis es gehört, dass ihnen die Heilige Schrift höchste und unfehlbare Autorität in Glaubens- und Lebensfragen ist, werden es als besonders schmerzhaft empfinden, dass unter ihnen zur „Frauenfrage" trotz dieser gemeinsamen Basis so unterschiedliche Ansichten herrschen.[12] Explizit drückt Sarah Sumner ihre Befürchtung aus, dass hier die Integrität bibelgläubiger Christen auf dem Spiel steht (Sumner 2007, 250).[13] Die unterschiedlichen Sichtweisen wiederum stehen in Verbindung mit der noch tiefer greifenden Problematik, die die evangelische Welt in den letzten Jahrzehnten existenziell beschäftigt hat: Es geht um unterschiedliche, ja entgegengesetzte Prinzipien der Schriftauslegung (Johnston 1986,

12 Siehe dazu Hardmeier (2013, 13–23), der seinen eigenen spannungsreichen Weg mit diesem Thema beschreibt, und Neuenhausen (2018, 7–12).

13 Römisch-katholische Christen müssen sich an dieser Stelle vor allem mit dem Verständnis der römisch-rechtlichen Tradition vom Wesen und Dienst der Frau auseinandersetzen (Berger 2012, 105). Hierbei steht der Gedanke der Verschiedenheit der Geschlechter im Vordergrund und das Konzept, dass der geweihte und damit in der apostolischen Sukzession stehende Priester in erster Linie als Stellvertreter Christi und nicht als Repräsentant der Gemeinde agiert, sowie dass nur „der männliche Nachfolger Jesu Christi seinen Herrn besonders gut darstellen kann" (Berger 2012, 188–209). Zur grundlegenden Frage um die Geschlechtlichkeit und Männlichkeit Gottes siehe auch Thatcher (2011, 118–127) und Wright (2005, 287–300).

30), die wiederum auf einem unterschiedlichen Verständnis vom Wesen der Heiligen Schrift beruhen. Damit ist ein Kernpunkt evangelischer Theologie berührt, die Frage nach der Autorität der Heiligen Schrift.[14] Robert K. Johnston stellt fest, dass die „Frauenfrage" geradezu zu einem „Testfall" konservativ-evangelischer Hermeneutik geworden ist (Johnston 1986, 41). Das macht die Beschäftigung mit ihr besonders schwierig und belastend. Außer diesem hermeneutisch-theologischen Spannungsfeld spielen bei der Diskussion um ein schriftgemäßes Frauenbild aber auch viele andere theologische, gesellschaftliche und humanwissenschaftliche Problemkreise eine Rolle. Im Folgenden möchte ich einige wesentliche aufzeigen und bewusst machen.

1.1 Das Spannungsfeld der biblischen Aussagen zur Frau

Betrachtet man auf der Suche nach einem Frauenbild, das Gott ehrt, die Aussagen der Heiligen Schrift, so lässt sich bereits an ihnen ein innerbiblisches, also von Gott so gewolltes, Spannungsfeld erkennen, das als Ansatzpunkt für die unterschiedlichen Auslegungen gesehen werden kann.

1.1.1 Die Einbettung der Aussagen in das Gesamtanliegen der Schrift

Zunächst fällt auf, dass die Heilige Schrift insgesamt nur wenige grundsätzliche Aussagen und konkrete Anweisungen zur Rolle der Frau enthält und dass diese nicht in einem einheitlichen Lehrabschnitt zusammenstehen, sondern in verschiedene Zusammenhänge des Heilshandelns Gottes in der Geschichte der Menschen eingebettet sind.[15] Kombiniert man solche Aussagen nun losgelöst von diesen Zusammenhängen miteinander, um ein umfassendes Bild über Gottes Willen zur Stellung und Rolle der Frau zu bekommen, so lassen sie sich nicht spannungsfrei nebeneinanderstellen, sondern wirken widersprüchlich. Das kann den Ausleger zu willkürlichen Entscheidungen über ihre Bedeutung und Zuordnung veranlassen. Viele Hinweise zum Thema sind nur indirekt aus der Geschichte Gottes mit seinem Volk Israel, am Verhalten Jesu oder aus dem Erleben der frühen Gemeinde abzulesen. Ein ausgesprochenes Gottesgebot zur Rolle der Frau gibt es weder im Alten Testament noch in den Lehren Jesu. Konkrete Anweisungen diesbezüglich finden sich nur in den neutestamentlichen Briefen. Insgesamt wird deutlich: Die Rolle der Frau ist kein isolierba-

14 Vertiefend hierzu siehe die Ausführungen von Lakey (2010, 1–3).

15 Hardmeier erklärt für heutige Leser, dass es in der Bibel kein Grundsatzprogramm und keine systematische Belehrung zur Stellung und den Aufgaben der Frau gibt (2013, 104).

res Hauptanliegen der Heiligen Schrift, sondern die Aussagen dazu müssen aus ihrer Gesamtbotschaft sorgfältig erfasst und bewertet werden.

1.1.2 Zeitlose und situationsgebundene Aussagen

Dass die Aussagen der Schrift, vor allem ihre ethischen Anweisungen, den ewigen Willlen Gottes zum Ausdruck bringen und dabei zunächst an Menschen in spezifischen kulturellen und geschichtlichen Situationen gerichtet waren, schafft für den heutigen Leser ein Spannungsfeld, das bei der Suche nach einem an der Bibel ausgerichteten Frauenbild besonders stark empfunden wird. Dies ist umso mehr der Fall, je weiter die kulturelle Situation des heutigen Lesers oder Hörers von derjenigen der ursprünglichen Hörerschaft abweicht. Da das Mann- oder Frausein einerseits dem Schöpferwillen Gottes entstammende unveränderliche Wesensmerkmale sind, die aber andererseits in den Sozialstrukturen menschlicher Kulturen definiert und ausgelebt werden, ist es in der Frage nach der Stellung der Frau besonders schwer, in den biblischen Texten den ewigen Willen Gottes von praktischen Anweisungen in eine bestimmte Kultur hinein zu unterscheiden. Die „Spannung zwischen der ewigen Relevanz der Heiligen Schrift als Wort Gottes und ihrer historischen Eigenart" (Fee 1996, 16) hat also in dieser Frage eine besondere Brisanz und ist eine große Herausforderung für heutige Ausleger. Das macht die Vielfalt der Auslegungen von Bibeltexten zur Frauenthematik verständlich.[16]

1.1.3 Die „inspirierte Doppeldeutigkeit" der Aussagen

Insgesamt finden sich in den Aussagen der Heiligen Schrift zum Verhältnis zwischen Mann und Frau zwei Hauptstränge, die unvereinbar nebeneinander zu stehen scheinen und dementsprechend für sehr unterschiedliche Auslegungen Raum lassen. R. P. Stevens beschreibt sie als „radical sexual equality"[17] einerseits und „radical sexual differentiation" andererseits (Stevens 1992, 20) und spricht von einer „inspired ambiguity", die von Gott genau so zugelassen sei (Stevens 1992, 20), allerdings den menschlichen Auslegern viel Kopfzerbrechen verursache.[18]

---

16 Sowohl Neuenhausen (2018, 15) als auch Hardmeier (2013, 185–186) weisen auf die eher kulturkritische Sicht vieler konservativ-bibelgläubiger Christen hin und die entsprechende Tendenz, die genannte Spannung in die Richtung „ewige Relevanz" aufzulösen.

17 Für die deutsche Übersetzung entspricht hier der Begriff „Gleichrangigkeit" für das englische *equality* der Absicht des Autors im Originalartikel.

18 Siehe dazu auch Neuenhausen, der aus diesem biblischen Befund schließt: „Es gibt offensichtlich auch in der Bibel keine simplen Schablonen für „Mann" und „Frau" (2018, 10). Zur

Im Folgenden soll nun das weite Spannungsfeld der hermeneutischen Diskussion beleuchtet werden. Dabei kann ich dem französischen Theologen Alfred Kuen nur zustimmen, wenn er angesichts dieser Diskussion schreibt: „Das vertiefte Studium einer unter Christen kontroversen Frage erzeugt Demut und Hochachtung für Andere" (Kuen 1998, 18). Lakey mahnt dabei zur Geduld: „Eine angemessene hermeneutische Praxis schließt die geduldige Hingabe ein, Schwierigkeiten mit der Zeit zu lösen, während man dem Drang widersteht, zu voreiligen Schlussfolgerungen zu kommen, die die Heilige Schrift ‚retten', indem man sie zum Schweigen bringt" (Lakey 2010, 5).

1.2 Das Spannungsfeld hermeneutischer Entscheidungen

Angesichts der beschriebenen „inspirierten Ambivalenz" der Schriftstellen zur Rolle der Frau verwundert es nicht, dass im Zentrum der Diskussion hermeneutische Entscheidungen stehen, die allerdings nicht immer bewusst getroffen werden. Der amerikanische Theologe David M. Scholer, der sich 20 Jahre lang mit der Frage nach der Rolle der Frau im Neuen Testament beschäftigt hat, stellt dazu fest: „Auch in den hochgeachteten Kreisen der Evangelikalen sind es hermeneutische Fragestellungen, die letztlich unserem gemeinsamen Anliegen zu Grunde liegen" (Scholer 1987, 407) und W. Liefeld erklärt: „Die Antworten, zu denen wir im Blick auf die Frau kommen…, sind unweigerlich beeinflusst von der Art und Weise, wie wir die Fragen stellen" (Liefeld 1989, 127).[19]

1.2.1 Der gewählte Zugang zu den biblischen Aussagen

Der traditionelle Zugang zum Thema ist ein systematisch-theologischer, bei dem Aussagen der Schrift, die zur Rolle der Frau Stellung nehmen, in einem logischen System geordnet und analysiert werden (Conn 1984, 225), beginnend bei den entsprechenden Anweisungen in den Paulusbriefen. Diesen wird als „direkt anwendbaren Lehrtexten"

---

inspirierten Ambiguität der Heiligen Schrift in vielen ihrer Aussagen siehe auch Christian Smith 2012 in seiner Monografie *The Bible made impossible*. Er spricht von einer „multivocality" der Schrift (2012, 43). Zu den Implikationen für eine der Natur der Schrift entsprechende Hermeneutik siehe auch Fee (2005, 364–381).

19 Diese Einschätzung teilen bibelgläubige evangelische Theologen aus unterschiedlichen hermeneutischen Lagern, zum Beispiel Susan Foh (1989, 69.71), John Piper und Wayne Grudem (1991, xiii), Grant Osborne (1977, 337), Gordon Fee (1990, 21) und Rebecca Groothuis (1997, 15). Siehe dazu auch Sumner (2007, 250–256).

Priorität eingeräumt gegenüber „historischen Texten“ (Larkin 1988, 94). Dabei gilt das hermeneutische Prinzip, dass „klare Stellen“ zum Thema weniger klare Aussagen erhellen (Foh 1989, 71). Die konkreten Anweisungen des Apostels Paulus, zum Beispiel in 1. Timotheus 2,11–12 und 1. Korinther 14,34, gelten dabei als die „klarsten Stellen“ zum Thema (Knight III 1977, 45),[20] wobei davon ausgegangen wird, dass sie, zumindest in ihren Grundlinien, zeitlos und nicht kulturell gebunden sind (Larkin 1988, 94; Foh 1989, 70). In ihrem Licht werden nun alle anderen Aussagen der Schrift über die Frau, insbesondere auch Genesis 1–3, interpretiert. Ergebnis dieser Verfahrensweise ist die Betonung einer durchgängig hierarchischen Geschlechterordnung als Schöpfungsordnung und leitendes biblisches Prinzip für die Beziehung zwischen Mann und Frau, wie sie unter anderen von den Vertretern des *Council on Biblical Manhood and Womanhood* (Piper und Grudem 1991)[21] postuliert wird.

Dieser hermeneutische Zugang ist in den letzten Jahren vielfach grundsätzlich in Frage gestellt worden. So verwirft G. Bilezikian ihn generell als „hodgepodge“-Methode, die Bibeltexte wie eine Collage zusammenfüge (Bilezikian 1985, 18); G. Keener hinterfragt die Berechtigung des Auslegers, bestimmte Texte als „Lehrtexte“ über andere zu stellen (Keener 1993, 111); A. Mickelsen und W. Liefeld sehen in der Auswahl der paulinischen Anweisungen als Schlüsseltexte eine subjektive hermeneutische Entscheidung, die der ursprünglichen Absicht des Apostels bei ihrer Formulierung nicht gerecht werde (Liefeld 1989, 113; Mickelsen 1989, 117). Eine zunehmende Zahl von Auslegern bevorzugt deshalb einen biblisch-theologischen, ganzheitlichen Zugang zum Thema. Sie benutzen die fortschreitende Offenbarung der Schrift als hermeneutischen Bezugspunkt (Bilezikian 1985, 15–18) und achten besonders darauf, dass die Aussagen zur Frau sowohl in ihrem heilsgeschichtlichen als auch in ihrem kulturellen Kontext ausgelegt werden. Auf diese Weise soll die ursprüngliche Absicht der Texte möglichst genau erfasst werden, die G. Fee als „die einzig angemessene Kontrolle für hermeneutische Aussagen“ bezeichnet (Fee 1996, 26; 2005, 372). Dabei wird argumentiert, dass dieser Zugang dem Wesen der Schrift grundsätzlich mehr entspreche, die nicht ein „dogmatisches Handbuch“, sondern ein geschichtliches Buch sei (Conn 1984, 225). Dieser hermeneutische Ansatz führt, anders als der traditionelle, zu einer

20 Allerdings geben Ausleger, die diesen Zugang wählen, auch immer wieder zu, dass die meisten der sogenannten „Schlüsseltexte“ durchaus keine „klaren Stellen“ sind, sondern viele Fragen ihrer Auslegung geradezu besonders schwer zu klären sind (Foh 1989, 79; Schreiner 1991, 124; Carson 1991, 140; Neuenhausen 2018, 18; Hardmeier 2013, 103–105).

21 Im deutschen Sprachraum wird dieser Zugang von den meisten Auslegern gewählt, die sich als bibeltreu bezeichnen, besonders deutlich wird dies bei W. Neuer (1993, 66), J. Cochlovius (2000, 10) und K. Riebesehl (2004, 6).

Betonung der Gleichrangigkeit von Mann und Frau als durchgehendes biblisches Prinzip, zurückgeführt auf die Schöpfung, die zwar durch den Sündenfall zerstört, aber durch die Erlösung in Christus wiederhergestellt worden ist. Die Anweisungen des Paulus werden dann als kultur- und zeitspezifische Anleitung für ein geordnetes Miteinander der Geschlechter auf dem Weg zu einer praktischen Gleichrangigkeit gesehen, die in ihren Prinzipien wegweisend sei für zukünftige Generationen (Longenecker 1984, 88).

Beim Vergleich der beiden hermeneutischen Ansätze wird besonders deutlich, dass „... Faktoren der Interpretation in der Methodik selbst stecken", wie M. J. Erickson in seinem Lehrbuch der Dogmatik sagt (Erickson 1998, 70).

1.2.2 Die Zuordnung der biblischen Aussagen zu den Abschnitten der Heilsgeschichte

Da die Rolle der Frau in der Heiligen Schrift eng mit den grundlegenden „Konzepten" (Bilezikian 1985, 15–17; Felker Jones 2017, 21–30) der Heilsgeschichte - Schöpfung, Sündenfall und Erlösung - verknüpft ist, beeinflusst die Zuordnung der entsprechenden biblischen Aussagen zu einzelnen Abschnitten der Heilsgeschichte das Ergebnis der Auslegung. So ist es nicht unbedeutend, ob man eine Unterordnung der Frau unter den Mann und eine dementsprechende Festlegung ihrer Stellung und Rolle in Ehe, Gesellschaft und Gemeinde als Schöpfungsordnung in Genesis 2 findet (Strauch 2001, 30; Neuer 1993, 66–67; Piper 1991, 35; Ortlund 1991, 98; Hamilton Jr. 2007, 32–52; Neuenhausen 2018, 40–44; Hardmeier 2013, 32–36),[22] oder ob man diese aufgrund von Genesis 3,16 als Folge des Sündenfalls ansieht, die grundsätzlich bekämpft werden darf wie die Disteln und Dornen des verfluchten Ackers (Smith und Kern 2000, 42; Hess 2005, 79–95).[23] Auch welche Texte ein Ausleger mit der Erlösung in Christus verbindet, beeinflusst seine Ergebnisse entscheidend: So ist es nicht gleichgültig, ob man aufgrund von Galater 3,28 davon ausgeht, dass das Erlösungswerk Christi an den Folgen des Sündenfalls für die Stellung der Frau etwas Grundsätzliches geändert

---

22 Viele Ausleger tun dies auf der Grundlage einer direkten Zuordnung der Argumentation des Apostels Paulus in 1. Korinther 11,8–9 zu Genesis 2 als theologische Interpretation des Schöpfungsberichtes. Die genannten Autoren stehen stellvertretend für alle, die die Schrift nach dieser Zuordnung auslegen, meist ohne sie bewusst zu erwähnen. A. Strauch beschreibt den hermeneutischen Gedankengang besonders deutlich: „Es ist kein Zufall, dass der Mann die Priorität der Schöpfung war. Die frühere Erschaffung Adams hat grundlegende Bedeutung. Und weil das Neue Testament eine göttlich inspirierte Auslegung von 1. Mose 2 anbietet, müssen wir nicht lange herumrätseln ..." (Strauch 2001, 30).

23 Siehe dazu auch die gründliche Reflektion von Felker Jones (2017, 23–24).

hat, wie einige Ausleger dies tun (Spencer 1985, 26–42; Smith und Kern 2000, 22–25; Grenz und Kjesbo 1995, 99–107; Fee 2005, 172–185; Payne 2009, 79–104; Westfall 2016, 166–176; Felker Jones 2017, 24–30),[24] oder ob man damit rechnet, dass Genesis 3,16 als „Notverordnung unter Sündenfallbedingungen“ (Martin Luther), als „Gesetz“ (Hempelmann 1997, 40–41.46) oder als Wiederherstellung der Schöpfungsordnung (Neuenhausen 2018, 42–43) weiterhin das Verhältnis zwischen Mann und Frau bestimmt und von der Erlösung in Christus nicht grundsätzlich berührt wird.

1.2.3 Die Wertung und Gewichtung einzelner biblischer Aussagen

Aus dem oben Gesagten lässt sich auch bereits erkennen, dass nicht nur die Einordnung von Schriftstellen an ihren heilsgeschichtlichen Ort, sondern auch ihre Gewichtung in der Gesamtschau das Ergebnis stark beeinflussen können. Es ist zum Beispiel ein wichtiger Unterschied, ob man 1. Korinther 11,8–9 als umfassende theologische Interpretation von Genesis 1 und 2 wertet (Strauch 2001, 30; Neuer 1993, 66; Piper 1991, 35), die Paulus auch in einer systematisch-theologischen Abhandlung zur Stellung der Frau so geschrieben hätte, oder als pointierte kurze, treffende Begründung seiner Argumentation im Rahmen einer spezifischen Anweisung an die Korinther (Keener 1992, 21–22.31; Fee 1996, 81–82).[25] Ebenso bedeutend ist es, ob man bei Fragen nach dem Dienst der Frau in der Gemeinde die Aussage des Paulus in Galater 3,28 als klarste Stelle und grundsätzlichen Wegweiser wertet (Bruce 1982, 190; Groothuis 1997, 31–36, Fee 2005, 172–185) oder seine konkreten Anweisungen an die Korinther und Epheser (Piper 1991, 35; Neuer 1993, 107). Sogar innerhalb eines Abschnitts macht oft die Wertung einzelner Gedanken einen großen Unterschied: So betonen manche Autoren bei der Auslegung von 1. Korinther 11,13–16, dass Frauen in Korinth sehr wohl im Gottesdienst beten und weissagen durften und dabei lediglich ein Zeichen ihrer eigenen Autorität auf dem Kopf tragen sollten (Cunningham und Hamilton 2000, 177–179; Fee 2005, 142–160),[26] von anderen dagegen wird die grundsätzliche Autoritätskette zwischen Mann und Frau als Schwerpunkt der Argumentation her-

24 Diese Autoren werden wiederum genannt für viele andere, die nach diesem Interpretationsmuster auslegen.

25 Zu der grundsätzlichen Frage, ob Anweisungen, die auf dem Schöpfungsbericht gründen, dadurch normativ sein müssen, siehe Westfall (2016, 62–63).

26 Die Autoren stehen wiederum für viele andere, die in der detaillierteren Diskussion des biblischen Befundes in Kapitel 3 noch zu Wort kommen sollen.

vorgehoben (Neuer 1993, 104; Strauch 2001, 104–108)[27] und das damalige Weissagen der Frauen im Gottesdienst als untergeordnete Bemerkung eingeordnet oder übergangen (Neuer 1993, 109; Strauch 2001, 104–112). D. Scholer mahnt diesbezüglich zu einer genuinen Ausgewogenheit (Scholer 1987, 416).

1.2.4 Die Unterscheidung zwischen überkulturell-normativen und kulturgebunden-deskriptiven Aussagen

Unter den bibelgläubigen konservativen Auslegern gibt es an dieser Stelle gleichzeitig eine grundsätzliche Übereinstimmung und eine unübersehbare Vielfalt der Meinungen im „exegetischen Bürgerkrieg" um die Stellung der Frau: Übereinstimmung herrscht in der Einschätzung, dass die Heilige Schrift zur Rolle der Frau sowohl allgemein gültige, zeitlose als auch kultur- und zeitgebundene Aussagen enthält (Mickelsen 1989, 119) und dass es eine wichtige Aufgabe des Auslegers ist, zeitlose Wahrheiten von ihren kulturbezogenen Formen zu unterscheiden (Erickson 1998, 76). Die Vielfalt der Meinungen zeigt sich bei der konkreten Umsetzung dieser Aufgabe (Groothuis 1997, 41), und die Frage nach angemessenen hermeneutischen Leitlinien für diesen Prozess bewegt das theologische Denken unter Auslegern, die die Schrift als Autorität bewusst ernstnehmen, wie nie zuvor, ja ist zu einem „fundamentalen Anliegen der Hermeneutik" geworden (Larkin 1988, 104–107).

Dies trifft in besonderer Weise auf die Anweisungen des Paulus zur Rolle der Frau in Ehe und Gemeinde zu. Im Spektrum der hermeneutischen Vorgehensweisen zu ihrer Auslegung steht auf der einen Seite die Auffassung, dass grundsätzlich alle Anweisungen, in denen nicht selbst eine Einschränkung formuliert ist, wörtlich übertragen und angewandt werden sollten (Foh 1989, 70).[28] Folgt man dieser Auslegungsart, so führt das zu dem Ergebnis, dass die von Paulus betonte hierarchische Ordnung der Geschlechter mit der Unterordnung der Frau unter den Mann in Ehe und Gemeinde mitsamt ihren praktischen Konsequenzen für das Gemeindeleben bis hin zur geschlechtsspezifischen Kleiderordnung als zeitlos normativ festgelegt wird. Folgerichtig werden dann alle entsprechenden Anweisungen als „Frage von *So spricht der Herr*" gesehen (Strauch 2001, 18), die schlichten und uneingeschränkten Gehorsam

27 Auch diese Autoren stehen wieder stellvertretend für viele andere, die eine solche Wertung vornehmen. W. Neuer geht dabei so weit, dass er feststellt: „Die in 1Kor 11,3 ausgesprochene Überzeugung vom ‚Haupt'-Sein des Mannes bestimmt das Denken des Paulus sowohl hinsichtlich der Stellung und Aufgaben der Geschlechter in der Gemeinde als auch in der Ehe" (Neuer 1993, 104).

28 Wieder wird hier nur der Name einer Vertreterin dieser Position genannt.

fordert und für weitere Diskussionen nicht offen steht. Gegen diese Sichtweise wird von anderen Auslegern vor allem die Schwierigkeit der Konsequenz in der Anwendung ins Feld geführt (Larkin 1988, 105; Johnston 1986, 35). In der Tat zeigt ein Blick auf verschiedene Auslegungen, dass die Grenzen der wörtlichen Anwendung sehr unterschiedlich gezogen werden. Die hauptsächliche Kritik an dieser Stelle richtet sich gegen die Willkürlichkeit und fehlende Konsistenz solcher Grenzziehung (Liefeld 1989, 129; Scholer 1986, 214; Westfall 2016, 206–207; Neuenhausen 2018, 17–19).

Auf der anderen Seite des hermeneutischen Spektrums unter „bibeltreuen" Auslegern steht die Ansicht, dass Galater 3,28 die überkulturell und zeitlos gültige Aussage des Apostels Paulus zur erlösungsbedingten Beziehung zwischen Mann und Frau sei, die grundsätzlich eine Aufhebung aller sozialen Unterschiede zwischen ihnen impliziere (Longenecker 1984, 74–75; Smith und Kern 2000, 72–74; Johnston 1986, 31; Fee 2005, 172–185; Husbands 2007, 143–145). Alle spezifischen Anweisungen des Apostels an einzelne Gemeinden werden nun im Licht dieses Prinzips ausgelegt als praktische Anweisungen in einer konkreten Situation. Ergebnis einer solchen Auslegungsweise ist dann eine Betonung der grundsätzlichen Gleichrangigkeit zwischen Mann und Frau aufgrund der Erlösung. Die hierarchische Ordnung, die in den Anweisungen des Paulus zum Ausdruck kommt, wird als Spiegel der gesellschaftlichen Situation seiner Zeit gesehen, in die der Apostel sie hineingibt, ohne dabei sein grundsätzliches Anliegen der Gleichrangigkeit zwischen Mann und Frau preiszugeben.[29] Der Haupteinwand gegen diese Art der Auslegung ist die Furcht vor einer Relativierung von biblischen Texten und infolgedessen der Unterminierung der Autorität der Heiligen Schrift (Liefeld 1989, 112).

Zwischen diesen beiden hermeneutischen Grundpositionen gibt es viele Zwischenstufen. Nach dem derzeitigen Stand der Diskussion scheint Susan Foh recht zu haben, wenn sie es für unwahrscheinlich hält, dass es unter den Auslegern zur „Frauenfrage" je eine Einigung geben wird (Foh 1989, 162). Der Weg dorthin kann nur über ein weiteres ehrliches Ringen um „die ursprüngliche Absicht der Texte" gehen, die „die einzig angemessene Kontrolle für hermeneutische Aussagen" (Fee 1996, 26) darstellt.

29 Siehe auch die neueren gründlichen Ausführungen dazu in Payne (2009, 79–104), Westfall (2016, 150–158) und Clarke (2008, 145–149).

1.3 Das Spannungsfeld theologischer Entscheidungen

Wie bereits angedeutet, stehen im Hintergrund der beschriebenen hermeneutischen Entscheidungen theologische Fragestellungen, die zum Teil sehr grundsätzlich in das Verständnis der Heiligen Schrift und ihrer Auslegung hineinreichen. Da die „Frauenfrage" in manchen Kreisen geradezu als „Testfall" angesehen wird, an dem das Verhältnis eines Auslegers zur Heiligen Schrift gemessen wird, hängt ihr diesbezüglich ein besonderes Gewicht an.[30] Aber auch andere theologische Vorentscheidungen stehen im Hintergrund der Diskussion in dieser sensiblen Frage. Ein Blick auf diesen Hintergrund soll die Reichweite der Problematik aufzeigen.

1.3.1 Die Autorität der Heiligen Schrift bei der Auslegung ihrer Anweisungen

Hinter dem Ringen um den hermeneutischen Zugang zum umstrittenen Frauenthema steht bei vielen bibeltreuen evangelischen Theologen eine tiefe Sorge um die Unversehrtheit der „unabhängigen" Autorität (McQuilkin 1984, 230) der Heiligen Schrift als Wort Gottes angesichts des zunehmenden kulturellen Relativismus in der Hermeneutik.[31] Robertson McQuilkin brachte diese Sorge auf dem zweiten internationalen Kongress des *International Council on Biblical Inerrancy* 1982 in Chicago stellvertretend für viele zum Ausdruck (McQuilkin 1984, 219–240).[32] Er stellte dabei die These auf, dass die volle Autorität der Schrift nur dann bewahrt bleibe, wenn jede Anweisung in ihr als universal gültig angesehen werde, solange die Schrift selbst sie nicht begrenze (McQuilkin 1984, 228). Dabei ist für ihn „the plain meaning", also die offensichtliche, wörtliche Bedeutung eines Textes wegweisend (McQuilkin 1984, 221; Larkin 1988, 118). Eine entgegengesetzte Sorge äußerte Alan F. Johnson in seiner Antwort an McQuilkin, die ebenso stellvertretend für die Meinung einer großen Zahl bibeltreuer evangelischer Theologen steht (Johnson 1984, 257–282). Er verwarf die These McQuilkins als zu „reduktiv" und nicht schriftgemäß. Aus seiner Sicht wird die Bedeutung eines Textes, entsprechend dem Wesen der Heiligen Schrift als Gottes Wort und Men-

30 Hardmeier spricht in diesem Zusammenhang von einer „selektiven Bibeltreue", bei der die Frauenfrage ein Schibboleth sei, an dem die Treue zur Bibel festgemacht werde (2013, 192–194). Siehe dazu auch die Ausführungen von Sumner (2007, 250–265).

31 Siehe dazu die für den heutigen Leser gut nachvollziehbaren Ausführungen von Hardmeier in seinem Kapitel „Alles Zeitgeist?" (2013, 185–197).

32 William J. Larkin fasst die wesentlichen Punkte des Vortrags von R. McQuilkin kommentiert zusammen und setzt sie in den größeren Kontext der weltweiten theologischen Diskussion um die Beziehung zwischen der Autorität der Heiligen Schrift und dem Stellenwert von Kultur bei ihrer Interpretation (Larkin 1988, 118–125).

schenwort, erleuchtet und mitbestimmt durch sein gesamtes literarisches, kulturelles und geschichtliches Umfeld. Die ursprüngliche Absicht des Textes könne dementsprechend nur im engen Zusammenhang mit diesem ermittelt werden. Er bezeichnete es seinerseits als Unterminierung der Autorität der Heiligen Schrift, wenn eine ihrer spezifischen Anweisungen an Glaubende in der Welt des Hellenismus im ersten Jahrhundert zu einem universal gültigen Prinzip erhoben werde und die Schrift deshalb in einem anderen Kontext an Glaubwürdigkeit und Relevanz verlöre (Johnson 1984, 277). In diesem Spannungsfeld bewegt sich die Diskussion um die schriftgemäße Rolle der Frau, wenn es um die Auslegung der Anweisungen des Apostels Paulus geht.[33] G. Fee und J. Stott weisen darauf hin, dass dieses Spannungsfeld dem Wesen der Heiligen Schrift entspreche und seinen Grund in der Beziehung zwischen ihrer Inspiration und Inkarnation habe. Beide warnen vor dem Versuch, diese Spannung nach der einen oder anderen Seite auflösen zu wollen (Fee 1990, 24–25; Stott 1981, viii).

Erweitert wird dieses Spannungsfeld noch durch die kontroverse missiologische Debatte um die Bedeutung, die im hermeneutischen Prozess der Zielkultur zukommt, in die hinein die Schrift ausgelegt wird. Diese Diskussion wird vor allem in missionsorientierten Kreisen seit dem Lausanner Kongress für Weltmission 1974 intensiv geführt (Stott 1981, vii). Während die meisten evangelischen Missionare die große Bedeutung erkennen, die das kulturelle Umfeld der Hörer für die Auslegung der Schrift, vor allem in ihren ethischen Anweisungen, hat und haben sollte (Kraft 1979; Padilla 1981, 65; Hiebert 1985, 54–55; Inch 1982, 18), wird gleichzeitig auch hier immer wieder auf die Gefahr der Relativierung der biblischen Botschaft durch kulturelle Elemente hingewiesen (McQuilkin 1984, 222–223; Nicholls 1979, 53–56). Für den Übersetzungsprozess des unveränderlichen Evangeliums in spezifische kulturelle Formen, die für die Hörer verständlich und relevant sind, hat sich der Begriff *Kontextualisierung* durchgesetzt.[34]

33 Sie ist damit Teil der großen Diskussion um die Irrtumslosigkeit der Schrift, die seit Jahren viele konservative bibelgläubige Theologen bewegt. Sie wird auch im deutschen Sprachraum geführt und kommt in dem Buch von Stephan Holthaus und Karl-Heinz Vanheiden *Die Unfehlbarkeit und Irrtumslosigkeit der Bibel* (Holthaus und Vanheiden 2002) sowie den Schriften des Bibelbundes zum Ausdruck. Einen neueren gründlichen Überblick über die theologische Diskussion um die Autorität und Irrtumslosigkeit der Heiligen Schrift gibt der von D. A. Carson (2016) herausgegebene Sammelband *The Enduring Authority of the Christian Scriptures.*

34 Er ersetzt im evangelischen Sprachgebrauch die früher benutzten Begriffe der Inkulturation und Indigenisierung für den beschriebenen Prozess (Hesselgrave 2000, 33). Da es jedoch noch keine einheitliche Definition des Begriffes gibt, sind die oben erwähnten Bedenken in manchen theologischen Kreisen noch nicht ausgeräumt (Hesselgrave 2000, 35).

Da die Rollenverteilung von Mann und Frau ein Kulturmerkmal ist, wird jede Volksgruppe an dieser Stelle eigene Fragen an die biblischen Aussagen herantragen, die zum Beispiel in einer vorwiegend muslimischen Gesellschaft anders lauten werden als in einer westlich geprägten Kultur. Die Auslegung der Schrift zur „Frauenfrage" ist also auch von diesem Ringen um die Treue zum Inhalt der Heiligen Schrift bei gleichzeitiger Relevanz in der Kultur der Hörer in besonderer Weise betroffen, das P. Hiebert so beschreibt: „Eine christliche Theologie hat einen Fuß in der biblischen Offenbarung und den anderen im historischen und kulturellen Kontext der Menschen, die die Botschaft hören" (Hiebert 1985, 19). Es ist daher nicht verwunderlich, dass die Frauenthematik auch im Rahmen der „Lausanner Konsultation" 1978 in Willowbank/Bermudas zur theologischen Standortbestimmung über das Verhältnis von Evangelium und Kultur immer wieder präsent war (Kraft 1981, 228–229; Taber 1981, 90–91; Krass 1981, 251), obwohl man eine Diskussion dieses kontroversen Themenkomplexes dort bewusst ausgespart hatte (Willowbank Report 1981, 315).

1.3.2 Das Selbstverständnis des Auslegers im hermeneutischen Prozess

In engem Zusammenhang mit der beschriebenen Problematik um die Autorität der Heiligen Schrift als Gottes Wort und Menschenwort steht ein weiterer wichtiger Einflussfaktor in der Auseinandersetzung um die schriftgemäße Rolle der Frau: das Selbstverständnis des Auslegers im hermeneutischen Prozess. Einerseits rechnet jeder ernsthafte Ausleger mit der Erleuchtung durch den Heiligen Geist, die dem an Christus Gläubigen zugesagt ist (1Kor 4,14–16), andererseits weiß er um seine Menschlichkeit, die seine Objektivität einschränkt und ihn die Schrift durch einen Filter von vielerlei Vorprägungen verstehen lässt.

In diesem Spannungsfeld bewerten verschiedene Ausleger ihre Funktion und Position im hermeneutischen Prozess unterschiedlich und damit auch das Gewicht ihrer Auslegung. Einige betonen die sichere Führung durch den Heiligen Geist und leiten dementsprechend aus der Autorität der Schrift die Autorität und Zuverlässigkeit ihrer Auslegung ab. Die eigene Voreingenommenheit wird bei dieser Sicht als entsprechend unbedeutend bewertet.[35] Unterschiedliche Auslegungen werden in diesem Kontext leicht zur Frage von Wahrheit gegen Irrtum, Gehorsam gegen Ungehorsam oder „Geistlichkeit" gegen „Ungeistlichkeit", was gerade bei der emotional aufgeladenen Diskussion um die Stellung der Frau die Auseinandersetzung verschärft (Liefeld 1989, 113). Auf der anderen Seite des Spektrums betonen Ausleger die menschlichen

35 Siehe dazu auch die Ausführungen von Westfall (2016, 2–3) und Sumner (2007, 250–254).

Grenzen der Objektivität. Sie gehen davon aus, dass der menschliche Ausleger so sehr von seinem theologischen und soziokulturellen Erbe geprägt wird, dass es eine einzige endgültige, autoritative Interpretation der Heiligen Schrift gar nicht gibt (Larkin 1988, 99–100; Groothuis 1994, 154).[36]

Bei der Fragestellung nach Wesen, Rolle und Funktion der Frau müssen solche menschlichen Faktoren in besonderer Weise erwartet werden (Johnston 1986, 34–35). So werden zum Beispiel bereits das Geschlecht des Auslegers und seine jeweiligen Erfahrungen mit Vertretern des anderen Geschlechts stets präsente Einflussfaktoren auf sein Verständnis der entsprechenden Schriftstellen sein. Eine fast ebenso einflussreiche Komponente wird das Konzept des Auslegers über Autoritätsstrukturen sein, das wiederum eng zusammenhängt mit der Geschichtsepoche und dem sozialen Umfeld, das ihn geprägt hat. Auch die eigene Gemeindetradition wird ein Einflussfaktor sein. David Scholer kommt gerade im Zusammenhang mit dem „Frauenthema" zu dem Schluss: „Die Vorstellung von einer wahrhaft objektiven Bibelauslegung ist ein Mythos" (Scholer 1986, 215).

1.3.3 Die Bewertung des Beitrags von Natur- und Humanwissenschaften zu theologischen Fragestellungen

Ein weiteres Spannungsfeld, das die Diskussion um ein schriftgemäßes Frauenbild beeinflusst, ist die grundsätzliche theologische Einschätzung des Wertes von natur- und humanwissenschaftlichen Erkenntnissen zur Klärung von theologischen und biblischen Fragestellungen. Gerade zur „Frauenfrage" wurde angesichts der Herausforderung durch den Feminismus in den letzten Jahrzehnten viel wissenschaftlich geforscht, vor allem im Bereich der Neurobiologie, Soziologie, Entwicklungspsychologie und Anthropologie. Während viele konservative Theologen davon ausgehen, dass die Ergebnisse solcher Forschungen den biblischen Befund als Hilfsmittel aus dem Bereich der natürlichen Offenbarung klären helfen können (Erickson 1998, 75; Clark 1980, 372ff; Kuen 1998, 238 ff; Neuer 1993, 15), haben andere an dieser Stelle Bedenken und befürchten eine grundsätzliche Unterminierung der Autorität der Heiligen Schrift (McQuilkin 1984, 219–221; Larkin 1988, 129).[37] Der Anthropologe und

36 Siehe dazu wieder die hilfreichen Ausführungen von Sumner zur Unterscheidung von Wahrheit, Interpretation und Meinungen in diesem Zusammenhang (2007, 250–265). An dieser Stelle sind auch die Gedanken von Clarke zum Einfluss von Denkmustern der Moderne bzw. der Postmoderne auf die Selbstwahrnehmung von Forschern hilfreich (2008, 9).

37 Besonders das Verhältnis zwischen der evangelisch-konservativen Theologie und der Anthropologie war lange Zeit angespannt, ja feindschaftlich und konfrontativ (Hiebert 1985, 27).

Missionswissenschaftler Paul G. Hiebert plädiert für eine Integration wissenschaftlicher Einsichten und theologischer Überlegungen, da man nur so der Komplexität des menschlichen Lebens gerecht werde, allerdings immer unter der Bedingung, dass die Heilige Schrift der Maßstab bleibe, an dem alle Erkenntnisse gemessen würden (Hiebert 1985, 17.27). Wenn dies bei der Fragestellung um Wesen, Stellung und Rolle der Frau gelingt, sollten die Erkenntnisse der Human- und Naturwissenschaften hier meines Erachtens nicht gefürchtet werden, sondern als wertvoller Beitrag zur Klärung von scheinbaren Widersprüchen in der Schrift gewertet werden.[38]

1.3.4 Die Einschätzung der Beziehung zwischen Gemeinde und Gesellschaft

Da die Frage nach Wesen und Rolle der Frau zugleich geistliche und gesellschaftliche Dimensionen hat, spielt im Hintergrund von hermeneutischen Entscheidungen zu diesem Thema auch die Einschätzung des Auslegers zur Position und Funktion der Gemeinde Jesu in ihrem sozio-kulturellen Umfeld eine nicht geringe Rolle. Bis zur Wiederkunft Christi steht seine Gemeinde in dem von Jesus selbst vorgegebenen Spannungsfeld „in der Welt" (Joh 17,11), aber „nicht von der Welt" (Joh 17,16). Einige Ausleger betonen nun das „In-der-Welt-Sein" der Gemeinde. Ihnen ist das gemeinsame Menschsein von Christen und Nichtchristen als verbindendes Element wichtig, und sie halten den Kontakt und Austausch zwischen Gesellschaft und Gemeinde für fruchtbar, ja lebensnotwendig, um die Funktion der Gemeinde als Licht und Salz in dieser Welt zu gewährleisten. Andere dagegen betonen das „Nicht-von-der-Welt-Sein" der Gemeinde und warnen vor den schädlichen Einflüssen des Zeitgeistes, die aus der säkularen Gesellschaft in sie eindringen. Von einigen wird die Gemeindestruktur als „Sozialordnung Gottes" im Gegensatz zu der selbstbestimmten Sozialordnung der säkularen Gesellschaft (Clark 1980, 276) gesehen, von anderen wird die Gemeinde mehr als religiöse Institution der Gesellschaft eingeordnet (Hiebert 1985, 23). Was die Rolle der Frau angeht, neigen dementsprechend einige dazu, sich mit den Fragestellungen und Trends ihrer Gesellschaft diesbezüglich, also auch mit den Anliegen der feministischen Bewegung, ernsthaft auseinander zu setzen mit der Bereitschaft, sich auch selbst in manchem hinterfragen zu lassen. Andere bekämpfen alle Überlegungen der säkularen Gesellschaft hierzu als antibiblisch und Gefahr für die Gemeinde Jesu

---

Hier haben Anthropologen wie Paul G. Hiebert und im deutschen Sprachraum Lothar Käser, die sich kompromisslos der Autorität der Heiligen Schrift unterstellen, viele Bedenken zerstreut und hilfreiche Erkenntnisse der Anthropologie für die Missiologie fruchtbar gemacht.

38 Siehe dazu auch die aufschlussreichen Ausführungen von Van Leeuwen (2007, 171–199).

Christi. Für beide Vorgehensweisen gibt es in der Literatur reichlich Beispiele.[39] Eine zunehmende Zahl von theologischen Forschern raten der Gemeinde Jesu, sich in der Frauenfrage der Herausforderung durch die Gesellschaft nicht sofort und grundsätzlich zu verschließen, da sie in ihrem Ursprung nicht nur aus antigöttlichen Quellen stamme, sondern gerade auch von kritischen Denkern und geistlichen Pionieren aus ihren eigenen Reihen ausgegangen sei (Bilezikian 1987, 421; Groothuis 1994, 159; Lees 1984, 11–12; Johnston 1986, 32).

1.3.5 Die Bewertung der Tradition

In der Auseinandersetzung um die schriftgemäße Rolle der Frau spielt auch das Verhältnis der Ausleger zur kirchlichen und gesellschaftlichen Tradition keine unerhebliche Rolle. So wird einerseits das traditionelle Frauenbild der Kirche als biblische Tradition, die über die Jahrhunderte gleichgeblieben sei und sich in Kirche und Gesellschaft bewährt habe, mit der Ordnung Gottes gleichgesetzt, die nicht irren kann (Culver 1989, 25–49).[40] Auf der anderen Seite wird mit dem Blick auf die Kirchengeschichte die Irrtumsfähigkeit der kirchlichen Tradition aufgezeigt und vor einem unbiblischen Traditionalismus gewarnt, der das eigentliche Konzept der Heiligen Schrift zur Rolle der Frau verdunkele (Groothuis 1994, 38; Pierce 1993, 345).

1.4 Grundfragen zu Geschlechtsunterschieden

Außer den theologischen Spannungsfeldern spielt auch die wissenschaftliche Diskussion der Geschlechterunterschiede eine nicht zu unterschätzende Rolle im Hintergrund der Auseinandersetzung um die schriftgemäße Rolle der Frau. Vor allem in den Humanwissenschaften wird seit dem Beginn des 20. Jahrhunderts intensiv über das Verhältnis zwischen dem biologischen und dem sozialen Geschlecht geforscht. Dabei bestand von je her Einigkeit darüber, dass das biologische Geschlecht das Sozialverhalten in irgendeiner Form beeinflusst. Wie stark und normativ dieser Einfluss jedoch

---

39 Manche Autoren machen ihre Stellung diesbezüglich bereits im Vorwort ihrer Werke deutlich: So spricht sich zum Beispiel G. Keener in seinem Buch *Paul, Women &Wives* für eine differenzierte Auseinandersetzung mit den Anliegen feministischer Sichtweisen aus (Keener 1992, 5–10), während W. Neuer sein Buch *Mann und Frau in christlicher Sicht* als Kampfansage gegen den „theologischen und säkularen Feminismus" versteht (Neuer 1993, 6–7).

40 In der römisch-katholischen Lehre wird die Rolle der Tradition besonders hoch bewertet und bestimmt in hohem Maß den Rahmen der Auslegung im Blick auf Wesen und Dienst der Frau (Thatcher 2011, 36).

ist, wurde und wird sehr unterschiedlich beurteilt. Während man bis fast zur Mitte des 20. Jahrhunderts von einem unlösbaren und unausweichlichen Zusammenhang zwischen der „natürlichen Veranlagung“ und der „natürlichen Rolle“ von Mann und Frau in der Gesellschaft ausging und der „unbeugsame Einfluss der Naturgesetze“ auf die jeweilige „naturgewollte Bestimmung“ beschworen wurde (Labhardt 1935),[41] kam es danach in den Humanwissenschaften zunehmend zu einer gegenteiligen Einschätzung: Angesichts der von Anthropologen beobachteten großen kulturellen Vielfalt im Verhalten der Geschlechter im weltweiten Vergleich,[42] wurden geschlechtsspezifische Verhaltensunterschiede fast vollständig als „soziale Konstruktion“ (Gildemeister 1988, 497)[43] gesehen, die beliebig von Gesellschaften auch wieder „dekonstruiert“ und damit zum Verschwinden gebracht werden könnten (Bischof-Köhler 2004, 18). Neuere Erkenntnisse der Neurobiologie über den Einfluss von Geschlechtshormonen auf die Gehirnstruktur und -funktion von Männern und Frauen (Hines 2004), der Entwicklungspsychologie über die Signifikanz und Entwicklung geschlechtsspezifischer Verhaltensunterschiede (Maccoby und Jacklin 1974; Maccoby 1999) sowie der Anthropologie über die Universalität einiger geschlechtsspezifischer Verhaltensmuster in allen Kulturen der Welt (Rosaldo und Lamphere 1974) haben zu einem differenzierteren Bild geführt, und man geht seit den 1990er Jahren davon aus, dass „Natur und Kultur“ (Brednich 2001) bezüglich der Geschlechtsunterschiede in einem komplexen und vielschichtigen Verhältnis zueinander stehen, ja „sich wechselseitig durchdringen“ (Hartmann 2001, 23). Dabei wird biologischen Faktoren weiterhin ein mehr (Goldberg 1977; Baron Cohen 2004; Bischof-Köhler 2004) oder weniger (Maccoby und Jacklin 1974 und Maccoby 1999; Hines 2004; Rosaldo und Lamphere 1974; Hartmann 2001) prägender Einfluss zugeschrieben. Insgesamt setzt sich die Erkenntnis durch, dass die biologischen Geschlechterunterschiede gewisse Verhaltensdispositionen nahe legen, aber nicht vorschreiben oder erzwingen (Bischof-Köhler 2004,

41 Die Ausdrücke stammen aus einer Rektoratsrede, die am 16.11.1934 von Alfred Labhardt zum Thema „Die natürliche Rolle der Frau im Menschheitsproblem und ihre Beeinflussung durch die Kultur“ in Basel gehalten wurde.

42 Die Anthropologin Margaret Mead wies aufgrund ihrer Feldstudien unter sieben Volksgruppen auf verschiedenen pazifischen Inseln (Mead 1992, 50–53) zuerst auf diese Vielfalt hin (Mead 1935; Mead 1949). Ihre Ansichten wurden später von anderen Forschern bestätigt, aber auch differenziert, so zum Beispiel in der von M. Z. Rosaldo und L. Lamphere herausgegebenen Zusammenstellung von Feldstudien aus verschiedenen Völkern der Erde (Rosaldo 1974).

43 Zitiert in Bischof-Köhler 2002, 18.

27),[44] und dass kulturelle Stereotypen dann verstärkend auf die Ausprägung bestimmter Geschlechterrollen einwirken (Bischof-Köhler 2004, 28–29). Einem biologischen Determinismus wird als „naturalistischem Trugschluss" genauso widersprochen wie dem „moralistischen Trugschluss", der Verneinung biologischer Einflussgrößen aus Angst vor einer Diskriminierung von Frauen durch die wissenschaftliche Diskussion (Bischof-Köhler 2004, 29–30).

In der konservativ-evangelischen Literatur zur biblischen Rolle der Frau kommen die oben genannten Unterschiede in der Beurteilung wissenschaftlicher Erkenntnisse deutlich zum Ausdruck. So geht z. B. W. Neuer von einer „fundamentalen wesenhaften Verschiedenheit" der Geschlechter aus (Neuer 1993, 12) und sieht die Geschlechtlichkeit als ein „Sein, welches unser gesamtes Verhalten bestimmt" (Neuer 1993, 21.35). Die Anweisungen des Paulus beschreibt er dann als moralische Konsequenzen aus diesem Sein.[45] R. Groothuis, auf der anderen Seite, geht von der wesenhaften Gleichheit des Menschseins bei beiden Geschlechtern aus (Groothuis 1997, 19) Die biologischen Unterschiede werden als solche zwar wahrgenommen, ihr jeweiliger Ausdruck in der Sozialstruktur verschiedener Gesellschaften aber als flexibel angesehen. Die konkreten Anweisungen des Paulus zu Rolle und Verhalten der Frau werden dementsprechend in ihrem kulturellen Kontext belassen und nicht als normativ auf andere Kulturen übertragen (Groothuis 1997, 47).[46]

1.5 Zusammenfassende Bemerkungen

Aus dem Gesagten wird deutlich, wie vielschichtig und komplex die Spannungsfelder sind, die den Hintergrund für das kontroverse Ringen um ein Frauenbild bilden, das dem in der Heiligen Schrift ausgedrückten Willen Gottes im Kontext verschiedener Kulturen entspricht. Einigkeit in diesem Ringen unter den konservativen Forschern

44 Raedel spricht an dieser Stelle von einer „weichen" Polarität und von der biologischen Konstitution als „Angebot", auf das der Menschen in je eigener Weise eingehen kann (2017, 139).

45 Siehe dazu die Ausführungen von Lakey, der eine solche essentialistische Sicht dem Denkrahmen der Moderne zuordnet (2010, 13).

46 Zum besseren Verständnis der wissenschaftlichen Diskussion zu Einflüssen biologischer bzw. kultureller Faktoren auf die Geschlechtlichkeit des Menschen und Schlussfolgerungen für die Aufgabe der christlichen Kirche im Blick auf die Lehre und die Gestaltung von Geschlechterrollen siehe auch die Ausführungen von Kimball (2005, 464–480), Van Leeuwen (2007, 171–199) und Lakey (2010, 14–15).

besteht in ihrer Hochachtung vor der Heiligen Schrift.[47] Auch wenn die Positionen in allen genannten Spannungsfeldern festgefahren und unvereinbar erscheinen, gibt es aber auch immer Autoren, die diese Spannungsfelder für notwendig und dem Wesen der Beziehung zwischen Gott und den Menschen angemessen halten. Dementsprechend gibt es auch in der „Frauenfrage" immer wieder Gelehrte, die sich auf ein erneutes Studium des Schriftbefundes aus unterschiedlichen Perspektiven einlassen und hilfreiche, klärende und auch versöhnende Gedanken zur Diskussion beitragen.[48] Es bleibt die Hoffnung, dass die Gemeinde Jesu für diese kontroverse theologische Debatte, die so tiefgreifende Folgen für ihre Mitglieder hat, einen respektvollen Umgang mit den unterschiedlichen Sichtweisen und gangbare Wege für die Gemeindepraxis findet.

47 Hardmeier beschreibt diese Einigkeit treffend so: „So unterschiedlich die Ansichten zu diesem Thema sind – es gibt einen Punkt, an dem wir uns treffen können. Dieser Punkt ist die Überzeugung, dass die Bibel in allem, was sie lehrt, als Wort Gottes ernst zu nehmen ist" (2013, 15).

48 Ein Beispiel dafür stellt das Buch von Alfred Kuen (1998) dar. Im englischsprachigen Raum bringen die Artikel des kanadischen Theologen R. P. Stevens (1992) und des amerikanischen Neutestamentlers D. Scholer (1987) sowie der Beitrag von J. I. Packer (1986) auf dem *Evangelical Colloquium on Women and the Bible* diese Haltung beispielhaft zum Ausdruck. Auch die neueren Beiträge von Payne 2009, Blocher 2007, Sumner 2007, George 2007 und Westfall 2016 verfolgen dieses Ziel.

KAPITEL 2

FRAUSEIN UND KULTUR

Wie aus dem bisher Gesagten bereits deutlich wurde, kann über die Rolle der Frau nicht nachgedacht werden, ohne den kulturellen Kontext einzubeziehen, in dem diese definiert und ausgelebt wird. Die Stellung der Frau in einer Gesellschaft ist geradezu ein Kulturmerkmal, an dem sich das Wesen einer Kultur offenbart. Deshalb möchte ich in diesem Kapitel einige grundsätzliche Aspekte der Beziehung zwischen Kultur und der Stellung der Frau beleuchten. Die gewonnenen Einsichten sollen dann mit den biblischen Befunden in Verbindung gebracht werden. Erkenntnisse der Natur- und Humanwissenschaften erweisen sich dabei als hilfreiches Instrument für ein „informiertes Verständnis des kulturellen ‚Wassers', in dem die Interaktion zwischen Gott und Mensch stattfindet" (Kraft 1996, 89).

2.1 Das Wesen von Kultur

2.1.1 Definition von Kultur

Versucht man, das Wesen von Kultur zu erfassen, so stößt man in der Literatur auf eine Unzahl von Definitionen, deren übersichtlichste und einfachste die von Lothar Käser ist: „Kulturen sind Strategien zur Daseinsbewältigung" (Käser 1998, 37).[49] Alle Menschengruppen entwickeln Strategien, um mit der biologischen Natur des Menschen und seinem Umfeld angemessen umzugehen (Kraft 1996, 38; Käser 1998, 51–57).

49 Der Missionar und Anthropologe Charles Kraft definiert den Kulturbegriff ähnlich als „total design for living" (Kraft 1996, 44).

Die Definition umfasst das ganze Gefüge der Denkstrukturen, des Wertesystems und der Regeln einer menschlichen Gruppe, welche durch ihr Verhalten und ihre Produkte zum Ausdruck kommen (Käser 1998, 38–44; Hiebert 1985, 30). Die kulturellen Denk- und Verhaltensmuster sind den Menschen nicht bewusst, sondern bilden das selbstverständliche „Hintergrundsphänomen" (Käser 1998, 44) ihres Lebens, das an jede nachfolgende Generation weitergegeben und von dieser erlernt wird (Käser 1998, 114–119).

2.1.2 Universale kulturelle Gemeinsamkeiten

Vergleicht man nun verschiedene Kulturen, so beeindruckt die Vielfalt der Strategien, die Menschen zur Daseinsbewältigung einsetzen. Gleichzeitig weisen alle Kulturen aber auch Gemeinsamkeiten auf. Diese zeigen sich weniger in einzelnen Verhaltensweisen als vielmehr in größeren strukturellen Kategorien. Sie zeugen von einem „universalen Kulturmuster", nach dem alle Kulturen der Gegenwart und Vergangenheit geordnet sind (Murdock 1980, 125). Als Grundlage für dieses gemeinsame Muster können nur die „biologische und psychologische Natur des Menschen und die universalen Bedingungen menschlicher Existenz" (Murdock 1980, 125) infrage kommen. Grundlegende menschliche Gemeinsamkeiten werden sowohl in der Heiligen Schrift als auch in den Humanwissenschaften vorausgesetzt (Kraft 1979, 81); E. Nida betont: „Die Ähnlichkeiten, die die Menschheit als kulturelle Spezies verbinden, sind viel größer als die Unterschiede, die sie trennen" (Nida 1964).[50] Kulturelle Strategien sind dann Antworten auf die universalen biologischen, psychologischen, spirituellen und sozialen Grundbedürfnisse des Menschen, die Menschengruppen in ihrem jeweiligen Umfeld entwerfen (Murdock 1980, 129–132). Das gemeinsame Schema zeigt sich in universalen kulturellen Funktionen (Murdock 1980, 131; Kraft 1979, 87) wie zum Beispiel der Institution der Ehe und Familie, der Bildung von Abstammungsgruppen, dem Hausbau, der Entwicklung eines medizinischen Systems, dem Einnehmen von Mahlzeiten, dem Feiern von Festen, dem Betreiben von Sport und dem Glauben an übernatürliche Wesen (Kraft 1979, 87).[51] Die Ausgestaltung dieser Funktionen ist sehr vielfältig, und der Mensch kann sich an unzählige Verhaltensmuster anpassen (Shapiro 1980, 19), wenn auch alle „Strategien zur Daseinsbewältigung" in irgendeiner Weise seine biologischen Vorgaben reflektieren (Shapiro 1980, 19) und in ihrer Variabilität von diesen limitiert werden (Herskovits 1980, 144).

---

50 Zitiert in Kraft 1979, 84.

51 Charles Kraft führt eine von G. P. Murdock 1945 erstellte Liste von 73 Kategorien an, aus der die Beispiele entnommen sind (Kraft 1979, 87).

2.1.3 Die Struktur einer Kultur

Tritt man nun von außen an eine Kultur heran, so kann man zunächst in ihren Institutionen und den Verhaltensweisen der Menschen nur ihre Oberflächenstruktur wahrnehmen. Erst nach längerer Zeit wird der Beobachter die Konzepte entdecken, die dieses Verhalten erklären und sinnvoll erscheinen lassen.

Dabei lassen sich verschiedene Ebenen einer Kultur unterscheiden, die wie die Schalen einer Zwiebel übereinanderliegen: Im Innersten wird eine Kultur von ihrer Weltanschauung gesteuert (Willowbank Report 1981, 312; Hiebert 1985, 45–48). Diese besteht aus den Grundannahmen, nach denen eine menschliche Gruppe die Welt interpretiert (Kraft 1996, 55). Diese Grundannahmen werden nicht hinterfragt und sind häufig, aber nicht notwendigerweise, religiöser Art (Willowbank Report 1981, 312; Kraft 1996, 53). Sie liefern das Erklärungsmuster für das Denken und Verhalten der Menschen (Kraft 1996, 52–53). Sie sind wie eine „Brille", durch die die Mitglieder der Gruppe die Wirklichkeit wahrnehmen und interpretieren (Kraft 1996, 56), und wie eine „mentale Straßenkarte", nach der sie ihr Verhalten ausrichten (Conn 1984, 15). Nach den Vorgaben dieses „philosophischen Rasters" (Jacobs 1981, 133) organisiert ein Volk sein Leben und seine Erfahrungen. Das schließt die Muster für Persönlichkeitsmerkmale und den Gebrauch des Willens genauso ein wie Denk- und Gefühlsprozesse, Motivationsmuster und Beziehungen (Kraft 1996, 58–63).

Aus der Weltanschauung gehen wiederum die Überzeugungen und Werte einer Gruppe hervor, die als „kollektive Zielsysteme" (Pezaro 1991, 25) allem Handeln Sinn geben. Aus diesen legt eine Volksgruppe ihre gemeinsamen Handlungsrichtlinien in Normen und Regeln fest. Damit sind auch die Erwartungen klar definiert, die eine Gesellschaft an ihre Mitglieder hat (Kluckhohn und Kelly 1980, 104). Für den Fall der Nichteinhaltung drohen Strafen, vor allem soziale Ausgrenzung.

Die äußere Manifestation einer Kultur ist dann der bunte Komplex aus ihren Institutionen, dem Verhalten der Menschen und den Produkten, die sie herstellen (Hiebert 1985, 35–37). Dieser lässt sich in verschiedene Bereiche[52] aufgliedern, die typischerweise in allen Kulturen vorhanden sind, aber auf unterschiedliche Weise ausgelebt und bewertet werden (Herskovits 1980, 164): das religiöses System, die Wirtschaftsstruktur, die Technologie, das soziale System, das Kommunikationssystem, die politische Struktur und die Kunst (Kraft 1996, 49). In jedem Bereich kommt die Weltanschauung der entsprechenden Menschengruppe zum Ausdruck, und alle sind untereinander wie in einem Netzwerk verbunden und beeinflussen sich gegenseitig so sehr, dass Veränderungen in einem Sektor die anderen unweigerlich mitbetreffen

52 Charles Kraft bezeichnet sie als „subsystems" (Kraft 1996, 49).

(Kraft 1996, 124–125). Insgesamt ist dieses kulturelle Gefüge ein integriertes Ganzes, in dem alles aufeinander bezogen ist und sich gegenseitig beeinflusst (Herskovits 1980, 145; Hiebert 1985, 42–45). Kraft vergleicht es mit einem lebendigen Organismus (Kraft 1996, 124). Diese Ganzheitlichkeit verleiht einer Kultur ihre Stabilität (Hiebert 1985, 49).

2.1.4 Kulturveränderung

Trotz ihrer Stabilität sind Kulturen jedoch nicht statisch, sondern dynamisch und in konstantem Wandel begriffen (Herskovits 1980, 145–146; Willowbank Report 1981, 313; Kraft 1996, 359). Dieser Wandel geschieht von innen her durch Erfindungen und Entdeckungen aufgrund der Kreativität der Menschen, aber auch von außen durch Kontakte mit anderen Kulturen, Zugang zu Bildung und neuen Technologien (Herskovits 1980, 150; Dollard 1980, 443; Kraft 1996, 369). Dabei gibt es in jeder Kultur eine kontinuierliche Sorge um den Erhalt ihrer Identität und einen inneren Widerstand gegen zu viele und rasche Veränderungen (Herskovits 1980, 145). Ein zu rascher Wandel, der auf unvorbereiteten Boden trifft, kann schwerwiegende Folgen haben. Er kann ein Volk in Stress bringen, ja in einen regelrechten „Kulturschock" versetzen (Kraft 1996, 125). Identitätsverlust und Demoralisierung sind die Folgen mit der Gefahr des Zerfalls und des Untergangs einer Kultur (Herskovits 1980, 145; Kraft 1996, 359).[53] Über ein solches Geschehen in extremem Ausmaß gibt die Geschichte der indigenen Völker Lateinamerikas Zeugnis. Dabei zeigt sich aber auch die erstaunliche Fähigkeit mancher Kulturen, ihre Balance nach einer solchen Verletzung wieder zu finden und sich zu erholen (Kraft 1996, 125–126).

Neue Elemente werden von einer Kultur freiwillig am ehesten dann aufgenommen, wenn sie als passend zu den bestehenden Mustern empfunden werden und wenn das Ordnungsempfinden einer Gesellschaft erhalten bleibt. Das vorhandene Kulturmus-

---

53 Ein anschauliches Beispiel ist das von A. Kardiner beschriebene Erleben des Bergvolkes der Tanala auf Madagaskar (Kardiner 1980, 112–113). Die Reisanbaumethode dieses Volkes hatte zu einer bestimmten Art der sozialen Organisation geführt: Das Land war Eigentum der Großfamilie und wurde von dem Familienvater auf sehr autoritäre Weise verwaltet. Alle Familienmitglieder ordneten sich ihm bedenkenlos unter und erhielten von ihm ihren gesicherten Unterhalt. Mit der Einführung einer neuen Reiskultivierungsmethode wurde das Land in Parzellen aufgeteilt und zum Eigentum der einzelnen Familienmitglieder, die nun als Individuen handeln und entscheiden mussten. Durch den entstehenden Wettbewerb und Kämpfe um die Zuteilung der Ländereien erlebte die Gesellschaft eine tiefe Krise. Ängste und Unmoral brachen aus, und die Existenz dieses Volkes war bedroht.

ter gibt also dic Richtung und die Grenzen vor, innerhalb derer eine Veränderung hingenommen wird.

Charles Kraft weist auch christliche Mitarbeiter im kulturübergreifenden Dienst immer wieder auf die Gefahr hin, durch mangelnde Sensibilität bei der Verkündigung des Evangeliums und im Gemeindebau kulturelle Strukturen unnötig zu beschädigen und so ungewollt Gesellschaften aus dem Gleichgewicht zu bringen. Diese Gefahr sieht er vor allem im Blick auf die Sozialstrukturen eines Volkes. So könne die Einführung von an sich positiven und hilfreichen Veränderungen zu einem Zusammenbruch der Autoritätsstrukturen einer Gesellschaft führen, wenn sie zu schnell und nicht auf die rechte Weise geschehe (Kraft 1996, 126). Von dieser Problematik sind Veränderungen, die die Stellung der Frau in einer Gesellschaft beeinflussen, besonders betroffen. Nach Kraft ist an dieser Stelle besondere Vorsicht geboten, da die meisten Völker sehr familienorientiert sind und klar definierte und selbstverständlich gelebte kulturelle Normen für die Rolle der Frau in Familie und Gesellschaft haben. Kraft rät Mitarbeitern im interkulturellen Kontext deshalb: „Debatten über Geschlechterbeziehungen sollten im Kontext einer gegebenen Kultur geführt werden“ (Kraft 1996, 324).

2.1.5 Kultur aus der Perspektive der Heiligen Schrift

Höchste Würde kommt den menschlichen Kulturen zu durch die Tatsache, dass Gott, der unabhängig von ihnen existiert, sich nicht über sie hinweg, sondern in sie hinein offenbart hat: Er richtete sein Wort in bestimmten kulturellen Ausdrucksformen an Menschen in spezifischen Kulturen, und Jesus Christus, das fleischgewordene Wort Gottes, wurde in eine bestimmte Kultur und Zeit hineingeboren, in deren Rahmen und nach deren Grundmustern sein Leben ablief. Gott gebrauchte Kulturen, um seinen Heilsplan durchzuführen. Gleichzeitig sorgte er dafür, dass kulturelle Faktoren seine Wahrheit nicht verzerren konnten.

2.1.5.1 Kultur und Schöpfung

Weil der Mensch Gottes Geschöpf und sein Ebenbild ist, reflektiert auch jede menschliche Kultur etwas von Gottes Schöpfermacht, Vielfalt und Güte (Willowbank Report 1981, 311). Als Ebenbild Gottes bekam der Mensch den Auftrag zur Herrschaft über die Schöpfung und zu ihrer Gestaltung (Gen 1,28). Dieser göttliche Auftrag muss als Ursprung aller menschlichen Kultur gesehen werden (Willowbank Report 1981, 311). Ihn in der Abhängigkeit von Gott auszuführen, ist Teil der Bestimmung des Menschen auf dieser Erde (Willowbank Report 1981, 312).

2.1.5.2 Kultur und Sündenfall

Seit dem Sündenfall ist der Mensch selbst und alles, was er tut, von der Sünde durchsetzt und verzerrt (Röm 3,9–23). Deshalb gibt es kein Kulturelement, das nicht zugleich den Missbrauch der Gottebenbildlichkeit ausdrückt (Nicholls 1981, 56). Der Mensch will nicht Gott verherrlichen, sondern sich selbst. Bereits in Genesis 3 und 4 zeigt sich, wie sich das auf das Zusammenleben von Menschen in einer Gesellschaft auswirkt (Nicholls 1981, 56). Allerdings ist es nicht nur der Mensch, der durch seine Sündhaftigkeit Kultur verzerrt und befleckt, sondern seit dem Sündenfall hat sich Satan selbst der menschlichen Kulturen bemächtigt und drückt ihnen als „Fürst dieser Welt" seinen Stempel auf (Joh 12,31; 14,30; 16,11; 1Joh 5,19). Er verführt und blendet Menschen (2Kor 6,16; 2Kor 4,4) und ist mit dämonischen Mächten in den menschlichen Kulturen aktiv (1Kor 10,20). Kultur ist also aus geistlicher Sicht nicht neutral, sondern immer „ein eigenartiger Komplex aus Wahrheit und Irrtum, Schönheit und Hässlichkeit, Gutem und Bösem, aus der Suche nach Gott und der Rebellion gegen ihn" (Nicholls 1981, 56).[54] Somit muss erwartet werden, dass weder einzelne kulturelle Ausdrucksformen noch universale Gemeinsamkeiten ausschließlich von der Biologie des Menschen oder seinen Umweltgegebenheiten vorgegeben sind, sondern dass alles auch die Spuren der sündigen Natur des Menschen und satanischer Einwirkungen trägt.

2.1.5.3 Kultur und das Heilshandeln Gottes

Das Heilshandeln Gottes in dieser Welt hat von Anfang an alle menschlichen Volksgruppen im Blick (Gen 10; Gen 12,1–3). Zu seiner Konkretisierung in der Geschichte engt Gott sein Handeln zunächst auf eine einzige Nation, Israel, ein. Diese macht er zum Modellvolk, an dessen Menschen und Kultur er seine Herrlichkeit darstellen will (Ex 19,5–6). Nachdem er das Volk aus der Gefangenschaft in Ägypten gerettet hat, wo seine Kultur sich bisher entwickelt hatte, will er die Weltanschauung seines Volkes konkurrenzlos prägen (Ex 20,3) und das gesamte kulturelle Gefüge seines Lebens als Gottesvolk bestimmen (Ex 20–31). Aber Israel entfernt sich immer wieder von Gott

---

54 Wie weit Sünde die Strukturen von Kulturen selbst durchdringt oder sich nur auf die Menschen bezieht, die Kulturen gestalten, ist Gegenstand der Diskussion unter christlichen Anthropologen. Während Charles Kraft die Strukturen einer Kultur eher als neutral und sowohl von Gott oder auch von Satan benutzbar ansieht (Kraft 1996, 34–35), hält Lingenfelter sie für völlig durchdrungen von der menschlichen Sünde, eben weil sündige Menschen sie für ihre eigenen Interessen aufbauen (Lingenfelter 1992, 18).

und bringt das in seinem kulturellen Leben zum Ausdruck.[55] So zeigt sich an diesem Volk modellhaft die Unfähigkeit gefallener Menschen und ihrer Kulturen, nach Gottes Maßstäben zu leben (Röm 3,19–20).

In Jesus Christus wird Gott selbst Mensch und integriert sich in die Kultur des Volkes Israel. Als einziger Mensch lebt er ungebrochen nach Gottes Maßstäben (Hebr 4,15; Joh 8,46) und verkündigt den Anbruch des Reiches Gottes in seiner Person (Mk 1,15). Durch sein Erlösungswerk am Kreuz erwirkt er den Menschen Vergebung ihrer Schuld (Eph 1,7) und den Eintritt in das Reich Gottes. Diese Erlösung gilt allen Menschen und Volksgruppen (Joh 3,16). Nach seiner Auferstehung sendet Jesus seine Jünger mit dem Evangelium zu allen Völkern dieser Erde (Mt 28,19–20).

2.1.5.4 Kultur und die Gemeinde Jesu

Aus denen, die die Erlösung im Glauben annehmen und damit in das Reich Gottes eintreten, entsteht eine neue, bisher nie da gewesene Einheit, die Gemeinde. Sie besteht nicht aus Menschen einer Kultur, sondern aus den Glaubenden aller Kulturen dieser Erde (Eph 2,11–3,6). Sie ist der Repräsentant des Reiches Gottes, also wiederum Modell einer „göttlichen Kultur" in dieser Welt, deren Maßstäbe und Prinzipien Jesus selbst seine Jünger gelehrt hat (Mt 5–7). Zur Verwirklichung eines gottgewollten Lebens hat sie im Vergleich zum alttestamentlichen Gottesvolk eine neue Kraft durch den in ihr wohnenden Heiligen Geist (Eph 3,14–21). Dabei ist die Gemeinde Jesu ein „soziologisches Wunder" (CIU 1997, 120):[56] Sie ist gleichzeitig universal und lokal an vielen Orten dieser Erde, sie ist international und hat doch ein nationales Gepräge in jeder Nation. Sie ist interkulturell und doch trägt sie in jeder Kultur deutlich deren Züge. Sie unterstellt sich ganz ihrem Herrn Jesus Christus und fügt sich gleichzeitig in die jeweiligen Strukturen ihres kulturellen Kontextes ein (CIU 1997, 120). Dort hinein verkündigt sie das Evangelium und lädt Menschen unter die Herrschaft Gottes ein. Für die Glaubenden beginnt ein Prozess der Veränderung, bei dem durch eine von Gott erneuerte Weltanschauung alle Lebensbereiche nach den Königreichsprinzipien Jesu umgestaltet werden.

Dies kann vor den Augen der Gesellschaft nicht verborgen bleiben, sondern ist die „sichtbare Manifestation der neuen Gesellschaft" (Nicholls 1979, 18) unter der Herr-

---

55 Die Propheten sprechen solches Fehlverhalten, das sich vor allem im sozialen Miteinander äußert, immer wieder an (z. B. Amos).

56 Der Ausdruck stammt aus dem im Fernstudium bearbeiteten Manuskript des Kurses *Progress of Redemption* in englischer Sprache aus dem Studienprogramm der Columbia International University (CIU).

schaft Jesu. So wirkt die Gemeinde als „Licht und Salz" in ihrer Kultur. Dies wird in der Zeit zwischen der Himmelfahrt und der Wiederkunft Jesu immer unter Kampf und Anfechtung geschehen, in der Spannung zwischen dem „Schon-Jetzt" des neuen Lebens aus Gott und dem „Noch-Nicht" seiner ungehinderten und vollständigen Manifestation in einer Welt, die von Sünde und Leid gezeichnet ist (Willowbank Report 1981, 336). Dabei wird die Gemeinde Jesu Zeichen setzen, die auf die zukünftige vollkommene Gottesherrschaft hinweisen und hinwirken.[57] Mit der Zeit wird das Zeugnis der Gemeinde, die ihrem Herrn gehorsam ist, heilende Auswirkungen auf die sie umgebende Gesellschaft haben, auch unter denen, die nicht zur Gemeinde gehören.[58]

Dies geschieht umso mehr, je besser sie es versteht, ihr Leben unter Gottes Herrschaft in den kulturellen Formen ihrer Umgebung und so in sie hinein zu gestalten, dass die Gesellschaft nicht destabilisiert, sondern wirklich geheilt wird, und das Evangelium nicht gehindert, sondern in seiner Ausbreitung gefördert wird. Dabei wird die Gemeinde um des Evangeliums willen und aus Liebe zu den Menschen, die sie gewinnen möchte, sensibel und demütig um die rechten Formen ringen müssen, die in jeder Kultur anders aussehen können (1Kor 9,19–23; Lausanner Verpflichtung 1974, 15; Willowbank Report 1981, 320). Den Beginn dieses bis heute in der Weltmission andauernden Kontextualisierungsprozesses beschreibt uns die Heilige Schrift beim Übergang des Evangeliums von der jüdischen Kultur in die hellenistische Welt. Hier können heutige Mitarbeiter im interkulturellen Kontext von dem ersten Missionar unter Nichtjuden, dem Apostel Paulus, die nötigen Prinzipien lernen, um sie in ihrer eigenen Missionssituation im gleichen Sinn umzusetzen.

2.2 Die Rolle der Frau als Kulturmerkmal

Fragt man nun nach der Rolle der Frau in verschiedenen Kulturen dieser Erde, so fällt zunächst die Vielfalt auf, mit der diese in unterschiedlichen Volksgruppen definiert und gelebt wird. Diese Beobachtung hat seit den ersten entsprechenden anthropologischen Forschungen in den 1930er Jahren die bis heute allgemein verbreitete Ansicht

57 Nicholls spricht hier von dem „prophetic principle" (Nicholls 1981, 59).

58 Diesen Prozess erlebte die Verfasserin in einem Dorf der Tutunakú in Mexiko mit. Mit dem Entstehen und Wachstum einer christlichen Gemeinde gingen Alkoholsucht und die damit verbundenen Schlägereien, aber auch Misstrauen und Furcht im Dorf zurück, und es machte sich eine neue Hoffnung und Arbeitsfreude als Grundstimmung breit. Die Dorfbewohner führten dies selbst auf den Eintritt des Evangeliums in ihr Dorf zurück.

gestärkt, dass geschlechtsspezifische Rollen- und Verhaltensunterschiede rein kulturell geprägt, willkürlich festgelegt und veränderbar seien (Bischof-Köhler 2004, 16).[59] Bei näherem Hinsehen zeigt sich jedoch, dass die kulturelle Vielfalt im Verhalten der Geschlechter nicht unbegrenzt ist, sondern sich in gewissen Grundmustern bewegt. So wurde deutlich, dass jede Kultur Geschlechterunterschiede anerkennt und zum Ausdruck bringt, die über die unmittelbaren Fortpflanzungsfunktionen hinausgehen (Bischof-Köhler 2004, 165; Mead 1992, 10–11; Rosaldo 1974, 18). Bei aller kulturellen Vielfalt lässt sich auch hier ein universales Kulturmuster erkennen (Murdock 1980, 125), dessen Grundlage zunächst wieder in der „biologischen und psychologischen Natur des Menschen und den universalen Gegebenheiten der menschlichen Existenz" (Murdock 1980, 125)[60] vermutet werden muss.

2.2.1 Das kulturelle Grundmuster der Geschlechterrollen

In allen Kulturen werden für die Geschlechterrollen folgende vier Merkmale gefunden:

2.2.1.1 Geschlechtsspezifische Arbeitsteilung

Jede Kultur schreibt Männern und Frauen jeweils bestimmte Tätigkeiten als geschlechtstypisch zu (Bamberger 1974, 277; Llobera 2003, 35). Dabei lässt diese Zuordnung ein gewisses Grundmuster erkennen, in dem als typisch männliche Tätigkeiten eher solche definiert werden, die körperlich anstrengend sind, häufiger eine organisierte Kooperation erfordern und einen großen Bewegungsradius beanspruchen. Als typisch weibliche Tätigkeiten gelten diejenigen, die körperlich weniger anstrengend sind, eher individuell ausgeführt werden und nur eine geringe Mobilität erfordern (D'Andrade 1967).[61] Dennoch wirkt die Zuordnung im Einzelnen vielfach willkürlich

59 Die Pionierin auf diesem Gebiet war die Anthropologin Margaret Mead. Sie nahm nach Bischof-Köhler aufgrund ihrer Erforschung dreier Südseevölker zunächst (1935) eine völlige Zufälligkeit und entsprechende Veränderbarkeit der kulturellen Rollenzuteilungen an (Bischof-Köhler 2004, 167).

60 Auch M. Mead korrigierte ihre Aussagen diesbezüglich später (1949) und betonte, dass man mit biologisch bedingten Geschlechterunterschieden rechnen müsse (Mead 1992, 23; Bischof-Köhler 2004, 170).

61 Dies sind Ergebnisse einer Aufarbeitung des Materials der Human Relations Area Files durch R. D'Andrade (1967), erwähnt in Bischof-Köhler 2004, 165–166. Eine aus Untersuchungsergebnissen mehrerer Forscher zusammengestellte Tabelle von als typisch männlich bzw. weiblich bezeichneten Tätigkeiten findet sich bei Bischof-Köhler (2004, 165).

und ist durch körperliche Unterschiede zwischen Mann und Frau nicht allein erklärbar.[62]

2.2.1.2 Trennung der Wirkungsbereiche in die öffentliche und private Sphäre

Eine weitere Grundtendenz in der Geschlechterordnung der meisten Kulturen ist eine Aufteilung der Arbeits- und Verantwortungsbereiche in die öffentliche Domäne für den Mann und die private häuslich-familäre für die Frau (Rosaldo 1974, 23ff; Pezaro 1991, 39). Diese Aufteilung ist in allen Kulturen feststellbar, jedoch in unterschiedlich starker Ausprägung (Mead 1992, 50–55; Pezaro 1991, 39; Clark 1980, 414).

2.2.1.3 Geschlechtsspezifische Normvorstellungen

Ein drittes universales kulturelles Merkmal ist die Zuordnung von geschlechtsspezifischen Rollen und Normen (Rosaldo 1974, 18; Bischof-Köhler 2004, 166–167; Mead 1992, 10). Diese werden in Stereotypen ausgedrückt und zeigen dann in vereinfachter und überhöhter Form an, wie ein typischer Mann und eine typische Frau sein und sich verhalten müssen. Das betrifft Charaktereigenschaften, Gebräuche, Verhaltensweisen, Kleidung und vieles mehr. Diese Normvorstellungen weisen in unterschiedlichen Kulturen manche Ähnlichkeiten auf (Bischof-Köhler 2004, 166),[63] gleichzeitig aber auch deutliche Unterschiede (Rosaldo 1974, 18; Bischof-Köhler 2004, 167–168).

2.2.1.4 Ungleichheit des Status

Ebenfalls in allen Kulturen zu beobachten ist ein Statusunterschied zwischen den Geschlechtern, wobei dem Mann grundsätzlich ein höherer Status und mehr Autorität zugeschrieben wird als der Frau (Rosaldo 1974, 3.17; Ortner 1974, 69–70). Diese Assymmetrie der Geschlechter scheint ein tiefgreifendes Prinzip zu sein (Ortner 1974, 67). So wird die Sozialstruktur in allen bekannten Gesellschaften der Erde von Männern dominiert (Rosaldo 1974, 3.13; Ortner 1974, 67; Goldberg 1977, 26; King 1995, 1), und es wird grundsätzlich den Aktivitäten von Männern ein höherer Wert und

62 So werden in manchen Kulturen Frauen für zu schwach gehalten, um Arbeiten außerhalb des Hauses auszuführen, in anderen werden sie für geeignet gehalten, schwere Lasten zu tragen, da ihre Köpfe stärker seien als die der Männer (Mead 1992, 10–11.152). In manchen Kulturen, so auch im Stamm der Tutunakú in Mexiko, mit dem die Verfasserin vertraut ist, haben Frauen Funktionen, die – wie etwa Wasserholen und Brennholztragen – mehr körperliche Kraft erfordern als die sogenannten typisch männlichen Tätigkeiten.

63 Zum Beispiel beschreibt Bischof-Köhler hierzu eine Studie von Barry et al. über geschlechtsspezifische Erziehungsziele in 110 Kulturen, bei denen für Mädchen das Gewicht auf Fürsorglichkeit und Verantwortlichkeit lag, bei Jungen auf Leistung und Selbstvertrauen.

Status zugeschrieben als denen von Frauen (Rosaldo 1974, 17.21; Ortner 1974, 69; Mead 1992, 146–147; Goldberg 1977, 45).[64] N. Chodorow spricht von einer „soziokulturellen Überlegenheit des Mannes" (Chodorow 1974, 67), K. Lenz von einem „natürlichen Autoritätsvorsprung des Mannes" (Lenz 1998, 44). Dabei ist die Ausprägung dieser Assymmetrie nicht in allen Kulturen gleich stark, eine wirklich egalitäre oder gar matriarchalische Gesellschaft wurde jedoch nie gefunden (Ortner 1974, 70; Bamberger 1974, 263; Goldberg 1977, 26; Bischof-Köhler 2004, 175.177).

In einigen Kulturen sind nun alle genannten Merkmale stark ausgeprägt und sogar gesetzlich festgelegt,[65] in anderen gibt es viel Gestaltungsspielraum mit sich überschneidenden Arbeits- und Verantwortungsbereichen für Mann und Frau und einem geringen Autoritätsabstand zwischen ihnen.[66] Insgesamt gibt es innerhalb des beschriebenen Grundmusters weltweit ein fast grenzenloses Spektrum an Variationen,[67] in denen jedoch immer eine gewisse geschlechtsspezifische Aufteilung der Tätigkeiten, Wirkbereiche und Rollen sowie die Statusungleichheit mit dem Autoritätsvorsprung des Mannes zum Ausdruck kommen.

2.2.2 Zum Ursprung des kulturellen Grundmusters

Sucht man nun nach einer Ursache für das beschriebene universale Rollenmuster in der Geschlechterbeziehung, so muss wie bei allen universalen Kulturphänomenen an biologische Einflussfaktoren gedacht werden (Bischof-Köhler 2004, 20), ohne dabei

64 S. Goldberg führt als Beispiel den Status von Ärzten in der ehemaligen Sowjetunion im Vergleich zu den USA an: In der ehemaligen Sowjetunion wurde der Arztberuf mehrheitlich von Frauen ausgeübt, sein Prestige in der Gesellschaft war eher niedrig. In den USA gibt es überwiegend männliche Ärzte und das Prestige des Berufes ist sehr hoch (Goldberg 1977, 45).

65 Hier sind vor allem die vom Islam geprägten Kulturen zu nennen (Deaver 1980, 31). Ein extremes kontemporäres Beispiel hierfür ist Saudi-Arabien, wo die Arbeitsteilung und die Trennung der Lebens- und Verantwortungsbereiche zwischen den Geschlechtern nahezu vollständig ist, die Rollenvorschriften für Verhalten und Kleidung detailliert und äußerst streng und der Autoritätsabstand zwischen Mann und Frau so groß ist, dass die Frau keine eigenen Entscheidungsspielräume hat, in allem vom Mann abhängig und seiner Willkür ausgeliefert ist. Eine Frau, die sich nicht völlig einfügt, riskiert ihren Lebensunterhalt oder gar ihr Leben (Deaver 1980, 19–41).

66 Dies trifft vor allem auf die westlichen Kulturen zu, wobei eine besonders geringe Aufteilung und Machtdistanz zwischen den Geschlechtern in den skandinavischen Ländern zu finden ist (Hofstede et al. 1998, 81).

67 Dieses kommt in den Beschreibungen der Anthropologen zum Ausdruck, die sich mit der Rolle der Frau in verschiedenen Kulturen befassen, zum Beispiel M. Mead (1992), E. Bourguignon (1980) M. Rosaldo und L. Lamphere (1974).

jedoch den wichtigen Einfluss der Sozialisierung von Männern und Frauen aus den Augen zu verlieren (Hines 2004, 214). Neurophysiologische und entwicklungspsychologische Forschungen der letzten Jahrzehnte haben hier wichtige Erkenntnisse gebracht über einzelne ursächliche Faktoren und ihre untrennbare Verknüpfung:

Außer den offensichtlichen körperlichen Geschlechterunterschieden, die auch eine signifikante Differenz in der durchschnittlichen Körpergröße und Muskelkraft einschließen,[68] gibt es auch Unterschiede in bestimmten Denkstrukturen und Verhaltensneigungen, die sich auf biologische Einflüsse zurückführen lassen. Obwohl diese im Vergleich zu den Gemeinsamkeiten zwischen beiden Geschlechtern gering sind (Hines 2004, 3.217; Van Leeuwen 2007, 178–181) und nur Durchschnittswerte mit großen Überlappungsbereichen darstellen (Bischof-Köhler 2004, 24–25; Hines 2004, 4.19; Maccoby 1999, 5),[69] lassen sie sich durchgängig nachweisen und mit biologischen Vorgängen der vorgeburtlichen Entwicklungsphase in Verbindung bringen (Hines 2004, 125; Bischof-Köhler 2004, 200–204).

Ein Blick auf die biologische Entwicklung der Geschlechterdifferenzierung hilft hier zum Verständnis der Zusammenhänge: Unter dem Einfluss des männlichen Y-Chromosoms entwickeln sich im männlichen Embryo um die siebte Schwangerschaftswoche die zunächst neutral angelegten Keimdrüsen in Hoden, die sehr bald mit der Produktion großer Mengen von Androgenen (männlichen Geschlechtshormonen), insbesondere von Testosteron, beginnen. Dieses hat nun einen steuernden Effekt auf die weitere Geschlechtsdifferenzierung, in sehr direkter Weise auf die Ausbildung der äußeren Geschlechtsmerkmale, auf komplexere und flexiblere Weise auch auf die geschlechtsspezifische Prägung bestimmter Gehirnstrukturen (Hines 2004, 215–219; Baron-Cohen 2004, 140–141; Bischof-Köhler 2004, 197).[70] Testosteron aktiviert im fötalen Gehirn im zweiten bis sechsten Schwangerschaftsmonat bestimmte Verhaltensneigungen (Baron-Cohen 2004, 140; Bischof-Köhler 2004, 200), die sich dann bereits in den ersten Lebensjahren weltweit im unterschiedlichen Spielverhalten von Jungen und Mädchen niederschlagen (Maccoby 1999, 32–46). Der Unterschied zeigt sich vor allem in dem sogenannten „Wildfangverhalten" der Jungen (Bischof-Köh-

68 Hiestand führt die Assymmetrie des Geschlechterverhältnisses letztlich auf die Ungleichheit der körperlichen Kraft zurückführt (2017, 101–118).

69 Die Überlappungsbereiche sind so groß, dass die Variationsbreite zwischen Vertretern desselben Geschlechts größer ist als zwischen Männern und Frauen im Durchschnitt (Rosaldo und Lamphere 1974, 6; Van Leeuwen 2007, 180 und 197–198).

70 Beim weiblichen Fötus ist es das weitgehende Fehlen von Testosteron, das die Entwicklung von weiblichen Geschlechtsmerkmalen mit den entsprechenden Verhaltensneigungen einleitet.

ler 2004, 203),[71] das sich durch eine hohe physische Aktivität mit einem Drang zum Kräftemessen und Wettbewerb auszeichnet (Maccoby 1999, 18–31) im Gegensatz zu dem beziehungs- und kommunikationsgeprägten Spielverhalten der Mädchen (Maccoby 1999, 46). Dieser Unterschied trägt zu der ebenfalls universal zu beobachtenden Geschlechtertrennung im Schulalter bei (Maccoby 1999, 22.44.62.87), die wiederum als wichtiger Einflussfaktor für die unterschiedliche Sozialisierung der Geschlechter und die Ausprägung von geschlechtsspezifischen Verhaltensunterschieden angesehen wird (Maccoby 1999, 144–152).

Die Verhaltensunterschiede zwischen Mann und Frau werden von Forschern unterschiedlich gewichtet, polarisiert und interpretiert. Sie lassen sich grob so zusammenfassen: Während sich im Blick auf die allgemeine Intelligenz kein Unterschied zwischen Männern und Frauen nachweisen lässt (Maccoby und Jacklin 1974, 65; Hines 2004, 11; Baron-Cohen 2004, 23), gibt es geschlechtsspezifische Unterschiede in bestimmten Gehirnleistungen und Verhaltensneigungen: So haben Männer im Durchschnitt ein etwas besseres räumliches Vorstellungsvermögen und analytisch-mathematisches Verständnis als Frauen (Maccoby und Jacklin 1974, 91–98; Hines 2004, 12–13; Bischof-Köhler 2004, 234) und die männlichen Denkprozesse sind in der Regel mehr auf das Erforschen, Begreifen und Entwickeln von logischen Systemen ausgerichtet als die weiblichen (Baron-Cohen 2004, 14). Männer legen im Durchschnitt mehr Wert auf Leistung und Wettbewerb als Frauen (Clark 1980, 396.398; Maccoby 1999, 39) und haben in der Regel eine höhere Risikobereitschaft (Bischof-Köhler 2004, 296–297) sowie ein größeres Durchsetzungsvermögen (Maccoby 1999, 36–39; Bischof-Köhler 2004, 304–305). Auch Rang und Status sowie der Aufbau von Dominanzhierarchien sind ihnen meist wichtiger als Frauen (Baron-Cohen 2004, 55. 61–64; Maccoby 1999, 38–39.51). Frauen haben im Durchschnitt eine bessere verbale Kompetenz als Männer (Hines 2004, 11; Bischof-Köhler 2004, 234). Ihr Interesse ist tendenziell mehr auf zwischenmenschliche Beziehungen und Kommunikation ausgerichtet (Maccoby 1999, 46–50; Bischof-Köhler 2004, 342–345), ihre Denkweise in der Regel ganzheitlicher. Sie haben im Durchschnitt ein etwas stärkeres Empathievermögen und sind in der Regel mehr auf das Verstehen und die Fürsorge von Menschen ausgerichtet als Männer (Baron-Cohen 2004, 12–13.16; Bischof-Köhler 2004, 348–351).

---

71 Wie Jungen verhalten sich diesbezüglich auch Mädchen mit dem sogenannten AGS-Syndrom, bei denen aufgrund eines genetischen Defektes von der Nebennierenrinde fortlaufend Androgene produziert werden, die in der vorgeburtlichen Phase eine Vermännlichung bewirken.

Bei der Interpretation dieser Unterschiede darf nie vergessen werden, dass sie generell viel geringer sind, als manche Stereotypen vermuten lassen (Hines 2004, 182),[72] und dass es sich um Durchschnittswerte handelt, von denen einzelne Männer und Frauen oft weit abweichen. Auf die Frage, wie weit nun die biologischen Unterschiede verantwortlich sind für das universale Geschlechtermuster, geben die Wissenschaftler keine einheitliche Antwort. Da Hirnstrukturen auch durch soziale Prägung und persönliche Erfahrung verändert werden können (Hines 2004, 211; Baron-Cohen 2004, 246), wird eine saubere Unterscheidung zwischen strikt biologisch bedingten Unterschieden und soziokulturell bedingten nicht möglich, aber auch nicht nötig sein (Hines 2004, 214; Van Leeuwen 2007, 174). So formuliert Konrad Köstlin: „Natur gibt es für uns nur aus zweiter Hand, als zweite Natur, hindurchgegangen und sichtbar gemacht durch die Brille des Kulturellen“ (Köstlin 2001, 3). Bedenkt man in diesem Zusammenhang die biblische Perspektive zu Natur und Kultur des Menschen, dann kann davon ausgegangen werden, dass das universale Muster der Geschlechterbeziehung sowohl schöpfungsbedingt als auch durch den Sündenfall beeinflusst ist.[73]

2.2.3 Kulturbedingte Einflussfaktoren auf die Rolle der Frau

Fragt man nun, welche Faktoren für die kulturelle Vielfalt verantwortlich sind, die trotz des einheitlichen Grundmusters die Rolle der Frau charakterisiert, so lassen sich mindestens fünf Einflussfaktoren erkennen, die ich im Folgenden beschreiben möchte. Dabei muss bedacht werden, dass sie alle aufs engste miteinander verwoben sind.

2.2.3.1 Die Abstammungsrechnung und Familienstruktur

In den meisten Kulturen dieser Erde werden Menschen nicht als Individuen, sondern als Glieder ihrer Verwandtschaftsgruppe gesehen. Die Zugehörigkeit zu dieser Gruppe bestimmt ihre Identität und ihren Status, sichert ihre wirtschaftliche Existenz und legt auch ihre soziale Rolle in der Gesellschaft in sehr engen Grenzen fest. Das gilt in besonderer Weise auch für die Rolle der Frau.

Ihre Stellung wird unter anderem stark beeinflusst von der Abstammungsrechnung, also der Organisation des Verwandtschaftssystems in einer Kultur, nach der die Fami-

---

72 Wissenschaftler betonen an dieser Stelle immer wieder, dass die Überlappung zwischen beiden Geschlechtern bei diesen Merkmalen sehr groß, ja fast vollständig ist (Leeuwen 2007, 185).

73 Siehe dazu auch die Ausführungen von Felker Jones, die betont, dass wir als gefallene Geschöpfe beides nicht mehr exakt auseinanderhalten können (2017, 21–30).

lienzugehörigkeit des einzelnen Menschen definiert und die Erbfolge festgelegt ist. Es gibt zwei Grundarten, die Abstammung und Familienzugehörigkeit der Mitglieder einer Gesellschaft festzulegen: die patrilineare, bei der dies durch die väterliche Linie geschieht, und die matrilineare, bei der es auf die Linie der Mutter ankommt. Eine strikt patrilineare Abstammungsrechnung hat auf die Stellung der Frau eine doppelte einschränkende Auswirkung: In ihrer eigenen Ursprungsfamilie hat sie keine dauerhafte oder bedeutende Stellung, denn sie muss diese bei ihrer Heirat verlassen. Nützen kann sie ihrer eigenen Familie lediglich durch eine vorteilhafte Heirat. Diese aber bedeutet für sie selbst, dass sie als Fremde in den Familienverband des Ehemannes eintritt. Dort ist sie für ihren Lebensunterhalt und ihre Lebensumstände völlig von ihrem Ehemann und dessen Familie abhängig. Ihre Stellung in diesem Familienverband hängt vor allem davon ab, ob sie der Familie Söhne als „Stammhalter“ gebären kann.[74] Der Besitz wird vom Vater auf die Söhne vererbt.

Diese Abstammungsrechnung ist die häufigste in den traditionalen Gesellschaften der Erde (Llobera 2003, 42–43) und kommt vor allem bei Viehzüchtern und in Ackerbauerngesellschaften vor. Die Ethnologin B. Denich beschreibt die Folgen einer extremen Betonung dieser Abstammungsrechnung für Stellung und Leben der Frauen in einigen Viehzüchter- und Ackerbauernkulturen im Balkan. Dort wird durch die betont patrizentrische Ausrichtung der Familienstruktur die Rolle der Frau nur durch ihre völlige Unterordnung unter den Mann, harte Arbeit und das Gebären und Aufziehen von Kindern definiert (Denich 1974, 243). In solchen Gesellschaften wird die Unterordnung der Frau häufig durch bestimmte „ritualisierte Ausdrucksformen der autoritären Haushaltsstruktur“ hervorgehoben (Denich 1974, 253).[75]

Anders sieht es bei einer strikt matrilinearen Abstammungsrechnung aus, die bei zahlreichen kleineren Gesellschaften dieser Erde vorkommt. Sie findet sich vor allem bei Pflanzern in tropischen Waldgebieten, bei denen der Landbesitz der Pflanzungen und die Hauptarbeit des Nahrungserwerbes in den Händen der Frauen liegt (Kraft 1996, 294). Hier werden Abstammung und Identität der Menschen durch die mütterliche Familie definiert. So verlässt in diesem Fall der Mann seine eigene Ursprungsfamilie und gliedert sich in den Familienverband der Frau ein, wo er nur wenig soziale

74 Ein besonderes Problem für solche Frauen stellt die Kinderlosigkeit dar oder auch die ausschließliche Geburt von Töchtern, die von ihren Vätern bei der Aufzählung ihrer Kinder gar nicht mitgezählt werden (Denich 1974, 250–252).

75 So muss die Frau bei dem griechischen Hirtenvolk der Sarakatsani stets einige Schritte hinter ihrem Mann hergehen und alle Lasten tragen, die transportiert werden müssen. Ist ein Esel verfügbar, so reitet der Mann und die Frau geht hinterher. Für die Verletzung solcher Regeln der Unterordnung muss sie mit körperlicher Bestrafung rechnen (Denich 1974, 252–253).

Bedeutung oder Entscheidungsbefugnis hat. Entscheidungsträger ist hier eher der Bruder der Frau (Käser 1998, 103). Die Kinder eines Ehepaars gehören zur Familie der Mutter, das Erbe geht von der Mutter auf die Töchter über. Eine solche Abstammungsrechnung hebt natürlich die Stellung der Frau, der dann innerhalb der Großfamilie oft eine zentrale Funktion und Rolle zukommt. Dennoch sind auch hier die Repräsentanten und Hauptversorger der Familien die Männer (Kraft 1996, 294).[76]

Nicht in allen Gesellschaften ist die Abstammungsform strikt festgelegt und betont, in einem Drittel der Gesellschaften weltweit ist sie variabel oder auch bilinear, das heißt alle Kinder werden gleichermaßen als Nachkommen und Erben ihrer beiden Eltern gesehen (Kraft 1996, 294).

Wichtig für die Rolle der Frau in der Praxis des Familienalltags ist es auch, ob die Wohnweise eines jungen Ehepaars patrilokal, also bei den Verwandten des Mannes, matrilokal, bei denen der Frau, oder auch neolokal, an einem neuen Ort ist (Käser 1998, 111; Kraft 1996, 294).[77]

Auch die Eheform spielt keine unwesentliche Rolle. Interessanterweise ist der Status von Frauen in polygynen Ehen allerdings nicht immer niedriger, sondern manchmal auch höher als in monogamen (Lamphere 1974, 107–108; Käser 1998, 109).

Zusammenfassend kann man erkennen, dass die Konzentration von Eigentum, Wohnort und Abstammungsrechnung in der männlichen Linie eine Struktur schaffen kann, in der die Unterordnung der Frau sehr akzentuiert wird, während eine solche in der weiblichen Linie zu großen Freiräumen für die Frau führen kann, das patriarchalische Grundmuster aber nicht aufhebt (Denich 1974, 259–260).

2.2.3.2 Die Wirtschaftsform

In enger Verbindung zur Abstammungsrechnung einer Volksgruppe steht ihre Wirtschaftsform, die ebenfalls einen großen Einfluss auf die Stellung der Frau hat. Als idealtypische Grundwirtschaftsformen gelten folgende:

Jäger und Sammler. Die Jäger und Sammler sind kleine, einfach strukturierte, nomadische Volksgruppen, die heute meist nur noch in den unwirtlichen Gegenden der Erde, den Grasländern, Trockengebieten, subarktischen Waldgebieten und Polargebieten leben (Käser 1998, 54) und ihre Existenz durch das Jagen von Wild und das Sammeln von Beeren, Wurzeln und Kräutern sichern. Sie sind nicht sesshaft. Bei

76 So beschreibt N. Tanner es zum Beispiel von den Minangkabau, einer ethnischen Gruppe auf Sumatra (Tanner 1974, 144–145).

77 Eine genaue Auflistung aller Wohnweisen mit ihrer prozentualen Verteilung weltweit findet sich bei J. Llobera (2003, 49).

ihnen gibt es eine klare Arbeitsteilung der Geschlechter, aber sonst keine festgelegten Rollen (Käser 1998, 60). Die Männer sind immer Jäger, die Frauen immer Sammlerinnen. Das Verhältnis zwischen Mann und Frau ist nicht hierarchisch strukturiert. Dennoch sind insgesamt die Tätigkeiten des Mannes mit einem höheren Prestige verbunden als die der Frau.[78] Die Abstammungsrechnung ist patrilinear (Käser 1998, 62).

Pflanzer. Pflanzer sind sesshaft. Sie leben vom Anbau von Knollenfrüchten in gartenartigen Pflanzungen in immer feuchten tropischen Gegenden (Käser 1998, 68). Wie beschrieben, wird die Arbeit der Frauen als Pflanzerinnen hoch bewertet, und der Landbesitz ist unter weiblicher Kontrolle. Die Abstammungsrechnung ist matrilinear, die Wohnweise matrilokal. Die Pflanzer sind in der Regel sehr familienorientiert und die Sozialstruktur weitgehend egalitär (Käser 1998, 69; Llobera 2003, 123).[79]

Ackerbauern. Ackerbauern kultivieren im Unterschied zu den Pflanzern speicherbare Körnerfrüchte auf größeren Landflächen in gemäßigten Klimazonen. Da die Feldarbeit mit schwerem Gerät oder großen Tieren bewältigt wird, wurde der Ackerbau im Gegensatz zur Pflanzung zur Arbeit und Domäne des Mannes (Käser 1998, 73). Die Abstammungsrechnung von Ackerbauern ist patrilinear. Zur Speicherung und Vermarktung der produzierten Überschüsse bedarf es einer differenzierten administrativen Struktur hierarchischer Prägung. Auch dieser Bereich wurde Domäne des Mannes. Der Überfluss an Nahrungsangebot führt in der Regel im Vergleich zu den vorhergenannten Wirtschaftsformen zu großem Bevölkerungswachstum. Die Reproduktions- und Erziehungsarbeit wird zur Hauptbeschäftigung der Frau. Diese trägt durch Verarbeitung von landwirtschaftlichen Produkten dennoch auch wesentlich zum Familieneinkommen bei. Die Arbeitsbereiche von Mann und Frau sind zwar weitgehend getrennt in die öffentliche und häusliche Sphäre, aber sie ergänzen und überschneiden sich auch. Ackerbauern sind stark familienorientiert (Käser 1998, 72–73). Die Frau verliert zwar im öffentlichen Leben an Bedeutung, weiß aber um ihre wichtige Stellung im bäuerlichen Familienunternehmen, und das Verhältnis zwischen Eheleuten wird als meist partnerschaftlich beschrieben (Denich 1974, 256).

Viehzüchter. Viehzüchter sind Nomaden, die für ihren Lebensunterhalt von der Haltung größerer Tiere abhängen, von deren Produkten (meist Milch und Blut) sie leben. Für pflanzliche Nahrung müssen sie entweder selbst Pflanzungen anlegen oder sind auf den Kontakt mit Ackerbauern angewiesen (Käser 1998, 74). Bei Viehzüchtern ist eine strikte Trennung der Arbeits- und Lebensbereiche und eine hierarchi-

78 Als Beispiele für diese Beschreibung können die Eskimos in Alaska (Ager 1980, 305–318) und die nomadische Gruppe der !Kung in Südwestafrika dienen (Llobera 2003, 119–120).

79 Viele indigene Völker in Lateinamerika sind Pflanzerkulturen.

sche Ordnung zwischen Mann und Frau zu beobachten. Der Umgang mit den Tieren ist Männersache, bis hin zum Melken. Die Frau hat in jeder Beziehung eine nachgeordnete Stellung, sie sollte in der Öffentlichkeit möglichst wenig sichtbar sein (Käser 1998, 75). Ein zentrales Anliegen für Viehzüchter ist die Sicherheit ihrer Familien und ihres Besitzes. Dabei ist es Aufgabe der Männer, diesen Schutz zu gewährleisten, Frauen und Kinder sind die zu Beschützenden. Charles Kraft beschreibt diese Sicherheitsorientierung mit den entsprechenden Familienstrukturen der Abhängigkeit und Unterordnung der Frau als typisch für viele traditionelle Gesellschaften (Kraft 1996, 295–296), dies gilt besonders für die ständig bedrohten umherziehenden Viehzüchtergesellschaften (Denich 1974, 248–249).

Die Industriegesellschaft. Die Industrialisierung brachte und bringt für die betroffenen Gesellschaften dieser Welt große Veränderungen für die Sozialstruktur und damit für die Rolle der Frau. Die Herstellung von Produkten wurde aus dem häuslichen Bereich in die Fabriken verlegt. Als Folge kam es langfristig zu einer vollständigen Aufteilung zwischen der häuslichen, privaten Sphäre als dem Platz der Frauen und Kinder und der für die kulturelle Entwicklung der Gesellschaft entscheidenden öffentlichen Sphäre als Handlungsraum des Mannes. In den bürgerlichen Industriegesellschaften der westlichen Nationen wurde die soziale Rolle der Frau in der Folge vielfach trivialisiert (Groothuis 1994, 3–4), das Freud'sche Credo über den Platz der Frau in „Küche, Kinder, Kirche" setzte sich durch (Groothuis 1994, 4), und dieser wurde sozial mit dem Etikett „nicht so wichtig" versehen. Gleichzeitig veränderten aber Bildungsmöglichkeiten und eine zunehmende Individualisierung das Selbstbild der Frauen. Auf diesem kulturellen Boden fanden die verschiedenen Emanzipationsbewegungen reichlich Nahrung (Siebel, 1984, 240).

2.2.3.3 Die Religion

Eine zentrale Stelle als Triebfeder, Legitimation und Verstärkung der gesellschaftlichen Zuordnung der Stellung der Frau in einer Kultur nimmt deren Ideologie oder Religion ein (Bamberger 1974, 276–280; King 1995, 5; Pezaro 1991, 44). Die religiösen Vorstellungen eines Volkes sind Teil seiner Weltanschauung und werden von A. Pezaro mit Recht als „Sinngebungsmuster normativer Regelsysteme" (Pezaro 1991, 104–105) bezeichnet.

Mythen und Legenden. Bezüglich der Rolle der Frau kommt den Mythen und Legenden einer Volksgruppe eine wichtige Bedeutung zu. Durch diese Überlieferungen werden vielfach die gesellschaftlichen Normvorstellungen über das Wesen der Frau und ihre Aufgaben weitergegeben sowie Richtlinien zu ihrem Sexualverhalten. Auch die Existenz von Aktivitäten oder Tabus, die nur Vertretern eines Geschlechtes vorbehalten sind, wird oft hier begründet (Bamberger 1974, 271–277). Dabei fällt auf, dass viele Mythen und Legenden ein negatives Licht auf das Wesen und Verhalten der Frau werfen. So wird bei indigenen Völkern Südamerikas zum Beispiel häufig von einer früheren Tyrannei der Frauen erzählt, die durch den gerechten und siegreichen Kampf der Männer glücklich beendet werden konnte. Als Moral aus solchen Mythen wird jede neue Generation darauf hingewiesen, dass sie einer Herrschaft der Frauen stets entgegenwirken müsse (Bamberger 1974, 280).[80] Auch die Göttermythen des alten Griechenland überlieferten ein vorwiegend negatives Frauenbild. Beispielsweise stellt der Dichter Hesiod in seinem bekannten Schöpfungsmythos die Erschaffung der Frau als Akt der Strafe des Göttervaters Zeus für die Männer dar. Solche Vorstellungen prägten die antike griechische Kultur nachhaltig und hatten schwere Folgen für die Stellung der Frau in ihr, auf die später noch eingegangen werden soll. Dagegen stellten manche Göttervorstellungen des Alten Orients die Frau in einem positiveren Licht dar und gaben ihr, zumindest im Bereich des religiösen Kultes, eine wichtige Stellung (Pomeroy 1985, 113.319; Thraede 1972, 207). Eine besondere Stellung kommt hier dem Mythos und Kult der ägyptischen Göttin Isis zu, der um die Zeitenwende das Selbstbewusssein der Frauen im Mittelmeerraum hob und auch in Verbindung gebracht wird mit einer gewissen Verbesserung ihrer gesellschaftliche Position (Pomeroy 1985, 343–344). Bestimmte synkretistische jüdische Legenden, die zur Zeit des Apostels Paulus im Umlauf waren und die Frau durch Eva zur Urheberin alles Lebens und zum Ursprung aller Erkenntnis erklärten, gaben manchen Frauen ein geradezu überzogenes religiöses Selbstbewusstsein, das sich teilweise auch in einer Zunahme ihrer gesellschaftlichen Aktivitäten niederschlug (Clark Kroeger 1992, 60.74).

Weltreligionen. Auch die großen Weltreligionen beeinflussen die Stellung und Rolle der Frau in den von ihnen geprägten Gesellschaften zutiefst, stellen sie doch dort die ideologische Grundlage für das gesamte kulturelle System dar.[81] Dabei fällt auf, dass das vermittelte Frauenbild fast ausnahmslos eine Minderbewertung der Frau im Vergleich zum Mann einschließt und ihre Unterordnung unter ihn legitimiert und fördert (Adyanthaya 2003, 10; Renavikar 2003, 33.35; Bowker 1999). Dies trifft auf die Lehren und Praktiken des Hinduismus zu, in dem die Frau als schwaches, zum Wahnsinn und zur Besessenheit neigendes Wesen gesehen wird und die weibliche Sexualität als Gefahrenquelle für den erlösungssuchenden Mann (Renavi-

80 Die Anthropologin J. Bamberger gibt eine interessante Zusammenstellung der Mythen von mehreren indigenen Völkern Brasiliens, die alle diesem Muster folgen (Bamberger 1974, 269–280).

81 In den letzten Jahren wird in der Forschung zunehmend auch der Einfluss von verschiedenen Religionen auf das Männerbild und das männliche Selbstverständnis in den Blick genommen. Siehe dazu z. B. Gerster und Krüggeler (2018).

kar 2003, 58; Lexikon Hinduismus 2002). Im Buddhismus wird das Frausein vielfach als „Problem“ und Hindernis auf dem Weg der Erleuchtung eingeschätzt (Levering 1999, 120; Nefsky 1995, 292–293). Auch im Judentum wurde nach dem babylonischen Exil vielfach ein frauenverachtender Ton angeschlagen, der sich auf die Stellung der Frau in der jüdischen Gesellschaft auswirkte (Jeremias 1962, 412; Ilan 1995).[82] Einen besonders prägenden Einfluss diesbezüglich hat der Islam. Das Geschlechterverhältnis wird im Koran für alle islamischen Gesellschaften verbindlich geregelt und mit unbegrenztem Gültigkeitsanspruch festgeschrieben. Darin ist die Frau dem Mann vor Gott zwar gleichgestellt, wird aber als qualitativ andersartig definiert. Ihr Wesen wird als schwach, emotional und sexuell verführbar beschrieben. Damit wird die Notwendigkeit begründet, dass sie von dem als stark und rational geltenden Mann kontrolliert und beschützt werden muss, indem er nach der Vorschrift des Koran über sie bestimmt. So entspricht der Rechtsstatus der Frau demjenigen eines Minderjährigen. Sie erhält vom Mann materielle Sicherheit und Schutz, wofür sie ihm das Verfügungsrecht über ihre Person, Sexualität und Gebärfähigkeit gibt. Ein wesentliches Merkmal islamischer Weltsicht ist die scharfe Trennung der Lebenswelten von Mann und Frau in den öffentlichen bzw. häuslichen Raum (Deaver 1980, 31–32; Pezaro 1991, 123–130).[83]

Ein ganz anderes, wenn auch vielschichtiges Bild bietet sich im Christentum. Einerseits wird in der Missionsgeschichte von Anfang an immer wieder der befreiende Effekt der christlichen Botschaft für die Frauen aus vorher nichtchristlichen Kulturen sichtbar.[84] Die schöpfungs- und erlösungsbedingte Würde der Frau lässt wenig Raum für ihre Unterdrückung durch den Mann. Andererseits wirkte sich aber auch das traditionelle Verständnis von der schriftgemäßen Rolle der Frau überall da aus, wo das Evangelium gepredigt wurde. Die Frauen wurden von christlichen Missionaren zur Unterordnung unter die Männer angehalten und aus gewissen geistlichen Diensten ausgeschlossen. So kam es in einigen vorher eher egalitär organisierten Gesellschaf-

82 Die jüdische Forscherin Tal Ilan führt in ihrer Dissertation zu diesem Thema zahlreiche, zum Teil erschreckende Beispiele aus der rabbinischen Literatur an (Ilan 1995).

83 Über die praktische Umsetzung der islamischen Weltsicht in unterschiedlichen Kulturen gibt es zahlreiche Beschreibungen in der anthropologischen Literatur, auf die im Rahmen dieser Arbeit nicht eingegangen werden kann.

84 So beschreiben R. Tucker und W. Liefeld in ihrer Kirchen- und Missionsgeschichte der Frau *Daughters of the Church*, wie in Indien die Auswirkungen des Christentums auf die Stellung der Frau auch antichristlich eingestellten Einheimischen Respekt vor dem christlichen Glauben einflößte (Tucker und Liefeld 1987, 330–331).

ten sogar zu einer Erniedrigung des Status' der Frau durch den christlichen Glauben (Tucker und Liefeld 1987, 332–333).[85]

2.2.3.4 Soziales Empfinden und Gesellschaftsstruktur

Außer den genannten Faktoren wirken sich auch noch folgende Gesellschaftsmerkmale in besonderer Weise auf die Rolle der Frau aus:

Kollektivismus oder Individualismus. Während die Gesellschaften der westlichen Industrienationen zunehmend individualistische Züge tragen, lebt die Mehrzahl der Menschen dieser Welt in kollektivistisch geprägten Gesellschaften.[86] Der Unterschied zwischen beiden liegt in der Einordnung des Individuums im sozialen Gefüge. Während sich in individualistischen Gesellschaften jede Person primär als Individuum identifiziert und Eigenständigkeit, Freiheit, Entfaltung der Persönlichkeit, Chancengleichheit für alle, persönliche Leistung, Wettbewerb und Vielfalt als hohe Werte gelten, definiert sich der Mensch in kollektivistischen Gesellschaften vor allem als Teil seiner Familie und der Gruppen, denen er angehört. Individuelle Wünsche und Ziele werden den gemeinsamen der Gruppe untergeordnet. Hohe Werte sind dementsprechend in solchen Gesellschaften Gemeinsamkeit, Harmonie der Beziehungen, Zusammenarbeit, das Erfüllen der gesellschaftlichen Pflichten und das Ausfüllen der von der Gruppe erwarteten Rollen (Thomas 1993, 393–397). Was das für die Rolle der Frau bedeutet, ist leicht vorstellbar: Während sie in individualistischen Gesellschaften dazu erzogen wird, nach ihren persönlichen Gaben und Wünschen in Freiheit und in Partnerschaft mit dem Mann zu leben, ist sie in kollektivistischen Gesellschaften eingefügt in den Familienverband und die Organe ihrer Gesellschaft. Status und Rolle werden ihr zugeschrieben ohne viel Spielraum für die eigene Lebensgestaltung.

In engem Zusammenhang mit diesem sozialen Empfinden steht die Strukturierung der Gesellschaft. Kollektivistische Gesellschaften sind meist, wenn auch nicht immer, stark hierarchisch strukturiert (Hofstede 1997, 55). Auf allen Ebenen gibt es eine Rangordnung. Dabei wird jede Gruppe und Familie durch eine Person geführt und repräsentiert, der die anderen Mitglieder Gehorsam und Rechenschaft schulden.

---

85 Tucker und Liefeld zitieren dazu die Aussage der Moderatorin einer Frauenkonferenz in einem Land des Globalen Südens einer westlichen Besucherin gegenüber: „Was wir auf gar keinen Fall wollen, ist, Bürger zweiter Klasse zu werden, so wie ihr es in der Kirche geworden seid" (Tucker und Liefeld 1987, 333).

86 Individualistische Gesellschaften sind die westeuropäischen, nordamerikanischen sowie Neuseeland und Australien. Kollektivistisch sind alle Stammesgesellschaften, die orientalischen Gesellschaften, fast alle Völker Afrikas, Lateinamerikas und Asiens, inklusive Japans (Hofstede 1997, 54).

Hier kommt der Geschlechterdifferenzierung dann eine Ordnungsfunktion zu, in der der Mann stets der Repräsentant des Ganzen und die Frau ein untergeordneter Teil ist (Esposito 2003, 75; Nassehi 2003, 85). Individualistische Gesellschaften sind weniger geschichtet und vorwiegend „funktional differenziert" (Luhmann 2003, 27; Leupold 2003, 221), d. h. Funktionen und Positionen werden nach persönlicher Begabung und Leistung festgelegt. Solche Differenzierung fördert wiederum den Individualismus (Leupold 2003, 221), und es ist leicht nachvollziehbar, dass das Geschlecht als Ordnungsfunktion in solchen Gesellschaften nicht so bedeutsam ist, sondern die Positionen und Rollen von Männern und Frauen vor allem durch ihre Gaben und Leistungen bestimmt werden.

Das Konzept von Ehre. In einigen Gesellschaften lässt sich zusätzlich noch ein Phänomen beobachten, das auf die Rolle der Frau besonders starke Auswirkungen hat: Hier sind die Kategorien „Ehre" und „Schande" die wichtigsten Prinzipien, nach denen alle anderen Werte und das soziale Leben der Gesellschaft geordnet und bewertet werden (Peristiany 1965a, 11; Rodriguez 1999, 2). Dies gilt als gemeinsames Merkmal für alle Kulturen des Mittelmeerraums und war zur Zeit des Römischen Reiches dort noch stärker ausgeprägt als in der Gegenwart (Pitt-Rivers 1977, viii).[87] Deshalb werden diese Kulturen auch als „Ehrenkulturen" bezeichnet (Rodriguez 1999, 2).[88] Mit dem Begriff „Ehre" ist dabei der Wert gemeint, den ein Mensch sich selbst zumisst und der ihm von den Mitgliedern seiner Gesellschaft zugemessen wird (Stewart 1994).[89] Ehre wird einem Menschen einerseits als Status zugeschrieben, zum Beispiel als Familienoberhaupt. Andererseits erwirbt und erhält er sie durch ein dem kulturellen Ehrenkodex entsprechendes Verhalten. Wer Ehre besitzt, dem steht eine Vorrangstellung[90] zu, die wiederum durch die Unterordnung derer anerkannt wird, die einen niedrigeren Status haben (Pitt-Rivers 1965, 23). In den Ehrenkulturen des Mittelmeerraums besitzt nicht nur das Individuum Ehre, sondern auch soziale Gruppen, vor allem die Familien, haben eine kollektive Ehre (Pitt-Rivers 1965, 35), an der

87 Grundlagenarbeit leistete diesbezüglich der Anthropologe J. G. Peristiany, der die Ergebnisse von mehreren Studien in Südspanien, Griechenland, Zypern, Ägypten und Algerien in den 1950er Jahren in dem „Klassiker" *Honor and Shame: The Values of Mediterranean Society* zusammengestellt hat (Peristiany 1965a).

88 Das Charakteristikum lässt sich auch gut in den lateinamerikanischen Gesellschaften beobachten, was durch den Einfluss der Eroberer von der Iberischen Halbinsel nicht verwunderlich ist.

89 Zitiert in *Honor and Emotion* (Rodriguez 1999, 2).

90 Diese Vorrangstellung wird häufig mit der Analogie des Hauptes beschrieben (Pitt-Rivers 1965, 25).

alle Gruppenmitglieder teilhaben. Diese kollektive Ehre wird nun stellvertretend dem „Haupt" und Repräsentanten der Gruppe zugeschrieben (Pitt-Rivers 1965, 35),[91] und er ist für ihren Erhalt verantwortlich.[92] Das Konzept der Ehre wird hier also in einem kollektivistischen Rahmen ausgelebt. Rodriguez bezeichnet Ehrenkulturen grundsätzlich als Varianten kollektivistischer Kulturen (Rodriguez 1999, 4).

Auf die Rolle der Frau hat diese Kulturvariante deshalb einen großen Einfluss, weil in Ehrenkulturen der Kodex zur Aufrechterhaltung der Familienehre geschlechtsspezifisch unterschiedlich ist. Dabei zeichnet sich die männliche Ehre durch physische Stärke, Mut und die Fähigkeit aus, die Familie zu verteidigen und zu versorgen. Sie ist eine aktive Ehre, die erworben, verteidigt und vermehrt werden kann. Die weibliche Ehre dagegen besteht vor allem im Bewahren der „sexuelle Reinheit" in Verhalten und Aussehen[93] und im Gehorsam gegenüber den Autoritätspersonen in der Familie (Rodriguez 1999, 7). Sie ist also eine passive Ehre, die nicht erworben werden, sondern vor allem verloren gehen kann. Während es der männlichen Ehre entspricht, sowohl in der Öffentlichkeit als auch in der Familie eine Vorrangsstellung einzunehmen und Autorität auszuüben, ist es der weiblichen Ehre gemäß, sich dieser Autorität unterzuordnen. Die Abhängigkeit der Familienehre vom Autoritätsverhalten der Männer und vom Sexualverhalten der Frauen hat in Ehrenkulturen oft eine starke Kontrolle der sozialen Aktivitäten weiblicher Familienmitglieder durch die männlichen zur Folge (Rodriguez 1999, 7) und eine schwere Bestrafung der Frauen für den Fall eines

91 P. Bourdieu betont, dass der Ehrenethos einer universalen Moral, die eine Gleichheit der Würde aller Menschen und damit die Gleichheit ihrer Rechte und Pflichten fordert, fundamental entgegengesetzt ist (Bourdieu 1965, 228).

92 Pitt-Rivers erklärt dazu: „Der Gedanke, dass die Ehre der Gruppe auf ihrem Haupt ruht, war grundlegend für die Entstehung der Aristokratie und stellte die Eidestreue des Knechtes gegenüber seinem Herrn sicher. Der Untergebene in einer solchen Beziehung hatte Anteil an der Ehre seines Herrn und war deshalb an ihrer Verteidigung interessiert" (Pitt-Rivers 1965, 36).

93 Dies geschieht vor allem durch dezente Kleidung, die Erhaltung der Jungfräulichkeit vor der Ehe, Treue in der Ehe und die Unterordnung unter die männlichen Autoritätspersonen in der Familie (Rodriguez 1999, 7).

Verhaltens, das nicht dem Ehrenkodex entspricht.[94] Zur dominanten selbstbezogenen Emotion von Frauen wird die Scham.[95]

Zusammenfassend kann also gesagt werden, dass bezüglich der Stellung der Frau das oben beschriebene universale Grundmuster in solchen Kulturen verstärkt oder überhöht wird, in denen eine strikte patrilineare Abstammungsrechnung und Erbfolge existiert, Besitz und Produktion von Konsum- und Kulturgütern ganz in der Hand der Männer liegt, die Trennung der Lebens- und Verantwortungsbereiche der Geschlechter in die öffentliche und private Sphäre besonders streng ist und wo religiöse Normen die Herrschaft des Mannes über die Frau betonen, rechtfertigen und vorschreiben. Es kommt meistens in kollektivistischen Gesellschaften deutlicher zum Ausdruck als in individualistischen, besonders dort, wo der Schutz und die Ehre der Familie eine wichtige Rolle spielen und wo letztere vom geschlechtsspezifischen Verhalten von Mann und Frau abhängig gemacht wird.[96]

2.2.4 Zusammenfassung

Die Stellung und Rolle der Frau in einer Volksgruppe ist ein Kulturmerkmal, das innerhalb eines universalen Grundmusters variiert. Letzteres umfasst eine geschlechtsspezifische Arbeitsteilung, die Trennung der Wirkungsbereiche in die öffentliche und private Sphäre, stereotype Normvorstellungen und eine Statusdifferenz zugunsten des Mannes. Als Ursache für dieses Grundmuster muss die biologische Disposition von Mann und Frau aufgrund der Schöpfung sowie deren Missbrauch durch die gefallene Menschheit in Betracht gezogen werden. Ob eine Kultur dieses Grundmuster

---

94 Hier sind die „Ehrenmorde" einzuordnen, die vor allem aus der ländlichen Türkei bekannt wurden und auch in türkischen Subkulturen in Deutschland an Frauen vorkommen, die sich nicht gemäß dem türkisch-islamischen Ehrenkodex verhalten. Von solchen Fällen berichten die Medien in Deutschland immer wieder, so im Zeitraum der Niederschrift dieser Arbeit am 26.2.2005 in der Nachrichtensendung „heute journal" (ZDF).

95 Eine interessante und zugleich bedrückende Auseinandersetzung mit der Rolle, die Scham im Geschlechterverhältnis auch im christlichen Diskurs spielt, stellt die Monografie von Clough (2017) dar.

96 Ein Beispiel für eine Kultur, bei der alle Faktoren zusammentreffen, ist die der Kabylen in Algerien, die Pierre Bourdieu beschreibt. Hier wird die Frau als belastet mit schädlichen und unreinen Kräften angesehen, als „verdreht", vulnerabel und ungeschützt. Ihr Lebensbereich ist ganz auf den häuslichen Raum beschränkt, und ihre Ehre hat nur Bedeutung als Garant der Familienehre ihres Mannes, die sie um keinen Preis beschädigen darf. Ihrem Mann ist sie absoluten Gehorsam schuldig und durch das Gebot des Stillschweigens über Familienangelegenheiten anderen gegenüber ist sie im Kontakt nach außen eingeschränkt (Bourdieu 1965, 193–232).

zu Ungunsten der Frau pointiert oder die Geschlechter in einem eher ausgewogenen Verhältnis zueinander stehen, hängt von kulturellen Faktoren wie der Abstammungsrechnung, Wirtschaftsform und religiösen Prägung einer Volksgruppe ab. Insbesondere spielt aber auch ihre soziale Orientierung (Gruppenorientierung oder Individualismus) und ihr Konzept von Ehre und Schande eine wichtige Rolle.

KAPITEL 3

FRAUSEIN ZUR EHRE GOTTES IM KONTEXT – EINE GESAMTSCHAU DER BIBLISCHEN AUSSAGEN

3.1 Der hermeneutische Zugang

In diesem Kapitel möchte ich nun versuchen, unter Einbeziehung der beschriebenen Erkenntnisse und Erwägungen eine Gesamtschau der biblischen Aussagen zur Stellung der Frau darzustellen. Dazu beschreibe ich zunächst meinen hermeneutischen Zugang, da dieser die Grundlinie der Gedankenführung entscheidend beeinflusst, ja festlegt.[97] Nach einer ausführlichen Auseinandersetzung mit den Vorgehensweisen verschiedener Autoren zu dieser Thematik bin ich der Überzeugung, dass ein biblisch-theologischer Zugang, der in seinem Gedankengang dem chronologischen Ablauf der Heilsgeschichte folgt und die einzelnen Aussagen zur Frau immer eingebettet in ihren jeweiligen geschichtlichen und sozio-kulturellen Kontext betrachtet, dem Gesamtbefund der Schrift am ehesten gerecht wird. So kann das biblische Konzept über die Frau sich am ehesten „on its own terms" entfalten (Kaiser 1979, 7), und es wird sowohl die Einheit als auch die Vielfalt der Heiligen Schrift berücksichtigt (Conn 1984, 225–226). Die als hermeneutischer Kontrollpunkt so wesentliche ursprüngliche Absicht der biblischen Autoren (Fee und Stuart 1996, 26) kann nach meinem Ermessen so jeweils am besten erfasst werden. Gerade im Blick auf das große Spektrum an Einflussfaktoren auf die komplexe „Frauenthematik" ist es von besonderer Bedeutung, die biblischen

97 Für die Darstellung der verschiedenen hermeneutischen Methoden und Schwerpunkte, die bei dieser Fragestellung von evangelisch-konservativen Auslegern benutzt werden, wird auf Kapitel 1 dieser Arbeit verwiesen.

Aussagen dazu an dem heilsgeschichtlichen und auch dem kulturellen Ort zu belassen, in den sie hineingesprochen wurden, und die kanonische Gestalt des Textes zur Grundlage der theologischen Reflektion zu machen. Nur so kann der Gefahr vorgebeugt werden, dass der Gesamtbefund der Schrift durch eigenwillige Kombinationen von Texten aus unterschiedlichen Zusammenhängen verzerrt wird (Bilezikian 1985, 18).

3.2 Die Schöpfung – der ursprüngliche Entwurf

3.2.1 Die hermeneutische Problematik

Fast alle Gelehrten, die sich mit der Stellung der Frau aus biblischer Sicht beschäftigen, räumen der Auslegung von Genesis 1 und 2 zu Recht einen wichtigen Platz in ihrem Gedankengang ein. Hier wird in klaren Worten vom Ursprung, Zustand und auch der Geschlechtlichkeit des Menschen berichtet, bevor Einflüsse der Sünde wirksam werden konnten. Jesus Christus selbst verweist in einer strittigen Frage zur Ehescheidung auf den Schöpfungsbericht, um den ursprünglichen Entwurf des Schöpfers für die Geschlechterbeziehung zu beleuchten (Mt 19,3–5).[98] Aber gerade in der Auslegung dieser ersten Kapitel der Schrift setzt die grundlegende Uneinigkeit unter bibelgläubigen[99] Auslegern zur Stellung der Frau ein, und R. Ortlund stellt im Blick auf die Debatte zu Recht fest: „Wie Genesis 1–3 laufen, so läuft die ganze biblische Debatte" (Ortlund 1991, 95). Der Ansatz für die Unterschiede in der Auslegung dieser grundlegenden Texte liegt in der jeweiligen Wahl des hermeneutischen Zugangs zur Schrift, die sich an dieser Stelle besonders folgenschwer auswirkt.

Die traditionelle, von einem systematisch-theologischen Ansatz ausgehende Argumentation zum Thema „Frau" setzt zwar häufig in der Urgeschichte ein. Als Schlüssel zu deren Auslegung dienen dabei jedoch die als „klarste Aussagen" (Wells 2002, 47) definierten Anweisungen für Frauen in den Briefen des Apostels Paulus, in deren Rahmen er sich auf die Schöpfung bezieht (1Kor 11,3–16; 1Tim 2,13).[100] Dort spricht

98 Zur menschlichen Begrenztheit in der sicheren Abgrenzung des menschlichen Zustandes vor und nach dem Sündenfall siehe Felker Jones (2017, 22–24).

99 Gemeint sind damit diejenigen aus allen christlichen Kirchen und Denominationen, die die Bibel als höchste Autorität ihres Glaubens und Lebens sehen.

100 A. Strauch bringt diese Zusammenschau klar zum Ausdruck, indem er 1Kor 11,9 als Auslegung von Gen 2,18 bezeichnet (Strauch 2001, 32), die gleiche Verknüpfung liegt der Argu-

Paulus vom „Hauptsein" des Mannes, das im Miteinander der Geschlechter gebührend zum Ausdruck kommen sollte. Werden diese Aussagen nun als zeitlose Lehrtexte aus ihrem geschichtlichen und kulturellen Kontext herausgenommen[101] und zur Grundlage der theologischen Interpretation von Genesis 1 und 2 gemacht, so wird dadurch dem gesamten Schöpfungsbericht eine hierarchische Geschlechterordnung als Interpretationsmuster unterlegt, die der Text selbst nicht direkt zum Ausdruck bringt, sondern die sich lediglich aus dieser Zuordnung ergibt (Groothuis 1997, 135; Hayter 1987, 102; Hess 2005, 79–88).[102] Dabei riskiert man, dass die spezifische kulturelle Situation, in die der Apostel Paulus hineinsprach, die Aussagen des Schöpfungsberichtes „anfärbt" zu einer zeitlos hierarchischen Schöpfungsordnung, die dann wiederum als Grundlage für jede weitere Argumentation und Auslegung zum Thema Frau dient. Ein solches Vorgehen birgt aber die Gefahr in sich, dass so weder die „göttliche Schöpfungsordnung" recht beschrieben noch der beabsichtigte Sinn der Anweisungen des Paulus erfasst wird, und das mit schwerwiegenden Folgen für die Geschlechterbeziehung.

Befragt man die ersten beiden Kapitel der Schrift zunächst unabhängig von den paulinischen Anweisungen nach ihren Aussagen über die Frau, so muss der Ausleger aus den biblischen Texten keinesfalls eine hierarchische Ordnung zwischen Mann und Frau ableiten.

mentation von S. Foh zugrunde, wenn sie zu ihrer Auslegung von Genesis 2 hinzufügt: „Gott erklärt durch Paulus, was wir sonst womöglich übersehen hätten" (1989, 73). Andere Ausleger nennen diesen Zusammenhang nicht so klar, legen aber Genesis 2 in einer Weise aus, die ohne den gedanklichen Hintergrund von 1Kor 11 aus dem Genesistext allein nicht zu erklären wäre, so zum Beispiel R. Ortlund (1991, 95–112), W. Neuer (1993, 62–67) und S. Clark (1980, 24). Neuenhausen beginnt seine Auslegung zwar klar bei Genesis 1 und 2, sieht aber dort „indirekte Hinweise auf eine Vorrangstellung des Mannes vor der Frau", die ohne das Hintergrundwissen der Anweisungen des Paulus wohl kaum zu finden wären (2018, 40). Hardmeier geht den gleichen gedanklichen Weg und konstatiert dabei offen, dass diesbezügliche Hinweise im Schöpfungsbericht nur implizit sind und dass er sie aus den Worten des Paulus aus 1Kor 11 und 1Tim 2 begründet (2013, 33–35).

101 Für S. Foh wird mit einem solchen Vorgehen zum Ausdruck gebracht, dass der Ausleger die Autorität der Heiligen Schrift in ihren Anweisungen an die gesamte Gemeinde Jesu ernstnimmt (Foh 1989, 70). Hardmeier begründet sein Vorgehen mit dem Grundsatz, dass die Bibel mit der Bibel auszulegen sei (2013, 34).

102 S. Clark, der selbst für eine hierarchische Geschlechterordnung aufgrund der Schrift eintritt, bringt sein Empfinden bei der entsprechenden Auslegung von Genesis 1 und 2 so zum Ausdruck: „... es wird nicht klar ausgesprochen ... aber es ist ein generelles Empfinden wahrnehmbar, dass sie ihm untergeordnet ist in Gottes Schöpfung der menschlichen Rasse" (1980, 24).

Somit ist es also durchaus berechtigt, wenn unter bibelgläubigen Auslegern die traditionelle Argumentation zur Stellung der Frau an dieser Stelle grundsätzlich in Frage gestellt worden ist. Dabei muss es sicher als hermeneutisch korrekter angesehen werden, die göttliche Schöpfungsordnung primär aus den Texten der Schöpfungsberichte selbst abzuleiten und die Anweisungen des Apostels Paulus dann auf dieser Grundlage zu interpretieren, und nicht umgekehrt.[103]

3.2.2 Genesis 1,26–27: Der Mensch als Gottes Ebenbild in zwei Geschlechtern

In Genesis 1 wird mit großen, „majestätischen" (Bilezikian 1985, 21) Zügen beschrieben, wie Gott mit seinem souveränen Wort das Universum und speziell die Erde mit allen ihren Geschöpfen ins Dasein ruft. Die Erschaffung des Menschen ist dabei der Höhepunkt (Gen 1,26–27). Hier legt Gott selbst Hand an und schafft den Menschen, *adam*, zu seinem Ebenbild. Der Begriff *adam* steht hier für die Gattung Mensch im kollektiven Sinn „vor und außer allen Determinierungen" (Westermann 1994, 45; Wolff 2002, 237; Hess 2005, 80; Payne 2009, 42). Als Ebenbild Gottes trägt der Mensch göttliche Züge, darf sein Gegenüber sein und ihn als „Weltverwalter" in der Schöpfung repräsentieren (Wolff 2002, 237; Bräumer 2000, 30). Das gibt jedem Menschen eine unvergleichliche Würde, deren Verletzung einer Beleidigung des Schöpfers gleichkommt. Unter dem Begriff „Mensch" ist nun ausgesprochen der männliche und der weibliche Mensch gemeint (Gen 1,27). Jeder Mann und jede Frau tragen also die „unverwechselbare Würde" der Gottebenbildlichkeit (Bräumer 2000, 31; Frame 1991, 225–227; Westfall 2016, 63–66, Hardmeier 2013, 27; Neuenhausen 2018, 37; LaCelle-Peterson 2008, 28–29).[104] J. Barton formuliert treffend: „Mensch-Sein und

103 In den Jahren zwischen der ersten und zweiten Auflage dieses Buches ist an dieser Stelle unter bibeltreuen Auslegern weiter heftig gestritten worden. 2010 kommentiert Lakey dazu: „Da es mehrere Modelle vom Ebenbild Gottes gibt und wenige ausgesprochene Hinweise im biblischen Text selbst, die klar genug sind, um die Diskussion in Richtung eines Konsens über die Natur der Geschlechterbeziehung vor dem Fall zu führen, werden die Meinungsunterschiede unter den Evangelikalen an dieser Stelle bestehen bleiben" (Lakey 2010, 24; Übertragung: H. S.).

104 Dies wurde in der Kirchengeschichte nicht immer so gesehen. So konnte sich der Kirchenvater Chrysostomos nur den Mann als Ebenbild Gottes vorstellen, die Frau schloss er in die Kategorie „Schöpfung" ein, die der Mann beherrschen sollte (Hayter 1987, 87). Aber auch in unserer Zeit findet man noch ähnliche Gedankengänge: Werner Neuer zum Beispiel, der einerseits nach Genesis 1,27 „beiden Geschlechtern ohne Vorbehalt" die Gottesebenbildlichkeit zugesteht, ist der Meinung, dass der Mann „als Ursprung und Ziel der Frau" Gott als Urheber und Ziel der Schöpfung in besonderer Weise abbilde, während die Frau durch die ihr eigene Empfänglichkeit in besonderer Weise Abbild der Schöpfung sei (Neuer 1993,

Ebenbild-Gottes-Sein sind untrennbar."[105] Auch in der Erschaffung selbst von zwei unterschiedlichen, sich ergänzenden Geschlechtern, die auf Gemeinschaft angelegt sind, drückt sich ein Aspekt der Gottebenbildlichkeit des Menschen aus (Wolff 2002, 237–238; Westermann 1994, 47).[106] Dabei soll und darf die Unterschiedlichkeit der beiden Ausführungen des Menschen bewusst wahrgenommen werden (Gen 1,27; Hess 2005, 80). Auch sie ist deutlich als Werk und Wille des Schöpfers deklariert und darf als solche ausgelebt, ja gefeiert werden. Welches genau die Unterschiede sind, die Gott hier in seine Schöpfung eingebaut hat, nennt uns die Schrift selbst nicht.[107] Durch die Erkenntnisse der Naturwissenschaften können wir sie in unserer Zeit teilweise erforschen und formulieren.[108] Gott selbst gibt an dieser Stelle keinen Kommentar zum Geschlechterunterschied. Allerdings wird er hier zum ersten Mal in der Genesiserzählung erwähnt und auch durch die Wortwahl für „männlich" (*sakar*) und „weiblich" (*neqebah*) im hebräischen Text bewusst betont. Er wird dabei jedoch weder gewertet, noch mit Rollenzuweisungen oder moralischen Imperativen versehen. Der männliche und der weibliche Mensch werden hier als verschiedene, aber gleichrangige Ausführungen des *adam* vorgestellt.[109]

48–49). Berger spricht aus dem Kontext der römisch-katholischen Lehre von einer „abgestuften Abbildlichkeit" und damit auch von einer abgestuften Repräsentanz Gottes. Dabei geht es um eine abnehmende Ähnlichkeit mit dem Urbild, wobei die Frau als letztes Glied in der gestaffelten Kette Gott – Christus – Mann – Frau gilt. Aus diesem Prinzip der gestuften Abbildlichkeit aus 1Kor 11 wird kirchliche Autorität begründet und es wird gefolgert, dass Frauen aus schöpfungstheologischen Gründen für die Repräsentanz Gottes in der Liturgie nicht in Frage kommen (Berger 2012, 58–60).

105 Zitiert in *The New Eve in Christ* (Hayter 1987, 87).

106 Raedel spricht von einer „dialogischen Polarität" von Mann und Frau im Sinn einer kommunikativen Bezogenheit der beiden aufeinander (2017, 121).

107 Dennoch verankert W. Neuer seine Begründung einer hierarchischen Geschlechterordnung „aus biblischer Sicht" in erster Linie im „Wesen der Geschlechter" (Neuer 1993, 136 ff).

108 An dieser Stelle können nun die in Kapitel 2 dieser Arbeit beschriebenen wissenschaftlichen Erkenntnisse eingesetzt werden; weitere Einblicke in die komplexen Zusammenhänge sind zu erwarten. Hier sind die morphologischen Unterschiede der äußeren Geschlechtsmerkmale ebenso eingeschlossen wie die durchschnittlichen Unterschiede in Körpergröße und Muskelkraft und die hormonell induzierten unterschiedlichen Denk- und Verhaltensneigungen, die dann die Sozialisierung des Menschen beeinflussen.

109 Dass die Gattungsbezeichnung *adam* später zum Eigennamen des Mannes im Gegenüber von Eva wird, zum Beispiel in Gen 4,1 und Gen 5,3 (Westermann 1994, 46), sehen manche Ausleger bereits als „Schatten der männlichen Leiterschaft, der hier schon vorausgeworfen wird…" (Strauch 2001, 27). Ortlund leitet diese Annahme in seiner Muttersprache so ab: „God's naming of the race ‚man' whispers male headship…" (Ortlund 1991, 98). Westermann

3.2.3 Genesis 1,28–31: Der gemeinsame Auftrag

Nach seiner Erschaffung empfängt der Mensch den Segen Gottes und mit ihm einen doppelten Auftrag. Dieser betrifft zunächst die Erhaltung und Ausbreitung der Spezies Mensch: „Seid fruchtbar und mehret euch und füllet die Erde!" (Gen 1,28). Er ergeht klar an beide Vertreter der Menschheit und kann auch nur von ihnen gemeinsam ausgeführt werden. Dazu sind Mann und Frau gut, aber unterschiedlich ausgestattet. Aufgrund ihrer geschlechtlichen Voraussetzungen wird die Frau an dieser Stelle mehr Zeit und Kraft investieren als der Mann. Dies wird sicher vorausgesetzt, jedoch nicht ausgesprochen, und der Frau wird dieser Auftrag nicht mehr zugewiesen als dem Mann.

Im zweiten Teil des Auftrages gibt Gott dem Menschen das sogenannte Kulturmandat. Als Repräsentant des Schöpfers soll er die Schöpfung in dessen Sinn bewahren, gestalten und beherrschen. Dabei soll seine Gottebenbildlichkeit in der Ausübung der ihm geschenkten Autorität und Kreativität zum Ausdruck kommen. Auch dieser Auftrag ergeht an Mann und Frau. Zu seiner Ausführung stehen nun dem Mann aufgrund seiner geschlechtlichen Voraussetzungen mehr Kraft und Zeit zur Verfügung. Dennoch wird er ihm nicht mehr zugewiesen als der Frau. Beide Geschlechter erhalten beide Aufträge und sollen sie als Ebenbilder Gottes ausführen. Miteinander sollen sie sich fortpflanzen und miteinander „herrschen" (1,28). Hier gibt es also weder einen Hinweis auf die Herrschaft des einen über den anderen, noch auf eine geschlechtsspezifische Aufgabenverteilung.[110] Die in den Kulturen der Menschen später zu

macht jedoch deutlich, dass die Bezeichnung „Adam" als Eigennamen für den Mann von Eva erst nach Abschluss des Schöpfungsgeschehens mit dem Beginn der Reihe der Geschlechter in Gen 4,1 beginnt (Westermann 1994, 46). Das lässt sich gut erkennen in Gen 5,1–3, wo beide Gebrauchsweisen nebeneinander stehen: In Vers 1 und 2 in einem Rückblick auf das Schöpfungsgeschehen der allgemeine Gattungsbegriff, der Mann und Frau gleichermaßen einschließt, in Vers 3 dann der Eigenname am Beginn der patrilinearen Geschlechterliste der sich unter den Bedingungen der gefallenen Schöpfung nun entwickelnden Menschenfamilien, deren Stammvater Adam ist.

110 Das sieht John Piper anders: „Der Genesis-Text legt nahe, dass jegliche Rollenumkehr in den Grundfunktionen der Kinderbetreuung und des Broterwerbs gegen die ursprüngliche Intention Gottes ist und gegen die Art, wie er uns als Mann und Frau für die uns verordneteten Rollen geschaffen hat." Sucht man jedoch nach seiner Begründung aus dem biblischen Text, so leitet er diese aus Gen 3,9 ab und sagt: „Die reife Männlichkeit spürt, … dass Gott, wollte er jemanden für die fehlende materielle Versorgung einer Familie zur Rechenschaft ziehen, sich zuerst an den Mann wenden würde" (Piper 1991, 43). Hardmeier betont ebenfalls, dass beide den gleichen Auftrag haben, um dann direkt mit Neuer hervorzuheben, dass sie jedoch einen „unterschiedlichen Weltbezug" haben, der sie für je unterschiedliche Rollen ausrüstet … (Hardmeier 2013, 29–31).

beobachtende scharfe Trennung der Wirkungsbereiche und Aufgabengebiete in den öffentlichen kulturschaffenden Bereich des Mannes und den privaten Bereich der Fortpflanzung für die Frau ist nicht aus der Schöpfung zu begründen. Sie liegt aufgrund der biologischen Gegebenheiten nahe, kann aber nicht als Gottes Schöpferwillen aus den biblischen Aussagen abgeleitet und gefordert werden. Vielmehr lässt Gott Mann und Frau hier einen großen Spielraum in der Aufteilung der Zuständigkeiten im Rahmen der biologischen Vorgaben.

3.2.4 Genesis 2,7–25: Einzelheiten zum Ursprung und Wesen der Geschlechterbeziehung

Entsprechend dem hebräischen Zweiheitsprinzip, nach dem sich ein Tatbestand nur so ganz beschreiben lässt, dass man ihn auf zweifache Weise in Worte fasst (LaSor 2000, 87), wird im zweiten Kapitel der Heiligen Schrift die Schöpfung erneut dargestellt, diesmal in Erzählform und mit dem besonderen Fokus auf der Erschaffung des Menschen. Dieser Bericht wirft ein deutlicheres und zu Genesis 1 ergänzendes Licht auf die Beziehung der Geschlechter. Da der Apostel Paulus sich in 1. Korinther 11 und 1. Timotheus 2 auf Genesis 2 bezieht, wird die hermeneutische Auseinandersetzung um die Stellung der Frau an dieser Stelle besonders kontrovers.

3.2.4.1 Der Mensch braucht eine Hilfe

Hier wird nun berichtet, dass Gott zunächst den Menschen (*adam*) bildete und ihn in einen Garten setzte, den er bebauen und bewahren sollte. Anhand des geschlechtsneutralen Begriffes *adam* kann man nicht ohne weitere Information erkennen, dass es hier um den Mann geht. Das wird später bei der Erschaffung der Frau aus dem Gegenüber mit ihr deutlich (V. 23). *Adam* steht hier also nicht in erster Linie als Mann, sondern als Mensch im Zentrum des Geschehens.[111] Wenn Gott feststellt, dass es nicht gut ist, dass der Mensch (*adam*) allein sei (V. 18), so wird damit vor allem deutlich, dass der Mensch als soziales Wesen, sei es nun als Mann oder Frau, ein Gegenüber braucht, das ihm entspricht und aus dem er sich selbst definieren kann (Bilezikian 1990, 27).[112]

111 Viele Ausleger sehen an dieser Stelle Adam vor allen Dingen als Mann, wie zum Beispiel W. Neuer (1993, 66) und R. Ortlund (1991, 100). A. Strauch bringt diese Sicht mit einem Zitat von J. Cottrell am deutlichsten zum Ausdruck: „Das ganze Geschehen und alle Ereignisse drehen sich um den Mann … er steht im Rampenlicht. Alles andere, einschließlich die Frau, nimmt eine unterstützende Stellung ein“ (Strauch 2001, 29). S. Clark folgert aus dieser Annahme sofort: „Das erste Anzeichen für die Existenz von Unterordnung ist die Tatsache, dass der Mann das Zentrum des Berichtes von der Schöpfung der Frau ist“ (Clark 1980, 24).

112 Siehe dazu auch die Ausführungen von Hess (2005, 82–85).

3.2.4.2 Die Frau als adäquate Hilfe des Mannes

Gott beschließt, dem Menschen eine Hilfe (*ezer*) zu machen. Die deutsche Übersetzung des hebräischen Wortes an dieser Stelle mit „Gehilfin" hat eine irreführende Bedeutungsnuance.[113] Der hebräische Begriff wird in seiner Bedeutung bestimmt von dem „Aspekt des gemeinsamen Handelns" und beschreibt „das Zusammenwirken von Subjekt und Objekt, wo die Kraft des einen nicht hinreicht" (Bergmann 1995, 257). Etwa 30 Mal wird im Alten Testament Gott als Hilfe des Menschen mit diesem Ausdruck bezeichnet (Bergmann 1995, 258). A. Mickelsen betont, dass das Wort in der Bibel niemals benutzt wird, um eine untergeordnete Person zu beschreiben (Mickelsen 1989, 183). Gott schafft dem Menschen also hier keine ihm untergeordnete, in ihrer Funktion von ihm abhängige Dienerin (Bilezikian 1985,27–28),[114] sondern stellt ihm eine ebenbürtige, adäquate Hilfe zur Seite. Das kommt in dem Adjektiv *kenegedo* zum Ausdruck, das *ezer* begleitet und „entsprechend", „adäquat" bedeutet (Bräumer 2000, 36; Spencer 1985, 23–26).[115] D. Hamilton fasst den Befund so zusammen: „Die Frau wurde nicht geschaffen, um Adam zu dienen, sondern um mit Adam zu dienen" (Hamilton 2000, 96).[116]

3.2.4.3 Mann und Männin

Gott schafft diese Hilfe für den Menschen aus seiner Rippe. Damit wird betont, dass sie aus der gleichen Substanz, also dem Menschen wesensverwandt ist. Hamilton

---

113 Diese mag von einem Wortgebrauch wie der älteren Bezeichnung „Hausgehilfin" herrühren. In Wirklichkeit hat das hebräische Wort eine maskuline Form und ist in sich noch kein Hinweis auf die Frau, sondern bezeichnet lediglich die Hilfe bei der Erfüllung einer Aufgabe (Bräumer 2000, 35). Siehe dazu auch die Ausführungen von Payne (2009, 44–45).

114 R. Ortlund betont dagegen: „Das Wort ‚Gehilfin' legt die unterstützende Rolle der Frau nahe". Er sieht dementsprechend sogar in der Hilfe Gottes für den Menschen „im gewissen Sinn" eine zeitweise Unterordnung Gottes unter den Menschen (Ortlund 1991, 104). Auch Susan Foh betont an dieser Stelle die abhängige Rolle der Frau: „Die Frau wurde geschaffen, um ihrem Mann zu helfen; ihre Funktion ist abhängig von ihm …" (Foh 1989, 72), ebenso sieht es J. Cochlovius (2000, 16–17). In *Revolution der Geschlechter* wird das Wort *ezer* mit „Gehilfe", „Unterstützung" übersetzt und als „Schlüsselwort" bezeichnet, „um die Aufgabe der Frau zu umschreiben" (Strauch 2000, 32). Nach W. Neuer macht Gen 2,18 klar, dass der Mann „Ursprung und Ziel der Frau" ist (Neuer 1993, 66).

115 Martin Luther übersetzte an dieser Stelle „eine Gehilfin, die um ihn sei". So steht es noch in der revidierten Ausgabe von 1984; damit hat sich im deutschen Sprachgebrauch der Eindruck von der Frau als einer abhängigen, unselbstständigen, untergeordneten Hilfe des Mannes verstärkt.

116 Siehe hierzu auch Felker Jones (2017, 22).

drückt es so aus: „… not a separate creation but a separate expression of the same creation“ (Hamilton 2000, 95). Die Tatsache, dass der Mann zuerst geschaffen wurde, geht aus dem Text zwar klar hervor, sie wird aber hier weder hervorgehoben noch mit einem Hinweis auf eine hierarchische Geschlechterbeziehung oder gar einem göttlichen Gebot diesbezüglich versehen.[117]

Sowohl die Wesensverwandtschaft als auch die Verschiedenheit zwischen Mann und Frau drückt der Mensch in seinem begeisterten Ausruf aus, als er die Frau sieht, die Gott für ihn geschaffen hat. Es sind die einzigen Worte, die uns von dem Zeitraum vor dem Sündenfall überliefert sind (Gen 2,23), und sie stellen den Beginn der zwischenmenschlichen Kommunikation dar. In dieser ersten Kontaktaufnahme bezeichnet *adam* die Frau mit dem Begriff „Männin“ (*issah*) als gleich („Fleisch von meinem

---

117 Die Tatsache, dass der Apostel Paulus diesen Tatbestand in einer Argumentationslinie betont, auf die später noch eingegangen werden soll (1Kor 11,8–9; 1Tim 2,13), motiviert viele Ausleger, an dieser Stelle aus dem Schöpfungsbericht ein hierarchisches Geschlechterverhältnis abzulesen, in dem die Frau dem Mann generell untergeordnet ist. So betont S. Foh: „Die Erschaffung der Frau vom Mann … ebnet den Weg für das Prinzip der Ungleichheit zwischen Mann und Frau“ (Foh 1989, 72). Auch R. Ortlund bewertet die Reihenfolge der Schöpfung in diesem Sinn und beantwortet die rhetorische Frage, warum diese nicht umgekehrt sein konnte, damit, dass „dies wohl die wahre Natur des Mannseins und Frauseins verdunkelt hätte, die Gott klar machen wollte“ (Ortlund 1991, 102). Am unmissverständlichsten drückt sich wieder A. Strauch aus, wenn er sagt: „Es ist kein Zufall, dass der Mann die Priorität der Schöpfung war. Die frühere Erschaffung Adams hat grundlegende Bedeutung … Die Antwort finden wir in 1. Mose 2: schon im Anfang formte der Schöpfer den menschlichen Lehmkörper, um ein Patriarchat zu bilden“ (Strauch 2001, 30–31). Dagegen betont Hess: „Mann und Frau wurden nacheinander geschaffen, um aufzuzeigen, wie sehr sie einander brauchen, und nicht, um eine implizite Hierarchie zu rechtfertigen“ (Hess 2005, 84).

Fleisch“) und zugleich verschieden von ihm, dem Mann (*is*) (Gen 2,24–25).[118, 119] Erst im Gegenüber mit der Frau erkennt der Mensch sich selbst hier als Mann und wird sich seiner Geschlechtlichkeit bewusst. Hier beginnt also die Geschlechterbeziehung und wird in diesem kurzen Bericht in ihrem ganzen Spektrum charakterisiert, das aufgrund des biblischen Textes mit den Stichworten „Wesensgleichheit“, „Verschiedenheit“ und „Ergänzung“ beschrieben werden kann, nicht aber durch hierarchische Kategorien.

Dieser Tatbestand wird bestätigt in dem anschließenden (Gen 2,24) zukunftsweisenden und weit über den Schöpfungsrahmen hinausgreifenden „Stiftungswort zur Ehe“ (Bräumer 2000, 36). Begründet durch das vorhergegangene Schöpfungsgeschehen wird nun über das gottgewollte Miteinander von Mann und Frau gesagt, dass der Mann die Bindung an seine Ursprungsfamilie lösen wird, um an seiner Frau zu „hängen“ und in eine „innigste persönliche geistleibliche Gemeinschaft“ mit ihr einzutreten (Bräumer 2000, 37). Ihre „Nicht-Scham“ (Gen 2,25) beschreibt diese ursprünglich ungebrochene Gemeinschaft treffend (Müri 2001, 8). Auch hier wird

118 Dass der Mann hier der Frau die Bezeichnung „Männin“ gibt, ist für viele Ausleger Anlass, an dieser Stelle die Einführung einer Führungsposition des Mannes über die Frau zu vermuten. K. Riebesehl zum Beispiel sieht in diesem Ausruf eine Namensnennung und damit einen Hinweis darauf, dass Gen 2 eine Unterordnung der Frau unter den Mann lehre: „Mit der Namensgebung übt der Mann also Autorität über die Frau aus“ (Riebesehl 2004, 41). A. Strauch erkennt in dieser „Benennung“ der Frau ebenfalls die Untermauerung einer besonderen Führungsposition des Mannes (Strauch 2001, 33). S. Clark erklärt diesen Akt ebenfalls zu einer „Herrscherfunktion“ und folgert: „Das Recht und die Fähigkeit des Mannes zur Namensgebung ergibt sich aus seiner Position als Herrscher“ (Clark 1980, 18). Ebenso legt J. Frame diesen Akt aus (Frame 1991, 231). R. Ortlund interpretiert: „Gott erlaubte Adam, die Frau zu definieren, passend zur Führungsrolle Adams… Eva fand ihre eigene Identität in der Beziehung zum Mann als sein Gegenüber und seine Gehilfin nach der Definition des Mannes“ (Ortlund 1991, 103).

119 Das hebräische Wort *qara*, das hier für „sie soll heißen“ gebraucht wird, hat ein breites Bedeutungsspektrum und beinhaltet „rufen, ausrufen, nennen, verkündigen“. In der Grundbedeutung geht es vor allem darum, dass man durch das Benennen des Anderen Kontakt mit ihm aufnimmt. Im Alten Testament wird das Verb in vielerlei Zusammenhängen benutzt: So benennt u. a. Adam die Tiere (Gen 2,20), er benennt seine Frau, und zwar vor dem Sündenfall (Gen 2,20) und danach (Gen 3,20). Das gleiche Wort wird aber auch benutzt, wenn der Mensch im Gebet Gott „benennt“ und anspricht (Gen 4,26) (Elberfelder Studienbibel 2001, 1513). Wenn Adam hier also als der Erstgeschaffene mit seiner Frau zum ersten Mal Kontakt aufnimmt und ihr dabei eine Bezeichnung gibt, kann man daraus aus meiner Sicht nicht die Etablierung einer Herrschaftsbeziehung herauslesen. Siehe dazu auch Hess (2005, 87).

von einer Beziehung unter Gleichrangigen[120] ausgegangen, ganz anders als sie sich schon bald nach dem Sündenfall darstellen wird. Eine Auslegung, die aus dem Bericht über die Erschaffung der Frau nach dem Mann und aus seiner Rippe die einseitige Bezogenheit der Frau auf den Mann ablesen will,[121] wird an dieser Stelle korrgiert, wo mehr die Bezogenheit des Mannes auf die Frau dargestellt wird.

3.2.5 Die Schöpfungsordnung nach Genesis 1 und 2

Betrachtet man Genesis 1 und 2 nochmals unter dem Gesichtspunkt der „Schöpfungsordnung", die in der Diskussion um die Stellung der Frau so oft zitiert wird, so kann man zunächst feststellen, dass die Schöpfung in sich sehr wohl geordnet und gegliedert ist und dass es eine klare hierarchische Abstufung zwischen dem Schöpfer und seinen Geschöpfen gibt. Auch lässt sich eine hierarchische Ordnung zwischen dem Menschen als Repräsentant Gottes und der übrigen Schöpfung erkennen (Gen 1,28). Eine hierarchische Abstufung innerhalb der Menschheit, insbesondere zwischen Mann und Frau, lässt sich in den ersten beiden Kapiteln der Bibel jedoch nicht finden. Beide sind Ebenbild Gottes, beide bekommen in gleicher Weise den göttlichen Segen und Doppelauftrag. Die erste Begegnung zwischen Mann und Frau ist geprägt von der Entdeckung ihrer Wesensgleichheit und Verschiedenheit, nicht von der Festlegung ihrer Position in einer Geschlechterhierarchie. Diese Wesensgleichheit und Verschiedenheit zieht sie zueinander hin in eine dauerhafte Lebensgemeinschaft, in der sie sich ergänzen und den göttlichen Willen gemeinsam tun. Die Tatsache, dass der Mann zuerst geschaffen wurde, wird im Schöpfungsbericht weder hervorgehoben noch kommentiert. Ein „natürlicher Autoritätsvorsprung" des Mannes vor der Frau kann höchstens aus den biologischen Unterschieden zwischen beiden abgeleitet werden, im Text selbst finden sich keine Hinweise darauf. Wenn also in der Diskussion um die Stellung der Frau von der „Schöpfungsordnung" gesprochen wird, die eine Unter-

---

120 Bilezikian weist darauf hin, dass hier die Frau als der „stabile Referenzpunkt" dargestellt wird, zu dem der Mann sich hinbewegt und dafür seine eigenen Familienbande hintenanstellt. Er hängt sein Leben an ihres, nicht umgekehrt. Bilezikian folgert meines Erachtens zu Recht: „Dies reflektiert alles andere als eine patriarchalische Gesellschaft" (Bilezikian 1985, 34). A. Mickelsen weist darauf hin, dass diese Stelle, die ja grundlegend und zeitlos über die Ehebeziehung spricht und auch von Jesus als solche aufgenommen wird (Mt 19,5), von den Auslegern, die eine hierarchische Schöpfungsordnung in Gen 1–2 sehen, kaum erwähnt und eher ignoriert wird (Mickelsen 1989, 183).

121 Dies geschieht unter Vertretern der „traditionellen Sicht" regelmäßig, so zum Beispiel bei W. Neuer, der, wie bereits erwähnt, den Mann einseitig zum „Ursprung und Ziel" der Frau erklärt (1993, 66).

ordnung der Frau unter den Mann und eine Rollenzuordnung für beide festlege,[122] so lässt sich diese Ordnung in den Texten des Schöpfungsberichtes selbst sicher nicht finden.[123] Dort gibt es weder eine geschlechtsspezifische Rollenzuteilung an Mann und Frau noch irgendeinen Hinweis Gottes auf eine hierarchische Beziehung zwischen beiden. Eine entsprechende Aussage Gottes wäre jedoch zu erwarten, wenn die Unterordnung der Frau unter den Mann Teil seiner Schöpfungsordnung wäre.

Zusammenfassend wird also deutlich, dass nicht der Schöpfungsbericht selbst die Grundlage für die in der Diskussion um die Frau vielfach zitierte hierarchische „Schöpfungsordnung" der Geschlechter ist, sondern der Rückbezug des Apostels Paulus auf ihn im Rahmen einer Argumentation an anderer Stelle, auf die noch einzugehen sein wird. Dabei wird diese offensichtlich mitsamt der Situation, in die er hineinspricht, in den Schöpfungsbericht hineingelegt und zu einer ewig normativen „Schöpfungsordnung" überhöht, und dies mit gravierenden Folgen für das Lebensgefühl und die Lebenspraxis ungezählter Frauen.

Im Gegensatz zu den Entstehungsmythen der meisten menschlichen Völker geht der biblische Schöpfungsbericht gerade nicht von einer Minderwertigkeit der Frau

122 Dies geschieht in der Literatur vielfach mit großer Selbstverständlichkeit, so zum Beispiel bei K. Riebesehl (2004, 6.24), W. Neuer (1993, 71), M. Liebelt (2001, 47), A. Strauch (2001, 27–33), S. Foh (1989, 72–73), R. Ortlund (1991, 102–103), J. Piper (1991, 35.52–53) und S. Clark (1980, 23–28). W. Neuer und K. Riebesehl übernehmen dabei sogar bedenkenlos die von J. T. Walsh aufgestellte „4 fache Autoritätsabstufung" (Neuer 1993, 68) Gott – Mann – Frau – Tierwelt (Walsh 1977, 161–177; Neuer 1993, 68), die Riebesehl als „die gute Ordnung" bezeichnet (2004, 6) und die auch bei Neuenhausen (2018, 41) und bei Hardmeier (2013, 43) zu finden ist. Berger nennt diese Hierarchie ein „Repräsentationsverhältnis" (2012, 62) und zugleich ein „Regiment" und eine „Herrschaft", wobei die Ordnung im „Untertansein" realisiert werde (2012, 75).

123 Dies wird von manchen der Autoren zugegeben, die dennoch auf ihr bestehen. Wie bereits erwähnt, sagt S. Clark über Gen 2: „Sicher, es gibt keine explizite Aussage, dass die Frau dem Mann gehorchen muss. Es gibt auch keine Gelegenheit, bei der der Mann der Frau einen Befehl gibt. Aber es wird ein genereller Eindruck vermittelt, dass sie ihm untergeordnet ist..." (1980, 24) und R. Ortlund postuliert: „Die Gleichwertigkeit von Mann und Frau und das Hauptsein des Mannes sind, sauber definiert, in den Stoff von Genesis 1–3 hineingewoben" und „was Mose uns liefert, ist eine Reihe mehr oder weniger offensichtlicher Hinweise auf seine Lehre vom Mannsein und Frausein" (Ortlund 1991, 111.98). Auch Neuenhausen spricht an dieser Stelle bewusst nur von „indirekten Hinweisen" (2018, 40) und von einer „Ordnung, die nur angedeutet und nicht explizit geboten war" (2018, 42). Hardmeier nennt die Hinweise aus dem Schöpfungsbericht für eine Unterordnung der Frau ebenfalls nur „implizit" und begründet eine solche Schöpfungsordnung aus der Ersterschaffung des Mannes und den entsprechenden Pauluswörten in 1Kor 11,8–9 und 1Tim 2,13 unter dem hermeneutischen Prinzip, dass die Bibel mit der Bibel auszulegen sei (2013, 33–34).

oder ihrer Unterordnung unter den Mann aus, sondern betont die gleiche Würde der Geschlechter und ihre sich ergänzende Verschiedenheit. Dieser wichtige Teil des biblischen Menschenbildes darf nicht aufgegeben werden oder von vornherein durch Einschränkungen geschmälert werden, die aus einem anderen Zusammenhang in den Schöpfungsbericht hinein importiert werden.[124]

3.3 Der Sündenfall und seine Folgen

3.3.1 Die hermeneutische Problematik

Die beschriebenen unterschiedlichen Sichtweisen bibelgläubiger Ausleger zur Stellung der Frau bei der Schöpfung setzen sich im Blick auf den Sündenfall folgerichtig fort. So geht es in der Einschätzung der in Genesis 3 beschriebenen Ereignisse vor allem um die Frage, ob der Sündenfall in erster Linie durch die Übertretung einer von Gott eingesetzten hierarchischen Geschlechterordnung zustande kam oder ob es allein um die Rebellion des Menschen gegen das Gebot Gottes ging. Dementsprechend wird dann unterschiedlich beurteilt, ob im Strafwort Gottes an die Frau die vorher etablierte Schöpfungsordnung, zwar unter erschwerten Bedingungen, aber doch zum Wohl der Menschheit wieder in Kraft gesetzt wurde, oder ob eine Geschlechterordnung beim Sündenfall keine Rolle spielte und erst nach dem Fall als Gericht Gottes begann. An den unterschiedlichen Interpretationsmustern ist dabei gut zu erkennen, wie hermeneutische Grundentscheidungen eine Eigendynamik in Gang setzen, die alle weiteren Auslegungen bestimmen, teilweise auf Kosten des Eigengewichts der biblischen Texte.

3.3.2 Genesis 3,1–6: Der Fall

In Genesis 3 wird nun das tragischste Ereignis der Menschheitsgeschichte nachgezeichnet, das alles in Frage stellte, was Gott vorher geschaffen und mit dem Prädikat „sehr gut“ (Gen 1,31) versehen hatte. Dass er dabei in seiner Größe und Liebe dem Menschen sogar die Option zur Rebellion gegen sich selbst ließ, können wir nur staunend feststellen.

124 Groothuis betont, dass dies auch nicht teilweise geschehen darf durch gedankliche Konstruktionen, wie man sie in der Literatur findet, wie die der wesensmäßigen Gleichstellung der Frau bei ihrer gleichzeitigen funktionalen Unterordnung als „Paradox in der Schöpfungsordnung“ (1997, 42–45; 2005, 301–333). Siehe dazu auch die Argumentation von Payne (2009, 41–47).

Betrachtet man das furchtbare Geschehen im Blick auf die Rolle der Geschlechter, so fällt als erstes auf, dass der Feind Gottes als Versucher an die Frau herantritt, nicht an den Mann (Gen 3,1).[125] Aus dem hebräischen Text ist anzunehmen, dass der Mann dabei ganz in ihrer Nähe war.[126] Die Frau lässt sich nun auf das Gespräch mit dem Versucher ein. Sie folgt seinen Argumenten gedanklich, und es gelingt ihm, die Frau zum Überdenken ihres Lebens aus einer bisher nicht gekannten Perspektive, der satanischen, zu bringen (Ortlund 1991, 106). Das veranlasst sie, Gott ihr Vertrauen zu entziehen, und schließlich in offenem Ungehorsam gegen sein Gebot ihre Entschlossenheit zur Selbstbestimmung, zum „Sein wie Gott" zum Ausdruck zu bringen. Dies tut sie nicht nur, ohne vorher mit ihrem Mann darüber zu sprechen, sondern sie „gab zugleich auch ihrem Mann davon, und er aß" (Gen 3,6).

Fragt man nun danach, worin genau die jeweilige Schuld von Mann und Frau bestand, so tut sich hier ein weites Interpretationsspektrum auf, das im Grundsatz jedoch wieder die oben genannten hermeneutischen Vorentscheidungen zum Ausdruck bringt. Dabei geht es vor allem darum, ob die Frau primär aus ihrer von Gott in der Schöpfungsordnung etablierten Unterordnung unter den Mann heraustrat und

125 Diese Tatsache veranlasst manche Ausleger zu weitreichenden Spekulationen über die Gründe dieser Wahl, von denen S. Foh einige aufzählt und mit Recht als nicht dem Text entsprechend verwirft (Foh 1989, 74). Ein Aspekt wird allerdings immer wieder genannt, der für den weiteren Gang der Auslegung wichtig erscheint: Es wird behauptet, Satan habe hier die Frau und nicht den Mann angesprochen, weil er damit die Führungsposition des Mannes in Frage stellen wollte. So erklärt R. Ortlund: „Satan griff die Führungsposition Adams an. Seine Worte wirkten als Einladung an Eva, im Moment der Versuchung die Führungsverantwortung zu übernehmen…", und er folgert daraus: „… wäre Eva zuerst erschaffen worden und dann Adam als ihr Helfer, hätte die Schlange ohne Zweifel Adam angesprochen" (Ortlund 1991, 108).

J. Piper und W. Grudem argumentieren in einem Übersichtsaufsatz zum Geschlechterverhältnis: „Satan… kannte die Schöpfungsordnung… und forderte sie bewusst heraus, indem er den Mann ignorierte und seine Verhandlungen mit der Frau führte. Satan brachte sie in die Position des Sprechers, Leiters und Verteidigers" (Piper and Grudem 1991, 73). A. Strauch drückt sich wieder besonders deutlich aus, wenn er sagt: „Also attackierte Satan zuerst die Frau und griff damit nicht nur Gottes Gebot bezüglich des Baumes der Erkenntnis des Guten und Bösen an, sondern auch Gottes Gebot bezüglich der Stellung des Paares – sie die Hilfe, er der Leiter" (Strauch 2001, 35). Hardmeier und auch Neuenhausen betonen, dass es hier zu einer Umkehr der Schöpfungsordnung kam: Von *Gott – Mann – Frau – Tier* zu *Tier – Frau – Mann – Gott.* (Hardmeier 2013, 43; Neuenhausen 2018, 41).

126 Das geht vor allem aus Gen 3,6 hervor, der am genauesten übersetzt wird mit „sie gab ihrem Mann bei ihr, und er aß" (Revidierte Elberfelder Übersetzung 2001). D. Scholer weist darauf hin, dass der Zusatz „bei ihr" in manchen Übersetzungen ausgelassen wird (Scholer 1986, 210).

deshalb fiel, oder ob es hier um die freie Entscheidung eines entscheidungsberechtigten Menschen ging, der bewusst das bekannte Gebot Gottes übertrat und einen anderen freien Menschen in die gleiche Sünde hineinzog.[127]

Nimmt man den biblischen Bericht vom Sündenfall für sich, ohne die Aussagen des Paulus an anderer Stelle als Interpretation hier einzuordnen, lässt sich aus ihm nicht beantworten, warum der Versucher die Frau ansprach. Wie sich in Genesis 1

---

127 Die erstgenannte Option wird verständlicherweise von denen vertreten, die in Gen 1 und 2 eine gottgegebene hierarchische Ordnung zwischen Mann und Frau finden. So interpretiert Ortlund: „Was da geschah, ist voller Bedeutung. Eva riss die Führungsrolle Adams an sich und bahnte den Weg in die Sünde ... Adam seinerseits verließ seine Stellung als Haupt" (Ortlund 1991, 107). Auch W. Neuer ist dieser Überzeugung, wenn er sagt: „Es ist offenkundig, dass die Frau beim Sündenfall über ihren Mann herrscht ..." und dann daraus folgert: „In der Sündenfallgeschichte zeigt sich, dass die Frau sich und den Mann durch ihren Herrschaftsanspruch zutiefst gefährdet. Die Wahrung der gottgewollten Geschlechterordnung, wie sie in 1Mo 2 zutage tritt, ist für beide Geschlechter ein Schutz vor dem Bösen" (Neuer 1993, 70).

Noch weiter geht Cochlovius, wenn er zuerst beschreibt, wie nach Gottes Schöpfungsordnung der Frau ein eigenständiges und „selbstbestimmtes" Leben verwehrt sei, und dann mutmaßt, dass in Gestalt der Schlange „eine verführerische Stimme" auftritt, „die ihr die Freiheit von dieser doppelten Verpflichtung und ein völlig autonomes Leben verspricht". Er sieht die Tragik des Sündenfalls dann darin, dass die Frau sich „gegen die Selbstverleugnung" aufstacheln und „zu einem selbstbestimmten und herrschsüchtigen Leben" verführen lässt, und „sich zu einem Schritt entschließt, von dem sie sich Unabhängigkeit von Gott und Macht über ihren Mann verspricht" (Cochlovius 2000, 19).

Dementsprechend wird die Sünde Adams zunächst darin gesehen, dass er seine Stellung als Haupt aufgab und auf seine Frau hörte. So argumentiert Ortlund: „Adam sündigte auf zwei Ebenen. Zum einen rebellierte er gegen das schlichte und einfache Gebot von Genesis 2,17. Das ist offensichtich. Aber Gott geht tiefer. Auf einer anderen Ebene sündigte Adam, indem er auf seine Frau hörte" (Ortlund 1991, 110). Cochlovius sagt es noch pointierter: „Wir haben hier einen Akt der Beherrschung Adams durch Eva vor uns, dem auf Seiten Adams der ebenso schwere Fehler seiner Unterwerfung unter Evas gottlose Forderung entsprach. ... Eva wollte bestimmen, was Adam tut. Adam tat, was Eva gebot" (Cochlovius 2000, 20). Cochlovius folgert grundsätzlich: „Der Sündenfall Evas hat also eine deutlich erkennbare geschlechtsspezifische Dimension" (Cochlovius 2000, 20).

Genau das sehen die Ausleger anders, die in der Schöpfung keine hierarchische Geschlechterordnung finden. Sie sehen die Schuld der Frau in ihrem Wunsch, unbedingt wie Gott sein (Bilezikian 1985, 47; Hess 2005, 89), ja den Schöpfer ersetzen zu wollen (Spencer 1985, 34), unabhängig von ihrem Geschlecht. Bilezikian spricht von einem „aggressiven Streben nach Gottgleichheit" (Bilezikian 1985, 47). Adam wird gleichermaßen darin für schuldig gehalten, dass er bewusst in diese Haltung einwilligte, und das, obwohl er derjenige war, dem Gott das Verbot vorher gegeben hatte, der es also hätte besser wissen können und müssen (Bilezikian 1985, 49; LaCelle-Peterson 2008, 38–39). Nicht dass er seiner Frau gehorcht hat, sondern dass er ihr zur Sünde gehorcht hat, wird als seine Schuld gesehen (Spencer 1985, 37).

und 2 keine schöpfungsbedingte hierarchische Geschlechterordnung feststellen lässt, so ergibt sich auch in Genesis 3 nicht aus dem Text allein der Gedanke, die Sünde der Frau bestünde zunächst in der Übertretung einer solchen Ordnung. An keiner Stelle wird auf einen solchen Zusammenhang hingewiesen. Vielmehr zeichnet der Bericht das gedankliche Eingehen der Frau auf die Worte des Versuchers Schritt für Schritt nach, so dass der heutige Leser die Ursünde des Menschen darin nachvollziehen kann. Dabei wird kein Zweifel darüber gelassen, dass die Frau sich bewusst und willentlich für den Ungehorsam gegen Gott entschied. Wie genau sie die Tragweite dieser Entscheidung ermessen konnte, wird nicht gesagt. Im Moment des göttlichen Verbotes war sie noch nicht erschaffen (Gen 2,16). Aber dass sie von dem Verbot wusste, wird in ihrer Argumentation gegenüber der Schlange deutlich (Gen 3,3). Der hier beschriebene Fall drückt also die bewusste Rebellion gegen Gott durch einen mündigen, denkenden Menschen aus. Dass die Frau durch die Schlange zu diesem Schritt bewegt, also verführt wurde, wird ebenfalls klar gesagt (Gen 3,13–14). Es scheint auch so, dass sie vor dieser wichtigen Entscheidung nicht mit ihrem Mann sprach, der diesbezüglich aus erster Hand informiert war (Bilezikian 1985, 43), aber der Text schweigt an dieser Stelle. Der Mann spielt in der Tat eine eher passive Rolle im Geschehen.[128] Da die Frau nach ihrem Fall „zugleich“ ihren Mann in ihre Sünde einbezog und dieser in dem Moment „bei ihr“ war, kann angenommen werden, dass er sich nicht völlig teilnahmslos von seiner Frau zur Sünde bewegen ließ, sondern zumindest innerlich an dem Geschehen beteiligt war. Er war es ja, dem das göttliche Gebot in aller Ausführlichkeit und Dringlichkeit (Gen 2,16–17) anbefohlen worden war. Was in ihm vorging, wissen wir nicht; es wird lediglich gesagt, dass Adam aß. Er sündigte damit ebenfalls wissentlich und willentlich wie seine Frau. Ob er bei dieser Entscheidung durch das Geschlecht seiner Frau beeinflusst wurde oder ob der Geschlechterunterschied in diesem Zusammenhang gar keine Rolle spielte, sagt der Text nicht aus.[129]

128 Diese Tatsache wird ihm von manchen Auslegern als seine eigentliche Schuld vorgehalten. So sagt zum Beispiel Hardmeier: „Adam nahm seine Führungsverantwortung nicht wahr … Die Schuld des Mannes am Sündenfall bestand insbesondere darin, dass er sich weigerte, Verantwortung zu tragen. Er stand dabei und tat nichts … Adam fiel durch Abwesenheit und Passivität auf. Das ist bis heute der besondere Makel der Männer“ (2013, 44).

129 Forscher, die im Sündenfallgeschehen einen bedeutenden Einfluss der Geschlechtlichkeit aus dem Lehrverbot des Apostels Paulus ableiten, machen an dieser Stelle besondere Anstrengungen die Zusammenhänge zu erklären und das Verbot des Paulus zu begründen. Westfall fasst diese Beobachtung pointiert zusammen: „Kurz gesagt, haben die Ausleger des Apostels Paulus, motiviert von der Narrative des Sündenfalls, ein negatives Frauenbild herausgearbeitet, um die Anwendung der Verbote in 1Tim 2,12 auf alle Frauen zu rechtfertigen (2016, 113; Übersetzung: H. S.). Siehe auch LaCelle-Peterson (2008, 38).

3.3.3 Genesis 3,7–24: Die Rolle von Mann und Frau nach dem Fall

3.3.3.1 Gott zieht den Menschen zur Rechenschaft

Dass durch den Fall für den Menschen eine grundlegende Veränderung eingetreten ist, zeigt sich sofort: Die Harmonie der Beziehung mit Gott und die Harmonie zwischen Mann und Frau sind zerstört, Scham und Angst bestimmen das Verhalten der beiden gefallenen Menschen. Gott ruft den Menschen (*adam*) in diesem Zustand zur Verantwortung in seine Gegenwart. Am Text kann man nicht erkennen, ob er mit *adam* den Menschen als Gattung, also beide Vertreter, anspricht, oder den Mann allein. Die Antwort kommt zunächst vom Mann.[130] Beide werden jedoch individuell verantwortlich gemacht für ihre Sünde.

3.3.3.2 Die Strafworte Gottes an Mann und Frau

Nachdem Gott alle am Sündenfall Beteiligten für ihr Tun zur Verantwortung gezogen hat und Mann und Frau ihre Schuld beim Namen genannt haben („und ich aß"), spricht Gott seine Strafworte aus: Nach der Verfluchung der Schlange als Instrument des Verführers (3,14) folgt das Strafwort[131] an die Frau (3,16). Hier werden nun die Beziehung der Geschlechter und die Rolle der Frau im Kern getroffen. Bilezikian bezeichnet diese Verse sicher nicht zu Unrecht als den „tragischsten Abschnitt der

---

130 Ausleger, die eine hierarchische Schöpfungsordnung der Geschlechter vertreten und diese durch den Sündenfall verletzt sehen, deuten diesen Vorgang so, dass Gott hier das von ihm bestimmte rechtmäßige Haupt anspricht, so J. Piper und W. Grudem (1991, 64), R. Ortlund (1991, 108), W. Neuer (1993, 67), A. Strauch (2001, 36), S. Clark (1980, 31), Neuenhausen (2018, 44). Ausleger, die keine hierarchische Schöpfungsordnung vertreten, nehmen hier an, dass der Mann sich als Erster angesprochen fühlte, weil Gott ihm das Verbot gegeben hatte (Bilezikian 1985, 50–52; Hess 2005, 89–90).

131 Unter den Auslegern herrscht keine einheitliche Meinung, ob und wieweit es sich hier überhaupt um Strafworte handelt. Dieser Auslegungsunterschied hängt wieder mit dem Grundmuster der Interpretation zusammen: Ausleger, die von einer Unterordnung der Frau bereits als Schöpfungsordnung ausgehen, können die in Gen 3,16 eingeführte Herrschaft des Mannes über die Frau nicht „Strafordnung" nennen. Sie sehen sie daher eher als Wiederherstellung der vorher eingeführten „gottgewollten Geschlechterordnung", als „wohltätige Lebens- und Schutzordnung, die Mann und Frau vor der Zerstörungsmacht des Bösen bewahrt" (Neuer 1993, 70) oder als eine „Erhaltungsordnung" (Hempelmann 1997, 62). Neuenhausen versucht dem biblischen Befund aus seiner versöhnenden Perspektive gerecht zu werden, indem er an dieser Stelle erklärt, dass die Frau „zurückgestoßen wird in eine Ordnung, die vorher nur angedeutet und nicht explizit geboten war", und kommentiert: „Die Frau … wird nun wieder unter den Mann gezwungen, aber die Beziehung hat eine deutliche Abwertung erfahren" … „Die Vorrangstellung des Mannes, da er zuerst geschaffen war und Gott zu ihm über die Gebote sprach, ist nun eine Herrschaftsstellung geworden" (2018, 42–43).

Bibel" (Bilezikian 1985, 53). Die Tatsache, dass dieses Wort mit dem göttlichen „Ich will/werde" beginnt, zeigt, dass Gott selbst hier aktiv wird,[132] und dass sich das, was er hier „verheißt", mit Sicherheit erfüllen wird.

Der erste Bereich, in dem die Frau das Gericht Gottes für ihre Sünde spüren wird, betrifft ihre Schwangerschaften und Geburten, also den Aspekt, in dem sie sich vom Mann durch ihre Biologie am meisten unterscheidet und den sie mit ihm nicht teilen kann. Die wörtliche Formulierung nach dem Urtext bedeutet hier: „Überaus zahlreich werde ich deine Beschwerden und deine Schwangerschaft machen" (Elberfelder Studienbibel 2001, 6). Während die Fortpflanzung vor dem Sündenfall als Teil des gemeinsamen Auftrags wie selbstverständlich erwähnt wird, wird sie jetzt zu einem mühevollen und schmerzhaften Schwerpunkt im Leben der Frau, der vielen von ihren „Töchtern" im Verlauf der Menschengeschichte das Leben kosten wird. Schmerz, Mühsal und Leid werden als Vorboten des Todes den Lebensprozess durchdringen, und das von Anfang an mit der Geburt jedes neuen Menschen (Bilezikian 1985, 55). Davon ist die Frau zutiefst betroffen. Die mit der Fortpflanzung verbundenen Aufgaben werden sie schmerzhaft und umfassend vereinnahmen. Somit ist hier auch eine ausgeprägte Trennung der Arbeits- und Erfahrungsbereiche von Mann und Frau angelegt, die ihre Gemeinschaft beeinträchtigen muss. Dennoch wird all das die Frau nicht davon abhalten, sich immer wieder nach der Gemeinschaft mit dem Mann zu sehnen.[133]

An dieser Stelle wird nun im göttlichen Strafwort an die Frau zum ersten Mal das Konzept der Herrschaft des Mannes über die Frau für jeden erkennbar in die Geschlechterbeziehung eingeführt. G. Keener weist darauf hin, dass dies der einzige

132 Das Engagement Gottes an dieser Stelle spricht gegen die Sicht mancher Ausleger, z. B. von R. Groothuis (1994, 109), dass die Strafworte, die Gott hier ausspricht, lediglich Kommentare über die Konsequenzen der Sünde seien.

133 An dieser Stelle führen Ausleger, die von der Unterordnung der Frau als Segensordnung ausgehen, die in der Schöpfung begann, eine besondere Auslegung ein: Da das hebräische Wort für „Verlangen" in Genesis 4,7 wieder vorkommt, und zwar als Verlangen der Sünde nach Kain, das er beherrschen soll, wird das Verlangen der Frau an dieser Stelle parallel dazu als ein sündiges Verlangen nach der Herrschaft über den Mann angesehen, das dieser durch seine Herrschaft überwinden wird und soll. Dieser Auslegung folgen zum Beispiel R. Ortlund (1991, 109), S. Foh (1989, 75) und K. Riebesehl (2004, 41–42). Allerdings kommt dasselbe Wort für „verlangen" auch in Hohelied 7,11 vor, wo es das Liebesverlangen des Mannes nach seiner Frau zum Ausdruck bringt. R. Culver beschreibt das in Gen 3,16 vorhergesagte Sehnen der Frau als „Sehnsucht, die Frau eines Mannes zu sein" (Culver 1989, 40), Bilezikian als „Sehnsucht… die Nähe fortzusetzen, die ihre Beziehung im verlorenen Paradies geprägt hatte" (Bilezikian 1985, 55).

überkulturelle Text über die Unterordnung der Frau ist (Keener 1992, 117). Der Begriff *mashal* für „herrschen" kommt an dieser Stelle zum ersten Mal in der Schrift vor. Er ist ein allgemeiner Begriff, der keine Wertung einschließt, ob es sich um eine gute oder schlechte Herrschaft handelt. Es ist also hier nur die Autorität bezeichnet, nicht ihr Missbrauch.[134] Gott gibt an dieser Stelle im Rahmen seines Strafwortes an die Frau seine Einwilligung zu einer Asymmetrie in der Geschlechterbeziehung, in der der Mann Autorität über die Frau haben wird, unabhängig davon, ob er diese auf wohlwollende oder despotische Weise ausüben wird. Diese Asymmetrie wird an dieser Stelle neu eingesetzt, ist also keine Fortsetzung einer bereits bestehenden Schöpfungsordnung. Die Herrschaft über die Frau wird dem Mann hier nicht befohlen, ebenso wenig wie der Frau die Unterordnung, sondern sie wird der Frau als wirksames Gerichtswort Gottes und damit als Tatsache angesagt.[135]

Das Strafwort an den Mann (Gen 3,17–19), das als letztes folgt, bezieht sich auf seine Arbeit, also den zweiten Teil des Doppelauftrages, der ihm vermehrt zukommt, umso mehr, nachdem die Frau ihre Kraft in der Mühe um die Fortpflanzung wird investieren müssen. Hier wird er den Widerstand eines verfluchten Ackers erleben, der seine Freude an einem produktiven Schaffen dämpfen und seinen Lebenskampf intensivieren wird, bis er ihn schließlich am Ende doch verlieren wird. Hier wird die Frustration des Arbeitslebens als ständiger Begleiter des Mannes vorgezeichnet.

Bilezikian macht an dieser Stelle eine interessante Beobachtung: Nachdem die ersten Menschen Gott als die Quelle ihres Lebens abgelehnt haben, werden sie jetzt abhängig von ihren sekundären Lebensquellen, jeder von seiner Ausgangsmaterie: der Mann von der Erde, von der er genommen ist, und die Frau vom Mann, von dem sie genommen ist (Bilezikian 1985, 58).

3.3.3.3 Die Auswirkung der Strafworte auf die Geschlechterbeziehung

Die Strafworte an die Frau und den Mann sind im biblischen Text hintereinander gestellt, und es besteht kein Anlass, sie in ihrer Wirksamkeit oder Gültigkeit unter-

---

134 Aus dem Gebrauchsspektrum des Begriffes in der Heiligen Schrift ist zu erkennen, dass es um eine Herrschaft des Menschen über die Schöpfung (Ps 8,7), über einen Mitmenschen (Gen 37,8), über sich selbst (Spr 16,32) oder auch über die Sünde (Gen 4,7) gehen kann, aber auch um die Herrschaft Gottes über Israel (Jes 40,10) (Soggin 1994, 930–933).

135 Payne kommentiert hierzu: „Der Fall verwandelte die Beziehung zwischen Adam und Eva von einem Verhältnis unter Gleichrangigen in einen Machtkampf" (Payne 2009, 51; Übersetzung: H. S.). Neuenhausen, der von einer asymmetrischen Schöpfungsordnung vor dem Fall ausgeht, beschreibt diesen Vorgang als Übergang von einer „Vorrangsstellung des Mannes" zu einer „Herrschaftsordnung" (2018, 43).

schiedlich zu werten.[136] An der Geschichte der Menschheit kann man erkennen, wie ernst es Gott mit diesen Strafworten war und wie sie von sündigen Menschen in oft fast unerträglicher Weise verwirklicht wurden. Der Mensch kann sich ihrem Einfluss nicht entziehen, er muss sich darunter beugen. Verweigert er sich an irgendeiner Stelle grundsätzlich, so zerstört er damit seine eigene Lebensgrundlage, sei es durch fehlende Fortpflanzung, aufreibende Geschlechterkämpfe oder wirtschaftlichen Ruin.

Dennoch muss er die Folgen des Sündenfalls nicht als Segensordnung begrüßen oder umdeuten. Was Gott als Strafe gab, sollte auch als solche wahrgenommen werden. Aufgabe des Menschen ist es dabei, Gott Recht zu geben und sein Leben unter den neuen erschwerten Bedingungen in der Verantwortung vor ihm zu gestalten. Dabei wird ihm nicht verwehrt, seine gottgegebene Kreativität auch zur Erfindung und Anwendung von Methoden zu nutzen, die die Auswirkungen der göttlichen Strafworte mildern. So hat der Mensch im Lauf seiner Geschichte Unkrautvertilgungsmittel, arbeitserleichternde Maschinen und geburtshilfliche Maßnahmen zum Einsatz gebracht, die die Folgen des Strafwortes spürbar erleichtert haben. Auch ein konsequenter Einsatz gegen die unkontrollierte Unterdrückung der Frau durch den Mann muss hier eingeordnet werden.

Das verlorene Paradies (Gen 3,24) wird der Mensch dadurch nicht zurückgewinnen. Er muss von jetzt an entfremdet von seinem Schöpfer, in Disharmonie mit sich selbst, seinen Mitmenschen und seiner Umwelt leben. Was die Beziehung zwischen Mann und Frau betrifft, hat die Frau dabei das härtere Los getroffen, entsprechend ihrer Initiative zu Beginn der Katastrophe. Aber noch vor seine Strafworte an die Menschen setzt Gott eine grundsätzliche Verheißung und Hoffnung, die in besonderer Weise auch die Frau im Blick hat (Gen 3,15): Einer ihrer Nachkommen wird den Bösen besiegen. Hier leuchtet im Keim bereits das Heil auf, das Gott schon geplant hat, um den Menschen aus seiner Verlorenheit zu erlösen. Noch vor den folgenschweren Gerichtsworten wird es sichtbar. Gottes Geschichte mit seinen Menschen ist also nicht beendet, und er lässt sie mit ihrer Strafe nicht allein.

3.3.4 Zusammenfassende Darstellung der biblischen Aussagen zur Frau vor dem Entstehen von menschlichen Kulturen

In dem ursprünglichen Entwurf Gottes für die Geschlechterbeziehung, wie er sich aus Genesis 1 und 2 ergibt, werden Mann und Frau als gleichwertige und gleichran-

136 Dies tut zum Beispiel W. Neuer in einem Versuch, die Unterordnung der Frau in Gen 3,16 aus dem Kontext des Strafwortes herauszunehmen und als „Mahnung zur Rückkehr in das schöpfungsgemäße Unterordnungsverhältnis zum Manne“ zu deuten (Neuer 1993, 73).

gige, aber verschiedenartige und auf gegenseitige Ergänzung angelegte Ausgaben des Menschen dargestellt, die jeder für sich und gemeinsam als Ebenbild Gottes seine Herrlichkeit auf der Erde darstellen sollen. Gemeinsam haben sie den Doppelauftrag, die Erde zu füllen und auf ihr zu herrschen. Aus den biologischen Unterschieden zwischen beiden kann man einen „natürlichen Autoritätsvorsprung" des Mannes vor der Frau ableiten, der jedoch in den Schöpfungsberichten weder erwähnt noch auf die Beziehung zwischen Mann und Frau angewandt wird. Für eine „sündlose Hierarchie" (Foh 1989, 73) als biblische Schöpfungsordnung gibt es in Genesis 1 und 2 keinen Anhalt.

Auf Initiative der Schlange hin kommt es zum Sündenfall des Menschen, der als Katastrophe mit furchtbaren Auswirkungen geschildert wird und in dem die Frau ihrem Mann nicht Hilfe zum Guten, sondern Anstoß zur Sünde ist. In seiner Rebellion gegen Gott verliert der Mensch das Paradies. Er lebt nun von seinem Schöpfer entfremdet, und die Disharmonie mit sich selbst und seinen Mitmenschen hat begonnen. Die Gerichtsworte Gottes betreffen besonders die Geschlechterbeziehung: Sie wird asymmetrisch, wobei der Mann seinen natürlichen Autoritätsvorsprung nützen wird im Verhältnis zur Frau.[137] Dies wird ihm nicht befohlen, wohl aber ermöglicht. Gott sagt dies der Frau voraus. Dabei wird nicht festgelegt, welcher Art diese Herrschaft sein wird. Jedenfalls ist es eine Herrschaft, die es ursprünglich zwischen Menschen nicht gab. Sie kommt als Strafe zustande und nicht als „Segensordnung". [138] Die Herrschaft des Mannes über die Frau durch eine theologisch positive Aufladung zu einer Segenseinrichtung zu machen, etwa als „Schutz vor dem Bösen" (Neuer 1993, 70), wird dem biblischen Befund keinesfalls gerecht.

Das universale Grundmuster der Geschlechterrollen ist damit vorgegeben. Was der Mensch nun aus diesen Vorgaben macht, liegt an ihm und wird sich in den Kulturen der Völker erweisen. Dabei wird er nicht mehr nur als Ebenbild Gottes agieren, sondern als Sünder, der von seinem Drang zur eigenen Selbstverwirklichung mehr getrieben wird als von der Liebe zu seinen Mitmenschen.[139] So wird der Mann als

137 Hardmeier schreibt dazu treffend: „Der Sündenfall war der frühe Punkt in der Geschichte, an dem wir die Ergänzung der Geschlechter aus den Augen verloren und in den Kategorien von Dominanz und Unterwerfung zu denken begannen" (2013, 42).

138 LaCelle-Peterson kommentiert im Blick auf die Konsequenz aus dieser Stelle: „Wenn wir Gottes Strafworte in Genesis 3 als Konsequenzen der Sünde verstehen, dann werden wir diese wohl eher nicht als Nöte sehen, die man eben erleiden muss, sondern als Herausforderungen, die man überwinden sollte" (LaCelle-Peterson 2008, 41; Übersetzung: H. S.).

139 Felker Jones betont, dass der Mensch seitdem auch keinen sicheren Zugang mehr zum Wissen über seinen ursprünglichen Zustand als Ebenbild Gottes hat, und folgert daraus: „Wenn wir

Sünder seine Frau beherrschen, und sie wird als Sünderin alle eigenen Möglichkeiten ausschöpfen, um in diesem Verhältnis nicht zu kurz zu kommen. Dieser Geschlechterkampf wird sich im Folgenden auf allen Ebenen der Kulturen der Völker zeigen. Er kann nur geheilt werden, wenn das auslösende Übel an der Wurzel gepackt wird. Dies geschieht von der Urgeschichte aus gesehen erst viel später mit der Ankunft dessen, der der Schlange den Kopf zertreten wird (Gen 3,15).

3.4 Die Stellung der Frau nach dem Sündenfall

3.4.1 Adam benennt seine Frau

Das Erste, was uns über das Menschenpaar nach dem Sündenfall berichtet wird, ist die Tatsache, dass Adam seiner Frau den Namen *Eva,* „Mutter aller Lebendigen", gibt (Gen 3,20).[140] Damit bringt er Glauben und Hoffnung zum Ausdruck: Angesichts des von Gott als Folge des Sündenfalls angekündigten Todesprinzips (Gen 3,19) sieht er in seiner Frau nun den Inbegriff der Hoffnung auf immer neues Leben und damit auch auf jenen als „Samen der Frau" angekündigten Überwinder des Bösen (Gen 3,15). Er benennt damit den Aspekt der weiblichen Existenz, der das Leben der Frau in besonderer Weise prägen wird als wichtiger Teil ihrer Bestimmung und auch Erfüllung. In Verbindung mit dem Strafwort Gottes an die Frau kann jedoch hier auch schon geahnt werden, dass dieser Name unter Sündenfallbedingungen auch eine einengende Festlegung ihres Menschseins auf die Mutterschaft und die damit zusammenhängende Kontrolle und Herrschaft des Mannes über sie beschreibt.

3.4.2 Die Stellung der Frau in den frühesten Kulturen der Menschheit

Mit den Nachkommen von Adam und Eva entstehen nun die ersten menschlichen Kulturen, deren Erfindungen und Fortschritte in Genesis 4 eindrucksvoll beschrieben

---

also irgendetwas der menschlichen, männlichen oder weiblichen Natur zuschreiben, müssen wir uns als Christen immer fragen, über welche Natur wir sprechen. Über die Natur, wie Gott sie geschaffen und ursprünglich gewollt hat, oder über die gefallene Natur, die von der Sünde verzerrt ist" (Felker Jones 2017, 23; Übersetzung: H. S.).

140 Auch an dieser Stelle kann aus der Tatsache, dass der Mann seine Frau benennt, nicht Grundsätzliches über die Geschlechterbeziehung ausgesagt werden. Eine Festlegung auf einen Akt der Herrschaft des Mannes über die Frau kann auch hier vom Textzusammenhang her nicht vorgenommen werden.

werden. Erschreckend sichtbar wird jedoch auch sofort die jetzt in allen Menschen wohnende Sünde (Gen 4). Diese zeigt sich auch bald im Verhältnis zwischen Mann und Frau: Ganz anders, als es für die Ehebeziehung nach dem Schöpferwillen Gottes in Genesis 2,24 zum Ausdruck kommt, „nahm sich" zum Beispiel Lamech „zwei Weiber" (Gen 4,19) und rühmte sich vor ihnen seiner gewalttätigen Kraft (Gen 4,23).

Als Gott mit der Berufung Abrahams aus der Stadt Ur in Chaldäa (Südmesopotamien) seine Heilsgeschichte beginnt, gibt es dort inzwischen die hochentwickelten mesopotamischen Kulturen, deren Einfluss sich nach Südwesten, dem „fruchtbaren Halbmond" folgend, bis zum Nil erstreckt und die als altorientalische Kulturen zusammengefasst werden (Ide 1982, 11). Zu ihnen gehörten viele semitische Volksgruppen (Sitarz 1983, 15), die teilweise in Stadtkulturen lebten und teilweise als Nomaden, Viehzüchter und Händler umherzogen. Die Stadtkulturen Mesopotamiens zeichneten sich durch technischen Fortschritt, Handwerk, Kunst und Wissenschaft aus und als Erfinder der ersten Schrift.[141] Zur Zeit Abrahams[142] war die Erinnerung der Menschen an den einen Schöpfergott verblasst. Im gesamten Alten Orient, von Mesopotamien bis nach Ägypten, war an seine Stelle die Vorstellung von einem Götterpantheon aus männlichen und weiblichen Gottheiten getreten, deren Identitäten von Ort zu Ort variierten und die in einem „organisierten Polytheismus" (Albright 1968, 145) verehrt wurden. Dabei herrschte eine ausgeprägte Neigung zum Synkretismus, zu Austausch und Verschmelzung verschiedener mesopotamischer, kanaanitischer und ägyptischer Gottheiten (Albright 1968, 148–151). Im Zusammenhang dieser Arbeit sind die Göttinnen Inanna, die später als Ischtar und Astarte bekannt wurde, und Aschera, die im 2. Jahrtausend im gesamten Alten Orient verehrt wurden (Albright 1968, 151) und Sexualität und Fruchtbarkeit verkörperten (Sitarz 1983, 12; Bertman 2003, 120), besonders erwähnenswert. In ihrem Kult wurde die menschliche Sexualität mythologisiert, und die kultische Prostitution war in ihrem Umfeld weit verbreitet (Bottéro 2001, 95).

Fragt man nun, welche Stellung die Kulturen des Alten Orients der „normalen" Frau als „Strategie zur Daseinsbewältigung" zuteilten, so lässt sich hier schon ein düsteres Bild erkennen, das für alle semitischen Völker bezeugt wird (Bottéro 2001, 126) und die Umsetzung des Strafwortes Gottes an Eva durch sündige Menschen bereits

141 Für detaillierte Beschreibungen der mesopotamischen Kulturen muss auf die vielfältige Literatur dazu verwiesen werden. Im Zusammenhang dieser Arbeit sind hier vor allem die Werke von J. Bottéro (2001), S. Bertman (2003) und E. Sitarz (1983) zu nennen.

142 Diese wird in der ersten Hälfte des 2. Jahrtausends vor Christus angenommen (LaSor 2000, 118–119).

deutlich zum Ausdruck bringt.[143] Die Sozialstruktur dieser Völker war durchweg streng patriarchalisch mit patrilinearer Abstammungsrechnung und patrilokaler Wohnweise (Bottéro 2001, 114). Die Beziehung zwischen Mann und Frau war ganz dem kulturellen Hauptanliegen untergeordnet, die Sicherheit und den Fortbestand von Familie und Besitz zu gewährleisten und „das Konzept von Liebe war verknüpft mit dem Konzept von Besitz und Eigentum" (Bertman 2003, 275).[144] So wurde ein Mädchen in frühem Alter von der Familie ihres zukünftigen Ehemannes „erworben" und bei der Heirat von ihrem Mann „in Besitz genommen". Dieser hatte dann Besitzerrechte über sie wie über seinen Sachbesitz und seine Sklaven, und die Frau schuldete dem Mann als ihrem Herrn völligen Gehorsam (Bottéro 2001, 114–115; Ide 1982, 14). Hauptaufgabe der Frau war das Gebären von Nachkommen, von ihrer Fruchtbarkeit war die Zukunft der Familie abhängig (Bertman 2003, 277; Bottéro 2001, 115). Im öffentlichen Leben spielte die Frau keine Rolle, auch der Zugang zur Bildung blieb ihr weitgehend verschlossen (Bottéro 2001, 116–117). Bottéro fasst zusammen: „Frauen wurde eine Rolle zugeschrieben, die in gewissem Sinn seinsmäßig – also persönlich, ökonomisch, sozial und politisch – niedriger als die der Männer und ihnen untergeordnet war" (Bottéro 2001, 117–118). Dabei spielten diese ihrerseits bei Bedarf ihre einzigen „Trumpfkarten" aus, nämlich die der sexuellen Verführung und der indirekten manipulativen Beeinflussung der Männer (Bottéro 2001, 118–119).

3.4.3 Die Stellung der Frau bei den Erzvätern

Aus diesem kulturellen Umfeld heraus berief Gott Abraham und machte ihn zum Stammvater des Volkes, das er als Instrument seiner Heilsgeschichte benutzen wollte. Dazu musste Abrahams Weltanschauung sich von Grund auf ändern: Für die Sicherheit seiner Familie und ihre Fruchtbarkeit konnte er sich nicht mehr auf die gewohnten religiösen Praktiken verlassen. Sein Leben war nun durch die glaubende Abhängigkeit von dem einen unsichtbaren Gott bestimmt, der ihm seine Verheißungen gegeben hatte (Jak 2,23; Hebr 11,8–12; Röm 4,18–22). Die ihm vertrauten altorientalischen Sozialstrukturen änderten sich nicht grundsätzlich. In ihnen sollte sein Glaube sich erweisen. Allerdings führte Abraham mit seiner Familie jetzt ein Noma-

143 Eine Ausnahme unter den altorientalischen Kulturen stellt diesbezüglich Ägypten dar. Darauf soll noch gesondert eingegangen werden.

144 Bertman führt aus, dass das sumerische Wort für „Liebe" die Bedeutung von „Land für sich abteilen" hatte (Bertman 2003, 275).

denleben (Hebr 11,8–10). Für weibliche Familienangehörige verschärfte dies normalerweise ihre Abhängigkeit und Unterordnung unter den Mann.[145]

Im Leben der Erzväter sind die Spuren der genannten Kulturen deutlich zu erkennen. Der kanadische Althistoriker S. Bertman bezeichnet ihre Lebensgeschichten als „Gewebe aus dem Garn mesopotamischer kultureller Werte" (Bertman 2003, 317). Gleichzeitig kann man staunend nachvollziehen, wie Gott in diese kulturellen Strukturen hineinwirkt, seine Heilsgeschichte in ihnen und mit ihnen verwirklicht und dabei auch manches seinem Wesen und Ziel entsprechend verändert.

So lebten die Familien der Erzväter wie typische orientalische, halbnomadische Viehzüchter (Gen 46,32–34): Die Großfamilie war die zentrale Einheit, zu deren Sicherheit, Auskommen und Zukunftssicherung alle Mitglieder beitrugen. Ihre Abstammungsrechnung war und blieb patrilinear, die Wohnweise patrilokal (Gen 11,10–27). Die Führungsposition und Herrschaft des Mannes in diesem Verband und die entsprechende Unterordnung der Frau waren unwidersprochen. Die Frau wurde „mitgeführt" wie der Besitz (Gen 12,5). Die Aufteilung der Lebensbereiche zwischen Mann und Frau war deutlich: Während die Männer für die Versorgung der Tiere und die Sicherheit der Gruppe zuständig waren und die Familie nach außen repräsentierten, spielte sich das Leben der Frauen im Zelt ab (z. B. Gen 18,6–9). Letztere werden in der Vätergeschichte fast nur im Zusammenhang mit Fruchtbarkeit und Gebären erwähnt (z. B. Gen 11,30; 16,1–4; 19,31–38; Engelken 1990, 177) und der Leser bekommt den Eindruck, dass diese Vorgänge auch den zentralen Raum in ihrem Denken und Glauben einnahmen. Nach mesopotamischer Sitte wurden dabei Sklavinnen als Sexualpartner und Gebärerinnen von Nachkommen in die Familie einbezogen (Gen 16,29–30). Auch die dem Schöpfungsentwurf nicht entsprechende, im Alten Orient übliche Polygamie kam vor und wurde von Gott nicht verworfen.[146] Dass die unverletzte Keuschheit der weiblichen Familienmitglieder wie in allen orientalischen Kulturen eine Ehrensache der Familie und damit vor allem Sorge der Männer war (Engelken 1990, 23), wird

145 Wie bereits in Kapitel 2 für Viehzüchterkulturen beschrieben, ist für solche Nomadengruppen die Solidargemeinschaft der männlichen Mitglieder eines Familienverbandes von besonderer Bedeutung. Von ihrer Fähigkeit zur Nahrungsbeschaffung und Verteidigung des gemeinsamen Besitzes hängt der Fortbestand der Gruppe im oft feindlichen und kargen Umfeld hauptsächlich ab. Frauen, die in solche Familiengruppen hineinheiraten, haben oftmals eine besonders abhängige und untergeordnete Stellung und werden vor allem benötigt zur Sicherung des Familienbestandes durch das Gebären und Aufziehen von möglichst männlichen Nachkommen. Diese Sozialstruktur wird von B. Denich in beeindruckender Weise für die heute lebenden Hirtenvölker des Balkan beschrieben (Denich 1974, 250ff).

146 Vergleiche dazu auch Pierce (2005, 98).

ebenfalls in der Vätergeschichte thematisiert. Gott lässt die gewalttätige Rache der Söhne Jakobs für die Verletzung der Keuschheit ihrer Schwester Dina zunächst kommentarlos und ungestraft stehen, wenn dann auch im Abschiedssegen Jakobs an seine Söhne seine Missbilligung darüber zum Ausdruck kommt (Gen 34,25; Gen 49,6–7).

Es wird also deutlich, dass die Geschichte der Erzväter altorientalische Sitten einschließt, die nicht dem ursprünglichen Willen Gottes entsprachen, die er aber geschehen ließ. Gleichzeitig aber wirkte er gerade in den gegebenen kulturellen Strukturen seine Heilsgeschichte und sorgte dabei für die beteiligten Frauen ebenso wie für die Männer: Er hörte das Schreien der Magd Hagar in ihrer Not und kümmerte sich um sie (Gen 21), er gab Sarah Recht in einem Streit mit Abraham (Gen 21,12–14), und er half Lea und Rahel in ihrer jeweiligen Bedrängnis (Gen 29–30). Im Rückblick auf die Geschichte Israels werden Rahel und Lea erwähnt als die, „die das Haus Israel gebaut haben" (Ruth 4,11). Die Ehen der Erzväter waren keinesfalls von Autorität und Härte bestimmt, wie dies vielfach im Orient der Fall war, sondern eher von Liebe und Kameradschaft zwischen Mann und Frau (z. B. Gen 24,67), wobei auch die Frauen durchaus ernstgenommen wurden und ihre Ziele und Wünsche in manchem durchsetzen konnten (z. B. Gen 27 und Gen 29–30).

Der Bund, den Gott mit den Erzvätern schließt, reflektiert ebenfalls die beschriebene orientalische Familienstruktur: Das Zeichen des Bundes, die Beschneidung, geschieht an den männlichen Familienmitgliedern, die die Familie repräsentieren, sichern und durch die Abstammungslinie in die Zukunft führen (Gen 17,10–14). Dadurch sind die Frauen nicht unmittelbar individuell an diesem Bund beteiligt, sondern, der kulturellen Struktur entsprechend, als Teil der Familie, die ihnen ihre Identität gibt und zu der sie selbstverständlich gehören.

3.4.4 Die Stellung der Frau in Ägypten

Mit dem Umzug der Großfamilie Jakobs nach Ägypten ist diese nun mehr als 400 Jahre dem Einfluss der dortigen Kultur ausgesetzt (Gen 12,40). Gott benutzt ihre Lebensweise als nunmehr sesshafte Viehzüchter und Ackerbauern, um sie sehr zu vermehren und seine Verheißung an Abraham so wahr zu machen (Ex 1,7).[147] Das Gebären und Aufziehen von Kindern war hierbei weiterhin die Hauptaufgabe der israelitischen Frauen, die damit ihren Platz in Gottes Heilsgeschichte ausfüllten.

In der ägyptischen Kultur nahm die Frau im Vergleich zu den anderen altorientalischen Kulturen zu jener Zeit eine besondere Stellung ein (Schulze 1987, 10; Payne

147 Eine deutliche Zunahme der Bevölkerung ist typisch für den Übergang eines Nomadenvolkes zur Wirtschaftsform des Ackerbaus. Siehe dazu auch Kapitel 2 dieser Arbeit.

2009, 31–32). Die Geschlechter wurden dort nicht in einer hierarchischen Ordnung gesehen, sondern sowohl im Götterpantheon als auch bei den Menschen als sich ergänzende Partnerschaft. Die Liebe der Ägypter zur Familie und zu Kindern und ihr natürlicher Umgang mit der Leiblichkeit und Sexualität waren bemerkenswert (Schulze 1987, 11.58). Die Abstammungsrechnung war bilinear (Schulze 1987, 96). P. Schulze fasst das Geschlechterverhältnis so zusammen: „Die Achtung der Frau und die Liebe zu ihr gehörten … tiefgehend zum ägyptischen Wesen“ (Schulze 1987, 78).[148] In Ägypten gab es keine strikte Arbeitsteilung, die Frauen waren gebildet wie Männer und nahmen in der Öffentlichkeit zum Teil hohe Ämter ein (Schulze 1987, 10.105ff). Im ägyptischen Götterpantheon spielten Frauen eine wichtige Rolle, mehrere weibliche Gottheiten wurden als „allmächtige Schöpfergöttinnen“ angesehen (Schulze 1987, 133–136). Der Priesterdienst für die Götter wurde von Männern und Frauen gleichermaßen ausgeübt (Schulze 1987, 148).[149]

Man kann davon ausgehen, dass die ägyptische Kultur das Volk Israel diesbezüglich nicht unbeeinflusst ließ. In der Weisheitsliteratur Israels, vor allem im Hohelied Salomos, lassen sich viele Parallelen zur ägyptischen Liebeslyrik erkennen (Schulze 1987, 13–31). So kann vermutet werden, dass durch den Kulturkontakt mit Ägypten im Volk Israel im Blick auf das Geschlechterverhältnis eine grundsätzliche Achtung vor der Frau und eine positive Einstellung zur Sexualität bestärkt wurden, die sonst im Alten Orient nicht üblich waren. Allerdings gab es in der ägyptischen Sexualethik auch einiges, was Gott seinem Volk als „Gräuel“ verbieten musste (Lev 18,3ff).

3.4.5 Die Stellung der Frau im Bundesvolk Gottes

Fragt man nun nach der Stellung der Frau im alttestamentlichen Gottesvolk, so kann diese wieder nur im Kontext der heilsgeschichtlichen Bedeutung und zugleich der beschriebenen kulturellen Einbettung dieses Volkes gesehen werden.

Nach der unvergleichlichen Rettungsaktion, in der Gott Israel aus der Sklaverei in Ägypten herausführte, schloss er am Sinai seinen Bund mit dem „Haus Jakobs“ (Ex 19,3), das er in Erfüllung seiner Verheißung an Abraham zum großen Volk gemacht hatte. Dieses Volk erklärte er nun zu seinem „besonderen Eigentum vor

148 Schulze zitiert aus der *Lehre des Anii* in der zweiten Hälfte des 2. Jahrtausends v. Chr.: „Nimm dir eine Frau, solange du jung bist … Plage nicht die Frau in ihrem Haus, … Sage nicht: ‚Wo ist das? Hole es uns!‘, wenn sie es an die richtige Stelle tat … Jeder verheiratete Mann soll seine Ungeduld beherrschen. Überwache die Frauen nicht!“ (Schulze 1987, 79).

149 Die später bekannteste ägyptische Göttin Isis erlangte allerdings erst in griechischer und römischer Zeit ihre Bedeutung als „Weltgöttin“ (Schulze 1987, 136).

allen Völkern“ (Ex 19,5). Als Nation sollten sie „sein Sohn“ (Ex 4,22) sein und seine Herrlichkeit darstellen (Ex 19,5–6). Am Verhalten Israels in seiner Beziehung zu Gott und den Mitmenschen sollten die Völker ein Modell sehen, das sie mitten in ihrem kulturellen Umfeld auf Gott hinweisen sollte. Dazu gab er selbst seinem Volk eine Grundordnung, die sowohl seinen Willen als auch die kulturellen Verhältnisse des Alten Orients reflektierte, in die Israel eingebettet war.

3.4.5.1 Die Ambivalenz des Befundes

Für die Rolle der Frau im alttestamentlichen Gottesvolk lässt sich dabei sowohl in der Gesetzgebung als auch im späteren Lebensvollzug des Volkes die als „inspirierte Doppeldeutigkeit“ beschriebene Ambivalenz erkennen:

Einerseits galt der Mann rechtlich als Besitzer der Frau (Ex 21,3.22; Wolff 2002, 244),[150] die er für einen Kaufpreis erwarb (Ex 22,16). Er hatte die uneingeschränkte Autorität über sie,[151] konnte weitere Frauen oder Sexualpartnerinnen neben ihr haben (Ex 21,7–10; 1Sam 1,2), sie aber beim Verdacht des Ehebruchs ihrerseits einer erniedrigenden Beweisprozedur unterziehen (Num 5,11–31), er konnte ihre Entscheidungen und Gelübde einseitig für ungültig erklären (Num 30,3–9) und sich leicht von ihr scheiden lassen (Dt 24,1–4).[152] Andererseits aber beschreibt die Schrift die ideale Frau im alttestamentlichen Bundesvolk als kraftvolle, selbständige Person, die ihrem Haushalt vorsteht und außerhäuslichen Tätigkeiten nachgeht (Spr 31; siehe Neuenhausen 2018, 50–56), als begehrte Geliebte ihres Mannes und „Gefährtin seines Bundes“ (Hohelied; Spr 5,15–19; Mal 2,14) und als respektierte und dem Vater gleichgestellte Mutter (Ex 20,12; Dt 5,16; Lev 19,3). An keiner Stelle fordert Gott eine Unterordnung der Frau unter den Mann oder eine Einschränkung ihres Tätigkeitsfeldes auf den häuslichen Raum. Auch öffentliche Positionen standen der Frau im alttestamentlichen Bundesvolk offen: So wird Mirjam als Teil des Führungsteams in Israel genannt (Mi 6,4), Deborah konnte anerkannte Richterin, politische Führerin und Prophetin ihres Volkes sein (Ri 4) und die Prophetin Hulda in einer entscheidenden Situation

150 Dies wird allerdings von manchen Gelehrten nicht so gesehen: So bestätigt C. Wright zwar die Autorität des Mannes über die Frau, die Besitzrechte sieht er jedoch auf ihre Sexualität und die gemeinsamen Kinder beschränkt (Wright 1997, 196).

151 Das Wort *baal*, das für den Ehemann gebraucht wurde und am besten mit „Herr“, „Meister“, „Eigentümer“ übersetzt wird, drückte dies deutlich aus (Bilezikian 1985, 63).

152 Siehe hierzu auch die Ausführungen von Pierce, der die Situation der Frau, wie sie im Alten Bund und im Gesetz beschrieben wird, als Reflektion eines Mann-zentrierten sozialen Umfeldes bezeichnet (2005, 96).

ihrem Volk autoritativ im Namen des Herrn seine Zukunft vorhersagen (2Kön 22).[153] Frauen in solchen Ämtern waren zwar seltene Ausnahmen, aber Gott warf ihnen nicht Anmaßung eines Dienstes vor, der ihnen nicht zustand, sondern gebrauchte sie.[154]

3.4.5.2 Hintergründe des Befundes

Für eine Deutung dieses ambivalenten Befundes müssen meines Erachtens vor allem folgende Aspekte der Bundesbeziehung zwischen Gott und seinem Volk berücksichtigt werden:

Die Bundesbeziehung bestand mit dem Volk als Kollektiv. Für die Stellung der Frau im alttestamentlichen Bundesvolk ist es von Bedeutung, dass Gott seinen Bund mit der Nation als ganzer schloss, nicht primär mit einzelnen Individuen. Das Kollektiv der Nachkommen Abrahams, Isaaks und Jakobs stand als „Sohn" in der Beziehung zu Gott und sollte in seinem kulturellen Leben Gottes Wesen sichtbar werden lassen. Wer zur Familie der „Kinder Israel" gehörte, gehörte auch zu Gott. Das Individuum ehrte Gott dadurch, dass es im Gehorsam seinen Platz in dieser Familie einnahm und ausfüllte. Otwell erklärt: „Gruppenidentität stand über Individualidentität" (Otwell 1977, 82). Für individuelle Entscheidungen blieb da wenig Raum, aber jedes Glied des Bundesvolkes durfte an der Sicherheit und Geborgenheit der Gemeinschaft und am gemeinsamen Erleben mit Gott teilhaben. Diese kollektive Beziehung wurde von Gott selbst strukturiert: Dabei knüpfte er an die Familienstruktur der Väter und auch der orientalischen Kulturen an. Das Volk war geordnet in den Stämmen, die aus den zwölf Söhnen Jakobs hervorgingen. Die kleinste und wichtigste soziale Einheit innerhalb der Stämme war das „Vaterhaus" (Num 1,4), die Großfamilie aus allen

153 Siehe hierzu auch die Ausführungen von Belleville (2005, 111–115) und die ausführliche Zusammenstellung von LaCelle-Peterson (2008, 43–55). Eine vertiefende Reflektion des Dienstes von Deborah als Befreierin, Richterin, „Mutter in Israel" und Vorbild findet sich bei Idestrom (2007, 17–31). Neuenhausen formuliert eine interessante lobende Reflektion der Art, wie Debora ihre Führungsrolle auf eine Art ausübte, die Männer und ihren Status nicht bedrohte (2018, 45–49).

154 Auch diesen Umstand legen Ausleger unterschiedlich aus: Einige betonen die Tatsache, dass solche Frauen Ausnahmen waren, und zwar vor allem dort, wo die Männer ihren Platz nicht einnahmen. Siehe dazu Piper und Grudem (1991, 72). Auf der Suche nach einem neuen Paradigma in der Geschlechterdiskussion betont Blocher im Blick auf die Dienste dieser Frauen, dass es in der Schrift „ordentliche" und „außerordentliche" Dienste gebe. Nachdem Gott eine Ordnung etabliert habe, könne er Menschen, auch Frauen, auch zu außerordentlichen Diensten berufen (Blocher 2007, 239–249). Andere heben hervor, dass Gott diese Frauen wie Männer berief, ausrüstete und gebrauchte (Belleville 2005, 110–115, Neuenhausen 2018, 46; Hardmeier 2013, 60–63).

denen, die von einem noch lebenden männlichen Vorfahren, dem „Haupt" der Familie, abstammten. Diese umfasste drei bis vier Generationen, also eine stattliche Anzahl von Personen (Wolff 2002, 243; Wright 1997, 53). Sie war die wirtschaftliche, rechtliche, pädagogische und geistliche Grundeinheit des Volkes, „der Ort, wo der Einzelne die Vorrechte und Pflichten der nationalen Beziehung mit Gott erlebte" (Wright 1997, 97; Dearman 1992, 135). Hier fand jeder Israelit seine Identität, seinen Status, Schutz und Versorgung, und in diesem Kontext erlebte er Gottes Handeln an seinem Volk (Wright 1997, 53). Den Vaterhäusern wurde im verheißenen Land der Landbesitz zugeteilt und ihr Überleben musste um jeden Preis gesichert werden (Wright 1997, 78).[155]

Jede Familie war klar strukturiert, jedes Glied kannte seinen Platz mit Rechten und Pflichten. Repräsentiert wurde sie von ihrem *rosh,* dem männlichen Familienoberhaupt. Der Mann hatte damit vor Gott und Menschen eine Stellung der Autorität und Verantwortung für sie.[156] Seine Frau galt nicht als unabhängige Persönlichkeit, sondern als „Verlängerung" des Mannes (Wright 1997, 221). Das Zeichen des Bundes mit Gott, die Beschneidung, wurde an den Männern stellvertretend für das ganze Volk ausgeführt. Nur männliche Erstgeborene waren, stellvertretend für jede neue Generation, Gott geweiht (Ex 13,12). Nur männliche Priester standen für das Volk vor Gott. Damit war die Frau nicht unmittelbar am Bund mit Gott beteiligt und gehörte dennoch ohne Zweifel zu diesem Bund.

Diese Autoritätsstruktur stand im alten Israel nicht zur Diskussion, sie wurde vorausgesetzt und auch von Gott in seinen Geboten nicht thematisiert. Nach Otwell reflektiert sie mehr den Vorrang der Familie als den niedrigen Status der Frau (Otwell 1977, 170). Wo die Frau zum Wohl ihrer Familie wirkte und vor allem in der Mutterrolle dazu beitrug, deren Zukunft zu sichern, erfuhr sie Anerkennung und Status. In dieser Funktion erlebt sie auch sehr direkt Gottes Wirken und Nähe in ihrem Leben (Otwell 1977, 50.61). Durch Ehebruch und Unzucht gefährdete sie nicht nur die Beziehung zu ihrem Mann, sondern die Existenz seiner Familie und damit die Einheit des Bundes selbst (Wright 1997, 206–207). Ein solches Verhalten hatte also vor allem eine soziale und geistliche Dimension (Wright 1997, 94–95). Die Stellung der Frau in Israel darf also keinesfalls aus einer individualistischen Sicht beurteilt werden, son-

155 Dies wird in der Sitte der Leviratsehe reflektiert, bei der im Falle des frühen Todes eines kinderlosen männlichen Familienmitgliedes ein Bruder des Verstorbenen dessen Witwe heiraten sollte, um seinem Bruder Nachkommenschaft zu sichern.

156 Otwell betont an dieser Stelle, dass der Mann in diesem kollektiven Verständnis nicht in erster Linie als Autoritätsperson, sondern als Personifizierung der Gruppe gesehen wurde (Otwell 1977, 72–74).

dern muss im Kontext der kollektivistischen und familienbezogenen Sozialstruktur gesehen werden, in der Gott mit seinem Volk handelte. Dabei war das Autoritätsgefälle zwischen Mann und Frau in Israel lange nicht so steil wie in den kanaanitischen Völkern (Wright 2000, 37), und manche Ehebeziehungen werden als ausgesprochen liebevoll und ausgewogen beschrieben (z. B. 1Sam 1,8; 2Sam 3,15–16). Gleichzeitig hallt aus dieser Struktur dennoch für die Frau das bittere Echo des göttlichen Strafwortes: „... er aber soll herrschen über dich!" (Otwell 1977, 78).

Die Vorläufigkeit des Alten Bundes. Für eine Einschätzung der Rolle der Frau im alttestamentlichen Bundesvolk muss auch berücksichtigt werden, dass der Alte Bund ein vorläufiger war. Gott schloss ihn mit einem sündigen Volk, das von sündigen kulturellen Strukturen geprägt und umgeben war und in sich keine Kraft hatte, diese durchgreifend zu verändern. Hesekiel spricht von dem steinernen Herzen der Menschen (Hes 11,19) und sagt ihnen erst für die Zukunft mit dem Geschenk des Geistes Gottes ein neues Herz voraus, das seine Gebote erfüllen kann (Hes 36,26–27). Jesus bestätigt dies später am Beispiel der Gesetze zur Ehescheidung, die er als Zugeständnisse an die „Herzenshärtigkeit" der Menschen bezeichnet, die nicht dem ursprünglichen Schöpferwillen Gottes entsprachen (Mt 19,3–9). Erst er selbst, der Erlöser, macht den ursprünglichen Sinn der Gebote wieder zum Maßstab des Handelns.

In der Gesetzgebung Gottes für sein Volk wird diese Tatsache reflektiert. Er geht von den ihnen bekannten kulturellen Strukturen aus, drückt diesen aber den Stempel seiner Heiligkeit auf (Lev 11,44). Dabei müssen sie bestimmte Kulturelemente ganz und kompromisslos ablegen, die ihm ein „Gräuel" sind. Das betrifft in erster Linie alles, was mit Götzendienst zu tun hat, aber auch bestimmte ethische Verhaltensweisen, die für das Volk Gottes in seinen Augen absolut unannehmbar sind (Lev 18–19). Andere Merkmale der orientalischen Kulturen, vor allem ihre Sozialstruktur, zu der auch die Sklaverei gehört, lässt Gott in seinem Volk bestehen, obwohl sie nicht seinem ursprünglichen Schöpfungswillen entsprechen. Gott kann sich dieser Strukturen bedienen und in ihnen etwas von seinem Wesen sichtbar werden lassen. Dabei achtet er im Blick auf sein Volk darauf, dass die Schwächsten nicht missbraucht werden (z. B. Ex 22,21).[157]

Die Einzigartigkeit Gottes und die Ausschließlichkeit der Bundesbeziehung. Bei einer Bewertung der Stellung der Frau im Alten Bund muss nicht zuletzt auch bedacht werden, dass diese in der Bundesbeziehung zwischen Gott und seinem Volk kein bestimmendes Element war, sondern sich deren Hauptanliegen unterordnen musste. Gott wollte seinem Volk sein Wesen im Kontrast zu allen Götzen der Völker offenba-

157 Siehe hierzu auch die Ausführungen von Hardmeier (2013, 48–54).

ren. Sein Volk sollte wissen, dass es hier um den ganz anderen, unsichtbaren, unabbildbaren Schöpfer aller Dinge ging, der alles Menschliche transzendiert und sich auch nicht in die Kategorien des Geschlechtlichen und der Sexualität einordnen lässt. Auch sollte es die radikale Ausschließlichkeit begreifen, die seine Beziehung zu Gott kennzeichnen musste. Der lebendige Gott konnte keine anderen Götter neben sich dulden (Ex 20,3; Dt 4,15–19), Synkretismus ist für Gottes Volk keine Bereicherung, sondern eine Gefahr für seine Liebesbeziehung zu Jahwe (Dt 12,1–5; Ex 34,14). Am Festhalten dieser Ausschließlichkeit durch das Volk Israel würde sich die Bundesbeziehung entscheiden. Gerade sie würde unter den Völkern Kanaans, in deren Götterpantheon stets Platz war für neue machtvolle Wesen, immer wieder auf die Probe gestellt werden (Ex 20,3–4). Um den Versuchungen zum Götzendienst entgegenzuwirken, musste das Volk Gottes sich in vielen Verhaltensweisen radikal von den kanaanitischen Völkern trennen und unterscheiden, unter denen es wohnen würde. Viele Gebote reflektieren dieses Anliegen. Dabei ging es vor allem um die Vermeidung von Mischehen mit heidnischen Partnern (Jos 23,12) und um die Praxis des Kultes. Entsprechend dem Wesen Gottes musste sich das kultische Leben seines Volkes deutlich unterscheiden von den auf die Fruchtbarkeit fixierten kanaanitischen Kulten.[158] Wie in Mesopotamien, wurde hier die menschliche Sexualität „mythologisiert" und „tief ins Kultische hineingezogen" (Wolff 2002, 253). So gab es für den aus der Schrift bekannten Bauern- und Hirtengott Baal (Sitarz 1983, 86–90) neben Tempeln auch Altäre im Freien, die in der Schrift erwähnten „Höhen" (Lev 26,30). Neben diesen wurden in der Regel Kultpfähle für die bekannte Fruchtbarkeits- und Liebesgöttin Aschera aufgestellt (Sitarz 1983, 93; Ri 6,25). Mit der Göttin Astarte war die kultische Prostitution verbunden (Sitarz 1983, 93; Ri 2,13). Diese kanaanitische Religiosität muss eine große Anziehungskraft auf das Volk Israel ausgeübt haben, insbesondere auf die Frauen, die von der Problematik der Fruchtbarkeit so existentiell betroffen waren. Gott wollte Israel vor solchen Gottesvorstellungen und Praktiken (Jos 23,6–13) bewahren. Dieser Aspekt muss mitbedacht werden, wenn man Begründungen dafür sucht, dass Gott in seinem Volk im Gegensatz zu allen anderen Völkern keine weiblichen Priester zum Kult zuließ und das religiöse Leben sich vor allem im Kontext der Familie abspielte.

158 Ein besonders eindrückliches Beispiel ist das Verbot aus Ex 23,19, das „Böcklein" in der Milch seiner Mutter zu kochen, das lange nicht verstanden wurde. Erst die Entdeckung der Tafeln von Ras Shamra in den 1930er Jahren brachte eine Erklärung: Es war ein kanaanitischer magischer Ritus, ein Kalb in der Milch seiner Mutter zu kochen und diese dann zur Förderung der Fruchtbarkeit auf die Felder zu sprengen (Kumar 1981, 41). Gottes Volk sollte daran nicht teilnehmen, sondern sich für die Fruchtbarkeit der Felder auf ihn allein verlassen.

Dennoch ist das Volk in seiner weiteren Geschichte gerade am Götzendienst gescheitert, und das oftmals unter dem Einfluss von Frauen, die ihre Männer dazu verführten, angefangen bei den Königen Israels (Ri 3,5–7; 1Kön 11,1–3; 1Kön 12,22–24; 1Kön 16,31–33). Es kam zu kultischer Prostitution durch israelitische Frauen und Männer (Hos 4,13–14; 1Kön 14,24), und im Dienst „der Himmelskönigin“ (Jer 44,15–19) und des sumerischen Fruchtbarkeitsgottes Tammus spielten Frauen ebenfalls eine Rolle (Hes 8,14). Alle diese Praktiken trugen zu der vorher angekündigten und unvermeidlichen Strafe der assyrischen (Israel) und babylonischen (Juda) Gefangenschaft bei.

3.4.5.3 Zusammenfassendes Ergebnis

Alle genannten Aspekte kommen in dem Frauenbild zum Ausdruck, das uns von dem alttestamentlichen Gottesvolk überliefert ist. Unter dem Vorzeichen der von Gott erlaubten und vorhergesagten Herrschaft des Mannes über die Frau nach dem Sündenfall wirkt Gott seine Heilsgeschichte mit dem Volk Israel innerhalb der patriarchalischen Grundstruktur der altorientalischen Kulturen. Die Stellung der Frau in Israel reflektiert diese Autoritätsstruktur, die allerdings in der Praxis in unterschiedlicher Akzentuierung ausgelebt wird. Die Herrschaft des Mannes über die Frau wird von Gott im Gesetz nicht thematisiert, sie wird als selbstverständlich vorausgesetzt. Dass es jedoch starke Frauen in Führungspositionen in Israel gibt, die Gott gebraucht, zeigt, dass es kein grundsätzliches Anliegen Gottes ist, die patriarchalische Autoritätsstruktur als einzige von ihm gebilligte zu festigen. Die Stellung der Frau in Israel weist an einigen Stellen auf die Vorläufigkeit des Alten Bundes und die Herzenshärte des unerlösten Menschen hin und spiegelt an anderen das Anliegen Gottes wider, sein Volk vom Götzendienst nach Art der kanaanitischen Völker abzuhalten.

3.4.6 Die Stellung der Frau im nachexilischen Judentum

Die Zeit des Exils, die 538 v. Chr. mit der Rückkehr der ersten Juden nach Jerusalem zu Ende ging, brachte einen tiefen Einschnitt in die Geschichte Israels. Eine neue Ära im jüdischen Glaubensverständnis brach an, in der die Tora, das Gesetz Gottes, zur „zentralen Lebenswirklichkeit“ für die jüdische Frömmigkeit wurde (LaSor 2000, 765). Der Schriftgelehrte Esra war Vorbild und erster Vertreter einer neuen geistlichen Führerschaft, zu der zunächst nur Priester und später auch Laiengelehrte gehörten. Die Schriftgelehrten sollten als Kenner der Tora deren Weisungen verbindlich für die Gegenwart des jüdischen Volkes auslegen und in den Synagogen lehren, Studenten der Schrift ausbilden und bei der Rechtsprechung mitwirken (Haubeck 1996, 2179). Ihre Auslegungen der Schrift waren geprägt von der Furcht vor einem erneuten Ungehorsam des Volkes und dem Anliegen seiner klaren Abgrenzung gegen alles Heidnische. Diese Abgrenzung war dringend nötig für das kleine Restvolk als „winzige Insel in einem nahezu unermesslichen Ozean heidnischer Völker und Sitten" (LaSor 2000, 768) und erklärt das scharfe Vorgehen Esras gegen die ausländischen Frauen, mit denen sich Israeliten verheiratet hatten (Esra 9–10). Im Weiteren entwickelte sich diese Abgrenzung jedoch zu einem Separatismus, der durch viele äußere Regeln gesichert wurde und mit Selbstgerechtigkeit und Überheblichkeit einherging. Dies entsprach nicht der Absicht der Tora, führte zu einem tiefen Vorurteil des jüdischen Volkes gegen jeden Heiden (LaSor 2000, 768–769) und beeinträchtigte die Stellung der Frau im nachexilischen Judentum, in das Jesus mehr als drei Jahrhunderte später hineingeboren wurde.

Bezüglich der Frau kam es mit der Zeit zu Veränderungen in der Schriftauslegung. Die jüdische Forscherin Tal Ilan betont, dass dabei zunehmend die Schöpfungsgeschichte als Basis für eine Wertung der Geschlechterunterschiede und die Rechtfertigung einer Dominanz des Mannes über die Frau herangezogen wurde (Ilan 1995, 125)[159] und der Sündenfall als Grundlage und Beweis für die Verführbarkeit und Bosheit der Frau.[160] Der schriftgelehrte Priester Jesus Ben Sirach schrieb zu Beginn des zweiten Jahrhunderts vor Christus: „Die Sünde kommt her von einem Weibe, und um ihretwillen müssen wir alle sterben" (Sir 25,32).[161] Weiterhin wurde das zehnte Gebot als gottgegebene Begründung für die Unterordnung der Frau unter den Mann herangezogen (Bristow 1988, 19).[162]

159 So habe der Rabbi B. Bava Batra gesagt: „Verglichen mit Adam war Eva wie ein Affe gegenüber einem Menschen", zitiert aus *Why not Women?* (Cunningham und Hamilton 2000, 102–103). R. Joshua habe seinen Schülern erklärt, dass Frauen einen schlechten Körpergeruch hätten, weil sie aus Fleisch und nicht wie der Mann aus Erde geschaffen worden seien (Ilan 1995, 125). In einer Schrift des Midrasch heiße es: „Von Anfang an hat Eva ihren Mann nur ‚Rabbi' genannt". Zitiert aus *Jewish Women in Greco-Roman Palestine* (Ilan 1995, 122). Weiterhin seien nach Meinung eines Rabbis der Auftrag, die Erde zu beherrschen, nur dem Mann gegeben (Ilan 1995, 128). Zur Stellung der Frau im postexilischen Judentum siehe auch Payne (2009, 35–40) und die zusammenfassende Darstellung in Hardmeier (2013, 74–76).

160 So wurde zum Beispiel gemutmaßt, dass die Schlange sexuellen Verkehr mit Eva gehabt hätte und ihr dabei „Lust eingeflößt" habe (Cunningham und Hamilton 2000, 102).

161 Das Buch Jesus Sirach gehört zur jüdischen Weisheitsliteratur und ist Teil der sogenannten Deuterokanonischen Schriften oder Apokryphen. Die Zitate in dieser Arbeit sind dem Anhang der Stuttgarter Senfkornbibel mit der Luther-Übersetzung von 1912 entnommen.

162 Die rabbinische Auslegung verlagerte dabei den Schwerpunkt des Gebotes vom Verbot des Begehrens auf die Tatsache, dass die Frau in einer Reihe mit den Besitztümern des Mannes genannt wird. Die rabbinische Argumentation ging dabei davon aus, dass alle Objekte, die man begehren kann, Besitztümer eines Menschen sein müssen, also auch die Frau.

Nach dem Verständnis der Rabbiner war das Wesen der Frau von Natur aus „böse" (Sir 25,25) und „geneigt zur Sünde" (Hamilton 2000, 103).[163] Als besonders wesenstypisch wurde ihre alles bestimmende Sexualität bezeichnet, die im Blick auf die Gebote Gottes als ständige Gefahr für sie selbst und den Mann gefürchtet wurde (Ilan 1995, 125) und die Frau deshalb zum „Gegenstand ständiger Sorge für ihren Ehemann" machen musste (Ilan 1995, 125). Als lobenswert wurden bei einer Frau dementsprechend neben ihrer Schönheit (Sir 36,23–24) die Schamhaftigkeit (26,13), Keuschheit (26,20) und Züchtigkeit (26,19) gesehen, dazu kam die Häuslichkeit (26,1–3) und die Fähigkeit zu schweigen (26,17). Als Bedrohung beschreibt die rabbinische Literatur die Macht der Frau über den Mann, da sie diesem seine Ehre, seine Manneskraft und alle Unterstützung entziehe (Ilan 1995, 122). Bei Jesus Ben Sirach wird deutlich, dass das Konzept von der Ehre und Schande eines Mannes im Zusammenhang mit dem Verhalten der ihm anvertrauten Frauen zunehmend an Bedeutung gewann (Sir 42,11; Sir 25,24; 26,21).

Diesem Frauenbild entsprechen die Vorschriften in den rabbinischen Schriften, die Frauen betreffen: Töchter, deren Geburt als Enttäuschung der Hoffnung auf einen Sohn angesehen wurde (Ilan 1995, 46), sollten keinesfalls verwöhnt werden (Sir 7,26). Ihre sexuelle Reinheit musste der Vater unbedingt, wenn nötig mit aller Härte, bis zu einer möglichst früh zu schließenden Ehe bewahren (Sir 26,13; Ilan 1995, 97–98; Sir 7,27). Im Blick auf die Ehe, die von den Rabbinern allgemein hoch bewertet wurde (Ilan 1995, 57), spielte in ihren Schriften die Sorge um die Fruchtbarkeit des Paares, die Vermeidung von Unzucht und die rituelle Reinheit eine Hauptrolle (Ilan 1995, 105–111). Da die Gefahr der Unzucht und Verunreinigung aus rabbinischer Sicht vor allem von der Frau ausging, musste diese hier besonders geschützt werden (Ilan 1995, 125). So durfte sie möglichst nicht allein auf die Straße gehen oder nur mit einer verhüllenden Kopfbedeckung (Ilan 1995, 129–132; Jeremias 1962, 396), Gespräche zwischen Mann und Frau in der Öffentlichkeit waren verboten (Ilan 1995, 126; Payne 2009, 39),[164] ja die

163 Spezifischere Charakterisierungen bezeichnen sie als listig (Sirach 25,18), schwatzhaft (Sirach 25,26), gefräßig (Ilan 1995, 124), betrügerisch (Sirach 25,17), „schwachherzig", „zerbrechlich" und „hohlköpfig" (Ilan 1995, 124).

164 Die zugrundeliegende Sorge an dieser Stelle formuliert der Talmud so: „Es wurde gelehrt: Sprich nicht ausgiebig mit einer Frau, damit dich das nicht am Ende zum Ehebruch führt". Zu einem späteren Zeitpunkt wurde noch hinzugefügt: „Ein Mann sollte nicht auf dem Markt mit einer Frau sprechen, nicht einmal mit seiner eigenen, viel weniger noch mit einer anderen Frau, denn die Leute könnten es falsch auslegen". Zitiert in Ilan 1995, 126. Im haggadischen Teil des Midrasch wird noch die Beobachtung festgehalten, dass Gott ja auch nicht mit Frauen spricht: „Wir haben nirgends gefunden, dass der Allmächtige mit einer Frau gesprochen hat, bis auf Sarah" (Ilan 1995, 126–127).

Männer sollten Frauen nicht einmal anschauen (Sir 9,8; Ilan 1995, 127; Jeremias 1962, 396). Grundsätzlich sollten Männer die Nähe von Frauen meiden (Sir 42,12–14[165]).[166] Das Leben der Frau spielte sich ganz im häuslichen Bereich ab (Jeremias 1962, 399; Ilan 1995, 186; Payne 2009, 39). Für den Fall ihres Ungehorsams gegenüber dem Ehemann oder mangelnder Hilfsbereitschaft wurde Scheidung empfohlen (Sir 25,34; Ilan 1995, 142). Aus dem öffentlichen Leben wurde die Frau weitgehend ausgeschlossen, in zunehmendem Maß auch aus religiösen Aktivitäten (Ilan 1995, 179). So wurde ihr Studium der Tora von den meisten Rabbinern als unnötig oder gar schädlich angesehen (Jeremias 1962, 410; Ilan 1995, 191),[167] ihre Gegenwart als Störung für das Torastudium der Männer (Bristow 1988, 20).[168] Für Frauen, die dennoch toragelehrt waren, gab es ein rabbinisches Lehrverbot, und zwar „aus Gründen des Anstandes" (Ilan 1995, 193; Payne 2009, 40).[169] Der Zutritt zum Tempel war nach Geschlechtern abgestuft; anders, als dies in der Stiftshütte oder im Tempel Salomos der Fall gewesen war (Jeremias 1962, 411; Mayer 1987, 88; Kuen 1998, 47).[170] Frauen waren nicht verpflichtet, die rabbinischen Gebote zu halten (Jeremias 1962, 409; Kuen 1998, 46–47). In der Synagoge waren Frauen zwar anwesend, sie zählten jedoch nicht bei der Erfassung der Teilnehmerzahl, die einen öffentlichen Gottesdienst konstituierte (Mayer 1987, 89; Payne 2009, 40).[171] Wie genau die oft erwähnte Geschlechtertrennung im Synagogengottesdienst gehandhabt wurde, wird unterschiedlich beurteilt (Mayer 1987, 89; Kuen 1998, 47; Hamilton 2000, 105; Spencer 1985, 49; Payne 2009, 40). Am besten wird die kulturell-religiöse Atmosphäre im nachexilischen Judentum ausgedrückt in dem

165 Rabbi Ben Sirach geht so weit, zu sagen: „Denn gleichwie aus den Kleidern Motten kommen, also kommt vom Weibe viel Böses. Es ist sicherer, bei einem bösen Mann zu sein denn bei einem freundlichen Weibe, die einen zu Hohn und Spott macht" (Sir 42,13–14).

166 Wegen der häufigen rituellen Unreinheit der Frau durch ihre Menstruationen wurde eine Trennung der Wohnbereiche für Männer und Frauen im Haus empfohlen (Ilan 1995,132–134).

167 Eine extreme rabbinische Meinung ist dabei: „Lieber soll man die Lehren der Tora verbrennen, als sie Frauen zu unterrichten" (Ilan 1995, 191).

168 Dabei gab es allerdings Ausnahmen: So soll der Lehrer des späteren Apostels Paulus, Rabbi Gamaliel, seine Tochter unterrichtet haben (Spencer 1985, 47). Siehe dazu auch Payne (2009, 35–40).

169 In dieses Lehrverbot waren sogar unverheiratete Männer eingeschlossen, um der Gefahr vorzubeugen, durch eventuell mitgekommene Schülerinnen sexuell in Versuchung zu geraten.

170 Frauen durften dabei das Tempelgelände nur bis zur Grenze des sogenannten Frauenvorhofs betreten. Dahinter lag dann der Männervorhof, der wiederum an den Priestervorhof angrenzte (Mayer 1987, 88).

171 Dies mussten zehn Männer über 13 Jahre sein (Mayer 1987, 89).

Morgengebet, das die Männer nach dem Talmud täglich sprachen: „Gesegnet bist du, Gott, dass du mir nicht als Heiden, Sklaven oder als Frau das Leben geschenkt hast."[172]

Wie es nun zu dieser frauenverachtenden und -feindlichen Haltung im Judentum kam, kann nicht mit Sicherheit nachvollzogen werden (Ilan 1995, 8). Es ist kaum denkbar, dass sie allein durch eine einseitige Interpretation der Schrift durch die Rabbiner zustande kam (Bristow 1988, 21). Vielmehr muss trotz deren vorsichtiger Abgrenzung nach außen an eine ideologische Beeinflussung nichtjüdischer Natur gedacht werden. Dabei könnte der Kulturkontakt im Exil bedeutend gewesen sein und der seit der Eroberung des Mittelmeerraums durch Alexander den Großen unaufhaltsam ins Judentum vordringende Hellenismus. So wurden in dem unter Antiochus III. gebauten Gymnasium in Jerusalem (1Makk 1,9–15) die jüdischen jungen Männer nicht nur sportlich, sondern auch philosophisch nach griechischen Idealen ausgebildet. Diese enthielten viele negative Konzepte über die Frau, auf die im Weiteren noch eingegangen werden soll.[173]

Welche Einflüsse auch immer hier wirksam waren, Hamilton hat Recht, wenn er den Befund zusammenfasst: „… nirgends bot sich den Frauen ein sicherer Hafen" (Hamilton 2000, 102). Hier hat also mitten im Volk Gottes das sündenfallbedingte Grundmuster der Geschlechterbeziehung eine besonders bedrückende Form angenommen. Damit ist die Situation der Frau in der Welt und Zeit beschrieben, in die Jesus Christus, der Sohn Gottes, als Jude in Palästina hineingeboren wurde.

3.5 Die Stellung der Frau bei Jesus

Mit dem Kommen Jesu Christi ist der Zielpunkt und Mittelpunkt der Heilsgeschichte Gottes mit den Menschen erreicht. Er ist das Heil der Menschheit in Person. Er ist die Erfüllung des Hoffnungswortes, das Gott dem ersten Menschenpaar direkt nach dem Sündenfall gab (Gen 3,15). Er ist der verheißene Nachkomme Abrahams, durch den alle Völker gesegnet werden sollen (Gen 12,1–3), der königliche Heilsbringer aus dem Stamm Davids (Jes 9,1–6), der verheißene Gottesknecht, der durch sein Leiden die Sünde überwindet (Jes 52,13–53,12) und die Königsherrschaft Gottes auf der Erde

172 So wiedergegeben in Kuen 1995, 47, und Payne 2009, 40.84.

173 Die Schriften des jüdischen Gelehrten Philo, der zur Zeit Jesu in Alexandria wirkte und bewusst die Lehren der griechischen Philosophen Plato und Aristoteles mit den Lehren des AT zu verbinden suchte, weisen in seinen Interpretationen des AT einen besonders frauenverachtenden Ton auf. Einzelheiten seiner Ansichten zum Wesen der Frau stellt D. Hamilton zusammen (Hamilton 2000, 107–108).

begründet. Er ist das fleischgewordene Wort Gottes (Hebr 1,1–2), die „helle Mitte" (Hempelmann 1997, 32) der Menschheitsgeschichte und der Heiligen Schrift.

Auf ihn sollten wir auch schauen, wenn wir nach Gottes Gedanken über die Frau fragen (Groothuis 1994, 100). Da ihre Stellung gegenüber dem Mann zutiefst mit dem Sündenfall verknüpft ist, darf erwartet werden, dass sich das Kommen des Erlösers auch sehr grundlegend auf sie auswirkt. Dies wird bereits in Jesu Erdenleben sichtbar.

3.5.1 Jesus brachte den ursprünglichen Willen Gottes zum Ausdruck

Jesus Christus kam zunächst als der verheißene Messias Israels. Damit war der kulturelle Rahmen seines Erdenlebens gesetzt: Entsprechend dem Plan Gottes musste er als jüdischer Mann geboren werden. Diese Tatsache im Kontext der Geschlechterfrage zu diskutieren, erscheint der Verfasserin an dieser Stelle unangebracht.[174] Um die „loszukaufen, die unter dem Gesetz waren" (Gal 4,5), wurde der Sohn Gottes selbst „unter das Gesetz getan" (Gal 4,4). Er lebte als Jude in Palästina und erfüllte das alttestamentliche Gesetz nicht nur äußerlich, sondern von Herzen (Mt 5,17). In Wort und Tat erklärte er seinem Volk, wie die Gebote Gottes ursprünglich gemeint waren, und setzte sich dabei immer wieder in Widerspruch zu den Auslegungen und Forderungen der Schriftgelehrten seiner Zeit (Mt 5,20; Mt 23). Im Blick auf die Stellung der Frau trat dies besonders deutlich zutage. In seiner Lehre über Ehe und Sexualität verwarf

174 Manche Ausleger messen der Männlichkeit Jesu eine besondere theologische Bedeutung für die Frauenfrage zu. Das gilt in besonderer Weise für Vertreter der römisch-katholischen Lehre. Hier ist die Männlichkeit Jesu und die Notwendigkeit eines männlichen Abbildes der wichtigste Grund dafür, dass eine Frau als „Abbild vom Abbild" ihn nicht als Priesterin repräsentieren darf. Das wurde von Papst Johannes Paul II. im Jahr 1994 erneut bestätigt (Zitat der Erklärung aus dem Vatikan in Thatcher 2011, 126). Siehe dazu auch die Ausführungen von Berger (2012, 54.60.62.64.101) und die entsprechende kritische Diskussion zu dieser Sichtweise bei Thatcher (2011, 123–127).

Im evangelischen Kontext wird diese Auffassung besonders drastisch von A. Strauch zum Ausdruck gebracht, indem er zunächst J. Cottrell zitiert: „Die überwältigende Betonung auf die Männlichkeit Christi, die ihn ja nur mit männlichen Titeln und Aufgaben belegt, zeigt zweifellos, dass es die eindeutige Absicht Gottes war, die Welt nicht einfach durch einen Menschen zu erlösen, sondern durch einen Mann…" und dann fortfährt: „Darüber hinaus ist Jesus Christus die vollkommene Offenbarung Gottes. Er ist Gott in fleischlicher Gestalt. Also musste er männlich sein" (Strauch 2001, 43–44).

Der Männlichkeit Gottes und Jesu Christi einen so hohen Stellenwert beizumessen, hat gravierende Folgen für jede weitere Auslegung zu Stellung und Dienst der Frau. Aida B. Spencer erwidert auf eine solche Sicht: „Obwohl Gott ein Mann wurde, wurde er doch in erster Linie ein Mensch." Und sie fügt hinzu: „Sonst wären ja in gewisser Hinsicht Männer mehr gerettet als Frauen" (Spencer 1985, 22). Siehe dazu auch Wright (2005, 287–300).

er die verzerrten Vorstellungen und Gesetze der Rabbiner und stellte den ursprünglichen Entwurf des Schöpfers heraus: Entgegen der jüdischen Auffassung vom verführerischen Wesen der Frau, die den Mann in sexuelle Sünden verstrickt, machte Jesus den Mann selbst für sein eigenes sexuelles Begehren verantwortlich (Mt 5,28) und sprach ihn im Falle des Ehebruchs genauso schuldig wie die Frau (Joh 8,3–11). In seiner Lehre zur Ehe widersprach er einerseits deren überhöhter Bewertung als einzig möglicher Lebensform (Mt 19,11–12), und andererseits der Leichtfertigkeit der Rabbiner im Blick auf deren Auflösung (Mt 19,1–12). Zur Begründung der grundsätzlichen Unauflöslichkeit der Ehe ging Jesus zurück zum ursprünglichen Schöpfungsentwurf und wertete diesen höher als das vorläufige alttestamentliche Gebot vom Scheidebrief (Haubeck 2000, 216).

In Jesu Lehre fehlt jeder Hinweis auf eine hierarchische Ordnung zwischen Mann und Frau. In seinem Umgang mit Frauen setzte er sich über die Vorschriften der Rabbiner hinweg: Er sprach mit Frauen in der Öffentlichkeit (Joh 4,1–30), lehrte sie und lobte Maria sogar, als sie, anstatt ihren hausfraulichen Pflichten nachzukommen, als Jüngerin zu seinen Füßen saß (Lk 10,38–42). Er definierte Frauen nicht über ihre Mutterschaft, sondern über ihren Glauben und Gehorsam (Lk 11,27–28; Barton 1998, 180). Er freute sich über den Glauben und die Hingabe von Frauen und lobte sie öffentlich dafür. Er heilte viele Frauen, ließ sich von ihnen berühren und bezeichnete eine Frau als „Tochter Abrahams“ (Lk 13,10–17). Damit zeigte er in Wort und Tat, dass das rabbinische Frauenbild sich weit von dem Entwurf des Schöpfers entfernt hatte, und „säte ganz bewusst einen Samen der Veränderung in die jüdische Gesellschaft“,[175] ohne dabei die traditionelle Gesellschafts- und Familienstruktur zu verwerfen.[176]

3.5.2 Jesus legte den Keim für eine geheilte Geschlechterbeziehung im Reich Gottes

Mit dem Kommen Jesu brach die völlig neue Ära der Königsherrschaft Gottes an, die in seiner Person ihren Anfang nahm (Mk 1,15; Lk 11,20). Mit seinem Reden und Handeln stellte er den Menschen das Reich Gottes vor. Dabei wirkte er immer den Folgen des Sündenfalls entgegen: Er heilte Kranke, weckte Tote auf, erhob Erniedrigte. In

175 Ins Deutsche übertragenes Zitat von G. Osborne in Conrad 1998, 26.

176 Einen guten Überblick über das Verhältnis Jesu zu Frauen geben Spencer (2005, 126–141), Payne (2009, 57–59), LaCelle-Peterson (2008, 55–61) und Hardmeier (2013, 76–80). Dieser fasst zusammen: „Jesus stieß eine Entwicklung an, die zur Befreiung der Frau aus gesellschaftlichen Zwängen führte und die Stellung der Frau in Übereinstimmung mit den Schöpfungsabsichten Gottes brachte“ (2013, 80).

diesem Zusammenhang muss auch sein Verhalten den Frauen gegenüber verstanden werden. Durch sein „gestaltendes Beispiel“ (Osborne 1989, 259)[177] brachte er die Verhältnisse im Reich Gottes zum Ausdruck: Auf selbstverständliche und natürliche, aber unübersehbare Weise stellte er die Frauen auf die gleiche Stufe neben die Männer (Jeremias 1971, 218; Kuen 1998, 49; Payne 2009, 57): Er erwähnte in seinen Lehren immer Frauen wie Männer, er heilte Frauen wie Männer und scheute den Kontakt mit Frauen keinesfalls, sondern pflegte eine furchtlose, von jeglichen sexuellen Untertönen freie, ungezwungene, nahe, lebensspendende Interaktion mit ihnen (Barton 1998, 61; Payne 2009, 57). D. Hamilton betont: „Die Sendung Jesu trennte die Geschlechter nicht, sondern umschloss beide“ (Hamilton 2000, 112).

So nimmt es nicht Wunder, dass Frauen ständig in seinem Gefolge waren. Dabei werden sie in den Evangelien an manchen Stellen als diejenigen dargestellt, die die Reden und Herzensanliegen Jesu besser verstanden als seine Jünger (z. B. Mt 26,6–13) und als die, die ihm in den entscheidenden Augenblicken seines Lebens am nächsten waren (z. B. Mt 27,55–56). Nach seiner Auferstehung wurden Frauen dann von Jesus selbst zum Zeugendienst beauftragt, ja sie durften die ersten Zeuginnen seines Sieges sein (Mt 28,1–10), obwohl ihr Zeugnis in der Gesellschaft rechtlich keine Grundlage hatte und sie in der späteren Argumentation des Paulus dementsprechend unter den Auferstehungszeugen in 1. Korinther 15 nicht erwähnt werden.[178]

An dieser Stelle muss auf die Tatsache eingegangen werden, dass Jesus als seine offiziellen Jünger und späteren Apostel jedoch keine Frauen, sondern nur Männer auswählte.[179] Dieser Sachverhalt wird von Gelehrten sehr unterschiedlich erklärt und

177 Der Ausdruck in deutscher Sprache stammt von A. Kuen (Kuen 1998, 51).

178 Osborne weist darauf hin, dass die göttliche Wahl von Frauen als erste Zeugen der Auferstehung so außergewöhnlich war, dass viele Wissenschaftler diese als Hauptbeweis für die historische Wahrheit der Auferstehung betrachten. Da Frauen als Zeugen vor Gericht nicht zulässig waren, muss angenommen werden, dass ein Jude eine solche Geschichte niemals erfunden hätte (Osborne 1989, 270, zitiert in Kuen 1998, 58).

179 Diese Tatsache ist für manche Ausleger der zentrale Gedanke beim Umgang Jesu mit Frauen. Das kommt wieder bei A. Strauch am besten zum Ausdruck, wenn er dem Kapitel seines Buches, in dem er über Lehre und Vorbild Jesu bezüglich der Rolle der Frau schreibt, die Überschrift gibt: „Jesus Christus legt die Leitung seiner Gemeinde in die Hand von Männern“ (Strauch 2001, 41). Auf der anderen Seite des Auslegungsspektrums wird die Wahl von nur männlichen Jüngern zum Teil schweigend übergangen (Smith und Kern 2000, 58–68). Hardmeier bevorzugt es, die Tatsache zu benennen, aber an dieser Stelle bewusst keine Wertung dazu vorzunehmen (Hardmeier 2013, 88–90).

bewertet.[180] Meines Erachtens muss die Auswahl von zwölf jüdischen Männern als Jünger und spätere Apostel vor allem aus der Heilsgeschichte begründet werden: Der versprochene „Segen für alle Völker“ (Gen 12,2–3) in der Person Jesu Christi kam durch den von Gott gewählten Heilskanal, Israel, in die Welt. Von dort aus wurde das Evangelium dann auch in die Völkerwelt hinausgetragen. Dabei kam den Aposteln eine einmalige Schlüsselfunktion zu: Als Repräsentanten der zwölf Stämme Israels und Bindeglieder zwischen dem Alten und dem Neuen Bund konnten sie nach dem alttestamentlichen Stellvertretungsprinzip nur Männer sein, genauso wie sie auch nur Juden sein konnten.[181] Aus dieser einmaligen Berufung kann man deshalb keine Leitlinie für die Dienste und Ämter in der Gemeinde Jesu heute ableiten (Conrad 1998, 24; Spencer 2005, 133).

Sucht man im Handeln und in der Lehre Jesu nach generellen Prinzipien für die Autoritätsstrukturen im Reich Gottes, so wird deutlich, dass er diesbezüglich für seine Nachfolger eine ganz neue Ära einleitet: In ihrer Gemeinschaft sollte es gar nicht um hierarchische Strukturen gehen, wie sie unter den Rabbinern und auch im politischen System der römischen Besatzungsmacht üblich waren, auch nicht um Titel und Vorrangstellungen, sondern um den gegenseitigen Dienst gleichrangiger Geschwister unter ihrem einzigen Meister (Mt 20,25–28; Mk 9,35; Mt 23,8–14). Auch dies muss bedacht werden, wenn man über Funktionen von Männern und Frauen in der Gemeinde Jesu nachdenkt. Betrachtet man die Gesinnung Jesu an dieser Stelle, so mutet die starke Fixiertheit mancher Ausleger auf hierarchische Strukturen in Familie

180 Während einige diese Wahl als „bewusst-willentliche Wahl“ bezeichnen, die die männliche Leiterschaft im Blick auf die Gemeinde für immer festlege (Borland 1991, 120–121; Schreiner 1991, 221; Neuer 1993, 89–90), sehen andere darin eine durch kulturelle und auch pragmatische Erwägungen gut zu erklärende Entscheidung, die mit der Stellung der Frau in der späteren Gemeinde nichts zu tun habe. R. Tucker und W. Liefeld zählen als Beispiele solcher Erwägungen auf, dass Frauen später als Apostel in den Kulturen der antiken Welt schlecht allein hätten herumreisen können und als Zeuginnen und geistliche Leiter in den meisten Regionen der damaligen Welt nicht anerkannt worden wären (Tucker und Liefeld 1987, 46). Denkt man an die Mutmaßungen, die bis heute in den modernen Medien der westlichen Welt über mögliche sexuelle Beziehungen Jesu mit den Frauen aus seinem Umfeld immer wieder auftauchen, so wäre in der Atmosphäre des damaligen kulturellen Kontextes in der Tat eine üble Nachrede kaum zu vermeiden gewesen. Auch Payne erklärt diese Tatsache mit kulturellen Faktoren der damaligen Zeit, die es Frauen nahezu unmöglich machten, in der Männergruppe der Jünger mit Jesus umherzuziehen (2009, 59).

181 Tucker und Liefeld weisen darauf hin, dass das Evangelium sonst von den Juden, denen es in diesem Prozess zuerst verkündigt wurde, keinesfalls anerkannt worden wäre (1987, 47). Siehe hierzu vertiefend auch Spencer (2005, 135–141).

und Gemeinde eher fremd an.[182] Hier möchte ich Hardmeier Recht geben, wenn er im Blick auf das Leben und die Lehre Jesu insgesamt darauf hinweist, dass Jesus eine Entwicklung anstieß, „die zur Berfreiung der Frau aus gesellschaftlichen Zwängen führte und die Stellung der Frau in Übereinstimmung mit den Schöpfungsabsichten Gottes brachte" und Christen mahnt, doch der Richtung zu folgen, die Jesus angab (Hardmeier 2013, 80).

3.6 Die Auswirkungen der Erlösung auf die Stellung der Frau

3.6.1 Die geistliche Wirklichkeit der Glaubenden

Durch das Erlösungswerk Jesu hat sich nun für jeden Glaubenden eine neue geistliche Wirklichkeit aufgetan: Auf der Grundlage der Vergebung aller Sünden (Eph 1,7) darf er versöhnt mit Gott leben (Röm 5,10–11; 8,15). Er ist eine neue Kreatur geworden (2Kor 5,17) und hat den im Alten Bund versprochenen Heiligen Geist und das neue Herz bekommen, das den Willen Gottes tun will (Hes 36,26; Röm 8,14–16). Dazu darf er die „Kraft seiner Auferstehung" (Phil 3,7–11) in Anspruch nehmen. Er ist aus dem Machtbereich Satans herausgetreten, gehört zum Reich Gottes und lebt unter Gottes guter Herrschaft (Kol 1,13). Dies geschieht zunächst noch „inwendig" unter den Glaubenden (Lk 17,20–21; Röm 14,17), wird aber in der Gemeinde Jesu bereits nach außen sichtbar. Erst nach der Wiederkunft Jesu wird das Reich Gottes in seiner ganzen Herrlichkeit und Vollkommenheit sichtbar verwirklicht sein (Röm 5,2; Offb 21).

Aber nicht nur für die Glaubenden, sondern auch für die Schöpfung als Ganzes hat die Erlösung in Christus eine neue Grundlage geschaffen: Die Macht der Sünde und die Herrschaft Satans wurden gebrochen, dem Versucher ist der Kopf zertreten (Röm 8,2–12; Kol 2,13–15). Auch die Folgen des Sündenfalls müssen vor dem Erlöser zurückweichen und werden in der zukünftigen Herrlichkeit völlig aufgehoben sein (Offb 21,4). Die durch sie geknechtete und geängstigte Schöpfung wird dann mit den

182 Eine solche Fixiertheit kommt in der erwähnten Stufenordnung „Gott – Mann – Frau – Tier" zum Ausdruck, die nach wie vor von einigen Autoren bis in die jüngeste Zeit hervorgehoben wird. Allerdings gibt es in letzter Zeit auch Stimmen, die diese Fixierung gerade als Ausdruck der Folgen des Sündenfalls betrachten (Hardmeier 2013, 42–43), und auch solche, die stattdessen für einen Gesinnungswandel im Sinne Jesu im Blick auf das Geschlechterverhältnis werben und darin einen aussichtsreichen Paradigmenwechsel für die festgefahrene Diskussion sehen. Siehe dazu vor allem Lee-Barnewell (2016) und auch die Ausführungen von LaCelle-Peterson (2008, 72) und von Clarke (2008, 79–103) zu diesem Aspekt.

glaubenden Menschen zusammen ganz frei sein und ihren Schöpfer und Erlöser ohne Ende preisen (Röm 8,18–21; Offb 5,13).

3.6.2 Die Bedeutung der Erlösung für die Frau

Dies alles darf und muss nun auch auf die Stellung der Frau vor Gott und Menschen bezogen werden. Dabei sind besonders zwei Aspekte wichtig:

3.6.2.1 Das individuelle Heil

Im Unterschied zum Alten Bund geht es im Neuen nicht mehr um die Beziehung Gottes mit einem ganzen Volk, sondern mit einzelnen Menschen. Diese gründet allein auf dem Sühnetod Jesu Christi und dessen Annahme im Glauben (Apg 5,14). Damit verliert die Sozialstruktur Israels, die vorher die Bundesbeziehung zwischen Gott und seinem Volk ordnete, ihre Bedeutung für den Neuen Bund. Der jüdische Gelehrte R. Loewe bringt diese Veränderung treffend so zum Ausdruck: „Die soziologische Grundlage, auf der das Christentum ruht, ist nicht der Familienverband wie im Judentum, sondern die Gemeinschaft – Gemeinschaft in Christus."[183] Das hatte für die Frau im Neuen Bund eine besondere Bedeutung: Durch die Erlösung in Christus darf sie erstmals als selbständige Persönlichkeit in ein Bundesverhältnis mit Gott eintreten, unabhängig von ihrer Stellung in der Familie und der Repräsentation durch einen Mann. Dementsprechend wird das äußere Zeichen des Bundes nicht mehr nur an Männern in Stellvertretung für alle vollzogen, sondern in der Taufe an jedem Glaubenden persönlich (Apg 2,42). In Christus wird also aus dem nationalen, kollektiven Heil ein persönliches Heil, das für alle Menschen unabhängig von Herkunft, Geschlecht und sozialer Stellung gilt. K. Snodgrass betont diesen Aspekt der Taufe: „Während die Beschneidung ein Trennungszeichen war, drückt die Taufe die neue Einheit dieser Menschen in Christus aus" (Snodgrass 1886, 178).

Diese neue Stellung der Frau und die Einheit aller Gläubigen in Christus zeigt sich nach der Auferstehung und Himmelfahrt Jesu sofort in der Gemeinschaft der ersten Christen: Nach dem Abschied von Jesus warten Männer und Frauen gemeinsam auf seinen Geist (Apg 1,14), und an Pfingsten erfüllt sich die Verheißung Joels (Joel 3,1–2): Männer und Frauen empfangen den Heiligen Geist gleichermaßen (Apg 2). In der Gemeinde in Jerusalem waren sie dann selbstverständlich „einmütig beisammen" (Apg 5,1–4.14), von der im Judentum üblichen Trennung wird nichts berichtet. Dass sie jetzt als Individuen vor Gott standen, kommt in dem Erleben des Ehepaares Ana-

183 Zitiert in *God's People in God's Land* (Wright 1997, 114).

nias und Saphira zum Ausdruck (Apg 5,1–10). Hier wurde Saphira wie ihr Mann und unabhängig von ihm mit allen Konsequenzen für ihr gemeinsames Tun verantwortlich gemacht. Wie außergewöhnlich und neu ein solches Vorgehen für das jüdische Verständnis gewesen sein muss, lässt ein Vergleich mit der Geschichte des Achan vermuten (Jos 7,24–26), dessen Familie nach seinem Diebstahl mit ihm zusammen gesteinigt wurde, ohne dass von einer Mittäterschaft der Angehörigen ausgegangen wurde.

Der Apostel Paulus fasst diesen Befund dann später im Galaterbrief lehrmäßig zusammen: „Bevor der Glaube kam, wurden wir unter dem Gesetz verwahrt ... Nachdem aber der Glaube gekommen ist, sind wir nicht mehr unter dem Zuchtmeister, denn ihr alle seid Kinder Gottes durch den Glauben in Christus Jesus, denn ihr alle, die ihr in Christus getauft seid, ihr habt Christus angezogen. Da ist weder Jude noch Grieche, da ist weder Knecht noch Freier, da ist weder Mann noch Frau; denn ihr seid alle einer in Christus Jesus" (Gal 3,23–28). In diesem heilsgeschichtlichen Zusammenhang macht der Apostel also die viel diskutierte Aussage zur Stellung der Frau, die durch die Vielzahl ihrer Interpretationen zu einem „hermeneutischen Generalschlüssel" geworden ist, „mit dem wir durch jede gewünschte Tür gehen können" (Snodgrass 1986, 161).[184] Belässt man die Aussage von Galater 3,28 in ihrem Zusammenhang, so wird deutlich, dass sie nicht primär eine Stellungnahme zum Geschlechterverhältnis ist, wohl aber zur Auswirkung der Erlösung in Christus auf die Menschengruppen, für die der Zugang zur Beziehung mit Gott im Alten Bund immer nur indirekt und in Abhängigkeit von freien jüdischen Männern möglich war. In der Taufe wird die Gleichrangigkeit und wesensmäßige Einheit aller Glaubenden in Christus ausgedrückt, unabhängig von Herkunft, sozialem Status und Geschlecht. Damit ist dem Morgengebet des jüdischen Mannes jede Grundlage entzogen. Für die ersten Christinnen aus jüdischem Hintergrund muss dies zu einem völlig neuen Lebensgefühl und einer großen Dankbarkeit gegenüber ihrem Erlöser geführt haben.

3.6.2.2 Das universale Heil

Da die Geschlechterbeziehung so unlösbar mit dem Sündenfall verbunden ist, muss in diesem Zusammenhang nach der Auswirkung der Erlösung in Christus auf die in Genesis 3,16 ausgesprochenen Folgen des Sündenfalles gefragt werden. In welchem

184 Snodgrass gibt einen Überblick über die verschiedenen Auslegungsvarianten, die er in folgende vier Grundrichtungen zusammenfasst: 1. Paulus meinte die Worte in Gal 3,28 nicht so, wie sie dastehen. 2. Er meinte sie nur teilweise. 3. Seine Theologie entwickelte sich danach noch weiter. 4. Er meinte genau das, was er sagte (Snodgrass 1986, 162–166).

Ausmaß die Erlösung diese beeinflusst, wird von den Gelehrten sehr unterschiedlich beurteilt:[185] Wer die Gemeinschaft von Mann und Frau im Sinne einer Partnerschaft von zwei gleichrangigen, wenn auch verschiedenen Menschen als Schöpfungsordnung Gottes versteht, für den wird die Erlösung eine grundsätzliche Befreiung des Geschlechterverhältnisses von Herrschaftsstrukturen einschließen, eine „Umkehr" bzw. „Heilung der Folgen des Sündenfalls" (Bilezikian 1985, 79; Hamilton 2000, 111; LaCelle-Peterson 2008, 69–71; Payne 2009, 92–93; Felker Jones 2017, 28–30; Westfall 2016, 144–147) und die Möglichkeit, dem Schöpfungsideal als „neue Kreaturen" (2Kor 5,17) wieder nachzustreben.[186] Wer in dem Strafwort Gottes jedoch eine „Lebensordnung" sieht, die „der Sache nach keine andere ist als die Schöpfungsordnung" (Hempelmann 1997, 55), wird von der Erlösung in Christus diesbezüglich lediglich eine Modifikation des bösen Herrschaftsverhältnisses zu einem guten erwarten, in dem die „gottgewollte Männlichkeit und Weiblichkeit" weiterhin in der festgelegten hierarchischen Struktur ausgelebt wird (Piper 1991, 36; Grenz und Kjesbo 1995, 100–101).[187] Diese Ausleger nehmen vielfach die Textstelle aus Gal 3,28 nicht als besondere Einflussgröße in der Diskussion um die Stellung der Frau wahr. Aufgrund des beschriebenen heilsgeschichtlichen Zusammenhanges rechne ich mit einer durchgreifenden umkehrenden und heilenden Auswirkung der Erlösung auf das hierarchische Geschlechterverhältnis. Da die Herrschaft des Mannes über die Frau, unabhängig von ihrer Form oder Art, als Strafe eingeführt wird, muss sie auch im Bezug auf die Erlösung parallel zu den übrigen Folgen des Sündenfalles eingeordnet werden. Das bedeutet, dass sie in der geistlichen Wirklichkeit aufgrund des Sieges Jesu überwunden ist und dass dies eines Tages in der Herrlichkeit auch sichtbar werden wird.

---

185 Zu einer vertiefenden Diskussion der verschiedenen Auslegungsweisen von Gal 3,28 siehe Payne (2009, 79–108). Eine gründliche Studie zum Verständnis von Gal 3,28 in der frühen Christenheit bis zum 4. Jahrhundert findet sich bei Hogan (2008).

186 Fee spricht an dieser Stelle von einer „Theologie der neuen Schöpfung" (2005, 172–179).

187 Neuenhausen geht davon aus, dass Gottes gute (hierarchische) Schöpfungsordnung „Gott – Mann – Frau – Tier" beim Sündenfall umgedreht wurde zu „Tier – Frau – Mann – Gott" und Gott nach dem Sündenfall einen gewaltsamen Schritt vornehmen musste, um die alte Ordnung wiederherzustellen (2018, 41).

3.7 Die Stellung der Frau zwischen dem „Schon jetzt" und dem „Noch nicht"

3.7.1 Das Leben des Christen in der Spannung

Die beschriebene geistliche Wirklichkeit des Christen steht nun in einer Spannung mit der sichtbaren Wirklichkeit der gefallenen Schöpfung, die von der Sünde zutiefst geprägt ist und bis heute unter ihren Folgen leidet. Diese Spannung wird sich erst auflösen, wenn das Reich Gottes nach der Wiederkunft Jesu Christi in seiner Vollendung sichtbar werden wird.

So ist in Christus der Tod besiegt (2Tim 1,10), aber Krankheit, Leid und Tod erreichen in dieser Zeit immer noch jedes Menschenleben, bis der Tod als letzter Feind beseitigt werden wird (1Kor 15,26). Nach jenem Tag sehnt sich die ganze Schöpfung, die durch den Fall der Sterblichkeit unterworfen ist (Röm 8,20–23). Die Macht Satans wurde durch den Sühnetod Jesu gebrochen (Kol 2,15), und dennoch geht er in dieser Zeit „umher wie ein brüllender Löwe und sucht, wen er verschlingen kann" (1Petr 5,8) und wird erst in der neuen Welt nicht mehr sein (Offb 21,4). Die Macht der Sünde selbst wurde durch Christus gebrochen (Röm 8,2), und dennoch steht der Christ im ständigen Kampf mit der sündigen Neigung in sich (Röm 7,14–25), bis es in der himmlischen Welt keine Sünde mehr geben wird (Offb 21,8).

In dieser Spannung lebt der Christ im Glauben, auf dem Boden der geistlichen Wirklichkeit, die Christus für ihn errungen hat, aber immer in Berührung mit der irdischen Realität und ihren unerlösten Zügen. In der Wesensverbindung mit Christus (Gal 2,20) darf er dabei in seinem irdischen Kontext bei aller eigenen Schwachheit ein Stück von Gottes Herrlichkeit darstellen und so andere Menschen in das Reich Gottes einladen (2Kor 3,18). Dabei ist er nicht allein, sondern eingebettet in den Leib Jesu, die Gemeinde. In ihr und durch sie wird Gottes heilende Kraft anschaulich. Als „Salz" und „Licht" wird sie auch ihre Gesellschaft heilsam beeinflussen.

3.7.2 Das Geschlechterverhältnis in der Spannung

Das Verhältnis zwischen Mann und Frau ist von der beschriebenen Spannung an mehreren Stellen besonders betroffen und nicht zuletzt deshalb so vielschichtig und komplex: Aus der Perspektive der Erlösung in Christus stehen Mann und Frau wieder gleichwertig und gleichrangig vor Gott wie vor dem Sündenfall und dürfen ihre Verschiedenheit als bereichernde Ergänzung annehmen und ausleben, ohne dass einer den anderen beherrscht oder unterordnet. Gleichzeitig aber leben sie in einer Welt, die von den Folgen des Sündenfalles gezeichnet ist. So hat der Mann nach dem Strafwort Gottes noch immer die Möglichkeit, seinen biologisch bedingten „natürlichen Autoritätsvorsprung" zur Herrschaft über die Frau auszunützen, genauso wie es noch Disteln und Dornen gibt und der physische Tod eine unausweichliche Realität ist.[188] In den Sozialstrukturen der menschlichen Kulturen hat sich diese Herrschaft als „Strategie zur Daseinsbewältigung" im Denken und kulturellen Empfinden der Menschen tief eingegraben. Die persönliche Sünde von Männern und Frauen hat das Geschlechterverhältnis zusätzlich belastet und verzerrt und dem Geschlechterkampf immer wieder Zündstoff gegeben. Jeder Veränderung an dieser Stelle stehen also fast unüberwindliche Hindernisse entgegen, die aus entsprechenden Erfahrungen und auch Ängsten über viele Generationen hinweg gefestigt wurden. Eine Heilung dieser Beziehung kann nur unter der Leitung des Heiligen Geistes, langsam, von innen her, und mit viel Liebe und Rücksicht aufeinander geschehen. Dennoch müssen Christen nicht das Strafwort Gottes nach dem Sündenfall als sein letztes Wort und seinen Willen zum Maßstab ihres Verhaltens machen, sondern dürfen sich im Licht der Erlösung nach dem Modell der ursprünglichen Schöpfungsordnung richten und eine neue, geheilte Geschlechterbeziehung in Familie und Gemeinde anstreben. Wie dies nun in der Praxis geschehen soll, wird stark abhängig sein von der Kultur, in der sie leben. Das dort vorgegebene Geschlechterverhältnis wird ihr Ausgangspunkt sein, und von da aus werden sie ihre Beziehung in der Verantwortung vor Gott auf das Ziel der ursprünglichen bzw. neuen Schöpfungsordnung in Christus hin gestalten. Dabei werden sie mit Rücksicht und Feingefühl darauf bedacht sein müssen, dass sie tun, „was recht ist, nicht nur vor dem Herrn, sondern auch vor den Menschen" (2Kor 8,21), so dass diese durch ihr Verhalten nicht vor den Kopf gestoßen, sondern ins Reich Gottes eingeladen werden (1Thess 4,12).

3.7.3 Das Geschlechterverhältnis in der Missionssituation

Trifft nun im Rahmen der Mission das Evangelium mit seiner befreienden Kraft auf eine bisher von ihm unberührte Kultur, so beginnt der beschriebene Veränderungsprozess ganz neu. Der Auslöser zur Veränderung wird die Verkündigung des biblischen Tatbestandes sein, ihr Anknüpfungspunkt die konkrete kulturelle Situation. Je nach Ausgangspunkt wird das Verhältnis zwischen Mann und Frau sich in verschiedenen Kulturen unterschiedlich gestalten und dabei doch immer das gleiche Ziel vor Augen haben. Für die konkrete Gestaltung des Miteinanders in Familie und Gemeinde

188 Hiestand geht davon aus, dass dieser Autoritätsvorsprung letztlich immer auf die größere physische Kraft des Mannes zurückgeführt werden kann, die ihm in jeder Situation eine Überlegenheit gibt, die er zur unguten Herrschaft über die Frau nützen kann (2017, 101–103).

werden die Gläubigen vor Ort um Lösungen ringen, die dem Evangelium gemäß sind und unter den gegebenen Umständen am besten auf Gottes Herrlichkeit hinweisen. Dabei werden sie manchmal auf Sitten und Strukturen treffen, die dem in der Schrift geoffenbarten Wesen und Willen Gottes so grundsätzlich zuwider gehen, dass sie von Anfang an als Sünde abgelehnt werden müssen. Das wird vor allem die Gebräuche betreffen, die mit Götzendienst, Okkultismus und Unmoral in Verbindung stehen.[189] Andere Gebräuche und Strukturen werden als nicht der Absicht Gottes entsprechend erkannt, ohne dass sie sofort geändert werden können, so die Polygamie wie auch die Sklaverei, die in manchen islamischen Ländern bis heute erlaubt und üblich sind. Wieder andere kulturelle Sitten können nach dem Ermessen der einheimischen Christen aufgehoben oder beibehalten werden. S. Neill erwähnt hier zum Beispiel das nach Geschlechtern getrennte Einnehmen von Mahlzeiten oder ein getrenntes Sitzen im Gottesdienst.

3.8 Eine heilende Geschlechterbeziehung in der ersten Missionssituation

Grundlegende Wegweisung für die Handhabung des beschriebenen Prozesses gibt der Apostel Paulus in seinem eigenen Ringen an dieser Stelle beim Übergang des Evangeliums aus dem jüdischen Kontext in die heidnische hellenistische Völkerwelt des Römischen Reiches. Er gibt in seinem Verhalten und seinen Briefen zu Fragestellungen der Geschlechterbeziehung Anleitungen, die heutigen Missionaren als Vorbild dienen. Sie können in ähnlich strukturierten Kulturen direkt und wörtlich umgesetzt werden, in anderen je nach dem kulturellen Ausgangspunkt nur in ihren Prinzipien. Das Vorgehen des Apostels im Blick auf das Geschlechterverhältnis soll im Folgenden nachvollzogen werden. Dazu soll zunächst ein Einblick in die Welt des römisch-hellenistischen Weltreiches gegeben werden, in die der Apostel hineinwirkte.

3.8.1 Das kulturelle Klima der römisch-hellenistischen Welt

Mit der Eroberung der Länder des Alten Orient durch Alexander den Großen (ab 330 v. Chr.) kam es im ganzen östlichen Mittelmeerraum von Griechenland bis Ägypten zu tiefgreifenden kulturellen Veränderungen, die H. Marshall als „cultural revolution“

189 Eine allgemeine Liste von solchen Gebräuchen, die Missionare vorfinden können, gab der Missionshistoriker S. Neill in seinem Beitrag auf der Lausanner Konferenz über Evangelium und Kultur 1978 in Willowbank (Neill 1981, 9–10).

bezeichnet (Marshall 1981, 17). Dabei war es das ausgesprochene Ziel des Eroberers, seine griechische Kultur und Denkweise in allen eroberten Gebieten zu verbreiten (Störig 1970, 127). Der von ihm eingeleitete Prozess setzte sich nach seinem Tod fort: Die griechische Sprache und Kultur wurde die Grundlage der allgemeinen Bildung (Störig 1970, 127) und wirkte durchgreifend auf die nicht-griechischen Völker des Orients ein. Dabei wurde sie selbst zur „kosmopolitischen Menschheitskultur" (Störig 1970, 127) der damals bekannten Welt, dem *Hellenismus* (Störig 1970, 127). Als dann ab dem zweiten Jahrhundert vor Christus der gesamte Mittelmeerraum politisch unter die Herrschaft Roms kam, wurde zwar das römische Recht und Staatswesen durchgesetzt, kulturell blieb jedoch der Hellenismus prägend (Störig 1970, 127).[190] Vor allem die griechische Philosophie wurde zum „geistigen Rückgrat des römischen Weltreiches" (Störig 1970, 127–128). Gleichzeitig kam es durch Migrationsbewegungen zu intensiven Kulturkontakten zwischen den einzelnen Völkern des Römischen Reiches. So entstand eine „fast überbordende Buntheit" der Kulturen (Schuller 1995, 118), die von Ort zu Ort in ihrer Zusammensetzung variierte, große Unterschiede zwischen Stadt- und Landbevölkerung aufwies und sich in verschiedenen sozialen Schichten unterschiedlich auswirkte (Witherington 1990, 16–18; Tucker und Liefeld 1987, 58). Für das Individuum ergab sich dabei ein größerer Bewegungsspielraum als es je zuvor der Fall gewesen war (Schuller 1995, 118; Thraede 1972, 218). In der Folge wurden hergebrachte moralische Wertmaßstäbe hinterfragt (Pomeroy 1985, 202; Schuller 1995, 67), und im religiösen Bereich kam es zu einem vielseitigen Synkretismus (Tucker und Liefeld 1987, 54). Es herrschte ein soziales Umbruchsklima (Pomeroy 1985, 227), Bürgerkriege und Sklavenaufstände drohten jederzeit (Rehn 1996, 2005). Dem Sittenverfall wurde durch strikte Gesetze gewehrt, die die römischen Kardinaltugenden der Mannhaftigkeit, Sittlichkeit und Ehre durchsetzen sollten (Rehn 1996, 2005; Tucker und Liefeld 1987, 76).

190 Karaman kommentiert in seiner Dissertation zur Situation der Frauen in Ephesus im ersten und zweiten Jahrhundert treffend: „Man darf fairerweise zu dem Schluss kommen, dass das „Griechentum" im Vergleich zum „Römertum" in der „römisch-griechischen" Kultur ein Übergewicht hatte (Karaman 2018, 10–11; Übersetzung: H. S.).

3.8.2 Einflussfaktoren auf die Stellung der Frau im römisch-hellenistischen Reich

Das beschriebene bunte Bild der hellenistischen Welt erklärt, dass die Stellung der Frau darin nicht mit wenigen Worten und Verallgemeinerungen zu beschreiben ist.[191] Dennoch gab es einige Einflüsse und Faktoren, die die Stellung der Frau im gesamten Römischen Reich prägten, und andere, die lokal eine wichtige Rolle spielten. Sie sollen im Folgenden zusammengestellt werden:

3.8.2.1 Das griechische Erbe

Da die Schulbildung im Hellenismus auf der Lektüre der griechischen Philosophen, Politiker, Historiker und Dichter gründete, hatte das dort vermittelte Frauenbild einen sehr grundlegenden Einfluss auf das Denken und Empfinden der Menschen im Römischen Reich. Betrachtet man die Aussagen dieser antiken Gelehrten im Überblick,[192] so ergibt sich ein durchweg bedrückendes Frauenbild, angefangen mit dem von Hesiod (7. Jh. v. Chr.) geschilderten griechischen Schöpfungsmythos, der als Schultext in der Antike gelesen wurde (Lefkowitz und Fant 1982, 12). Demzufolge wurde die Frau, Pandora, vom Göttervater Zeus als Strafe für die Männer geschaffen (Lefkowitz und Fant 1982, 12–13; Pomeroy 1985, 3; Hamilton 2000, 74), und Hesiod kommentiert: „Auf sie geht zurück das Geschlecht der schwächlichen Frauen, die, für die Menschheit zu schrecklichem Leid, behaust bei den Männern" (Hesiod 1994, 26). In den Epen des Homer wird die Frau stets als Eigentum des Mannes dargestellt, das er als Preis in einem Wettkampf erwirbt oder als Beute erobert. Sie verschafft ihrem Mann Prestige und lebt in völliger Abhängigkeit von ihm (Pomeroy 1985, 38–39). Auch die großen griechischen Philosophen, die über lange Zeit die hellenistische Kultur intensiv prägten und deren Einfluss später bis in das Herz der Lehre der mittelalterlichen Kirche hineinreichte (Westfall 2016, 14), vermitteln ein negatives Frauenbild: So bezeichnet

---

191 K. Riebesehl u. a. warnen zu Recht vor einer vorschnellen Verallgemeinerung der Verhältnisse, in denen die Frauen im Römischen Reich lebten (Riebesehl 2004, 9); in diesem Zusammenhang ist auch wieder Elif Hilal Karaman zu erwähnen, der eine solche Verallgemeinerung ohne Rücksicht auf die lokalen Gegebenheiten und Besonderheiten immer wieder beklagt (2018, 33–40). Eine sorgfältige Zusammenstellung verschiedener Aspekte der Lebenssituationen von Frauen im Römischen Reich siehe bei Cohick (2009).

192 Einen übersichtlichen, wenn auch etwas einseitigen Überblick über die Aussagen vieler antiker Denker mit den entsprechenden Quellenangaben gibt D. Hamilton (Hamilton 2000, 71–99). Eine Sammlung von ins Englische übersetzten Zitaten antiker Gelehrter über die Frau haben M. Lefkowitz und M. Fant (Lefkowitz und Fant 1982) zusammengestellt. Auch bei Payne finden sich zahlreiche Quellenangaben dazu (2009, 31–35).

Plato die Frauen als „dasjenige Geschlecht von uns Menschen, das ohnehin von Natur aus versteckter und verschlagener ist wegen seiner Schwäche…" und das „… hinsichtlich der Tugend der männlichen unterlegen ist…" (Schöpsdau 2003, 84). Aristoteles, der persönliche Lehrer Alexanders des Großen, sah Frauen als „unvollkommene Männer" und diesen von Natur aus unterlegen. Daraus schloss er, dass der Mann notwendigerweise für alle Zeiten über die Frau herrschen müsse (Lefkowitz und Fant 1982, 63). Nach Aristoteles zeigt sich der Mut des Mannes im Herrschen, der der Frau im Gehorchen und Schweigen (Lefkowitz und Fant 1982, 64). Der Historiker Thukydides (um 400 v. Chr.) ließ seinen Helden Perikles sagen, dass die Ehre der Frau am größten sei, über die man unter Männern am wenigsten spreche, sei es in Lob oder Tadel.[193] Vereinzelte philosophische Überlegungen, die von einer Gleichwertigkeit von Mann und Frau ausgingen, blieben lange ohne Konsequenzen, und das Bild von der allgemeinen und grundsätzlichen Minderwertigkeit der Frau prägte die gesamte hellenistische Welt nachhaltig (Thraede 1972, 208–209; Gardner 1995, 30; Tucker und Liefeld 1987, 55; Payne 2009, 32–35; Westfall 2016, 14).

Entsprechend den Lehren ihrer Philosophen lebten in der Praxis zum Beispiel die Frauen in Athen unter sehr restriktiven Bedingungen. Sie standen ihr Leben lang unter der Vormundschaft eines Mannes, zunächst des Vaters und dann des Ehemanns. Nach dem Gesetz wurden sie wie Minderjährige eingestuft und als Eigentum des Mannes angesehen (Pomeroy 1985, 112; Tucker und Liefeld 1987, 55). Für die Bürgerin Athens bestand Ehepflicht, der Zweck der Ehe war die Fortpflanzung (Pomeroy 1985, 93.96). Die sexuelle Beziehung zwischen Eheleuten wurde unter diesem Gesichtspunkt als Pflichterfüllung angesehen und Ehebruch galt als öffentliches Vergehen, das überaus hart bestraft wurde (Pomeroy 1985, 129–130). Die griechische Frau lebte zurückgezogen, ihr Tätigkeitsbereich war ganz auf das Haus beschränkt (Pomeroy 1985, 107). Sie hatte keinen Anteil am öffentlichen Leben. Ihre Kleidung war einfach und diente dem Zweck, sie vor den Augen fremder Männer zu verbergen (Pomeroy 1985, 124). Eine Ausbildung, die über die Fertigkeiten der Haushaltsführung hinausging, hatte die Frau in der Regel nicht. Die Lebensbereiche und Erfahrungen von Männern und Frauen waren ganz getrennt, und zwischen den Eheleuten klaffte in der Regel ein „emotionaler Abgrund" (Pomeroy 1985, 119). Zur Befriedigung der intellektuellen und sexuellen Bedürfnisse der Männer standen ihnen außer ihren Ehefrauen die meist ausländischen Hetären als Gespielinnen und zahlreiche Prostituierte zur Verfügung (Witherington 1990, 11). Diese hatten keine Bürgerrechte, konnten sich aber bilden, und die Männer waren ihnen häufig in großer Zuneigung verbunden (Witherington

193 Zitiert aus Thukydides, *Der Peloponnesische Krieg*, in Witherington 1990, 11.

1990, 11–12). Aus dieser Situation heraus ist es verständlich, dass auch in Griechenland ein Dankgebet für Männer existierte, dass man „als Mensch und nicht als Tier, als Mann und nicht als Frau, als Grieche und nicht als Barbar geboren“ war.[194]

Nicht überall in Griechenland war allerdings die Stellung der Frau so eingeschränkt wie in Athen. Vor allem die Frauen in Sparta hatten deutlich mehr Bewegungs- und Handlungsfreiraum und konnten teilweise am öffentlichen Leben teilnehmen. Dennoch ist auch für sie bezeichnend, was in den Worten einer spartanischen Ehefrau zum Ausdruck kommt: „Als ich ein Kind war, wurde ich gelehrt, meinem Vater zu gehorchen, und ich gehorchte ihm. Als ich eine Ehefrau wurde, gehorchte ich meinem Ehemann …“[195]

So kann der Befund über die Frauen in Griechenland von den Zeiten Homers bis zur Zeit des Römischen Reiches mit den Worten des Pseudo-Demosthenes (um 340 v. Chr.) zusammengefasst werden: „Wir halten Mätressen zum Vergnügen und Konkubinen für den täglichen persönlichen Bedarf, aber Ehefrauen, damit sie uns legitime Kinder gebären und treue Wächter unserer Haushalte sind.“[196]

3.8.2.2 Das römische Recht und die römische Praxis

Mit der Eroberung der hellenistischen Welt durch die Römer setzte deren besondere Kulturleistung, das römische Recht, feste Maßstäbe für die Stellung und das Verhalten der römischen Bürgerinnen im gesamten Reich (Schuller 1995, 13; Winter 2003, 2; Westfall 2016,15.24).[197] Nicht nur ihre soziale Stellung, sondern auch ihr sittengerechter Lebenswandel war bis hin zur äußeren Aufmachung gesetzlich geregelt (Winter 2003, 2–3.5; D'Angelo 2007, 66–70). Auf die Einhaltung der Sittengesetze wurde von Staats wegen besonders geachtet, denn vom moralischen Lebenswandel der Frau wurde, wie häufig in der Antike, das Wohlergehen des Staates abhängig gemacht (Pomeroy 1985, 330–331; Westfall 2016, 13). Für Frauen war nur das Zivilrecht maßgeblich, denn politische Rechte hatten sie nicht (Schuller 1995, 13). Von allen politischen und öffentlichen Ämtern waren sie nach dem Gesetz ausgeschlossen,[198] sie hatten auch kein Wahl-

194 Formuliert von dem Philosophen Thales (ca. 400 v. Chr.), zitiert in Diogenes Laertius, *Thales 1.33, Vitae Philosophorum.*

195 Zitiert aus Plutarch, *Moralische Schriften,* in Witherington 1990, 13.

196 Zitiert aus Demosthenes, *Gegen Neaira 122,* in Witherington 1990, 15.

197 Der britische Althistoriker B. Winter betont generell: „Die grundlegenden Aspekte der römischen Gesellschaft waren bewusst auf dem römischen Recht aufgebaut und arbeiteten auf dieser Basis“ (Winter 2003, 2).

198 Der zur Kaiserzeit lebende Jurist Paulus erklärte dazu, dass von Natur aus Taube, Stumme, Verrückte und Unmündige nicht Richter (zum Beispiel) sein könnten, und „aus Sitte Frauen

recht (Witherington 1990, 21). Grundlegend für alle Gesetze war die zentrale Stellung der Familie in der römischen Gesellschaft und in ihr die herausragende Machtposition des Vaters, zu der es keinen Vergleich in Griechenland gab. Das Gesetz gab dem Vater das absolute Verfügungsrecht über seine Familienangehörigen, zu denen neben seiner Frau und den Kindern auch die Sklaven und sogar die Freigelassenen gehörten (Schuller 1995, 14; Pomeroy 1985, 252). Er überwachte das Verhalten seiner Familienmitglieder und war der Oberpriester der Familienreligion. Er hatte alle Freiheit, Strafen für sittliches Fehlverhalten festzulegen, bis hin zur Todesstrafe (Pomeroy 1985, 233; Winter 2003, 17–19). Die Frau wurde rechtlich als unmündig angesehen und benötigte einen männlichen Vormund „wegen der Schwäche und des Leichtsinns des weiblichen Geschlechtes“ (Pomeroy 1985, 229; Schuller 1995, 15).[199] Die Machtbefugnisse des Ehemannes über seine Frau waren insgesamt nicht ganz so ausgeprägt wie die des Vaters, Beispiele aus der Literatur zeigen jedoch, dass sie ebenfalls eine genaue Überwachung ihres Lebenswandels einschlossen und willkürliche, harte Strafen beinhalten konnten (Lefkowitz und Fant 1982, 176; Pomeroy 1985, 234). Maßstab für einen vorbildlichen Wandel der Frau waren die Tugenden der Keuschheit, Fügsamkeit, Freundlichkeit, Frömmigkeit, Zurückhaltung in der äußeren Erscheinung, als begehrenswerte weibliche Fähigkeiten wurden das häusliche Spinnen und die Fruchtbarkeit angesehen (Schuller 1995, 17; Karaman 2018, 74). Wie in Griechenland, fällt auch hier die Asymmetrie der geschlechtlichen Ehemoral auf: Während dem Mann außereheliche Verhältnisse zugestanden wurden, stand für die Frau auf solches Verhalten die Todesstrafe (Schuller 1995, 17; Winter 2003, 19–20).

Im Vergleich mit der Athenerin hatte die römische Frau in der Praxis eine größere Selbstständigkeit: Sie ging in die Öffentlichkeit und nahm am kulturellen Leben teil (Thraede 1972, 220–222). Als Ehefrau genoss sie hohe Achtung (Schuller 1995, 16). Sie konnte eine gewisse Bildung erlangen. In ihrem Haushalt hatte sie viel Einfluss und wirkte hier in Selbstständigkeit (Witherington 1990, 21; Karaman 2018, 78–79). Ihr Handlungsspielraum war allerdings stark abhängig von der sozialen Schicht, zu der sie gehörte. Die römischen Matronen der Oberschicht hatten deutlich mehr Freiheiten als alle anderen Frauen (Pomeroy 1985, 259ff). Dennoch war auch die römische

und Sklaven – nicht weil sie kein Urteilsvermögen hätten, sondern weil sie herkömmlicherweise keine staatlichen Ämter ausüben.“ Zitiert in Schuller 1995, 13.

199 Einzelheiten über die verschiedenen rechtlichen Eheformen in Rom werden unter anderem bei S. Pomeroy, *Frauenleben im klassischen Altertum*, und bei J. Gardner, *Frauen im antiken Rom*, ausführlich beschrieben.

Frau weder rechtlich noch in der Praxis des Alltags dem Mann auch nur annähernd gleichrangig.

3.8.2.3 Die religiöse Vielfalt und die orientalische Spiritualität

Ein besonders schillernder und uneinheitlicher Einfluss auf die Stellung der Frau in der römisch-hellenistischen Welt ging von den religiösen Kulten aus. Durch die Verschmelzung verschiedener Göttergestalten und religiöser Vorstellungen in einem ausgeprägten Synkretismus gab es in dem großen Reich eine Vielfalt von Kulten für verschiedene Gottheiten. Entsprechend unterschiedlich war das Frauenbild, das in ihnen vermittelt wurde, und die Möglichkeiten zur aktiven Teilnahme für Frauen am Kult.[200]

So spielten in den religiösen Kulten Griechenlands von je her die Frauen eine wichtige Rolle als Prophetinnen und als Priesterinnen, vor allem in den Kulten der Artemis, des Dionysos, der Athene und der Demeter (Pomeroy 1985, 113. 319; Thraede 1972, 207; Witherington 1990, 12). Die Positionen und Aktivitäten der Frauen in diesen Kulten hatten jedoch offenbar wenig Einfluss auf die Stellung der Frau in der Gesellschaft. C. Kroeger weist darauf hin, dass sich das religiöse Leben in Griechenland für Männer und Frauen vielfach in getrennten Welten abspielte: Sie verehrten unterschiedliche Götter in verschiedenen Tempeln und zu verschiedenen Zeiten (Kroeger 1987, 27). Die Frauen waren dabei nicht in den Kulten zu finden, in denen es um philosophische Systeme ging, sondern in den „Volksreligionen", in denen sie ihrer Religiosität in starken Gefühlen Ausdruck geben konnten, die sie im Alltagsleben stets unterdrücken mussten. So waren die ekstatischen Kulte der Kybele und des Dionysos, des Gottes des Weines und der Verrücktheit (Kroeger 1987, 33), bei Frauen besonders beliebt. Hier überschritten sie oft die Grenzen des sittlichen Anstandes (Kroeger 1987, 28). Ihre Kulte wurden vielfach von den Intellektuellen ihrer Zeit verachtet und von den Männern mit Argwohn beobachtet und kommentiert (Kroeger 1987, 28).[201]

Die römischen Staatskulte, die mit großer Sorgfalt durchgeführt wurden, um den täglichen Beistand der Götter für die Wohlfahrt des Staates zu garantieren, hatten unter anderem auch das Ziel, die Ideale weiblicher Sittlichkeit zu fördern und sicherzustellen. In ihnen wurden Frauen je nach ihrer sozialen Schicht, ihrem moralischen

200 Siehe dazu auch Payne (2009, 16–17).

201 So nahm Plutarch spottend an, dass „kein Gott wohlwollend auf die geheimen und verborgenen religiösen Handlungen einer Frau schauen würde" (Kroeger 1987, 28). Siehe auch die Ausführungen von Stratton zum Einfluss antiker Rhetorik über die gefährliche Magie bei Frauen in der frühen Christenheit (2007, 89–114).

Stand, Alter und Status verschiedenen Kulten zugeteilt (Pomeroy 1985, 320; Witherington 1990, 23). Ein besonderer Staatskult galt der Göttin Vesta, Schutzgöttin des Herdfeuers, dem Symbol für den Zusammenhalt der Familie im Kleinen und des Staates im Großen. Über die heilige Flamme in ihrem Tempel mussten stets Jungfrauen wachen, die sich zu diesem Dienst für 30 Jahre ihres Lebens verpflichteten und dazu ihre Jungfräulichkeit bewahren mussten (Pomeroy 1985, 330). Aber auch in manchen anderen römischen Kulten hatten Frauen wichtige, ja leitende Priesterfunktionen (Pomeroy 1985, 335; Long 2007, 110).

Alle beschriebenen Kulte wurden im ganzen Römischen Reich gepflegt, teilweise in vermischter Form. Diese ursprünglichen Götterkulte wurden jedoch bereits ab dem zweiten Jahrhundert vor Christus von den aus dem Orient importierten sogenannten Mysterienreligionen ergänzt und zunehmend abgelöst. Hier spielte vor allem der Kult der ägyptischen Göttin Isis eine überragende Rolle im ganzen Mittelmeerraum, wo er sich mit einer erstaunlichen Leichtigkeit verbreitete. Im Gegensatz zu den vorher beschriebenen zeichnete sich der Isiskult durch eine große Vielseitigkeit, Flexibilität und Offenheit aus. Diese Göttin konnte viele Eigenschaften in sich vereinen und wurde bald als mächtige Schöpfergöttin verehrt, die „einem jeden Menschen alles werden konnte“ (Pomeroy 1985, 342). Sie wurde nicht zum Wohl des Staates angebetet, sondern zur Befriedigung persönlicher Bedürfnisse (Witherington 1990, 24), und war eine liebevolle und barmherzige Mutterfigur (Pomeroy 1985, 342). In ihrem Kult waren Erotik und Askese miteinander verbunden, und die Isistempel standen in dem Ruf, Treffpunkt für Prostituierte und gleichzeitig für solche Frauen zu sein, die sich der Keuschheit hingeben wollten (Pomeroy 1985, 347). Die Göttin wurde von Gläubigen aller Altersgruppen, aller sozialen Schichten und beider Geschlechter verehrt (Pomeroy 1985, 342). Dieser Kult gab Frauen die größten religiösen Freiheiten und ein neues Selbstbewusstsein. In ihm waren sie den Männern gleichgestellt (Pomeroy 1985, 343). So nimmt es nicht Wunder, dass im ersten Jahrhundert nach Christus fast die gesamte weibliche Bevölkerung der römischen Oberschicht sich von der Anbetung der traditionellen Götter zurückgezogen hatte, um am Kult der Isis teilzunehmen (Witherington 1990, 24). Dieser wurde deshalb von vielen Männern Roms regelrecht gefürchtet (Witherington 1990, 24). Er wird in besonderer Weise mit der schrittweisen allgemeinen Verbesserung der Stellung der Frau im Römischen Reich als auch einer zunehmenden Individualisierung der Gesellschaft in Verbindung gebracht (Pomeroy 1985, 343–344; Witherington 1990, 24–25).

3.8.2.4 Die Mittelmeerkulturen als kollektivistische Ehrenkulturen

Ein weniger greifbarer und doch alles durchdringender Einfluss auf die Stellung der Frau in der gesamten römisch-hellenistischen Welt ging von den in Kapitel 2 beschriebenen allen Mittelmeerkulturen gemeinsamen besonderen Charakteristiken ihrer Sozialstruktur und ihres Wertesystems aus (Rodriguez 1999, 12–13):[202]

Alle waren kollektivistische Kulturen, in denen sich die Menschen vor allem über ihre Zugehörigkeit zur Familie definierten. Deren Unversehrtheit war für ihre Mitglieder ein höherer Wert als jede persönliche Selbstverwirklichung (Rodriguez 1999, 3). Die Familienstruktur im Römischen Reich war mit der Ausnahme Ägyptens generell stark hierarchisch. Die herausragende Person in der römischen Familie war der Familienvater als Haupt der Familie (Barton 2001, 164–165). Er wurde auch als ihr „Retter" angesehen (Barton 2001, 168), der sie ernährte (Rodriguez 1999, 6), für ihr Wohlergehen in jeder Weise sorgte und sie nach außen repräsentierte (Barton 2001, 165). Der *Pater familias* „hatte eine umfassendere Machtposition inne als der *consul* …" (Lacey 1986).[203] Er war verantwortlich für das Verhalten aller anderen Familienmitglieder, die unter seiner Führung gehorsam ihre Rollen zum Wohl des Ganzen einnahmen. Als gute und richtige, von den Vätern überlieferte Gegebenheit wurde diese Struktur nicht hinterfragt (Peristiany 1965a, 11; Keener 1992, 157).[204] In ihr empfanden alle Mitglieder einer Familie eine tiefe Verbundenheit untereinander und Verantwortung füreinander (Barton 2001, 35). Sie wurde noch überhöht und glorifiziert durch ihre Verknüpfung mit dem ebenfalls für alle Mittelmeerkulturen (Peristiany 1965a, 9) typischen Konzept der Ehre als „dem ordnenden Prinzip für alle Werte und die Sozialordnung im Allgemeinen" (Rodriguez 1999, 2).[205] So war im Römischen Reich das Ehrgefühl die innerste Kraft und Motivation der Menschen, die jede Handlung und jedes Wort bestimmte und bewertete (Pitt-Rivers 1965, 27; Barton 2001, 10). Was ehrenhaftes Verhalten war, schrieb der römische Ehrenkodex vor, der auf dem Wertesystem der griechischen Philosophen, vor allem des Aristoteles, beruhte (Baroja 1965, 83). Ein solches Verhalten musste sich vor den Augen der Öffentlichkeit erweisen und wurde dann öffentlich anerkannt. Nur ein ehrenhafter Mensch wurde mit Respekt behandelt und bekam Status in der Gesellschaft, nur er konnte sich selbst achten und durfte dann auch stolz sein (Pitt-Rivers 1965, 21. 27; Baroja 1965, 88; Westfall 2016, 18–20). Das Streben nach Ehre war im letzten Jahrhundert vor Christus im Römi-

---

202 Vergleiche Kapitel 2 dieser Arbeit.

203 Zitiert in Barton (2001, 165). Siehe dazu auch Robinson (2019, 46).

204 Westfall weist darauf hin, dass die Beziehung zwischen Eheleuten der einer Patron-Client-Beziehung glich, wobei die Ehefrau ihrem Ehemann als Wohltäter und Versorger Dankbarkeit, Gehorsam und absolute Loyalität schuldete (Westfall 2016, 20).

205 Das beschriebene Ehrenkonzept galt zur Zeit des Römischen Reiches in ausgeprägter Form im ganzen Mittelmeerraum und lässt sich bis heute mehr oder weniger deutlich dort nachweisen (Baroja 1965, 81; Rodriguez 1999, 12).

schen Reich übermächtig.[206] Mit dem Ehrgefühl ging das Schamgefühl Hand in Hand (Barton 2001, 199), die große Furcht vor der Schande einer Entehrung (Barton 2001, 19). Das ganze Leben der Menschen im Römischen Reich war im Tiefsten bestimmt von der Sorge um Ehre und Schande, und zwar der eigenen und der der anderen. Dabei war im Umgang miteinander ein hohes Maß an sozialem Fingerspitzengefühl geboten (Barton 2001, 209). Neben der Ehre des Einzelnen gab es die kollektive Ehre der Familie, die jedes Mitglied erhöhen oder auch beschädigen konnte (Pitt-Rivers 1965, 35; Rodriguez 1999, 5; Winter 2003, 44). Das Verhalten des Einzelnen reflektierte das seiner Gruppe. Der Sitz der Familienehre war dabei in ihrem Haupt (Pitt-Rivers 1965, 36). Alle Familienmitglieder nahmen teil an der Ehre ihres Hauptes.

Im Römischen Reich war nun, wie bis heute im gesamten Mittelmeerraum, der Ehrenkodex eng mit den geschlechtsspezifischen Tugenden und Rollen seiner Bürger verknüpft (Barton 2001, 232; Rodriguez 1999, 27; Pitt-Rivers 1965, 42):

Ein Mann musste sich durch die aktive Darstellung der männlichen Tugenden als Ehrenmann erweisen. Diese besaß, wer *speciosus* (wohlgestaltet, prächtig, glänzend), *illustris* (hell, erleuchtet, strahlend, auffallend, vornehm, ausgezeichnet), *clarus* (hell, klar, glänzend, berühmt), *nobilis* (bekannt, berühmt, gepriesen, edel, vortrefflich) und *splendidus* (glänzend, strahlend, prächtig, herrlich, ausgezeichnet, edel) war (Barton 2001, 34).[207] Nach einer solchen Männlichkeit strebte jeder Römer, denn „Rom ist fest gegründet auf seinen alten Sitten und seinen Männern."[208] Dabei stand er stets im Wettbewerb mit anderen (Pitt-Rivers 1965, 23; Westfall 2016, 18; Robinson 2019, 48–54).

Die Frau dagegen erwies sich als ehrenhaft, wenn sie alle ihre Energie darin investierte, ihre Keuschheit zu erhalten (Barton 2001, 38; Westfall 2016, 18) und sich zurückhaltend und schamhaft zu verhalten. Die ideale Frau sollte *candida* (schnee-

---

206 C. Barton zitiert dazu den römischen Autor Valerius Maximus (20 v. Chr. – 50 n. Chr.): „Von Natur aus verlangen und hungern wir nach Ehre, und wenn wir erst etwas von ihrer Herrlichkeit geschaut haben, dann gibt es nichts, was wir nicht bereit wären zu ertragen und zu erleiden, um sie uns zu sichern" (Barton 2001, 37).

207 Deutsche Übersetzung der Tugenden aus dem Lateinischen nach Langenscheidts Taschenwörterbuch 1960.

208 „Moribus antiquis res stat Romana virisque." Zitiert aus Cicero, *De Republica*, in Barton 2001, 87. Zum Thema Männlichkeit im Römischen Reich insgesamt siehe die Ausführungen von Robinson 2019 und von Ivarsson (2007), der das griechisch-römische Männlichkeitsideal mit drei essenziellen Kriterien zusammenfasst: 1. Kontrolle (*mastery*), und zwar in der Beziehung zu „Nicht-Männern" (Frauen, Sklaven, Kindern, Fremdlingen). 2. Männlichkeit als Leistung, die immer neu bewiesen werden muss im Wettbewerb mit anderen. 3. Männlicheit als moralische Qualität, als positver Wert an sich (2007, 165–166).

weiß, strahlend, ungekünstelt, einfach, aufrichtig, redlich, ungetrübt, glücklich, fröhlich), *casta* (sittenrein, keusch, züchtig, fromm, heilig, uneigennützig) und *pura* (rein, lauter, klar, hell, heiter, gereinigt, entsühnt, unbefleckt, unentweiht, einfach, ohne fremde Zutaten, rechtschaffen, ehrlich, keusch, schmucklos, schlicht, ohne Vorbehalt) sein (Barton 2001, 38). Sie sollte sich „am Wettbewerb der Keuschheit beteiligen" (Barton 2001, 38). Dabei wurde sie allerdings als eher schwach angesehen und als der Hilfe durch die Autorität des Mannes bedürftig (Pitt-Rivers 1965, 45).

Wenn nun alle Mitglieder einer Familie sich nach diesen Idealen ausrichteten, handelte es sich um eine ehrenhafte Familie, deren Haupt mit Ehrungen und Status in der Gesellschaft rechnen konnte (Barton 2001, 85). Eine Schande dagegen war es, Eigenschaften des anderen Geschlechtes zu zeigen oder Rollen auszufüllen, die dem eigenen Geschlecht nicht zustanden (Pitt-Rivers 1965, 43; Westfall 2016, 15–16).

Um die Verwirklichung dieser Ideale musste der Mann kämpfen (Barton 2001, 49). Das alles musste vor den Augen der anderen geschehen, damit er sich als *probatus* (angesehen, erprobt) erwies und sein Gesicht wahren konnte (Barton 2001, 65). Nur einem solchen Mann wurde Ehre erwiesen, was sich darin zeigte, dass man ihm den Vorrang gab. Eine Verletzung der Ehre eines Menschen konnte furchtbare Folgen haben, die von der Selbstbestrafung durch Selbstmord oder Exil über eine ausgesprochene Wut, Agressivität und Rache an dem Täter bis hin zur völligen Schamlosigkeit reichten (Barton 2001, 257–262).

Die Stellung der Frau im Römischen Reich war also nicht nur eine kulturelle „Strategie zur Daseinsbewältigung", sondern als solche tief mit dem Ehrgefühl und dem Selbstwert der Menschen verbunden. Jede Veränderung musste empfindliche Störungen hervorrufen, vor allem im Ehrgefühl der Familienväter. Dies ist in manchen Mittelmeerkulturen nach wie vor der Fall, wie die Ehrenmorde zeigen, bei denen junge Frauen von Familienangehörigen getötet werden, weil sie die Familienehre durch ihr unsittliches Verhalten nachhaltig aufs Spiel gesetzt haben und diese anders nicht wieder hergestellt werden kann.[209] Meiner Ansicht nach liegt in diesem Tatbestand eine wichtige Interpretationshilfe für die Anweisungen des Paulus zur Stellung der Frau in Familie und Gemeinde.

209 Im Zeitraum, in dem diese Arbeit entstand, sind der Verfasserin drei Beispiele von Familien aus Mittelmeerländern in Deutschland aufgefallen, über die in den Medien von solchen Ehrenmorden an ihren Töchtern berichtet wurde.

3.8.2.5 Gesellschaftlicher Wandel und Emanzipationsbestrebungen im Römischen Reich

Wie bereits angedeutet, waren die Völker des Mittelmeerraumes im Verlauf des Hellenisierungsprozesses, der Vermischung untereinander und der „Romanisierung" einem ständigen Gesellschaftswandel ausgesetzt (Winter 2003, 32–34). Dabei kam es für die Frauen im Allgemeinen mit der Zeit zu einer leichten Verbesserung ihrer Stellung: Die restriktiven Gesetze im Vermögensrecht und im Eherecht wurden etwas gelockert (Thraede, 1972, 211–213), Frauen konnten es zu Wohlstand bringen, sie hatten mehr Bewegungsfreiheit und durften deutlich mehr am öffentlichen Leben teilnehmen (Thraede 1972, 200; Winter 2003, 21; Westfall 2016, 16–17; Karaman 2018, 144). Sie bekamen zunehmend mehr Zugang zur Bildung und konnten sich in manchen Gegenden sogar als Dichterinnen, Künstlerinnen und Musikerinnen betätigen oder Schülerinnen von Philosophen sein (Thraede 1972, 201–203; Winter 2003, 63–67). Auch bei der Eheschließung und -scheidung bekamen sie mehr Einflussmöglichkeiten. Insgesamt nahm das Interesse der Gesellschaft am Ergehen der Frauen zu, und auch die philosophischen Schulen beschäftigten sich vermehrt mit Wesen, Empfinden und Stellung der Frau (Thraede 1972, 209–211). Der Wunsch nach einer Gleichberechtigung kam wohl immer wieder auf, hat jedoch nie zu einer wirklichen „Frauenbewegung" geführt, wie manchmal angenommen wird (Thraede 1972, 208). Insgesamt darf man diese Entwicklung nicht überschätzen: Sie betraf nur eine Minderheit der Frauen in den oberen Gesellschaftsschichten und war regional sehr unterschiedlich ausgeprägt. Die Frauen in Makedonien und Kleinasien hatten dabei die größten Freiheiten.

Dennoch sind die Frauen der römischen Oberschicht als „aufstrebende Minderheit" besonders erwähnenswert (Pomeroy 1985, 259ff). Sie waren häufig gebildet, recht selbstständig und selbstbewusst, wählten sich vielfach ihre Partner selbst aus, nahmen am öffentlichen Leben teil und strebten zunehmend nach Mitspracherecht und Prestige. Unter Historikern wird von der „neuen römischen Frau" gesprochen, die um die Zeitenwende aufkam und das traditionelle römische Frauenbild der häuslichen, zurückhaltenden und züchtigen Ehefrau herausforderte (Winter 2003, 21–22). Manche dieser Frauen kamen durch den Tod ihrer Männer in einem der Kriege zu unverhofftem Reichtum, den sie offenbar auch gern zur Schau stellten (Pomeroy 1985, 269–271).[210] Das ostentative und auch häufig unmoralische Verhalten solcher Frauen veranlasste sittenbewusste Römer zu tiefer Sorge um den moralischen Verfall der

---

210 Karaman erklärt, dass vor allem fianzielle Zuwendungen, die solche Frauen dann für gesellschaftliche Aktivitäten zur Verfügung stellten, ihre Bedeutung im öffentlichen Leben und ihre soziale Stellung erhöhten (2018, 144).

Gesellschaft (Westfall 2016, 13). Diese Sorge wurde in der Öffentlichkeit immer wieder thematisiert und schlug sich auch in restriktiven Gesetzen nieder (Winter 2003, 39). Den Frauen wurde ihre Neigung zur Prunksucht und zur Herrschaft über die Männer vorgehalten, und ihre Herausforderung des Ideals der keuschen und zurückhaltenden Römerin wurde für den allgemeinen Sittenverfall im Römischen Reich verantwortlich gemacht (Pomeroy 1985, 330–331). Umso strenger wurde von Staats wegen auf das Verhalten der Frauen geachtet, besonders auf sexuelle Vergehen und das öffentliche Prunken mit Reichtum (Schuller 1995, 35–37; Westfall 2016, 13). B. Winter weist auf das Amt der *gynaikonomoi* im Römischen Reich hin, die im Auftrag des Staates das Verhalten und die Bekleidung der Frauen überwachten (Winter 2003, 85–87).[211] In der Kaiserzeit führte Augustus zur Verbesserung der sittlichen Verhältnisse die sogenannten Ehegesetze ein und stellte damit die Institution Ehe und Familie unter staatlichen Schutz (Tucker und Liefeld 1987, 55). Sie sahen harte Strafen für Ehebruch und „Unzucht" vor (Gardner 1995, 122–130; Pomeroy 1985, 243–249) und enthielten Eheverbote für missachtete Personen sowie Ehegebote für ehrenwerte Bürger im fortpflanzungsfähigen Alter (Schuller 1995, 61). Sogar Vorschriften für eine standesgemäße und ehrenhafte Bekleidung fehlten nicht (Winter 2003, 84–85). Diese Maßnahmen konnten den allgemeinen Sittenverfall im Römischen Reich nicht aufhalten, an dem Männer wie Frauen gleichermaßen beteiligt waren (Schuller 1995, 61–65). Sie zeigen jedoch, welch heftige Reaktionen Gesellschaftsveränderungen hervorrufen können, die das Idealbild einer Kultur und das Empfinden ihrer einflussreichen Mitglieder bezüglich der Stellung der Frau und ihrer Lebensführung verletzen.

Auch die jüdischen Frauen in der Diaspora des römisch-hellenistischen Reiches waren von den Veränderungen der Gesellschaft betroffen. Insgesamt waren sie deutlich freier als ihre „Schwestern" in Palästina, und in ihren Synagogen hatten sie viel Kontakt mit weiblichen „Gottesfürchtigen" aus den oberen Ständen des hellenistischen Umfeldes (Thraede 1972, 227–228). Dennoch war der Unterschied zu ihren Glaubensgenossinnen in Palästina nur graduell, und vor allem im Synagogengottesdienst waren ihre Rechte außerordentlich beschränkt: Sie saßen abgesondert von den Männern, nahmen in der Regel nicht am Tora-Unterricht teil, und ihre Beteiligung am Gottesdienst war unerwünscht (Thraede 1972, 225–226; Payne 2009, 40).

211 Vor allem Frauen, die an religiösen Prozessionen oder Veranstaltungen teilnahmen, wurden kontrolliert. Die Beschreibung des Historikers B. Winter zeigt die Radikalität, mit der auf diese Weise dem Sittenverfall von Staats wegen entgegengewirkt werden sollte: „Die ‚Frauenkontrolleure' hatten das Recht, jedes Kleidungsstück zu zerreißen, das den Vorschriften des jeweiligen Kults nicht entsprach, und es der Gottheit darzubringen" (Winter 2003, 87).

3.8.3 Prinzipien und Herausforderungen bei der Gestaltung der Geschlechterbeziehung in den Missionsgemeinden des Apostels Paulus

Wenn im Folgenden nun betrachtet werden soll, wie der Apostel Paulus sich als erster kulturübergreifender Missionar im Blick auf die Geschlechterbeziehung und die Stellung der Frau in den jungen Gemeinden verhielt und äußerte, so kann dies nur vor dem Hintergrund der beschriebenen komplexen soziokulturellen Situation geschehen.[212]

Als Ausgangspunkt und Ziel für Denken und Handeln des Apostels muss dabei, wie für das Verhältnis zwischen Juden und Heiden und zwischen Herren und Sklaven in den Gemeinden, die in Galater 3,28 beschriebene geistliche Wirklichkeit gelten.[213] Nur an dieser Stelle nimmt der Apostel unabhängig von einer praktischen Anweisung zum Thema „Frau“ Stellung. Sie ist eine dogmatische Grundaussage, die K. Snodgrass so beschreibt: „Weit entfernt davon, eine Aussage zu sein, über die Paulus unsicher war, ist sie seine grundlegende Zusammenfassung davon, was Christsein bedeutet“ (Snodgrass 1986, 173). Auch F. F. Bruce ist der festen Überzeugung, dass Paulus im Blick auf die Stellung der Frau hier sein Grundprinzip zum Ausdruck bringt, von dem aus alle weiteren Aussagen des Paulus zur Frau ausgelegt werden müssen: „Paulus stellt hier das Grundprinzip auf; wenn Einschränkungen dazu an anderer Stelle in den paulinischen Briefen gefunden werden, sind sie in Bezug zu Galater 3,28 zu verstehen und nicht umgekehrt“ (Bruce 1982, 190).

Dabei muss allerdings eingeräumt werden, dass an dieser Stelle die Frage nach der Stellung der Frau nicht das vordringlichste Anliegen des Apostels war. Als von Jesus Christus selbst „auserwähltes Werkzeug“, um seinen Namen „vor Heiden … und vor die Kinder Israels zu tragen“ (Apg 9,15), rang er hier vor allem um die Verwirklichung der neuen gemeinsamen geistlichen Stellung von Juden und Heiden in Christus. Das im Alten Bund unbekannte „Geheimnis“ dieser neuen Einheit war ihm von Gott selbst offenbart worden (Eph 3,3–6). Er wurde nie müde, Gott dafür zu loben (Eph 2,11–18;

---

212 Eine sehr interessante Untersuchung zu dem Bild, das der Apostel Paulus von seiner eigenen Männlichkeit hatte, findet sich bei Robinson (2019). Er arbeitet heraus, wie der Apostel das römische Männlichkeitsideal für sich bewusst ablegte und sich selbst lieber in Begriffen der Schwäche, des Versagens und der Unterordnung beschrieb. Robinson spricht von einer „untergeordneten Männlichkeit“, die er als Schlüsselaspekt der Identität des Apostels bezeichnet. Dieser Aspekt gehört zu seiner bewussten Unterordnung unter Gottes Autorität, die er auch von anderen Männern erwartet, die zu Christus gehören (Robinson 2019, 113–146.159).

213 Siehe dazu die Ausführungen von Payne (2009, 69–76.79–104) sowie von Westfall (2016, 166–172).

Röm 3,28–29), aber auch darum zu kämpfen, dass niemand diese Wahrheit durch Irrlehren (Gal 3–5) oder unangemessenes Verhalten (Gal 2,11–14) verdunkeln oder ihre Umsetzung in die Praxis hindern durfte. Von ihrer Verwirklichung hing es ab, ob das Christentum eine jüdische Sekte blieb oder ob das Evangelium unabhängig vom Judentum tatsächlich zu allen Völkern gelangen konnte. Allerdings war die Umsetzung dieser neuen Einheit in eine gelebte Realität in allen christlichen Gemeinden ein ständig bedrohtes Ziel. Zu hoch schien die „Scheidewand des Zaunes" (Eph 2,14) zwischen Juden und Heiden zu sein, auch wenn Christus sie abgebrochen hatte. Sollte das Ziel ihrer Einheit in Theorie und Praxis erreicht werden, so mussten dazu vor allem die jüdischen Gläubigen große geistliche und kulturelle Hürden überwinden. Sie mussten ihre Privilegien und ihren Stolz als Angehörige des Volkes Gottes niederlegen. In der Praxis mussten sie ihre Absonderung von den Heiden als Sündern und Götzendienern aufgeben und dabei ihre kultische Reinheit aufs Spiel setzen. Der Gedanke an eine Tischgemeinschaft mit den Heiden muss in den jüdischen Gläubigen eine tief eingegrabene religiös-kulturelle Abwehr provoziert haben. Nur durch die Wirkung des Heiligen Geistes konnten alle diese Vorbehalte überwunden werden. Nur unter seiner Leitung hatte es überhaupt geschehen können, dass die jüdischen Leiter der ersten Gemeinde auf dem Apostelkonzil (Apg 15) einmütig beschlossen hatten, die an Christus gläubigen Heiden ohne Auflagen oder Vorbedingungen als gleichrangige Glieder in die Gemeinde aufzunehmen. Diese sollten allerdings in ihrem neuen Lebenswandel auf eine radikale Trennung von denjenigen Gewohnheiten achten, die das geistliche und kulturelle Empfinden der Juden besonders verletzten (Apg 15,20).

Obwohl den Apostel im Galaterbrief vor allem dieses Anliegen bewegte, erwähnte er im gleichen Zusammenhang die beiden weiteren „Gegensatzpaare" der römisch-hellenistischen Welt, auf deren Beziehung die neue geistliche Wirklichkeit ihrer Gleichrangigkeit und Einheit in Christus ebenfalls tiefgreifende Auswirkungen haben musste: Herren und Sklaven und Männer und Frauen. Ihre neue Stellung vor Gott in Christus hatte sie in ein geistliches Geschwisterverhältnis gebracht, das nun im Lebensvollzug der sozialen Beziehungen zum Ausdruck kommen musste. R. Longenecker bezeichnet die Galaterstelle als „eine Wahrheit, die schwanger ist mit gesellschaftlichen Implikationen" (Longenecker 1984, 68).

Dass Gott selbst sich zu der neuen Wirklichkeit in Christus stellte, wird darin deutlich, dass Frauen wie Männer den Heiligen Geist empfingen, und dass alle Gemeindeglieder, unabhängig vom sozialen Stand oder Geschlecht, die gleichen Geistesgaben bekamen. Dementsprechend waren dem Apostel Paulus Frauen und Männer aus allen sozialen Ständen willkommene und geschätzte Mitarbeiter (Röm 16). Für die dauerhafte Umsetzung dieser geistlichen Wirklichkeit in die Praxis ihres Zusammenlebens im Alltag der jungen Gemeinden bedurfte es viel sozialen Fingerspitzengefühls und Geduld. Neue Werte und Verhaltensweisen mussten sich formen, die zutiefst mit dem Ehrgefühl und der Identität der Betroffenen zu tun hatten. Dabei kam es sehr auf das Verhalten aller Beteiligten in der Übergangszeit an. Die asymmetrische Ausgangslage erforderte unterschiedliches Verhalten auf verschiedenen Seiten. Dabei kam es besonders darauf an, dass Frauen wie Sklaven sich durch ihr Verhalten als vertrauenswürdige ebenbürtige Geschwister erwiesen, die ihre neue Stellung in Christus nicht zum Nachteil der Männer bzw. ihrer Herren ausnutzten. Den Männern bzw. Herren fiel dabei in ihrer gesellschaftlich rechtmäßigen Machtposition die schwere Aufgabe zu, das sozial ungleiche Verhältnis unter der Herrschaft Christi jeweils zu einer Beziehung geschwisterlicher Liebe umzugestalten, in der die geistliche Ebenbürtigkeit Ausdruck finden konnte. Das jedoch stand allem entgegen, was bisher ihr Selbstverständnis ausgemacht hatte. Ihr Ehrgefühl und ihr Empfinden für Recht und Ordnung standen auf dem Spiel. Nur mit einer neuen, in Christus verwurzelten Weltsicht konnte eine solche Veränderung angestrebt werden, und dies wiederum musste langsam und von innen nach außen geschehen, nicht auf Befehl, sondern aus Herzensüberzeugung.[214]

Dabei drohten in allen erwähnten Gruppen stets zwei Gefahren. Zum einen die des Missbrauchs neuer Freiheiten: Die Gruppe der sozial niedriger Gestellten konnte in einem neuen Selbstbewusstsein die vorher privilegierte Gruppe verachten und entehren oder sich gegen sie erheben. So musste Paulus an die Heiden für ihre Beziehung zu Israel schreiben: „… der du als wilder Ölzweig unter sie eingepfropft bist und mit Anteil bekommen hast an der Wurzel und der Fettigkeit des Ölbaumes, so überhebe dich nicht gegen die Zweige!“ (Röm 11,17–18), und die Sklaven gläubiger Herren mahnte er: „Diejenigen, die unter dem Joch der Sklaverei sind, sollen ihre eigenen Herren aller Ehre wert halten, damit nicht der Name Gottes und die Lehre verlästert werden. Die aber, welche gläubige Herren haben, sollen diese darum nicht geringschätzen, weil sie Brüder sind, sondern ihnen umso lieber dienen, weil es Gläubige und Geliebte sind …“ (1Tim 6,1–2). Auch die Frauen ermahnt Paulus immer wieder, sich ihren Männern unterzuordnen und ihnen den notwendigen Respekt zu zeigen (z. B. Eph 5,22). Auf der anderen Seite bestand aber auch die Gefahr, dass die Männer bzw. Herren sich weigerten, die geistliche Wirklichkeit im sozialen Leben Ausdruck finden zu lassen. Damit aber würden wichtige Merkmale des Evangeliums, nämlich die Freiheit und Würde des Einzelnen (2Kor 3,17–18) und der freiwillige, liebende Dienst aneinander nach dem Vorbild Jesu (Joh 13; Phil 2,3–8) verdunkelt und so seine Zeugniskraft geschmälert. Paulus stand nun vor der schwierigen Aufgabe, Juden und

214 Einen guten Einblick in die Problematik in der Praxis gibt der Philemonbrief.

Heiden, Herren und Sklaven, Männern und Frauen in den neuen Gemeinden zu helfen, die geistliche Wirklichkeit in der oben beschriebenen kulturellen Realität so zum Ausdruck kommen zu lassen, dass die Wahrheit des Evangeliums und die Liebe unter den Gläubigen bestmöglich leuchten konnten. Für die Stellung der Frau musste er sich angesichts der sozialen Verhältnisse dabei folgenden Herausforderungen stellen:

Er musste den vorgegebenen Rahmen der patriarchalischen Sozialstruktur in Ehe und Gesellschaft berücksichtigen. Diese war im römischen Recht und Wertesystem festgeschrieben und tief im Empfinden der Menschen eingegraben. An der Einhaltung dieser Ordnung mit allen ihren Rollen und Funktionen hing die Ehre aller Mitglieder der Gesellschaft. So war die Stellung des Vaters als unwidersprochenes Haupt der Familie nach wie vor eine Tatsache, deren Selbstverständlichkeit gar nicht zur Diskussion stand. Die Familienehre ruhte auf ihm und hing wiederum mit dem Gehorsam seiner Frau, Kinder und Sklaven zusammen. Diese Struktur spiegelte sich auch in der Gemeinde als Familie Gottes wider. Eine offensichtliche Abweichung in wesentlichen Punkten konnte die Gemeinde in der Gesellschaft in Verruf bringen und ihr Zeugnis behindern. Sie konnte auch leicht den Argwohn des Staates auf die kleine Gemeinde lenken und deren Verfolgung auslösen.[215]

Besondere Rücksicht musste der Apostel an jedem Ort auf die Gemeindeglieder aus jüdischem Hintergrund nehmen, denen die neue Gemeinschaft mit den Heidenchristen noch schwerfiel. Die Gemeinschaft zwischen Juden und Heiden durfte auf keinen Fall aufs Spiel gesetzt werden. Denkt man an das jüdische Frauenbild und die jüdischen Gebräuche im Gottesdienst, so konnte das äußere Erscheinungsbild oder das Auftreten von Frauen aus heidnischem Hintergrund, die vielfach Erfahrungen aus den ekstatischen Kulten und den Mysterienreligionen mitbrachten, im Gottesdienst bei Juden heftigen Anstoß und Abscheu erregen und eine ständige Quelle der Disharmonie zwischen beiden Gruppen in der Gemeinde sein.

Weiter musste der Apostel bei der Gestaltung des Gemeindelebens und der Gottesdienste einer Verwechslung der Gemeinden mit einem der Mysterienkulte vorbeugen und sie außerdem in Lehre und Praxis vor deren Einfluss bewahren.

Schließlich musste er die jeweiligen lokalen Besonderheiten im kulturellen Umfeld der Gemeinden berücksichtigen, die jene vor besondere Herausforderungen stellte.

Bei allem betonte und erstrebte der Apostel immer wieder die Einheit aller Gemeinden als Leib Christi und förderte die Verbindung der verschiedenen Gemeinden

215 Siehe hierzu auch Westfall (2016, 13).

untereinander. So wünschte er auch für die praktischen Ordnungen bei aller Unterschiedlichkeit der Gemeinden eine gewisse Einheitlichkeit (1Kor 14,33–34).

3.8.4 Praktische Anweisungen für sensible Stellen im Geschlechterverhältnis

Im Folgenden soll nun auf die Textstellen eingegangen werden, die vielfach einen so entscheidenden Stellenwert für die hermeneutische Beurteilung des biblischen Frauenbildes haben. Das bisher Gesagte lässt ahnen, dass sie in dem aufgezeigten Kontext der Heilsgeschichte und der beschriebenen sozialen Verhältnisse im Römischen Reich eine andere Gewichtung und Ausrichtung bekommen, als dies vielfach in heutigen Auslegungen mancher bibelgläubigen Ausleger zum Ausdruck kommt.

3.8.4.1 Anweisungen an Mann und Frau im Kontext von Ehe und Familie

Für die ersten Christen in der familienorientierten römischen Gesellschaft war es eine zentrale Frage, wie sie nun die beschriebene geistliche Wirklichkeit in die Realität ihrer häuslichen Situation umsetzen sollten. Dabei ging es nicht allein um das Zusammenleben von Mann und Frau, sondern vor allem um das regelrechte Funktionieren der Familieneinheit als der „Primärstruktur des Reiches" (Tidball 1997, 76; Karaman 2018, 71–78), deren Ordnung vom Staat geregelt war. Ein vorbildliches Familienleben im Sinn der römischen Ideale schuf Ansehen in der Gesellschaft und war entscheidend für die Ehre des Familienoberhauptes. Da die orientalischen Religionen unter dem Verdacht standen, mit der Hebung der Stellung der Frau die römischen Familienwerte zu unterwandern, wurde das Zeugnis der Christen in Lehre und Praxis an diesem Punkt besonders überprüft (Keener 1992, 140–141.147; Westfall 2016, 17).[216] Eine orthodoxe Familienpraxis konnte geradezu eine „apologetische Funktion" und eine schützende Wirkung für die christliche Gemeinde haben, wenn sie damit zu verstehen gab, dass sie keine sozialen Unruhen verursachen, sondern eher zur Stabilität des Römischen Reiches beitragen wollte (Keener 1992, 147; Karaman 2018, 79). Gerade an dieser Stelle konnte die Gemeinde am ehesten die ethische Überlegenheit der christlichen Botschaft unter Beweis stellen (Keener 1992, 169).

So gibt der Apostel Paulus allen Familienmitgliedern Anweisungen zu einem dem Evangelium entsprechenden Verhalten in der Familie, und zwar in der damals allge-

216 Craig Keener hat aus antiken Quellen beeindruckende Beispiele zusammengestellt, die den Ernst der Lage beschreiben und zeigen, wie hart die römischen Behörden gegen Kulte vorgingen, die Anlass zu der Vermutung gaben, dass in ihnen die Moral der römischen Frauen unterminiert würde. Für die römische Aristokratie standen offenbar besonders die Isis-Kulte und auch die Juden unter diesem Verdacht (Keener 1992, 141).

mein bekannten literarischen Form der sogenannten Haustafeln, in denen (der von Aristoteles herstammende) moralische Standard für das römische Familienleben niedergelegt war (Keener 1992, 145–146; Marshall 2005, 186).[217] Es nimmt nicht Wunder, dass deren bekannteste und ausführlichste gerade an die Epheser ging (Eph 5,21–33), die von den Einflüssen der orientalischen Kulte am meisten betroffen waren. Diese soll im Folgenden näher betrachtet werde.

Paulus stellt die Haustafel unter das Gesamtanliegen, „dass ihr der Berufung würdig wandelt, zu der ihr berufen worden seid…" (Eph 4,1), und fügt sie ein in eine Abhandlung über die Praxis eines geisterfüllten Lebens (Eph 5,18–19). Es geht ihm hier also nicht um eine isolierte theologische Klärung der gottgewollten „Ordnung der Geschlechter" (Hempelmann 1997, 33), sondern um die praktische Umsetzung der bereits in Gal 3,28 dargestellten geistlichen Wirklichkeit zwischen Mann und Frau im Kontext der Familie,[218] um die „spezifische Anwendung des grundlegenden Prinzips, das Paulus vorher in Gal 3,28 formuliert hatte" (Pierce 1993, 352). Diese geschieht nicht in einem kulturellen Vakuum, sondern in einer konkreten sozialen Situation, deren Kenntnis für ein Verständnis der ursprünglichen Absicht des Paulus in diesen Forderungen an Mann und Frau sehr hilfreich ist.

Wie in der Antike üblich, geht Paulus in seinen Anweisungen auf die verschiedenen Kategorien von Mitgliedern einer römischen Familie mit ihren Rollen und Funktionen in der hierarchischen Familienstruktur ein (Keener 1992, 146.157). Letztere setzt er als Fakt voraus und bewegt sich in ihrem Rahmen (Keener 1992, 146; Clarke 2008,

---

217 Eine ausführliche vergleichende Abhandlung über die Haustafeln bei verschiedenen Philosophen (Platon, Aristoteles, Philo, des Stoikers Musonius Rufus und Plutarch) siehe bei Hering (2007, 203–262).

218 Unter bewusst bibeltreuen Auslegern gibt es allerdings große Unterschiede in der theologischen Einordnung und Wertung dieser Stellen: So sieht zum Beispiel H. Hempelmann hier die „Ordnung der Geschlechter" als „theologisch normativen Sachverhalt" ausgesprochen (Hempelmann 1997, 33) und für G. W. Knight III sind diese Anweisungen die „Essenz der Lehre des Apostels für Ehefrauen" (Knight 1991, 168). Ebenso urteilen W. Neuer (1993, 113), J. Cochlovius (2000, 27) und A. Strauch (2001, 55). Auch Neuenhausen sieht an dieser Stelle eine grundsätzliche Ordnung des Verhältnisses zwischen Mann und Frau von Christus her (2018, 85). Im Licht der Heilsgeschichte und der entsprechenden theologischen Aussage von Galater 3,28 ordnen andere Theologen diese Stellen nicht als Ausdruck des überkulturell gültigen Ausdrucks des Schöpferwillens Gottes ein, sondern als das Ringen des Apostels um die Umsetzung von Galater 3,28 in einer Welt, in der die Herrschaft des Mannes über die Frau als richtige Eheordnung außer Frage stand. Die Stellen werden entsprechend deskriptiv verstanden, so unter anderen bei C. Keener (1992, 157 ff), R. Longenecker (1984, 27), Marshall (2005, 186–204) und P. Payne, der die Ausführungen als „kreative Vision von der Ehe in Christus" bezeichnet (2009, 274).

149.154). Während sich aber in den römisch-griechischen Haustafeln alles um die je unterschiedliche Herrschaftsbeziehung des Familienoberhauptes, des *Pater familias*, zu den drei Gruppen von Familienmitgliedern – Frau, Kindern und Sklaven – drehte, und zwar typischerweise in den Kategorien von Rang und Pflichten (Keener 1992, 146; Payne 2009, 271), spiegelt die des Apostels Paulus für eine Christus-zentrierte Ehe ein ganz anderes Anliegen wieder: Hier geht es um ein Verhältnis der freiwilligen Unterordnung und hingebender Liebe um Christi willen.[219]

Epheser 5,21–33. Die konkreten Anweisungen zur Beziehung zwischen Mann und Frau in der Ehe stehen unter der Überschrift „Ordnet euch einander unter in der Furcht Gottes …" (Eph 5,21).[220] Eine solche Überschrift wäre in einer zeitgenössischen Haustafel undenkbar gewesen. Allerdings ist die Ausgangslage für eine solche gegenseitige Unterordnung bei Männern und Frauen sehr ungleich, ebenso wie bei Herren und Sklaven. So muss es nicht verwundern, wenn auch die Anweisungen des Paulus jeweils unterschiedlich und asymmetrisch sind.

Zunächst weist er die Frauen an, sich ihren Männern unterzuordnen (V. 22). Auch wenn diese Aufforderung möglicherweise auf gewisse Emanzipationsbestrebungen der Frauen aus der Oberschicht traf, war sie in ihrem Wesen nichts Neues oder Herausforderndes, sondern sie entsprach den gesellschaftlichen Erwartungen an eine anständige Ehefrau im Römischen Reich (Keener 1992, 166; Karaman 2018, 79). Neu war allerdings die Einordnung der Forderung in den Kontext der gegenseitigen Unterordnung (Keener 1992, 166). Dies wird dadurch betont, dass der Apostel die Anweisung an die Frau ohne eigenes Verb formuliert und so grammatikalisch unlösbar in den Rahmen der vorangehenden Anweisung zur gegenseitigen Unterordnung stellt. Ausgedrückt wird diese Unterordnung durch das Verb *hypotassomai,* das in der hier gebrauchten medialen Form „sich aus freiem Willens- und Liebesentschluss

219 Payne weist darauf hin, dass dieser Ansatz auch im rabbinischen Judentum damals nicht üblich war, und führt aus: „Wenn Männer ihre Frauen lieben, verändert das ihre Beziehung. Wahre Liebe verträgt sich nicht mit der völligen Kontrolle des Mannes über seine Frau, ebenso wie wahre Liebe sich auch nicht mit der völligen Kontrolle des Herrn über das Leben seines Sklaven verträgt" (Payne 2009, 275). Raedel kommentiert dazu: „Ordnet euch einander unter in der Furcht Christi"– das ist ein Programmsatz, der den hierarchischen Ordungsverhältnissen im Haus einen neuen Horizont gibt und durch die Geschichte hindurch ein immenses Emanzipationspotenzial entfaltet hat (2017, 131).

220 Der direkte Zusammenhang zwischen Eph 5,21 und den konkreten Anweisungen für die Ehepartner in Eph 5,22 wird in vielen deutschen Bibelausgaben nicht deutlich, da nach V. 21 eine Zwischenüberschrift eingesetzt ist wie etwa „Mann und Frau in Gottes Lebensordnung" (Genfer Studienbibel 1999, 1960).

unterordnen" (Rienecker 1970, 453) bedeutet. Korrekt wäre die Anweisung dann zu übersetzen: „Ordnet euch (aus freiem Willens- und Liebesentschluss) untereinander unter in der Furcht des Herrn, die Frauen ihren eigenen Männern wie dem Herrn …". Während es in der antiken Welt darauf ankam, dass Frauen ohne Widerrede untertänig und gehorsam waren, ohne dass man sich um ihr Empfinden dabei Gedanken machte (Keener 1992, 164–166), geht hier Paulus von der inneren Freiheit und Würde der an Christus gläubigen Frau aus, mit der sie sich nun freiwillig und in Liebe einfügt in die bestehende Struktur und Ordnung.[221] Motivation und Modell ist dabei ihre Beziehung zu Christus, ihrem Herrn (Mt 20,27–28).[222]

Paulus vergleicht nun die Vorrangstellung des Mannes vor der Frau mit derjenigen Christi gegenüber seiner Gemeinde (V. 23) und benutzt dabei den Begriff *kephale*, „Haupt", der den Auslegern viel Mühe gemacht hat.[223] Betrachtet man ihn hier in dem Kontext der Familienstruktur im Römischen Reich, so weiß man, was die dama-

221 Hering betont an dieser Stelle, dass bereits die Tatsache, dass Paulus in seiner Haustafel die untergeordneten Personen auch und sogar zuerst anspricht, eine subtile Veränderung ihres Status im Sinn einer Unabhängigkeit und Verantwortlichkeit als Personen anzeigt (2008, 81–85).

222 Marshall kommentiert dazu: „Die Christozentrik der Lehren an Ehefrauen, Kindern und Sklaven ist auffällig" (2005, 187; Übersetzung: H. S.). Auch Hering betont die Zentralität Jesu Christi als absolute Autorität, die allein solche Veränderungen möglich macht (2008, 90–103).

223 Die Grundbedeutung beschreibt den Körperteil „Kopf" als ausdrucksvollsten Teil von Mensch oder Tier, der auch zur Umschreibung einer Person als Ganzes und als Sitz des Lebens benutzt wird. In einer Gruppe von Personen wird mit diesem Begriff die Hauptperson und ihr Oberhaupt beschrieben (Gemoll 1920, 434). Außerdem schließt der Begriff auch die Bedeutungen „Quelle", „Ursprung" ein (Hamilton 2000, 163–164; Mickelsen 1986, 98; Payne 2009, 287–290). Umstritten unter den Auslegern ist die Frage, inwieweit er die Bedeutung „Autorität" beinhaltet. Manche Autoren weisen darauf hin, dass die Bedeutung „Autorität" in den Lexika nur spärlich belegt ist (Mickelsen 1986, 98; Westfall 2016, 80–81) und dass die Septuaginta in der Regel den hebräischen Begriff *rosh* für „Haupt" nicht mit dem griechischen *kephale* wiedergibt, wenn eindeutig eine Autoritätsposition gemeint ist (Mickelsen 1986, 101–105; Hamilton 2000, 163). Andere Autoren betonen dagegen gerade, dass der Begriff sehr wohl Autorität impliziere (Knight III, 1991, 169). Zu dieser Erkenntnis kommt auch W. Grudem aufgrund einer ausführlichen Untersuchung (Grudem 1991, 425–468). Verschiedene Aspekte der „*kephale*-Debatte" unter evangelisch-konservativen Gelehrten werden immer wieder in der Zeitschrift *Journal of the Evangelical Theological Society* veröffentlicht. Einen neueren gründlichen Überblick zum Begriff *kephale* und seiner Bedeutung gibt Westfall (2016, 80–105). Ebenso Lakey 2010, der angesichts der festgefahrenen Diskussion zu dem Schluss kommt: „Die Diskussion ist in einer Sackgasse gelandet, dabei ist jeglicher Versuch, die Frage nach der Bedeutung von *kephale* sprachwissenschaftlich zu klären und einen Konsens zu finden, zum Scheitern verurteilt" (Lakey 2010, 33; Übersetzung: H. S.).

ligen Leser darunter verstanden. Wie oben beschrieben, war der Mann das Haupt der römischen Familie in einer sehr umfassenden Bedeutung des Begriffes: Er war ihr Ursprung und Initiator, ihr Ernährer und Beschützer, ihr alleiniger Herr und Meister, ihr Repräsentant in der Gesellschaft, ihr Priester, Sittenwächter und Richter (Pomeroy 1985, 234). Diese hervorragende Position gab ihm das römische Recht. Eine weise und wohlwollende Ausübung dieser Verantwortungsstellung brachte ihm Ehre und Prestige ein. Ein Ehrenmann zu sein, war sein höchstes Ziel. Dabei galt für das Römische Reich, was der Ethnologe J. G. Peristiany über einen Volksstamm in Zypern in den 1960er Jahren schreibt: „The first qualification of a man of honour is to be honoured in his own family“ (Perstiany 1965, 181). Somit nahm der Mann in seiner Familie eine Stellung ein, die einen Vergleich mit der Vorrangstellung Jesu in seiner Gemeinde gut nachvollziehbar machte. Die Frau stand für ihre eigene Versorgung und ihre Ehre in völliger Abhängigkeit von ihrem Mann, insofern war er der „Retter des Leibes“, der Familiengemeinschaft (V. 23).

An dieser Situation konnte der Apostel Paulus nichts ändern, ebenso wenig wie an der Institution der Sklaverei. Dennoch legt er in seinen Haustafeln in die Geschlechterbeziehung in der Ehe einen neuen Keim. Seine Grundlage ist und bleibt die Aussage von Gal 3,28. Geistlich gesehen ist die Frau frei und dem Mann gleichrangig. Das gibt ihr ein neues Selbstbewusstsein. Aber dieses darf sie nicht veranlassen, in ihrer neuen inneren Freiheit die realen Verhältnisse ihres Alltags zu übergehen und ihrem Mann in irgendeiner Form die Ehre schuldig zu bleiben. Durch Ungehorsam, ungehöriges „männliches“ Verhalten, Distanzlosigkeit und außerhäusliche Aktivitäten konnte sie ihn leicht beschämen, ähnlich wie gläubige Sklaven ihre gläubigen Herren „gering schätzen“ konnten (1Tim 6,1–2). Damit würde sie aber nicht im Sinne ihres Herrn Jesus Christus handeln, sondern lediglich sich selbst und ihre Familie in Verruf bringen und damit auch dem Bau des Reiches Gottes schaden. Deshalb sollte sie sich ihrem Mann willig und liebevoll in allem unterordnen, so wie sie es Christus selbst gegenüber tat (V. 24), „damit das Wort Gottes nicht verleugnet wird“ (Tit 2,5). Besonders wichtig war ein solcher Wandel für die Frauen von ungläubigen Ehemännern. Dabei konnte es bereits als gesellschaftliche Ungehörigkeit eingeordnet werden, dass sie es gewagt hatten, eine grundsätzlich andere Religion als die ihres Mannes anzunehmen und damit einen Bereich ihres Lebens seiner Aufsicht zu entziehen (Winter 2003, 20). Dass sie damit nicht Absichten verfolgten, die für ihre Ehemänner schädlich oder beschämend waren, mussten sie durch einen besonders vorsichtigen Wandel beweisen, der genau dem römischen Ideal der stillen und zurückhaltenden, züchtigen und dienstbereiten Ehefrau entsprach (Keener 1992, 164). Nur so konnten sie auch hoffen, ihre Ehemänner für Christus zu gewinnen (1Petr 3,1–6).

Geradezu revolutionär ist nun die Anweisung des Paulus an die Ehemänner: Während die antiken Autoren normalerweise das Haupt der Familie instruierten, wie es seiner Frau und den übrigen Familienmitgliedern vorstehen und sie führen sollte (Keener 1992, 167), spricht der Apostel nicht von der Herrschaft des Ehemannes, sondern von Liebe, und das im Kontext der gegenseitigen Unterordnung.

In dem ausführlichen Abschnitt (V. 25–33) erklärt er dem Ehemann, wie er seine Frau lieben soll: mit der gleichen Liebe, die Christus der Gemeinde gezeigt hat. Dies aber ist eine Liebe, die die eigene Vorrangstellung nicht zum persönlichen Wohl ausnützt, sondern wie Christus selbst eigene Privilegien niederlegt und sich selbst für die Geliebte hingibt (Phil 2,5–8), um sie heilig und „herrlich" darzustellen. Am Vorbild Christi führt der Apostel den Ehemann also zu einer neuen Werteskala für seine Ehe: Nicht Ordnung und Herrschaft sollten sein Ziel sein und ihn als ehrenhaften Mann ausweisen, sondern das freiwillige Ablegen eigener Rechte zum Besten seiner Frau mit dem Ziel, sie heilig, tadellos und herrlich dastehen zu lassen.

Welch ein Unterschied zu den geltenden Werten! Nicht die Frau, sondern der Mann musste in diesem Kontext völlig umdenken. Dabei hatte er in Jesus Christus ein radikales Vorbild vor Augen. Im Herzen des Mannes musste also die Umorientierung in die Gesinnung Jesu beginnen, wenn die geistliche Wirklichkeit von Gal 3,28 sich im Alltag des Familienlebens im Römischen Reich niederschlagen sollte. Hier legt der Apostel den Keim der Veränderung. Dieser Keim kann nun wachsen, ohne gleich soziale Brüche zur Folge zu haben. Der Apostel intensiviert seine Argumentation noch und erklärt dem Mann, dass eine solche Einstellung nicht nur geistlich geboten, sondern auch natürlich und zu seinem eigenen Besten ist (V. 28–31): Wie es unsinnig und nachteilig wäre, den eigenen Körper nicht zu pflegen, so unverständlich ist es, wenn ein Mann seine Frau nicht „nährt und pflegt", die mit ihm „ein Fleisch" geworden ist (V. 31; Gen 2,24). Damit zeigt Paulus den Männern den Maßstab, den sie beim Umgang mit ihren Frauen anlegen sollen, nämlich den von ihrem Herrn Jesus Christus selbst vorgegebenen: Sie sollen sie so behandeln, wie sie sich selbst behandeln oder von anderen behandelt werden möchten (Mt 7,12).

Für den ehrenbewussten Mann ist damit jegliche Erniedrigung seiner Frau ausgeschlossen. Für die Praxis der Beziehung eröffnet sich ihm durch diese Anweisung ein großer Handlungsspielraum, der von einer liebevollen Führung seiner Frau bis hin zu ihrer Gleichstellung reicht, je nachdem wie er diese Anweisungen versteht. Es sind ihm hier keine Grenzen gesetzt, wie weit er in der Hebung seiner Frau gehen darf, und es wird ihm an keiner Stelle befohlen, auf ihre Unterordnung zu achten. Ja, er kann und soll es zur persönlichen Ehrensache machen, sie zur Entfaltung und zum Blühen zu bringen, gerade so wie Christus es bei seiner Gemeinde tut. In seiner

Position stehen ihm dazu alle Mittel zur Verfügung. Um seinen Anweisungen noch ein besonderes Gewicht zu geben, fasst der Apostel das Gesagte in V. 33 nochmals zusammen. Der Mann soll seine Frau lieben wie sich selbst, die Frau ihrem Mann aber mit Ehrfurcht begegnen. Hier wird also ein längst in den Gesetzen und Strukturen der römischen Gesellschaft festgeschriebenes Verhältnis zwischen Mann und Frau auf der Basis der Erlösung in Christus von innen her aufgebrochen und neu geordnet. Dabei wird die Initiative zur Veränderung im Sinn Christi in die Hände des Mannes gelegt, der die Autoritätsstellung und damit die Möglichkeit zur Veränderung hat. Nicht die Frau ist es, die in ihrer neu gewonnenen Freiheit und dem neuen Selbstbewusstsein in Christus sich nun gegen ihren Mann durchsetzen und emanzipieren soll. Das würde bei den gegebenen Verhältnissen dessen Ehre schwer beeinträchtigen und Bitterkeit und Machtkämpfe hervorrufen, aus denen beide Geschlechter, vor allem aber die Frau, als Verlierer hervorgehen würden. Die Gesinnung Christi würde durch einen solchen Aufstand nicht zum Ausdruck kommen, und der Sache des Evangeliums würde großer Schaden entstehen. Deshalb sollen die Frauen besonders darauf achten, es an dem nötigen Respekt ihren Männern gegenüber nicht fehlen zu lassen. Es ist der Mann, dem die Herrschaft gehört und der sie, wiederum in der Gesinnung Jesu, freiwillig niederlegen soll, um seine Frau auch in der Praxis des Ehealltags das werden zu lassen, was sie geistlich bereits ist: ein gleichrangiges Gegenüber, das ihn ergänzt.[224]

Auf diese Weise müssen die Leser und Hörer im ersten Jahrhundert die Anweisungen des Apostels in ihrem kulturellen Kontext verstanden haben. Wenn nun gläubige Männer und Frauen in zunehmender Zahl diesen Anweisungen gehorchten, so musste das langfristig nicht nur gute und stabile Ehen hervorbringen, in denen die Eheleute durch ihren respektvollen und liebevollen Umgang miteinander die Herrlichkeit ihres Herrn darstellten, sondern auch Veränderungen für die Rollen und das Verhalten von Männern und Frauen in der Ehe zur Folge haben. Durfte der von Paulus gelegte Keim wachsen, so musste dies zu einer Hebung der Stellung der Frau führen. Die Ehemänner würden in einer solchen Beziehung unweigerlich über die sozial vorgegebenen stereotypen Charakterzüge hinaus Gaben, Fähigkeiten und Wünsche in ihren Frauen entdecken, die sie fördern und entfalten konnten. Bei einem entsprechend selbstlosen und respektvollen Verhalten der Frauen würde dies mit dem zunehmenden Einfluss des Christentums langfristig eine Veränderung des Frauenbildes in der

224 Westfall schreibt dazu: „Die Analogie zwischen Christus und dem Ehemann sollte Männer dazu führen, ihre Autorität, ihren Status, ihre Macht und ihre Resourcen zu teilen und Freiheit zu bringen, die der vergleichbar ist, die Jesus Christus, ihr Haupt, ihnen geschenkt hat und die er auch für den Rest seines Leibes verwirklicht sehen möchte (2016, 95).

Gesellschaft bewirken. Dies würde zu einer Verbesserung der Stellung der Frau in der Öffentlichkeit führen und sich schließlich in entsprechenden Gesetzesänderungen niederschlagen. Eine Eigendynamik war also an dieser Stelle zu erwarten, die mit der Zeit die Strukturen der Gesellschaft verändern konnte, ohne zu ihrer Destabilisierung zu führen. Diese Auswirkung des Christentums auf die Stellung der Frau hat sich in der Kirchen- und Missionsgeschichte immer wieder erwiesen, wie später noch gezeigt werden soll, und hat die Grundlage gelegt für die im Vergleich zu anderen Kulturen so hohe Stellung der Frau in den Gesellschaften des „christlichen Abendlandes".

Bei der Auslegung der neutestamentlichen Haustafeln in unsere Zeit hinein muss bedacht werden, dass sie in verschiedenen Kulturen unterschiedlich verstanden werden. In vielen Gesellschaften dieser Erde treffen sie heute auf eine soziale Situation, die der des Römischen Reiches im ersten Jahrhundert so ähnlich ist, dass sie von Männern und Frauen genau so aufgenommen werden wie von den ursprünglichen Hörern. Ihre Umsetzung wird dort heute wie damals zu einer befreienden Veränderung in den Ehen der Christen führen. Frauen werden aus ihrer bedrückten und der Willkür ihrer Ehemänner ausgelieferten Situation herausgeführt, und Ehemänner lernen in ihrem Gehorsam gegen Christus die beglückende und ganzheitliche Gemeinschaft mit ihren Frauen als ebenbürtigen Menschen kennen.

In anderen Kulturen, in denen sich eine Hebung der Stellung der Frau bereits in den Sozialstrukturen und Gesetzen niedergeschlagen hat,[225] kann es jedoch zu Verwirrungen und zu einer Verzerrung der ursprünglichen Absicht des Paulus kommen, wenn man in einer möglichst wörtlichen Übertragung seiner Anweisungen an dieser Stelle die hohe soziale Position des Mannes mit den entsprechenden Autoritätsfunktionen, von der sowohl der Apostel als auch seine Hörer ausgingen, zu einer gottgewollten Norm macht, die Eheleuten zu allen Zeiten einen entsprechenden Autoritätsabstand vorgibt und die Entwicklung einer Partnerschaft von Gleichrangigen geradezu verhindert. Dies aber würde sowohl dem eigentlichen Anliegen des Paulus widersprechen, dem ja gerade die Verwirklichung der Einheit in Christus unter den Glaubenden in der sozial so stark geschichteten Gesellschaft am Herzen lag, als auch dem biblischen Gesamtbefund bis zu dieser Stelle.

Dass diese Spannung, die das Verhältnis der Geschlechter so grundsätzlich betrifft, besonders den Auslegern zunehmend zu schaffen macht, denen die Treue zur Autorität der Heiligen Schrift am Herzen liegt, und zu den beschriebenen Auseinander-

---

225 Die schrittweise Entwicklung der Familienstruktur in der deutschen Gesellschaft und Gesetzgebung an dieser Stelle zeigt der Soziologe W. Siebel in beeindruckender Weise auf (Siebel 1984).

setzungen um die Bedeutung dieser Texte geführt hat, sollte meiner Ansicht nach nicht verwundern oder zu einer voreiligen Verurteilung der jeweiligen Gegenposition führen, sondern vor allem „bibeltreue" Ausleger anregen, sich in aller Demut der Mühe eines gründlichen Studiums der Schrift in ihrer Gesamtbotschaft und ihrem Umfeld nochmals zu unterziehen, bevor sie die Auslegung der Anweisungen des Paulus an Männer und Frauen zum „Testfall für wirkliche und nicht nur vorgegebene Treue zur Schrift" (Stadelmann 2005, 356) erklären.

Versucht man nun, die Bedeutung dieser Anweisungen für die Ehe von Christen in einer westlichen Kultur zu erfassen, ohne die Position des Mannes geistlich zu überhöhen, so bleibt vor allem die Frage, ob hinter der allgemeinen Feststellung des Apostels, dass der Mann das Haupt der Frau sei, eine zeitlose Tatsache steht oder ob sie nur ein soziales Faktum bestimmter patriarchalischer Gesellschaften wie der römischen beschreibt. Zu einer Klärung dieser Frage mag die bereits erwähnte Beobachtung der Ethnologen und Soziologen beitragen, dass eine gewisse Vorrangstellung des Mannes vor der Frau aus allen Gesellschaften dieser Erde bekannt ist. Diese wird in der Wissenschaft in zunehmendem Maß auf der Grundlage der biologischen Geschlechterunterschiede erklärt: Seine durchschnittlich größere Aktivitäts- und Risikobereitschaft sowie sein größeres Durchsetzungsvermögen geben dem Mann gegenüber der Frau mit ihrer größeren sozialen Orientierung einen bereits beschriebenen „natürlichen Autoritätsvorsprung", den er in der Regel zur Dominanz über sie ausnützt, wenn ihm die Möglichkeit dazu gegeben wird.[226] Diese Herrschaft des Mannes, häufig verbunden mit einer Herabwertung der Eigenschaften der Frau, ist jedoch nach Ansicht der meisten Wissenschaftler keineswegs eine notwendige Folge seiner Disposition.[227]

Der biblische Befund bestätigt diese Ansicht: Die Herrschaft des Mannes über die Frau ist Folge des Sündenfalls und keineswegs notwendigerweise in seiner Männlichkeit bzw. ihrer Weiblichkeit eingeschlossen. Wenn der Apostel Paulus also vom Mann als dem Haupt der Frau spricht, kann bei der Auslegung nur die Bedeutung dieses

226 S. Goldberg stellt in seinem Buch *The Inevitability of Patriarchy* dazu folgende These auf: „Die Universalität des Patriarchats, die männlichen Errungenschaften und die männliche Vorherrschaft sind soziale Ergebnisse der Tatsache, dass der Mann eine stärkere Tendenz hat, sich so zu verhalten, wie es zum Erreichen einer hierarchischen Dominanz nötig ist. Diese unterschiedliche Dominanztendenz ist das Ergebnis von physiologischen Unterschieden zwischen Mann und Frau" (Goldberg 1977, 64). Goldberg sieht also die männliche Vorherrschaft über die Frau als unvermeidliche Folge dieser unterschiedlichen Verhaltensdisposition an. Siehe hierzu auch, wie erwähnt, Hiestand (2017, 101–118).

227 Dies betont unter anderen zum Beispiel D. Bischof-Köhler (2004) in ihrem Buch *Von Natur aus anders: Die Psychologie der Geschlechterunterschiede* (Bischof-Köhler 2004, 384).

natürlichen Autoritätsvorsprunges übertragen werden, nicht aber eine Herrschaftsstellung des Mannes in der Familie, wie sie in der römischen Sozialstruktur üblich war, zu einer geistlichen Norm und Notwendigkeit erhöht werden, als deren Begründung die Herrschaft Christi über die Gemeinde angeführt wird. Wenn Paulus vorher so klar dargestellt hat, dass Mann und Frau in Christus auf einer Ebene stehen, kann hier nicht gemeint sein, dass der Mann aufgrund seiner Männlichkeit in der Ehebeziehung Christus abbildet und die Frau aufgrund ihrer Weiblichkeit die Gemeinde.[228] Eine solche geistliche Überfrachtung des Textes erlaubt der gesamtbiblische Kontext meines Erachtens nicht. Sie würde die unvergleichliche Stellung Jesu Christi in seiner Gemeinde verdunkeln, den Mann in eine Position heben, die ihm nicht zusteht und die er auch nicht ausfüllen kann, und für die persönliche Beziehung der Frau zu Jesus Christus ein Hindernis darstellen. Jedes egoistische Verhalten des Mannes würde in Verbindung mit seiner Stellung „wie Christus“ und der geistlich begründeten Forderung nach dem Gehorsam der Frau das Bild verdunkeln, das diese von Jesus Christus hat.[229]

Die Anweisungen des Paulus weisen zunächst Eheleuten aus einer sehr ungleichen sozialen Ausgangsposition den Weg zu einer gelingenden Beziehung. Dieser Weg hat sich bis heute nicht geändert, wenn auch der soziale Rahmen für Mann und Frau in manchen Gesellschaften, wie den westlichen, ein anderer geworden ist. Eine gesetz-

228 Ein solches Verständnis wird allerdings nicht nur in der römisch-katholischen Lehre zum Ausdruck gebracht (siehe Berger 2012 und Thatcher 2011), sondern auch bei W. Neuer (Neuer 1993, 114), der aus Eph 5,23 ein gottgewolltes grundsätzliches „seinsmäßiges“ Privileg des Mannes über die Frau für alle Zeiten ableitet, das ihn zum Haupt im Sinne eines Repräsentanten Christi in der Ehe macht, während die Frau „nur“ die Gemeinde abbilden darf (Neuer 1993, 118). H. Hempelmann zieht diesen Gedankengang noch weiter aus, wenn er argumentiert: „Wir stehen vor der ungeheuren und weitreichenden Behauptung, dass das Verhältnis von Mann und Frau in seiner *kephale*-(Haupt-)struktur die göttliche Dreieinigkeit selbst abbildet, ja sogar fortsetzt. Wie Christus zu Gott gehört, so gehört der Mann zu Christus, und so gehört die Frau zum Mann“ (Hempelmann 1997, 65). Auch Hardmeier schreibt in ähnlicher Weise: „Der Mann ist also keine Autorität, sondern er vertritt die Autorität von Jesus Christus in seiner Familie“ (2013, 99). Dabei werden allerdings die Folgen nicht beachtet, die ein solches Denken für die persönliche Beziehung der Frau zu ihrem Herrn Jesus Christus hat. Vielfach wird dieses Verständnis auch noch über die Ehebeziehung hinaus auf das Verhältnis zwischen Mann und Frau generell bezogen. So folgert G. W. Knight III aus Eph 5,23: „Auch für die Familie Gottes, die Gemeinde, besteht Paulus in ähnlicher Weise darauf, dass an den Stellen, wo es um Leitung geht, Frauen diese Rolle nicht übernehmen sollen, sondern sich der Führung der Männer unterordnen“ (Knight 1991, 168).

229 Viele Beispiele hierfür ließen sich aus Erfahrungsberichten von Frauen anführen, die die Verfasserin selbst gehört hat.

lich geregelte Gleichstellung der Frau hat es ihr ermöglicht, ihre Rechte in Ehe und Gesellschaft durchzusetzen und ihrerseits an manchen Stellen eine Herrschaft über den Mann zu etablieren. Dennoch ist der beschriebene generelle Autoritätsvorsprung des Mannes auch in diesen Gesellschaften nicht zu leugnen. Das Ziel der paulinischen Anweisungen für eine gelingende Ehebeziehung unter Christen ist nun weder damals noch heute die Klarstellung der Frage, wer in der Ehe das Sagen hat und wer gehorchen muss, sondern vielmehr die Umsetzung der geistlichen Wirklichkeit, die Christus uns erworben hat, in die Praxis des Ehealltags: Es geht darum, dass Eheleute, die gleichrangig und ebenbürtig vor Gott und voreinander stehen, einander mit ihren jeweiligen Gaben dienen, statt um ihre Rechte oder ihre Herrschaft zu kämpfen.[230] Die beiden Aspekte, die der Apostel dabei den Ehepartnern geschlechtsspezifisch besonders ans Herz legt, werden angesichts der erwähnten Geschlechterunterschiede auch heute noch entscheidend sein bei der Gestaltung einer gesunden Ehebeziehung: Der Respekt der Frau vor ihrem Mann und dem ihm eigenen Ehrgefühl, und die hingebende Liebe des Mannes zu seiner Frau, die sich in der Bereitschaft zeigt, eigene Privilegien um ihretwillen niederzulegen und nicht auf ihre Kosten das eigene Leben zu entfalten. Auf diese Weise wird von jedem sozialen Ausgangspunkt aus und in jeder Gesellschaft und Kultur eine Ehebeziehung möglich sein, die dem Vorbild Christi entspricht und Gott ehrt. So verstanden hat R. Longenecker Recht, wenn er die Anweisungen des Paulus als „Wegweiser am Anfang einer Reise“ bezeichnet, die „den Pfad aufzeigen, dem wir folgen müssen, wenn wir das gleiche Evangelium in unserer Zeit anwenden wollen“ (Longenecker 1984, 27). So darf von Christen in ihrer Ehebeziehung das ursprüngliche Schöpfungsideal Gottes angestrebt werden, bei dem keiner sich über den anderen erhebt, sondern Mann und Frau sich in ihrer geschlechtlichen Polarität ergänzen, füreinander sorgen und ihren Gaben gemäß ihrem Schöpfer miteinander dienen. Eine so geheilte Beziehung ist trotz aller Widerstände, die dabei zu überwinden sind, ein Zeugnis der Güte Gottes und ein gesunder Baustein einer Gesellschaft, in den hinein auch Kinder geboren werden können, die in der Liebe und Fürsorge beider Eltern aufwachsen.

1Kor 7,25–38. Der Ehestand wurde im Römischen Reich, wie auch im Judentum, als Normalzustand für Mann und Frau angesehen, für römische Bürger war er seit dem Kaiser Augustus sogar gesetzlich vorgeschrieben, um eine ausreichende Zahl von

230 Zur Beantwortung der Frage nach einer gelingenden Umsetzung einer solchen Ehebeziehung in einer modernen westlichen Gesellschaft siehe die mutmachenden Ausführungen von LaCelle-Peterson (2008, 129–147).

Nachkommen zu garantieren (Pomeroy 1985, 254). Geschiedene und Verwitwete konnten in ihren Ursprungsfamilien Unterschlupf finden, es wurde jedoch von ihnen erwartet, dass sie sich möglich schnell wieder verheirateten. Umso erstaunlicher ist es, dass Paulus, wie auch sein Herr, für Christen der Ehe eine andere Option gegenüberstellt, die für ihn keine Not- oder Zwischenlösung darstellt, sondern eine erstrebenswerte Lebensalternative, nach der er selbst lebt: die Ehelosigkeit. Als besonderen Vorteil der Ehelosigkeit führt er die größere Freiheit der Ledigen an, sich ohne Sorgen auf die „Sache des Herrn" zu konzentrieren (1Kor 7,32–38). Auch diese Anweisung muss zunächst ganz in ihrem Kontext gesehen werden, der von Christenverfolgungen geprägt war und von dem Gedanken der Naherwartung der Wiederkunft Jesu. Die ursprünglichen Hörer, vor allem die Frauen, müssen sie als befreiende Alternative verstanden haben, die ihnen eine nie gekannte Freiheit bot, ihrem Herrn ganz und selbstverantwortlich zu dienen, auch wenn sie dazu zunächst wieder ganz von der Erlaubnis durch die zuständige Autoritätsperson in ihrem Leben abhängig waren (1Kor 7,36–37). Für den heutigen Leser wird die Situation, in die diese Texte hineinsprechen, in manchen Kulturen ganz den damaligen Gegebenheiten im Römischen Reich entsprechen und auch so verstanden werden, in anderen werden sie eine Lebensoption aussprechen, die soziokulturell längst zur Selbstverständlichkeit geworden ist, wie dies in den Kulturen der westlichen Länder der Fall ist. Allerdings müssen Ausleger an dieser Stelle darauf achten, dass sie diese von Paulus so hervorgehobene und geschätzte Lebensalternative nicht durch eine Überhöhung der Ehe, wie sie im Judentum und im Römischen Reich üblich war, vernachlässigen und untergewichten und damit in der Praxis all denen die notwendige Ehrerbietung und Würde verweigern, die wie der Apostel Paulus selbst ihr Leben als Ledige ganz in den Dienst des Herrn stellen.[231]

3.8.4.2 Anweisungen für das Verhalten von Männern und Frauen in den Gemeindeversammlungen

Noch schwieriger und komplexer als in der Familie war für die ersten Christen im Römischen Reich die Gestaltung der Geschlechterbeziehung in den Versammlungen der Gemeinden. Das geistliche Leben und der Zeugendienst der Gläubigen spielten sich zunächst und vor allem im häuslichen Rahmen ab (Röm 16,5; Tidball 1997, 82), also im Zusammenhang mit der oben beschriebenen „fundamentalen Institution der

231 Raedel betont an dieser Stelle, dass die theologische Aufwertung des Ledigseins auch in der Praxis der Gemeinden in großer Sensibilität ausgelebt sein will. Die starke Familienorientiertheit vieler christlicher Gemeinden sieht er an dieser Stelle als Herausforderung (2017, 146).

römischen Welt“ (Tidball 1997, 79), der Familie. Die Häuser der Gläubigen waren der „Locus der Bewegung“ (MacDonald 2003, 177) und auch das Evangelisationszentrum (Tidball 1997, 85). Entlang der natürlichen sozialen Beziehungen einzelner Familien fanden im Alltag Glaubensgespräche statt, hier kam es zu Bekehrungen (MacDonald 2003, 176). In diesem Zeugendienst war die ganze Familie engagiert, vor allem den Frauen stand in ihrem vertrauten häuslichen Rahmen ein großes Wirkungsfeld offen (Tidball 1997, 85; Westfall 2016, 22–24). Über die natürlichen sozialen Beziehungen konnte sich das Evangelium leicht und in seinen Anfängen von der Öffentlichkeit weitgehend unbehelligt ausbreiten. Dabei spielten die Frauen eine herausragende Rolle. Von Kritikern des Evangeliums wurde dies wahrgenommen und zum Spott gegen die Gläubigen ausgenutzt (MacDonald 2003, 159–162; Brox 1982, 223).[232] Aufgrund der engen Grenzen des „Anstandes“ mussten Frauen sich dabei immer besonders vorsichtig verhalten, um nicht durch zu forsches und selbstständiges Auftreten öffentlichen Anstoß zu erregen und die Ehre ihrer Familien und vor allem ihrer Ehemänner zu beeinträchtigen.

Besondere Vorsicht war diesbezüglich im Kontext der Gemeindeversammlungen geboten. Hier trat die sozial gemischte Gruppe der Gläubigen aus dem inoffiziellen Rahmen der Familie heraus in den halböffentlichen einer Versammlung, die zwar in einem Privathaus wohlhabender Gemeindeglieder stattfand, zu der aber auch Besucher jederzeit Zugang hatten und auch erwartet wurden (1Kor 14,24; Winter 2001, 135; Karaman 2018, 128; Clarke 2008, 42–45). Der öffentliche Bereich aber war in der römischen Gesellschaft im ersten Jahrhundert nach wie vor hauptsächlich der Wirkungsbereich des Mannes (Pomeroy 1985, 284; Westfall 2016, 22). Frauen, die sich hier besonders hervortaten, wurden mit Argwohn betrachtet, da sie aus dem Rahmen des für ihr Geschlecht vorgeschriebenen ehrenhaften Verhaltens herausfielen (Pomeroy 1985, 199–206). In den Versammlungen der Gemeinde traf also die geistliche Wirklichkeit der Gleichrangigkeit und Einheit von Mann und Frau vor Gott in der Öffentlichkeit auf die soziale Wirklichkeit der römischen hierarchischen Ehrenkultur und auch auf die lange jüdische Tradition. So war es für einen Ehemann schon ein Unterschied, ob er zuhause bereit war, seine Frau mehr und mehr als gleichrangige geistliche Partnerin zu behandeln, sie in ihrer Stellung zu heben und ihr zur Entfaltung zu

232 So sind uns in dem apologetischen Werk des Kirchenvaters Origenes *Contra Celsum* gegen den klugen Opponenten des Christentums Celsus dessen Anschuldigungen gegen das Christentum mitüberliefert. In ihnen äußert er sich spöttisch über die beschriebene Evangelisationsmethode in den Häusern und Geschäften und betont verächtlich, dass gerade Frauen in diesem Prozess eine besondere Rolle spielten (Origenes, *Contra Celsum III:44.55*, zitiert in MacDonald 1996, 110).

helfen, oder ob er in der öffentlichen Gemeindeversammlung zuschauen musste, wie sie sich vor allen Versammelten exponierte und prophetisch redete. Für ein ehrenorientiertes Familienoberhaupt war dies eine ungewohnte und nach seinem natürlichen Empfinden eher beschämende Situation. Vergleichbare Probleme hatte der gläubige Herr eines Sklaven. Hier war es eine Sache, seinen Sklaven im Alltag nicht mehr harsch, sondern liebevoll wie einen Bruder zu behandeln; eine andere aber, sich in der Gemeindeversammlung von ihm in vertraulicher Weise als Bruder begrüßen zu lassen. Solche Situationen mussten für den römischen Ehrenmann nach seinem sozialen Wertesystem in hohem Grad beschämend sein. Hier standen seine Ehre und seine soziale Identität auf dem Spiel. Nur mit Christus und nach seinem Vorbild konnte er solche Veränderungen seines Selbstbildes verarbeiten. Dabei benötigte er auch die Hilfe derer, die ihm nun geistlich gleichgestellt waren, obwohl sich ihre sozial untergeordnete und von ihm abhängige Stellung nicht geändert hatte. Ihr respektvolles und rücksichtsvolles Verhalten in dieser schwierigen Situation konnte es ihm erleichtern, seine neue Identität und Ehre in Christus zu finden. In diese Problematik hinein sprechen die Anweisungen des Apostels Paulus für die Gemeindeversammlungen.

Dass ihm dabei als theologische Grundlage auch hier die in Galater 3,28 ausgedrückte geistliche Wirklichkeit in Christus galt, wird an vielen Stellen deutlich, wo er die Gemeinde Jesu in ihrem Wesen beschreibt: Er bezeichnet sie als Leib Christi, an dem alle untereinander Glieder sind (Röm 12,5) und sich gegenseitig mit ihren Gaben dienen (Röm 12,6–8). Gleiches kommt zum Ausdruck in der Charakterisierung der Gemeinde als Tempel Gottes (Eph 2,19–22), in dem alle Gläubigen als „lebendige

Steine“ eingefügt sind (1Petr 2,5). Alle Gläubigen stehen auf einer Ebene als Brüder und Schwestern, nur einer hat die einzige und unangefochtene Vorrangstellung: Christus. Darum waren die Frauen so selbstverständlich in die Missions- und Gemeindeaktivitäten der frühen Gemeinden eingeschlossen, und zwar nicht nur als passive Hörer oder Garanten des leiblichen Wohls, sondern als aktive Zeuginnen Jesu, die ihre Geistesgaben einsetzten und die der Apostel Paulus mit den gleichen Begriffen beschreibt wie seine männlichen Mitarbeiter, als *synergos* (Mitarbeiter; Röm 16,3) und *kopiosos en kyrio* (harter Arbeiter im Herrn; Röm 16,6.12). Ihre Aktivitäten in diesem Zusammenhang setzt er begrifflich mit seiner eigenen Arbeit gleich (Gal 4,11; Grenz und Kjesbo 1995, 86.104). Auch erwähnt der Apostel es in 1Kor 11 als selbstverständlich, dass Frauen aktiv am Gemeindegottesdienst teilnahmen durch Gebet und prophetisches Reden. Damit traten sie öffentlich als geistlich eigenständige Gemeindeglieder auf, die nicht vor dem Übernehmen von geistlicher Verantwortung und Autorität zurückschreckten (Grenz und Kjesbo 1995, 81). Auch Frauen in prominenter Stellung erwähnt der Apostel ganz natürlich: Einige werden als verantwortliche

Gastgeberinnen von Hausgemeinden genannt (Apg 12,12; Apg 16,40; Röm 16,3–5; 1Kor 16,19; 1Kor 1,11). Phoebe aus Kenchrea wird als *prostatis*[233] bezeichnet (Röm 16,1–2), als gesellschaftlich einflussreiche Person, die anderen Fürsorge und Schutz gewährt und in der Gemeinde das Amt des *diakonos* ausübt. Priscilla dient mit ihrer Lehrgabe (Apg 18,26).[234]

Diese Gesamtsituation darf nicht übergangen werden, wenn man die Anweisungen des Apostels betrachtet, die den Dienst und das Verhalten der Frau in den Gemeindeversammlungen offensichtlich einschränken. Deren Einordnung als entscheidende Schlüsselstellen zur „Ordnung Gottes für die Frau in der Gemeinde“ muss aus dieser Gesamtperspektive in Frage gestellt werden. Diese Gesamtsicht berechtigt meines Erachtens auch zum Widerspruch angesichts der Behauptung, die geistliche Wirklichkeit der Gleichrangigkeit von Mann und Frau vor Gott berühre ihre Funktionen in der Gemeinde nicht, sondern diese seien ausschließlich aus den erwähnten einschränkenden Anweisungen abzulesen.[235] K. Snodgrass weist meiner Ansicht nach zu Recht darauf hin, dass nichts im christlichen Glauben ausschließlich *coram Deo* (vor Gott) existiert. „Unser ganzer Glaube erfasst unser ganzes Leben“ (Snodgrass 1990, 34).

Zum Verständnis der konkreten Anweisungen des Paulus zum Verhalten der Frau in der Gemeinde (1Kor 11,3–16; 1Kor 14,26–40; 1Tim 2,9–15) muss nun wieder der konsequent durchdachte heilsgeschichtliche Befund mit der sozialen Realität in Verbindung gebracht werden, in die der Apostel hineinschrieb, um seine ursprüngliche Absicht zu erkennen. Grundsätzlich stehen alle Anweisungen wie auch die „Haustafeln“ im Kontext der praktischen Umsetzung des Evangeliums, nicht im Rahmen

233 Dieser Begriff bezeichnet im Griechischen eigentlich jemanden, der vor (*pro-*) anderen steht (*-statis*), also einen Vorsteher, einen Beschützer, der sich vor andere stellt, einen Vorstand, Leiter oder Rechtsbeistand (Gemoll 1920, 650), auf jeden Fall spricht er über jemand, der aufgrund einer Vorrangstellung in der Lage ist, anderen zu helfen. In den meisten deutschen Bibelübersetzungen wird er im Fall von Phoebe zum „Beistand“.

234 Priscilla wird an dieser Stelle, wie an mehreren anderen, im griechischen Text vor ihrem Mann genannt, was ungewöhnlich war und ihre Bedeutung heraushebt. Allerdings wird die Reihenfolge in vielen deutschen Übersetzungen herumgedreht, wie zum Beispiel in der von der Verfasserin benutzten revidierten (1999) Fassung der Schlachter-Übersetzung in der Genfer Studienbibel.

235 R. Saucy formulierte 1979 diese Sicht im Blick auf Galater 3,28 zum Beispiel so: „Die Grundausrichtung dieser Aussagen ist die Wahrheit, dass alle gleichermaßen Kinder Gottes sind. Alle sind gleichermaßen mit Christus bekleidet; alle sind gleichermaßen Erben der Verheißung. Dabei ist jedoch keinesfalls ausgesagt, dass alle die gleichen Funktionen haben, sei es in der Gemeinde oder in der Familie oder im Staat.“ Zitiert in Grenz und Kjesbo 1995, 100.

von theologischen Grundsatzaussagen. Sie reflektieren das Ringen des Apostels und der Gemeinden um die rechte Lebensweise als Kinder Gottes mitten in ihrer sozialen Situation. Sein Hauptanliegen dabei war, dass niemand im Glauben aufgehalten und der Ausbreitung des Evangeliums keine unnötigen Hindernisse in den Weg gestellt würden. Sein eigenes Verhalten diente als Vorbild: So konnte er angesichts des zerbrechlichen Verhältnisses zwischen Juden und Heiden, obwohl er die Notwendigkeit der Beschneidung für Heidenchristen theologisch zutiefst ablehnte, seinen Mitarbeiter Timotheus beschneiden lassen „um der Juden willen, die in jener Gegend waren" (Apg 16,3). Ebenso schickte er im Kontext des delikaten Verhältnisses zwischen Herren und Sklaven den entlaufenen Sklaven Onesimus, der sich bei ihm zu Christus bekehrt hatte, zu seinem Herrn Philemon zurück mit der Bitte, ihn liebevoll wieder aufzunehmen, obwohl er ihn lieber bei sich behalten hätte (Phlm). Das gleiche Konzept ist hinter den Anweisungen des Apostels zu vermuten, die der geistlichen Wirklichkeit im Geschlechterverhältnis zu widersprechen scheinen, aber soziales Feingefühl, Liebe, Demut und Rücksicht auf die unterschiedlichen Gemeindeglieder und den Ruf der Gemeinde nach außen zum Ausdruck bringen. In dem halböffentlichen Rahmen der Gemeindeversammlungen, die weder mit einer Synagogenversammlung noch mit einem heidnischen Kult zu vergleichen waren, musste der Handlungsspielraum der Frauen im Spannungsfeld zwischen ihrer Freiheit in Christus und den sozialen Gegebenheiten definiert werden. Davon geben diese Anweisungen Zeugnis.[236]

Die Anweisungen nach Korinth: 1Kor 11,3–16; 1Kor 14,26–40. Zwei solcher Anweisungen gehen an die Gemeinde von Korinth, eine blühende Gemeinde aus Juden und Heiden, die Paulus selbst gegründet und mehr als 18 Monate lang gelehrt hatte (Apg 18,1–18). In seiner Abwesenheit waren allerdings später ernste Probleme unter den Christen der Gemeinde aufgetreten, und Paulus musste sie tadeln wegen ihrer geistlichen Überheblichkeit, ihrem falschen Verständnis der Freiheit in Christus und ihrer Fleischlichkeit (1Kor 4,6–21; 1Kor 8,1–13; 1Kor 3,1–3) und sie für ihr Verhalten zu Demut, Liebe und Rücksicht auf andere ermahnen (1Kor 8,7–13). Als Verhaltensmaßstab in praktischen Fragen stellte er ihnen seine eigenen Prinzipien vor Augen: „Denn obwohl ich frei bin von allen, habe ich mich doch allen zum Knecht gemacht, um desto mehr Menschen zu gewinnen" (1Kor 9,19) und: „Es ist mir alles erlaubt, aber

236 Karaman kommt in diesem Zusammenhang in seinen Untersuchungen zu dem Schluss, dass die Anweisungen sich weitgehend in die gegebenen Normen der Gesellschaft einordnen, wenn er am Schluss seiner Dissertation zusammenfassend sagt: „Es konnte gezeigt werden, dass griechisch-römische kulturelle Normen einen größeren Einfluss auf die Gestaltung der frühen christlichen Quellen hatten, als man früher dachte" (2018, 174; Übersetzung: H. S.).

es ist nicht alles nützlich! Es ist mir alles erlaubt, aber es erbaut nicht alles! Niemand suche das Seine, sondern ein jeder das des anderen!“ (1Kor 10,23–24). Unmittelbar vor dem bekannten Text in 1Kor 11 ermahnt er: „Gebt weder den Juden noch den Griechen noch der Gemeinde Gottes einen Anstoß, so wie auch ich in allen Stücken allen zu Gefallen lebe und nicht meinen Nutzen suche, sondern den der vielen, damit sie gerettet werden“ (1Kor 10,32–33).

Kapitel 11 beginnt dann mit der Aufforderung: „Seid meine Nachahmer, gleichwie auch ich Nachahmer des Christus bin!“ (V. 1). In diesem Zusammenhang spricht er dann über das Verhalten der Gläubigen in der Gemeindeversammlung und muss dabei das Benehmen der Frauen beim Beten und „Weissagen“ korrigieren. Diese Korrektur setzt mit großer Nachdrücklichkeit ein: „Ich will aber, dass ihr wisset …“ (V. 3). Es folgt eine allgemeine Aussage zum Verhältnis der Geschlechter, die seiner Korrektur von vornherein ein geistliches Gewicht gibt, dem sich die Korinther nicht entziehen können. Dabei benutzt er wie auch in den Haustafeln den Begriff „Haupt“ im metaphorischen Sinn für das Verhältnis des Mannes zur Frau. Dieses Verhältnis setzt er in eine Reihe mit zwei anderen: dem zwischen Christus und dem Mann und dem zwischen Gott und Christus. Über die Bedeutung des Begriffes „Haupt“ in diesem Zusammenhang und über die Bedeutung dieser Vergleiche gehen die Meinungen der Ausleger weit auseinander. Dementsprechend unterschiedlich wird die ganze Argumentation des Apostels an dieser Stelle gewertet.[237] Bedenkt man, wie die

237 Für manche Ausleger beschreibt der Begriff „Haupt“ (*kephale*) vor allem oder ausschließlich eine hierarchische Autoritätsstellung. Diese Position nimmt W. Grudem aufgrund einer Studie ein, deren Ergebnisse er ausführlich darlegt (Grudem 1991, 425–468). W. Neuer erklärt dementsprechend zu 1Kor 11,2–16: „Paulus geht es darum, dass die Stellung des Mannes als Haupt der Frau und der Frau als untergeordnete Gehilfin des Mannes auch äußerlich in der Gemeinde zum Ausdruck kommt“ (Neuer 1993, 104–105), und A. Strauch stellt gar fest, dass in 1Kor 11 die „Lehre der Leitung“ präsentiert werde, und zwar als „dauerhafte, von Gott befohlene Ordnung der Geschlechter“ (Strauch 2001, 105–106).

Andere dagegen betonen, dass die Bedeutung von Autorität in dem Begriff *kephale* zur Zeit des Paulus nicht primär enthalten war. Sie heben vielmehr die Bedeutung „Quelle, Ursprung“ hervor und zeigen auf, dass die Leser der Paulusbriefe diese natürlicher verstanden hätten (Mickelsen und Mickelsen 1986, 97–110; Mickelsen 1986, 192–196; Tucker 1986, 111–117; Barton Payne 1986, 118–132; Liefeld 1986, 134–154; Bilezikian 1985, 215–252; Fee 1987, 503). Die Argumentationslinien beider Seiten werden von C. Keener in übersichtlicher Weise zusammengefasst (Keener 1992, 32–36), die neueren Entwicklungen von Lakey 2010, 6–36. Entsprechend dem jeweiligen Verständnis des *kephale*-Begriffes sehen manche Ausleger in 1Kor 11,3 eine klare Autoritätskette bzw die bereits beschriebene „Stufenordnung“ (Neuer 1993, 102), Gott – Christus – Mann – Frau, innerhalb der es vor allem um Leitung und Gehorsam geht (Schreiner 1991, 128–130; Strauch 2001, 106; Hamilton jr 2007, 47, in abgeschwächter Form auch bei

ursprünglichen Hörer diesen Begriff aus ihrem gesellschaftlichen Alltag kannten, so muss man davon ausgehen, dass sie damit das umfassende übliche Konzept der Vorrangstellung und Ehrenstellung des Mannes im Verhältnis zur Frau vor Augen hatten. Der Aspekt, auf den sich Paulus hier konkret am ehesten bezieht, wird aus dem Textzusammenhang (V. 8–9) erkennbar: Das jeweilige Haupt eines anderen ist hier immer derjenige, der dessen Sein begründet (Rienecker 1970, 377; Westfall 2016 , 83–87) und deshalb eine Vorrangstellung vor ihm hat. Es geht hier also nicht primär um die Darstellung einer hierarchischen Autoritätskette, sondern es wird deutlich gemacht, wer wem seine Existenz verdankt und deshalb Ehre schuldet. Paulus spricht hier also in den Kategorien des Ehrenkonzeptes seiner Gesellschaft. W. Liefeld weist darauf hin, dass in dem ganzen Abschnitt die Begriffe „Ehre" und „Schande" gehäuft auftreten (Liefeld 1986, 140). So ist die ursprüngliche Absicht des Autors in V. 3 meines Erachtens am ehesten erfasst, wenn man die Zusammenstellung von Mann – Frau, Christus – Mann, und gar Gott – Christus als „Ehrenkette" und nicht als Autoritätskette sieht. Dabei ist der jeweils Nachgeordnete dem Vorgeordneten als Quelle seines Seins bzw. seiner Identität den gebührenden Ehrenerweis schuldig.

Wenn Paulus nun die Frauen anweist, beim Beten und Weissagen in der Gemeindeversammlung ihren Kopf zu bedecken, die Männer jedoch bewusst nicht, so hat dies nach seinen eigenen Worten (V. 4–5) mit der Praxis dieses Ehrenerweises zu tun. Der Anthropologe J. Pitt-Rivers betont in seiner Beschreibung der Ehrenkulturen des Mittelmeerraumes, dass dort alle Worte und Taten unter dem Aspekt beurteilt werden, ob sie Haltungen ausdrücken, die Ehre verlangen, erweisen oder vorenthalten. Besonders bedeutsam ist es, wenn dies vor Zeugen, als den „Repräsentanten der öffentlichen Meinung" geschieht (Pitt-Rivers 1965, 27). Das erklärt, warum Paulus sich an dieser Stelle so um die rechte Ausdrucksform der Ehrerbietung im Rahmen der öffentlichen

---

Neuenhausen 2018, 41). Dabei wird das Autoritätsgefüge zwischen Mann und Frau „in Gottes Natur selbst" verwurzelt, das gibt ihm ein besonderes Gewicht (Strauch 2001, 108). Andere sehen hier nur eine Klarstellung des jeweiligen Ursprungs, der wiederum die Notwendigkeit eines respektvollen Verhaltens begründet, nicht jedoch eine Autoritätskette (Keener 1992, 21–33; Witherington 1990, 170). Siehe dazu auch die ausführliche Argumentation von Fee (2005, 149–155), Payne (2009, 117–139) und Westfall (2016, 80–100). Einen Überblick und eine abwägende Diskussion über beide Argumentationslinien diesbezüglich gibt Lakey (2010, 37–68) und folgert am Schluss: „Konsequenterweise gehe ich davon aus, dass es keinen theologisch-hermeneutischen Rahmen für die Auslegung von 1. Korinther 11,2–16 gibt, der von vornherein alle Unbestimmtheiten und Unklarheiten lösen kann" (2010, 68; Übersetzung: H. S.).

Versammlungen mühte.[238] Pitt-Rivers erläutert auch den Zusammenhang zwischen der Ehre und dem Kopf des Menschen: „Der Ehrenerweis im täglichen Leben geschieht durch das Einräumen des Vorrangs und durch Demonstrationen von Respekt, welche üblicherweise mit dem Kopf zu tun haben, ob er nun gebeugt, berührt, entblößt oder bedeckt wird" (Pitt-Rivers 1965, 25). Für Paulus als Kenner des griechisch-römischen kulturellen Kontextes war klar, wie dies in den Gemeinden des Römischen Reiches am besten zum Ausdruck gebracht werden konnte: Die Männer sollten beim Beten und Weissagen ihren Kopf unbedeckt lassen, die Frauen sollten ihn bedecken (wörtlich: verhüllen). Beide würden im anderen Fall „ihr Haupt schänden". Das kann sicher auf ihr eigenes Haupt und damit ihre eigene Ehre bezogen werden, aber auch auf die Ehre desjenigen, dem sie unmittelbare Ehrerbietung schuldig sind.[239]

Dass eine Kopfbedeckung ein Ehrenzeichen für die Frau, nicht aber für den Mann ist, hängt mit dem geschlechtsspezifischen Ehrenkodex der griechisch-römischen Welt zusammen. Dabei galt generell das Prinzip, dass es für die Frau ehrenvoll war, sich möglichst wenig in der Öffentlichkeit zu exponieren. Dies galt für ihr Verhalten, das zurückhaltend und scheu sein sollte, genauso wie für ihre Rede und die Darstellung ihres Körpers. Das Ausmaß dieser Zurückhaltung war regional unterschiedlich.[240] Der griechische Philosoph und Schriftsteller Plutarch (ca. 46–120 n. Chr.)

---

238 Upson-Saia weist darauf hin, dass generell die Kleidung der römischen Frauen dazu diente, die Ehre ihrer männlichen Verwandten und ihrer Stadt darzustellen, und daher von großem öffentlichen Interesse war (2011, 19). Sie betont, dass auch in den christlichen Gemeinden die Kleidung ihrer Frauen als wichtiges Merkmal der Tugend für die ganze Gemeinde diente (Upson-Saia 2011, 6–7).

239 Siehe hierzu auch die Ausführungen von Gordon Fee (2005, 146).

240 C. Keener gibt in seinem Buch *Paul, Women & Wives* (Keener 1992, 22–31) einen Überblick über die Handhabung der Kopfbedeckung bei Frauen in der Antike in verschiedenen Regionen und Bevölkerungsschichten, in der Öffentlichkeit und in den religiösen Kulten. Insgesamt ergibt sich ein uneinheitliches Bild, das dem heutigen Leser nicht genau erklären kann, warum Paulus auf der Kopfbedeckung der Frauen als Zeichen ihrer Ehrenhaftigkeit und ihres Respektes bestanden hat.

B. Winter weist darauf hin, dass in den Sittengesetzen des Kaisers Augustus nur anständigen Ehefrauen erlaubt war, eine Kopfbedeckung zu tragen, für Ehebrecherinnen war dies verboten. So sei die Kopfbedeckung ein deutliches soziales Symbol gewesen, das die Ehrbarkeit von anständigen verheirateten Frauen zum Ausdruck brachte (Winter 2003, 82–83, Karaman 2018, 129). Sie war vom Gesetz her nicht geboten, sondern eine ungeschriebene Tradition (Karaman 2018, 133–134,) aber offenbar ein deutlicher Ausdruck ihrer moralischen Unbescholtenheit (Winter 2003, 84). Trug eine verheiratete Frau keine Kopfbedeckung, so konnten die Menschen denken, sie sei nicht um ihre Tugendhaftigkeit besorgt oder sie erkenne die Autorität ihres Mannes nicht an (Karaman 2018, 133). Eine Frau mit Kopfbedeckung dagegen aus der Umgebung von Athen schreibt: „… Nicht nur der Arm einer tugendhaften Frau, sondern auch ihre Rede sollen nicht für die Öffentlichkeit sein, und sie sollte anständig sein und sich hüten, etwas vor den Ohren Außenstehender auszusprechen, denn das kommt einer Entblößung ihrer selbst gleich; denn in ihren Worten kann man ihre Gefühle, ihren Charakter und ihre Einstellung wahrnehmen."[241] B. Winter betont, dass eine Kopfbedeckung generell als Zeichen der Ehrbarkeit einer verheirateten Frau in der römischen Gesellschaft galt, ja als Symbol der Ehe selbst, ähnlich dem Ehering in heutigen Kulturen (Winter 2003, 82–84; Karaman 2018, 133). Wenn nun manche korinthischen Frauen meinten, sie könnten in den Versammlungen der Gemeinde nicht nur öffentlich beten und weissagen, sondern dabei auch auf Ausdrucksformen von Anstand, Ehrerbietung und Respekt verzichten, so widerspricht der Apostel Paulus ihnen hier energisch. Mit solchem Verhalten in der Öffentlichkeit, das Paulus in seinem Anstoß erregenden und beschämenden Effekt mit dem Abscheren des Haares gleichsetzt (V. 6),[242] konnten sie das Ehrgefühl der Männer und auch anderer Frauen, die an dieser Stelle sensibler waren, empfindlich verletzen, dadurch die Einheit der Gemeinde gefährden und auch deren Ruf in der Öffentlichkeit beschädigen.

Am Ende der konkreten Anweisung greift Paulus seine Begründung von V. 3 nochmals auf und vertieft sie (V. 7): „Denn der Mann darf das Haupt nicht bedecken, weil er Gottes Bild und Ehre ist; die Frau aber ist die Ehre des Mannes." Auch an dieser Stelle gehen die Auslegungen unter konservativen, bibelgläubigen Auslegern weit auseinander.[243] Hilfreich ist hier ein Blick auf den griechischen Text: Wenn davon die

---

wurde als ehrenhaft und loyal zu ihrem Ehemann angesehen (Karaman 2018, 134.156). Siehe dazu auch die Ausführungen von Westfall (2016, 26–37. 96–100) und Upson-Saia (2011, 29).

241 Zitiert von W. Liefeld in Mickelsen 1986, 141.

242 Was genau die Bedeutung des geschorenen Haares war, ist nicht mehr mit Sicherheit auszumachen. Paulus bringt jedoch deutlich zum Ausdruck, dass es für eine Frau als schändlich betrachtet wurde (V. 6).

243 Einige gehen davon aus, dass die Gottebenbildlichkeit des Mannes unmittelbarer und dem Wesen Gottes entsprechender ist als die der Frau. So schreibt A. Strauch: „Er ist nicht nur als Gottes Ebenbild erschaffen worden, sondern spiegelt auch die Herrlichkeit Gottes wider… Als Gott den ersten Menschen schuf, erschuf er ein männliches Wesen. Das männliche Wesen dieser Spezies wurde zuerst und direkt von Gott erschaffen und wurde zum Herrn der Erde ernannt." Daraus schließt er weiter: „Also stellt der Mann eine Rolle dar, die Gottes Rolle als Haupt und Autorität widerspiegelt." Dieser Gedanke führt ihn dazu, folgendes Zitat von William E. Mouser (1995) wie selbstverständlich in seine Argumentation einzubauen: „Männer sind wie Lupen, die verschiedene Eigenschaften Gottes vergrößern" (Strauch 2001, 109). An diesem extremen Beispiel ist sehr gut nachzuvollziehen, wohin es führt, wenn man biblische

Rede ist, dass der Mann Gottes Bild und Ehre ist, so wird das Verb im Griechischen mit dem Wort *hyparcho* ausgedrückt, das nicht nur die Bedeutung „sein" vermittelt, sondern „zuerst sein", „den Anfang machen mit" (Gemoll 1920, 758). V. 7 lautet wörtlich übersetzt dann so: „Der Mann ist nämlich nicht verpflichtet, den Kopf zu verhüllen, als derjenige, der als Ebenbild und Ehre Gottes den Anfang macht, die Frau aber ist die Ehre des Mannes." In Vers 8 erklärt Paulus genauer, was er hier meint. Es geht um die Reihenfolge der Schöpfung und die sich daraus ergebende Ehrenreihenfolge: Der Mann wurde durch den unmittelbaren Schöpferakt Gottes in Christus (Kol 1,15–17) aus dem Nichts in Gottes Ebenbild geformt. Damit war er das Original, der Prototyp des Menschen, während die Frau in abgeleiteter Weise aus dem Mann geformt wurde, gewissermaßen nach dessen Vorlage. Damit wird sie außer ihrer Gottebenbildlichkeit, die hier nicht zur Diskussion steht, zur „Ehre" des Mannes, dem sie nach Gott ihr Sein verdankt.[244] Das Recht des Mannes, sich nicht den Kopf zu bedecken, wird also hier aus dem Ehrenvorsprung des Erstgeschaffenen abgeleitet. Von der sehr hervorgehobenen Stellung des Erstgeborenen in der Familie des Römischen Reiches her war den Hörern klar, was das bedeutete: Entsprechend sollte die Frau ihrerseits diesen Ehrenvorsprung des Erstgeschaffenen anerkennen und dem Mann den gebührenden Respekt erweisen, und zwar durch das Bedecken ihres Kopfes. Paulus betont nochmals (V. 8): „Denn der Mann ist nicht aus der Frau, sondern die Frau aus dem Mann (geworden)" und fügt, wörtlich übersetzt, erklärend hinzu (V. 9): „auch wurde der Mann nicht durch die Frau erschaffen, sondern die Frau durch den Mann."[245]

Texte geistlich überhöht ... Die Mehrzahl der Ausleger stimmt aber darin überein, dass Mann und Frau in gleicher Weise das Ebenbild Gottes widerspiegeln. Eine große Variationsbreite zeigt sich dann allerdings in der Frage, ob und von wo ab dennoch eine schöpfungsbedingte und gottgewollte Autoritätskette zwischen Mann und Frau postuliert wird.

244 Westfall spricht in diesem Zusammenhang von einer doppelten Identität von Eva als Gottes Ebenbild und zugleich Ebenbild des Mannes, aus dem sie geschaffen wurde (Westfall 2016, 65).

245 Allerdings ist dieser Satz je nach theologischem Interpretationsmuster unterschiedlich übersetzt worden mit entsprechenden Folgen für den weiteren Gedankengang des Bibellesers: Das griechische Wort *dia* wird in diesem Vers vielfach mit „um ... willen" übersetzt, was dann zu der Formulierung führt: „auch wurde der Mann nicht um der Frau willen erschaffen, sondern die Frau um des Mannes willen". Die Grundbedeutung des Wortes ist „durch ... hindurch" (lokal) oder „wegen, vermittels, aus" (ursächlich) (Gemoll 1920, 194). Wenn es „um ... willen" bedeutet, dann niemals, um eine Bestimmung anzugeben, für die jemand geschaffen wurde, sondern um festzustellen, wer zuerst da war und die Existenz des anderen damit bedingte.

Nicht wenige Ausleger machen aber gerade aus der sprachlich unkorrekten Deutung dieses Verses die geistliche Grundlage der „Schöpfungsordnung", wenn sie daraus folgern: „Die Frau ist von dem Mann und für den Mann geschaffen." So argumentieren beispielsweise H.

Damit könnte Paulus bewusst einer Irrlehre entgegengetreten sein, die das Gegenteil behauptete und Eva zum Ursprung des Lebens für Adam erklärte (Clark Kroeger 1992, 55).

In V. 10 kommt Paulus mit der Konjunktion „darum" wieder zu seiner anfänglichen Anweisung an die Frauen in der Gemeindeversammlung zurück: Sie sollen etwas auf dem Kopf haben. Über die genaue Bedeutung dieses Verses besteht aber so viel Uneinigkeit unter den Auslegern, dass A. Kuen sicher mit Recht feststellt: „Dieser Vers ist bestimmt der schwierigste in dem gesamten Gedankengang und vielleicht einer der undurchsichtigsten Verse der ganzen Bibel" (Kuen 1998, 134). Weitgehende Einigkeit besteht inzwischen unter den Gelehrten, dass *exousia*, die „Vollmacht" oder „Macht", die eine Frau auf oder über ihrem Haupt haben soll, ihre eigene Vollmacht sein muss, nicht die eines anderen über sie (Witherington 1990, 169; Keener 1992, 38).[246] Die Frauen hatten hier also Vollmacht und das Recht zu beten und prophetisch zu reden,[247] ein Recht, dass für sie in der Öffentlichkeit durchaus nicht selbstverständlich war. Sie übten dieses Recht zweifellos in Anwesenheit ihrer Männer aus, für die eine solche Situation, in der ihre Frauen öffentlich redeten, während sie selbst schwiegen, höchst ungewohnt, wenn nicht beschämend sein musste.[248] W. Liefeld

---

Hempelmann (1997, 54), K. Riebesehl (2004, 6), Th. Schreiner (1991, 133) und auch A. Kuen (1998, 133). Besonders eindeutig drückt sich hier wieder A. Strauch aus, wenn er aus dieser Übersetzung für die Rolle der Frau folgert: „Ihre Aufgabe bestand darin, dem Mann zu helfen und ihn zu unterstützen. Deshalb ist ‚die Rolle des Mannes nicht zu den Bedingungen der Frau definiert, sondern die der Frau zu den Bedingungen des Mannes' … Gott schuf die Frau für den Mann, um seine Hilfe und Gefährtin zu sein." Daraus folgert er wie selbsterklärend weiter: „Gott schuf die Frau, damit sie die Leitung ihres Mannes reflektiert, indem sie sie anerkennt, offenbart, sich ihr unterordnet und sie annimmt" (Strauch 2001, 111).

246 B. Witherington (1990, 169) sowie W. Liefeld (1986, 145) fassen die Gelehrtendiskussion diesbezüglich gut zusammen und weisen Interessierte auf weitere wegweisende Artikel hin. Eine neuere Übersicht über mögliche Interpretationen siehe bei Payne (2009, 145–173).

247 Auch über die Bedeutung dieser Tätigkeit wird unter Auslegern viel diskutiert. Ein Wegweiser zum Verständnis dieser Tätigkeit im Neuen Testament ist die Beschreibung des Apostels Paulus in 1Kor 14, 3.5.12.26.31. Demnach bezeichnet *propheteuo* das Aussprechen dessen, was stärkt, ermutigt, tröstet, aufbaut, ermahnt und belehrt (Liefeld 1986, 143–144). Payne fasst im Blick auf den Dienst der Frau an dieser Stelle zusammen: „Prophetisch reden geschieht vor der Gemeinde, Gebet geschieht vor Gott. Damit ist das gesamte Spektrum von Leitungsaufgaben im Gottesdienst abgedeckt" (2009, 149–150).

248 Westfall erwähnt im Zusammenhang mit der Notwendigkeit einer Kopfbedeckung der Frau noch einen hartnäckigen Glauben, den es damals im Nahen Osten gab und zum Teil noch gibt, dass die Schönheit einer Frau für Männer gefährlich sei und diese veranlasse, die Kontrolle zu verlieren. Das Haar einer Frau wird als wichtiger Teil ihrer Schönheit gesehen. Darum soll sie es bedecken (Westfall 2016, 68).

weist nun darauf hin, dass Paulus das Wort *exousia* in 1. Korinther 9,1–12 auch mehrfach benutzt und zwar in dem Zusammenhang, dass er seine Rechte einschränkt, um andere für Christus zu gewinnen und den „Schwachen" im Glauben kein Hindernis zu sein (1Kor 9,4–6.12; Liefeld 1986, 146).

So ist 1Kor 11,10 im Gesamtzusammenhang am ehesten so zu verstehen, dass der Apostel sehr wohl bestätigt, dass Frauen ein Recht hatten, zu beten und zu weissagen, dass sie dieses Recht aber nur dann zum geistlichen Nutzen ausüben konnten, wenn sie darauf achteten, die Männer dabei nicht durch ihr Aussehen oder Verhalten, in diesem Zusammenhang ihren unbedeckten Kopf, zu beschämen. Dabei führt der Apostel eine Gruppe von Zuschauern und Zeugen an, die es zu berücksichtigen gilt: *tous angelous,* die Boten. Traditionell wird in der deutschen Übersetzung hier die Bedeutung „Engel" eingesetzt. Für die Redewendung „um der Engel willen" sind viele Auslegungen vorgeschlagen worden, die jedoch alle im Bereich des Spekulativen bleiben (Genfer Studienbibel 1999, 1888).[249] Einen bemerkenswerten Hinweis gibt an dieser Stelle B. Winter: Er erinnert daran, dass der Begriff *angelos* auch für einen menschlichen Boten benutzt wurde, und weist aus antiken Quellen auf die Möglichkeit hin, dass die römischen Behörden oder auch sozial hochgestellte Bürger „Boten" als Informanten in eine Versammlung oder zu bestimmten Menschen sandten, über die sie sich informieren wollten, ohne sich selbst in ihrer Nähe zu zeigen. B. Winter schreibt: „Es scheint die Rolle dieses Informanten zu sein, der seinem Auftraggeber Bericht erstattet, worum Paulus besorgt ist" (Winter 2001, 137).[250]

Im Anschluss an diese Argumentation nun, in der der Apostel der Frau eine Einschränkung ihrer Freiheit abverlangt aus Respekt vor dem Mann, betont er sofort (V. 11) mit einem starken *plen* („vielmehr aber"), dass im Herrn weder Mann noch Frau einen Vorrang haben und dass nicht nur die Frau aus dem Mann herkommt, sondern auch jeder Mann durch die Frau kommt. Um jedes Missverständnis zu vermeiden, stellt der Apostel neben die einschränkenden Anweisungen an die Frau sofort wieder die geistliche Wirklichkeit der Gleichrangigkeit von Mann und Frau und ihrer gegenseitigen Abhängigkeit. Die Kopfbedeckung für die Frau in der Gemeindeversammlung fordert der Apostel hier also nicht, weil er sie als theologische Notwendigkeit zur korrekten Darstellung einer geistlichen Wahrheit ansieht, sondern weil er die korinthischen Frauen ermahnen will, ihre Freiheit in Christus nicht auf Kosten der

249 Im Rahmen dieser Arbeit soll nicht näher auf die verschiedenen Verständnismöglichkeiten eingegangen werden.

250 Solche „Boten" konnten möglicherweise sogar *gynaikonomoi* sein, die gerade bei religiösen Veranstaltungen die Bekleidung der Frauen überprüften (Winter 2003, 86–87).

Liebe und Rücksicht auszunutzen und damit zu einem Hindernis für das geistliche Leben der Gemeinde werden zu lassen. Der abschließende Bezug des Apostels auf die Schicklichkeit (V. 13) weist noch einmal darauf hin, dass diese Rücksicht sich auf den Bereich des kulturellen Empfindens bezieht.

Will man nun die Anweisungen des Apostels Paulus für heutige Leser oder Hörer auslegen, so muss man sich vor allem darüber klar sein, dass sie in verschiedenen Kulturen auf ein sehr unterschiedliches Verständnis stoßen werden. In manchen Kulturen werden sie genau so verstanden, wie die ursprünglichen Hörer sie aufnahmen: als Befreiung und Ermutigung der Frau zum geistlichen Dienst und als Hilfe, diesen so zu tun, dass das kulturelle Empfinden von Männern und Frauen dabei nicht mit Füßen getreten wird.[251] In anderen aber, wie den westlichen Kulturen, in denen ein völlig anderes soziales Empfinden vorherrscht, kann eine möglichst wörtliche Übertragung und Umsetzung dieser Anweisungen nur auf kulturelles Unverständnis stoßen und die ursprüngliche Absicht des Apostels Paulus eher verdunkeln als erfüllen. Fragt man nun, wie die Gemeinde Jesu in der heutigen westlichen Welt mit diesen Anweisungen umgehen soll, so ist es verständlich, dass auch hier wieder heftige Debatten unter evangelikalen Auslegern stattfinden. In dem Ringen um das rechte Verständnis sind dabei in der westlichen Welt in den letzten vier Jahrzehnten die bekannten grundlegenden Fragen zum angemessenen Schriftverständnis aufgekommen, die in Deutschland ebenso wie in den USA den Keim einer erneuten Spaltung des ohnehin zersplitterten konservativen theologischen Lagers in sich tragen. Dabei geht es an dieser Stelle vor allem um die Frage, wie man zeit- und kulturgebundene ethische Anweisungen von zeitlosen unterscheidet.[252]

Dabei sind sich die meisten Ausleger darin einig,[253] dass man dem in diesem Text ausgesprochenen Anliegen des Paulus heute in einer westlichen Kultur keinesfalls gerecht würde, wenn man darauf bestünde, dass Frauen im Gottesdienst eine Kopf-

---

251 So schreibt eine Christin, die in einer muslimischen Umgebung lebt: „Das Leben in einer muslimischen Umgebung half mir, die neutestamentlichen Texte über die Frau zu schätzen. Zum Beispiel verstand ich die Ermahnungen bezüglich des unbedeckten und aufgelösten Haares der Frau besser und auch die Notwendigkeit des Anstandes" (Love 2000, 210).

252 Repräsentativ für die Diskussion an dieser Stelle unter konservativen evangelischen Theologen sind die Beiträge des 2. Gipfeltreffens des *International Council on Biblical Inerrancy* 1982 in *Hermeneutics, Inerrancy, & the Bible* (Radmacher und Preus 1984), vor allem die Diskussion zwischen J. Robertson McQuilkin, George W. Knight und Alan F. Johnson zum Thema „Problems of Normativeness in Scripture: Cultural versus Permanent" (S. 219–282).

253 Ausnahmen stellen in diesem Zusammenhang S. Foh mit ihrem Beitrag „A Male Leadership View" in dem Buch *Women in Ministry. Four Views* (Clouse und Clouse 1989, 87) und W. MacDonald in seinem *Believer's Bible Commentary* dar (MacDonald 1990, 602).

bedeckung tragen sollten. Diese Verhaltensweise würde nicht mehr ihren ursprünglichen Sinn erfüllen, auf angemessene Weise den Respekt der Frau vor dem Mann auszudrücken, sondern vielmehr Unverständnis und das Empfinden von kultureller Fremdheit hervorrufen, das auf Besucher der Gemeinde eine eher abschreckende als anziehende Wirkung hätte.

Kontroverser wird die Debatte, wenn es um die Bedeutung der Begründung geht, die Paulus für diese Anweisung anführt. Hier ist die Erfassung der ursprünglichen Absicht des Apostels deshalb besonders schwer, weil er in diesem Zusammenhang eine allgemeine Aussage über das Geschlechterverhältnis formuliert, die er aus der Schöpfung begründet (V. 3.8.9.).

Bei ihrer Auslegung kommt der Deutung des griechischen Wortes *kephale* für „Haupt" ein besonderes Gewicht zu: Wird diesem Begriff, unabhängig von dem Zusammenhang der Argumentationsführung des Apostels, als Hauptbedeutung der Aspekt der Autorität zugedacht, so kann man nachvollziehen, wie diese Verse für viele Ausleger eine „hierarchische Schöpfungsordnung" für Mann und Frau begründen, nach deren Vorgabe sie dann Genesis 2 auslegen und alle anderen Texte, die dieses Thema berühren. Bedenkt man jedoch den biblischen Gesamtzusammenhang bis hierher, das Gesamtkonzept des Apostels über den Dienst der Frau und vor allem den Argumentationsverlauf des Apostels an dieser Stelle, so wird deutlich, dass es dem Apostel hier nicht um die Etablierung eines gottgewollten Herrschafts- und Unterordnungsverhältnisses geht, sondern um die Klarstellung der Verhältnisse nach der für die römische Kultur so wichtigen Kategorie der Ehre. Aus der Reihenfolge der Erschaffung von Mann und Frau leitet Paulus eine Vorrangstellung des Mannes ab, die erklärt, dass die Frau ihm als dem Erstgeschaffenen von beiden Geschlechtern Ehre schuldig ist.

Diese Argumentation wird in einer Ehrenkultur, in der dem Erstgeborenen einer Familie besondere Ehre zukommt, gut verstanden. Was aber bedeutet das in unserer Kultur und Zeit? Zahlreiche Ausleger gehen davon aus, dass diese Argumentation in einer Kultur, in der die Ehre des Mannes nicht mehr direkt an das Verhalten der Frau gebunden ist, hinfällig geworden ist. Dann aber müsste die Tatsache übergangen werden, dass Paulus offensichtlich einen zeitlosen Grund dafür sah, dass die Frau dem Mann die gebührende Ehre schuldete.[254] Nimmt man die grundsätzliche Argumentation an dieser Stelle jedoch ernst, so muss man feststellen, dass Paulus von einer

254 Westfall betont allerdings in diesem Zusammenhang, dass man aus der grundsätzlichen Begründung einer praktischen Anweisung nicht zwingend schließen kann, dass deren Aussage ebenso grundsätzlich und universal-normativ sein muss (2016, 62).

Vorrangstellung des Mannes ausgeht, die der eines Erstgeborenen in einer Geschwisterreihe gleicht. Wenn auch die Stellung des Erstgeborenen in der Familie in einer westlichen Kultur nicht mehr so herausgehoben ist wie zur Zeit des Apostels Paulus, prägt sie doch bleibend das Verhältnis zu den nachgeborenen Geschwistern. Bedenkt man nun noch die Erkenntnis der Biologie und Entwicklungspsychologie, dass der Mann vor der Frau den erwähnten biologisch bedingten „natürlichen Autoritätsvorsprung" (Lenz 2003, 45) hat, so muss angenommen werden, dass dieser Vorsprung ein Teil seiner Identität und seines Selbstwertgefühls ist, den er nicht verleugnen kann und darf.[255] Dass er diesen seit dem Sündenfall unter Gottes Erlaubnis zu einer Herrschaft über die Frau ausgenützt hat, ist verständlich, entspricht aber nicht Gottes Schöpferwillen. Nur so kann auch der Männlichkeitswahn und das am Verhalten der Geschlechter festgemachte überzogene Ehrgefühl des Mannes in den Mittelmeerkulturen von damals und bis heute erklärt werden. Der Apostel Paulus spricht mit seinen Anweisungen in diese Problematik hinein. Dabei weist er in einer Situation, in der sich der Frau aufgrund ihrer Gleichrangigkeit und Würde in Christus in der Gemeinde nie gekannte Möglichkeiten zu einem öffentlichen Dienst auftun, auf die Wichtigkeit der Ehre des Mannes hin. Dieser muss im Ausleben des neugewordenen Verhältnisses der Geschlechter in Christus vieles von seinem sündigen Ehrverständnis ablegen und auch sein Ehrgefühl nach dem Vorbild Christi umgestalten lassen. Dabei ist es wichtig, dass die Frau ihn weiterhin respektiert und nicht durch ihre Haltung beschämt oder demütigt.

Von verschiedenen Ausgangspunkten aus gilt dies für alle Kulturen. Hält sich die Frau in einer falsch verstandenen Freiheit nicht daran, so wird der Geschlechterkampf auch in der Gemeinde immer wieder aufbrechen und das Wachstum und Zeugnis der Gemeinde hindern. Nur wenn er sich in seiner männlichen Ehre nicht bedroht fühlt, hat der Mann die Freiheit, die Frau auch in der Gemeinde in eine Stellung der Gleichrangigkeit zu heben und in Partnerschaft mit ihr seinem Herrn zu dienen, ohne ihre Konkurrenz oder Machtkämpfe fürchten zu müssen. Allerdings darf er dabei nicht

255 Dabei sind die durchschnittliche Körpergröße und -kraft genauso zu nennen wie die signifikanten durchschnittlichen Unterschiede in bestimmten Denk- und Wahrnehmungsprozessen, die durch vorgeburtliche hormonale Einflüsse auf das sich entwickelnde Gehirn bedingt sind und dem Mann ein mehr systematisierendes Denken nahe legen im Vergleich zu dem mehr ganzheitlichen der Frau. Dazu kommt ein signifikant größeres Aggressionspotenzial des Mannes sowie ein größeres Durchsetzungsvermögen und Wettbewerbsdenken. Zu einer genauen Darstellung der entsprechenden Forschungsergebnisse wird auf die in diesem Zusammenhang bereits erwähnten Werke verwiesen (Maccoby und Jacklin 1974, Maccoby 1998, Baron-Cohen 2004, Hines 2004, Bischof-Köhler 2004) sowie auf Hiestand (2017, 101–118).

vergessen, dass die Frau ein von Gott gegebenes Recht hat, die ihr vom Heiligen Geist gegebenen Gaben auch in der Gemeinde zu nutzen, und dass er vor Gott die Verantwortung dafür trägt, wenn er ihr um seiner Ehre willen dieses Recht schmälert.

Die nächste Anweisung des Apostels an die Christen in Korinth, die das Verhalten der Frauen in der Gemeindeversammlung einschränkt, findet sich wenige Kapitel später in 1. Korinther 14,34–35. Der Apostel ist bis zu dieser Stelle in seiner Gedankenführung im Kontext der Gemeindeversammlungen geblieben: Er hat einen Missbrauch in der Handhabung des „Mahles des Herrn" korrigiert (1Kor 11,17–34), über die verschiedenen Geistesgaben gesprochen, die den Gliedern der Gemeinde „zum allgemeinen Nutzen" verliehen wurden, und zwar jedem persönlich nach dem Willen des Heiligen Geistes (1Kor 12,1–11). Er hat erklärt, wie diese dem einen Leib, der Gemeinde, zugute kommen, wenn alle Glieder sich in ihrer Unterschiedlichkeit nicht zerstreiten, sondern ergänzen und gegenseitig helfen (1Kor 12,12–31). Dazu hat er ihnen den alles übertreffenden Weg der Liebe gewiesen (1Kor 13).

Unmittelbar vor seinen Anweisungen an die Frauen vergleicht Paulus zwei Geistesgaben miteinander, die in der Gemeindeversammlung in Korinth eine große Rolle spielten: das Weissagen (*propheteuo*) und die Zungenrede (*laleo glosse*) (14,1–25). Dabei macht er stets deutlich, worum es in der Gemeindeversammlung vor allem geht: die Gemeinde soll geistlich erbaut werden (14,3.4.5). Dazu muss jeder verstehen, was gesagt wird. In diesem Zusammenhang gibt der Apostel dem Leser eine gute Zusammenfassung dessen, was er unter Weissagen versteht: Es war ein Reden für die Menschen (14,3), für die Gläubigen der Gemeinde in erster Linie (14,22), das zur Ermahnung und zum Trost dienen sollte und dadurch zur Erbauung der Gemeinde (14,4), aber auch hilfreich war für Ungläubige (14,22–25), die es überführen und zu Gott hinführen würde (14,24–25). Paulus zieht das Weissagen einem anderen wichtigen Element des korinthischen Gottesdienstes, der Zungenrede, vor, da diese zwar erbauend ist für den, der sie praktiziert (14,4), aber nicht für die Gemeinde, die das so Gesagte nicht versteht, es sei denn, es sei ein Übersetzer da (14,5.23).

Es wird also deutlich, dass die Versammlungen der korinthischen Gemeinde sehr partizipativ abliefen: viele Gläubigen beteiligten sich und dienten einander mit erbauenden Worten. Allerdings scheinen sie auch von einem gewissen Chaos geprägt gewesen zu sein, in das der Apostel im Folgenden ordnend eingreift. Er geht davon aus, dass jeder der Gemeindeglieder etwas zur Erbauung aller beiträgt: einen Psalm, eine Lehre, eine Zungenrede, eine Offenbarung, eine Auslegung. Paulus' Anliegen dabei ist es, dass alles zur Erbauung aller dient (14,26). Dazu muss aber eine gewisse Ordnung eingehalten werden: Bei der Zungenrede sollen nur zwei bis drei reden, und zwar nicht gleichzeitig, sondern hintereinander, und es soll ein Ausleger da sein (V. 27–28).

Auch beim Weissagen muss Ordnung herrschen: Nur zwei oder drei sollen weissagen, die anderen sollen es beurteilen (14,29). Hier wird also die Gemeinde zur Prüfung jeder Weissagung aufgefordert. Damit fordert Paulus zu einer Handlungsweise auf, die unter den Juden ohnehin üblich war und die in der Apostelgeschichte von der Gemeinde in Beröa lobend erwähnt wird (Apg 17,10–11): die Gläubigen sollen mündige Geschwister sein, die unter der Leitung des Heiligen Geistes gemeinsam um die rechte Verkündigung ringen. Auch für die Weissagung gilt, dass immer nur einer reden soll, damit sie allen zugute kommt (14,31), auch soll keiner zu lang reden, sondern jeder soll so diszipliniert sein, dass er aufhören (*sigao*) kann, wenn ein anderer etwas sagen möchte, damit Gottes Wesen entsprechend Ordnung und Frieden herrscht „wie in allen Gemeinden der Heiligen" (14,31–33).

An dieser Stelle setzt nun die Anweisung an die Frauen ein, die für alle Gemeinden gilt (14,34): Sie sollen schweigen (*sigao*).[256] Dieser Befehl wirkt sehr allgemein und umfassend. Die Forderung eines absoluten Schweigens der Frauen in der Versammlung an dieser Stelle stünde aber im Widerspruch zu vielem, was der Apostel vorher gesagt hat. Wenige Verse vorher sprach er noch davon, dass jeder in der Gemeinde etwas zur Erbauung aller beizutragen hat (V. 26). Dass dabei auch die Frauen einbezogen waren, hatte er ja gerade in 1. Korinther 11,5 klargestellt. Was aber meint der Apostel dann mit den Versen 34–35? Hierzu hat es in der Literatur eine Unzahl von Lösungsvorschlägen gegeben, von denen A. Kuen zusammenfassend feststellt: „Keine Lösung ist vollkommen zufriedenstellend; beim derzeitigen Stand unserer Erkenntnisse kann man nur Hypothesen aufstellen, die nicht unbedingt überzeugen, und auf den Tag warten, an dem wir erkennen werden, wie Gott uns erkannt hat" (Kuen 1998, 157).[257]

---

256 J. T. Bristow weist an dieser Stelle darauf hin, dass der Apostel mit der Wahl von *sigao* für „schweigen" das Wort gewählt hat, das am ehesten ein Schweigen ausdrückt, um das man mitten im Geschrei und Chaos bittet (Bristow 1988, 62–63). In der Apostelgeschichte wird zum Beispiel dieses Wort benutzt, als Petrus aus dem Gefängnis kommt und die aufgeregte Gemeinde zur Ruhe mahnt, um ihnen die Geschichte von seiner Befreiung erzählen zu können (Apg 12,17).

257 A. Kuen gibt eine hilfreiche Übersicht über verschiedene Lösungsversuche (Kuen 1998, 158–174). Insgesamt teilt er diese nach M. Radloff in vier Gruppen auf (Kuen 1998, 158): 1. Diejenigen, die 1Kor 14,34–35 als späteren Einschub in den biblischen Text durch einen Abschreiber beurteilen. So urteilt zum Beispiel G. Fee in seinem Kommentar zum 1. Korintherbrief (1991, 699), ebenso Payne in seiner Monografie zur Stellung von Mann und Frau in den Paulusbriefen (2009, 227–253). 2. Diejenigen, die diese Aussagen als Zitate aus dem Mund von Gemeindegliedern in Korinth sehen, zum Beispiel von Judaisten. So erklärt G. Bilezikian sich den Sachverhalt (1990, 147–153). 3. Diejenigen, die diese Verse als für alle Zeit wegweisende Norm

Berücksichtigt man den Zusammenhang dieser Anweisung, so muss man davon ausgehen, dass sie kein theologisch begründetes grundsätzliches Verbot an Frauen aller Kulturen und Zeiten sein kann, im Gottesdienst ihre Stimme zu erheben. Es geht hier um den ordentlichen Ablauf der Gemeindeversammlung, in der Frauen sehr wohl mitreden sollten. Offenbar war das Reden der Frauen, das Paulus hier anspricht, aber nicht angemessen (V. 34). Deshalb sollten sie es unterlassen und sich unterordnen. Was genau das Problem war, wussten der Apostel und seine Hörer. Für den heutigen Leser ist es nur schwer zu rekonstruieren. Wem die Frauen sich hier unterordnen sollten, sagt der Apostel nicht. Es könnten ihre Männer gemeint sein oder auch ihr Einordnen in den Ablauf oder die Ordnung der Versammlung. Auch auf welches Gesetz Paulus sich in Vers 34 bezieht, ist nicht zu klären. Im Alten Testament gibt es kein spezifisches Gesetz, das man hier anwenden könnte (Kuen 1998, 165–166).[258] Schlüsselworte zur Erhellung der Sachlage sind meines Erachtens die Worte „lernen" und „fragen" in Vers 35. Sie zeigen, dass das Reden der Frauen etwas mit ihrer Lernbegier zu tun hatte, die sie möglicherweise wegen ihres großen Wissensrückstandes durch häufige Verständnisfragen zum Ausdruck brachten, womit sie den

für das Verhalten von Frauen im Gottesdienst auslegen und entsprechend 1Kor 11,5 als Ausnahme von dieser Regel einordnen. So sagt W. Neuer: „1Kor 14,34f spricht also ein totales Redeverbot für Frauen in der gottesdienstlichen Gemeindeversammlung aus" und überlegt weiter: „Dies ist dann kein Widerspruch zu 1Kor 11, wenn Paulus das Beten und Weissagen der Frauen auf häusliche Gebetsversammlungen oder Teilversammlungen der Gemeinde bezieht" … (Neuer 1993, 109). 4. Diejenigen, die das von Paulus geforderte Schweigen nicht als absolutes Schweigen verstehen, sondern als Regelung, die sich auf besondere Situationen oder Funktionen beschränkt. Eine zunehmende Zahl von Auslegern beziehen beispielsweise das Redeverbot lediglich auf die Teilnahme der Frauen an der Beurteilung der Weissagungen, und begründen dies damit, dass eine solche Beurteilung der Ausübung einer Herrschaft über die Männer gleichkäme, deren prophetische Rede sie bewerten würden. So denken zum Beispiel A. Kuen (1998, 171–174), A. Carson (1991, 151–153), K. Riebesehl (2004, 30), H. Hempelmann (1997, 44–46) und Neuenhausen (2018, 70). Für andere Ausleger betrifft das Redeverbot ein „Dazwischenreden", das den Gottesdienst stört, so zum Beispiel bei J. T. Bristow (1988, 62–66), oder ist beschränkt auf das Zungenreden (Kuen 1998, 170). Die Althistorikerin C. Kroeger weist in diesem Zusammenhang auf das interessante Phänomen des „heiligen Geschreis" der *olylygia*, von Frauen in den ekstatischen Kulten der Gottheiten Kybele und des Dionysos als Möglichkeit einer störenden Geräuschkulisse hin (Kroeger 1987, 29).

258 Manche Ausleger setzen hier das Strafwort Gottes an die Frau nach dem Sündenfall als Gesetz ein, so zum Beispiel H. Hempelmann (Hempelmann 1997, 41), andere denken an einen Bezug auf die generell übliche Unterordnung der Frau unter den Mann unter dem Gesetz oder das gleichlautende allgemeine Ideal der Antike (Keener 1992, 87), wieder andere an das römische Gesetz oder eine entsprechende rabbinische Vorschrift. Siehe dazu A. Kuen 1998,166. J. Bristow bezieht das Wort auf das „Gesetz der Liebe", dem die Frauen sich freiwillig unterordnen (*hypotassomai*) sollen (Bristow 1988, 65).

Ablauf der Versammlung unterbrachen. Dies konnte wiederum von manchen Ehemännern als beschämend empfunden werden oder auch für Besucher der Gemeinde ein Anstoß sein.[259] Paulus weist die lernbegierigen Frauen an, doch lieber daheim ihre Männer zu fragen, die in der Regel einen Wissens- und Verständnisvorsprung hatten (Keener 1997, 8, und 2005, 161–171). Der Apostel setzt hier die Willigkeit der Ehemänner voraus, mit ihrem Bildungsvorsprung ihren Frauen zu helfen, Wissenslücken aufzufüllen. Dieser Gedanke war nicht ungewöhnlich, auch der Philosoph Plutarch empfahl Ehemännern, ihren Frauen zu Bildung zu verhelfen und so zu ihrer Tugendhaftigkeit beizutragen (Keener 1997, 85). Paulus schließt den Abschnitt ab, indem er die Gemeinde nochmals an sein Hauptanliegen erinnert (V. 39–40): Die Geistesgaben sollen zur Erbauung der Gemeinde in den Versammlungen eingesetzt werden und dabei soll „alles anständig und ordentlich zugehen“. Diese Betonung muss Ausleger darauf hinweisen, dass man das Schweigegebot an die Frauen nicht aus diesem Kontext herauslösen darf:

Ihr Verhalten sollte den geordneten und der Erbauung dienenden Ablauf der Versammlung nicht unterbrechen. Ein solches angemessenes Verhalten war für sie, die es nicht gewöhnt waren, an öffentlichen Lehrveranstaltungen anwesend zu sein und sich gar beteiligen zu dürfen, nicht selbstverständlich, sondern musste eingeübt werden.

Will man diese Anweisungen des Paulus nun für den heutigen Leser auslegen, so muss bedacht werden, dass die ihnen zugrunde liegenden Voraussetzungen in vielen Kulturen, die in unserer Zeit erstmals mit dem Evangelium erreicht werden, genauso gelten. Die Frauen sind in vielen Kulturen noch wenig oder gar nicht gebildet und es auch nicht gewöhnt, in öffentlichen Veranstaltungen still zu sitzen und zuzuhören.[260] In solchen Kulturen ist die Anweisung des Apostels hochaktuell und hilft zur

---

259 C. Keener weist darauf hin, dass es in der griechisch-römischen Welt unanständig war, wenn man einen Vortragenden mit Fragen belästigte, die irrelevant oder wenig durchdacht waren (Keener 1992, 82). Das folgende Zitat des griechischen Philosophen Plutarch aus dem ersten Jahrhundert über Zuhörer, die öffentliche Redner belästigen, macht dies deutlich: „Denn … sie sind nicht bereit, sich selbst Mühe zu geben, dafür machen sie dem Redner Mühe dadurch, dass sie immer wieder diesselben Fragen stellen, wie Vögel, die noch nicht flügge sind …, die danach verlangen, alles vorgefertigt und vorverdaut zu erhalten“ (Keener 1992, 82).

260 Das galt zum Beispiel auch für die Tutunakú, unter denen ich tätig war: Die Versammlungen der Gemeinde waren für die Frauen die ersten Gelegenheiten, still zu sitzen und Lehre aufzunehmen, während die Mehrzahl der Männer bereits solche Erfahrungen kannte und auch ein wenig mehr Bildung hatte. Dabei war das Verhalten der Frauen, die ihre Kinder bei sich hatten, bei aller Begeisterung für das Evangelium oft durchaus nicht hilfreich für eine erbauende und lernfördernde Atmosphäre. Auch in den Frauenstunden war es nicht selbstverständlich, dass immer nur eine reden konnte. Auch beim gemeinsamen Gebet spra-

Ordnung des Gottesdienstes wie damals. In anderen Kulturen ist der Bezugsrahmen jedoch inzwischen ein anderer. Dort ist der Bildungsstand der Frauen dem der Männer gleich, sie können Vorträgen konzentriert folgen und wissen sich der Ordnung einer Gemeindeversammlung einzuordnen. Wollte man nun aus Gründen einer möglichst wörtlichen Bibelauslegung ein Schweigen der Frauen im Gottesdienst als zeitlose Norm fordern, so müsste sofort gefragt werden, warum dann nicht auch alle anderen in diesem Kapitel erwähnten Anweisungen für die Gemeindeversammlung in gleicher Weise als zeitlos normativ zu übernehmen und wörtlich zu befolgen sind.[261]

Die Anweisungen an Timotheus: 1Tim 2,1–15. Die im Kontext des heutigen Verständnisses am meisten umkämpfte Anweisung schrieb Paulus[262] an seinen vertrauten Mitarbeiter Timotheus im Blick auf dessen Dienst in der Gemeinde von Ephesus. Diese enthält das einzige ausgesprochene biblische Verbot des Lehrens von Frauen in der Gemeindeversammlung (Keener 1992, 101), und ihre unterschiedlichen Auslegungen bilden heute das „Herz der Debatte" über den Dienst der Frau in der Gemeinde (Kuen 1998, 186).[263] Dabei geht es vor allem wieder um die Frage, ob Paulus diese Anwei-

---

chen anfangs alle ihre Gebete laut vor sich hin. J. Bristow erinnert an die Erzählungen der Missionarin Kari T. Torjesen Malcolm, die als Missionarskind in China aufwuchs. Auch die Frauen in den chinesischen Gemeinden der 1920er Jahren hatten vorher niemals an öffentlichen Versammlungen teilgenommen und verstanden diese als Gemeinschaftsfest, bei dem jeder reden konnte. Bristow zitiert: „... Sie dachten, dies sei die Gelegenheit, um im Gespräch mit den Nachbarn die letzten Neuigkeiten auszutauschen und um Fragen zu stellen zu den Geschichten von Jesus, die sie gerade hörten ... die Frauenseite wurde ziemlich laut! ... Während meine Mutter immer wieder geduldig versuchte, die Frauen zum Zuhören zu bringen ... murmelte sie vor sich hin: ‚wie in Korinth!'" (zitiert in Bristow 1988, 64). Und aus einem muslimischen Land schreibt eine Beobachterin in heutiger Zeit: „Nachdem ich Versammlungen mit Frauen hinter den Trennungswänden von Moscheen beobachtet hatte, verstand ich, warum Paulus die Frauen ermahnt, in aller Stille zu lernen" (Love 2000, 210).

261 Gerade in Kreisen, denen die Treue zur Schrift ein besonderes Anliegen ist, muss nach der hermeneutischen Berechtigung gefragt werden, mit der man die hier beschriebenen Gaben der Weissagung und der Zungenrede und die beschriebene Gottesdienstform mit der Partizipation der ganzen Gemeinde so leicht durch andere Elemente und Gottesdienstformen ersetzen kann, während allein das Schweigegebot für die Frauen als normativ für alle Zeiten gelten soll.

262 Die Verfasserin geht von der Autorenschaft des Apostels Paulus für beide Timotheusbriefe aus, ein näheres Eingehen auf die theologische Debatte an dieser Stelle würde den Rahmen dieser Arbeit sprengen.

263 Bei der Überarbeitung dieses Buches für die zweite Auflage fällt mir auf, dass das „Herz der Debatte" sich vom Lehrdienst der Frau vielfach auf den Leitungsdienst im Sinn ihrer Mitarbeit im Ältestenkreis der Gemeinde verlegt hat.

sungen als kategorisches Lehr- und Leitungsverbot für die Frau aussprach oder als Anweisung für eine spezifische Situation. Noch grundsätzlicher steht dabei die Frage im Raum, ob die Briefe des Paulus an Timotheus insgesamt als „zeitlose Gemeindeordnung" geschrieben wurden, wie man aus 1Tim 3,15 ableiten kann,[264] oder als Hilfe für die Handhabung einer besonderen Situation in der Gemeinde von Ephesus (Clark Kroeger 1992, 43–45), wie aus Versen wie 1Tim 1,3–7.18–20 anzunehmen ist.[265] Beide Anliegen kommen im 1. Timotheusbrief zum Ausdruck und dürfen nicht getrennt gesehen werden: Paulus gibt grundlegende Anweisungen zur Ordnung der Gemeinde. Dies tut er allerdings aus dem spezifischen Anlass, dass Irrlehrer in die Gemeinde eingedrungen sind, die es abzuwehren gilt. Trennt man die Anweisungen von der Situation vor Ort ab, können sie grundsätzlich missverstanden werden. Will man nun die ursprüngliche Absicht des Apostels bei seinen Anweisungen an die Frauen in diesem Zusammenhang erfassen, so kann dies nur geschehen, indem man sie wiederum konsequent an ihren heilsgeschichtlichen Ort und in das theologische Grundverständnis des Apostels zu Stellung und Dienst der Frau einordnet und sie gleichzeitig in dem soziokulturellen Umfeld und der speziellen Situation vor Ort versteht, in die hinein sie gegeben wurden.

Der unmittelbare Kontext ist wieder, wie bereits im 1. Korintherbrief, die Gemeindeversammlung. Männer und Frauen sollten sich in diesem Kontext so verhalten, dass ihre geistliche Würde zum Ausdruck kam und gleichzeitig ihre Ehre in der Gesellschaft nicht kompromittiert wurde, sonst würde die Gemeinde ihre Zeugniskraft verlieren, und die Ausbreitung des Evangeliums würde gehindert. Offenbar entsprach das Verhalten der Frauen weder in Korinth noch in Ephesus ganz diesem Anliegen, sie hatten in ihrem Eifer und ihrer Begeisterung offenbar Grenzen des Anstandes überschritten. An beiden Orten fielen sie durch auffälliges und als störend empfundenes Reden in der Versammlung negativ auf. Deshalb musste der Apostel dieses Verhalten in Schranken weisen, obwohl er den Dienst seiner Mitarbeiterinnen an anderen Stellen so lobend erwähnte und mit Sicherheit nicht unterbinden wollte. So gibt es bei den Anweisungen an die Frauen der Gemeinde in Ephesus deutliche Parallelen zu denen in 1Korinther 11 und 14. B.Witherington nennt die Argumentation des Apostels in 1Tim 2,8–15 die „Modifikation eines gleichartigen Argumentes … zugeschnitten auf

264 Ein solches Verständnis wird zum Beispiel bei D. Moo (1991, 180), S. Foh (1989, 80) und G. W. Knight III (1977, 29–30) direkt ausgedrückt, bei anderen Auslegern, wie z. B. bei K. Riebesehl (2004, 32) impliziert. Siehe dazu auch den Beitrag von Poythress (2006, 233–242).

265 Davon gehen zum Beispiel D. Scholer (1986, 199), C. Keener (1992, 111) und das Ehepaar Clark Kroeger (1992, 23) aus. Siehe auch Belleville (2005, 205–208), Payne (2009, 319–335), Hardmeier (2013, 153), Westfall (2016, 279–315) sowie Braun (2019, 204–213).

eine spätere und unterschiedliche Situation“ (Witherington 1990, 191). Wenn nun an die Frauen von Ephesus zusätzlich zu der Ermahnung, in Stille und Unterordnung zu lernen, auch noch ein sehr kategorisch ausgesprochenes Lehrverbot des Apostels erging, so darf dieses von heutigen Auslegern keinesfalls unabhängig von diesem Zusammenhang theologisch überhöht und in jede Kultur unserer Zeit übertragen werden. Dieses Lehrverbot als zeitlose Vorschrift in einem für alle Zeiten zusammengestellten „Handbuch zum Gemeindebau“ zu verstehen, würde meines Erachtens das eigentliche Anliegen des Apostels an dieser Stelle nicht erfassen und zudem ein verzerrtes Bild von dem theologischen und missiologischen Gesamtkonzept des Apostels über den Dienst der Frau zeichnen. Vielmehr muss zur hermeneutischen Einordnung dieses nur an dieser Stelle ausgesprochenen Lehrverbotes die ursprüngliche Absicht des Paulus damit möglichst genau erfasst werden.

Dabei spielt zum einen die beschriebene Gesamtsituation des Geschlechterverhältnisses im Römischen Reich eine Rolle, außerdem die Einschätzung der Aktivität des Lehrens und der Position des Lehrers in jener Gesellschaft.[266] Zusätzlich muss der besondere soziokulturelle und religiöse Hintergrund in Kleinasien betrachtet werden, und nicht zuletzt muss bedacht werden, dass Paulus den Brief an Timotheus in eine aktuell bedrängende Situation der Gemeinde in Ephesus hineinschrieb: Es waren Irrlehren eingedrungen, die inhaltlich mit der Stellung der Frau zu tun hatten und vor allem auf Frauen zielten.[267] Um das ursprüngliche Umfeld des paulinischen Lehrverbotes zu erfassen, soll zunächst auf den allgemeinen religiösen Hintergrund und die spezifische Situation der ursprünglichen Hörer(innen) in Ephesus eingegangen werden.

Die ganze Region von Kleinasien einschließlich der Insel Kreta hatte ein gemeinsames religiöses Erbe, das die Stellung und das Selbstverständnis der Frauen dort in besonderer Weise beeinflusste: Es gab eine lange orientalische religiöse Tradition, die sich vor allem um weibliche Gottheiten drehte. Gleichzeitig übte die griechische Philosophie einen tiefen Einfluss auf die Bevölkerung Kleinasiens aus (Clark Kroeger 1992, 43). Die Stadt Ephesus war bekannt als „Tor nach Asien“, durch das sowohl griechische als auch orientalische Kulturelemente hin- und herdrangen und sich miteinander vermischten (Clark Kroeger 1992, 49). Der religiöse Kult war vor allem geprägt durch die Verehrung der *Magna Mater*, der „Großen Mutter“, die in verschiedenen Regionen unterschiedliche Namen trug: Ma, Bellona, Kybele, Demeter und Artemis. Sie wurde als Mutter der Götter und Menschen verehrt, von der alles Leben herkam

266 Siehe dazu auch die Ausführungen von Karaman (2018, 157–160).

267 Siehe dazu auch Payne (2009, 296–304).

(Clark Kroeger 1992, 51.54). Der größte Tempel der Muttergöttin war in Ephesus, wo sie als Artemis oder auch mit ihrer römischen Bezeichnung als „Diana der Epheser" (Apg 19,27–28) angebetet wurde. Auch die ägyptische Göttin Isis verschmolz für die Epheser gelegentlich in ihrer Identität mit Artemis und wurde zur Gottheit Artemis-Isis (Clark Kroeger 1992, 108). Der Tempel der Artemis in Ephesus galt als eines der sieben Weltwunder der Antike. Frauen spielten als Priesterinnen und Kultprostituierte hier eine große Rolle. R. und C. Clark Kroeger schreiben zusammenfassend über das typische Kennzeichen der Religiosität in Ephesus: „Ephesus galt als Bastion der weiblichen religiösen Überlegenheit" und weisen darauf hin, dass es wohl kein Zufall war, dass die Jungfrau Maria dort zuerst als *theotokos* (Gottesgebärerin) bezeichnet wurde, wo Artemis vorher den gleichen Titel getragen hatte (Clark Kroeger 1992, 54).

Als prägender Faktor für das allgemeine soziokulturelle und religiöse Klima in Ephesus wird aber auch der starke jüdische Bevölkerungsanteil genannt (Clark Kroeger 1992, 54). Durch den jüdischen Einfluss waren biblische Geschichten in Ephesus zum Allgemeingut der Gesellschaft geworden, die Juden selbst nahmen dabei aber auch viele heidnische und magische Elemente in ihren Glauben auf (Clark Kroeger 1992, 54–55). Im Rahmen dieser synkretistischen Vermischung kam es nicht selten zu Umdeutungen und Verzerrungen von biblischen Erzählungen. Clark Kroeger heben hervor, dass etwa die Geschichte von Adam und Eva vielfach verändert wurde, vor allem dahingehend, dass Eva zur Urheberin allen Lebens erhoben wurde und in ihrer Identität mit der Muttergöttin verschmolz als Quelle des Lebens, des Segens und der Erkenntnis für alle Menschen (Clark Kroeger 1992, 55.65.119.120.151.153).

Entstanden aus einer synkretistischen Mischung von jüdischem, orientalischem und griechischem Gedankengut breitete sich offenbar im ersten Jahrhundert eine Irrlehre aus, die eine Vorform des späteren Gnostizismus darstellte (Genfer Studienbibel 1999, 2019; Clark Kroeger 1992, 65–66). In ihr wurde die erwähnte Verzerrung der Schöpfungsgeschichte in unterschiedlichen Varianten aufgegriffen, und sie ging mit einer entsprechenden religiösen Erhöhung der Frau einher, die sich vor allem im Kult auswirkte, aber auch ihre gesellschaftliche Position allgemein hob (Clark Kroeger 1992, 60.74). So waren die Frauen in vielen religiösen Kulten Kleinasiens den Männern als Priesterinnen bis in die höchsten Ebenen gleichgestellt und hatten auch gesellschaftlich, vor allem in der Oberschicht, mehr Freiheiten, sich zu bilden und in öffentlichen Ämtern tätig zu werden (Clark Kroeger 1992, 74). Dennoch galten auch dort wie im übrigen Römischen Reich gleichzeitig die römischen Sittenideale und Sozialstrukturen, die in den entsprechenden Gesetzen festgeschrieben waren (Thraede 1972, 216; Winter 2003, 97). Für die Frauen dieser Region war nun die Spannung zwischen ihrem religiös motivierten höheren Selbstbewusstsein und den gesellschaftlichen

Erwartungen für ihr Verhalten entsprechend den strengen römischen Moralmaßstäben besonders spürbar, dic von der Frau vor allem Keuschheit, Schamhaftigkeit und die Unterordnung unter den Mann forderte (Thraede 1972, 216; Winter 2003, 99).

So nimmt es nicht Wunder, dass die jungen Gemeinden in Kleinasien[268] besonders anfällig waren für Irrlehren, die das religiöse Gedankengut der Umgebung mit der christlichen Lehre vermischten. Auch in Ephesus waren solche Irrlehren in die Gemeinde eingedrungen, die vor allem die Frauen beeindruckten. Die Elemente der Irrlehre, die Paulus in seinen Briefen an Timotheus erwähnt, lassen recht genau die Einflüsse der oben beschriebenen religiösen Situation wiedererkennen. Die Lehre enthielt viele „unheilige und altweiberhafte Legenden" (1Tim 1,4; 4,7), zumindest teilweise jüdischer Herkunft (Tit 1,10.14),[269] und förderte die Beschäftigung mit „endlosen Geschlechtsregistern"[270] (1Tim 1,4; Tit 3,9). Durch sie gab es in der Gemeinde „Gezänke um Worte", „unheilige, nichtige Schwätzereien"[271] und „Auseinandersetzungen über das Gesetz" (1Tim 1,4.6–7; 6,4–5; 2Tim 2,14.16.23; Tit 3,9.10). Die Irrlehrer gingen von Haus zu Haus, in Kreta brachten sie ganze Familien durcheinander (Tit 1,11), in Ephesus gewannen sie vor allem die „leichtfertigen Frauen" (2Tim 3,6). Inhaltlich lehrten sie „Betrug" (1Tim 4,2) in grundlegenden Lehrfragen, so zum Beispiel, dass die Auferstehung schon geschehen sei (2Tim 2,18), aber sie förderten auch einen ungöttlichen, unordentlichen Lebenswandel, der von asketischen Elementen durchsetzt war. Ein Heiratsverbot gehörte genauso dazu wie bestimmte Speiseverbote (1Tim 4,3). Mit der Erhebung der Ehelosigkeit zum geistlich erstrebenswertesten Stand waren die göttliche Ordnung in ihren Grundlagen verschoben und die Integ-

268 Siehe die Briefe des Paulus an die Kolosser und an seinen Mitarbeiter Titus in Kreta.

269 Das Ehepaar Clark Kroeger weist darauf hin, dass Frauen in Kleinasien als geübte und fähige Geschichtenerzähler bekannt waren. Sie hielten die alten religiösen Mythen lebendig, aber auch Fabeln gehörten zu ihrem Geschichtenrepertoire (Clark Kroeger 1992, 129.131). Inhaltlich seien diese Geschichten flexibel und vielfältig gewesen, die Rolle von Frauen sei vielfach besonders prominent dargestellt worden (Clark Kroeger 1992, 131). Dabei konnten theologische Lehren leicht verzerrt werden. Die jüdischen Mythen waren dabei vielfach verzerrte biblische Geschichten, vor allem die pervertierte Schöpfungsgeschichte, die in vielen Versionen im Umlauf war (Clark Kroeger 1992, 64.65.128). Grundsätzlich wurde später gnostisches Gedankengut vor allem in „mythologischer Verkleidung" weitergegeben (Drane 1996, 735).

270 R. und C. Clark Kroeger zeigen auf, dass in der späteren Gnosis die Kenntnis der eigenen Herkunft eine wichtige Rolle zur Erlangung des Heils spielte. Hier könnte eine Vorform dieses Gedankengutes angesprochen sein (Clark Kroeger 1992, 110–111).

271 Clark Kroeger weisen darauf hin, dass sich die gnostischen Schriften in der Tat durch unsinnige, sich wiederholende Silben und Sprüche auszeichnen, und fassen den Befund zusammen: „Mit Sicherheit ist Unsinn eines der Merkmale der Gnosis" (Clark Kroeger 1992, 61).

rität von Ehe und Familie aufs Spiel gesetzt.[272] Dies war nicht nur ein Angriff auf die gesunde christliche Lehre und Ethik, sondern auch auf die zentrale soziale Einheit des römischen Staates. Wurde das in der Öffentlichkeit bekannt, so bedeutete dies höchste Gefahr für den Ruf und die Sicherheit der Gemeinde Jesu in Ephesus. Die Irrlehren hatten offenbar bereits Auswirkungen auf junge Witwen in der Gemeinde, die sich „schon abgewandt" hatten, „dem Satan nach" (1Tim 5,15): Paulus beschreibt sie als solche, die „begehrlich" geworden waren, „faul, geschwätzig und neugierig", und die „in den Häusern herumlaufen und Dinge reden, die sich nicht gehören" (1Tim 5,11–13). Offenbar stand auch zur Debatte, ob die Gemeinde im Rahmen ihrer Witwenfürsorge für deren Lebensunterhalt aufkommen musste (1Tim 5,3–16).

Die Anordnungen des Paulus an Timotheus müssen vor diesem Hintergrund gesehen werden. Er hatte Timotheus in Ephesus zurückgelassen, um die Ausbreitung dieser Irrlehren zu bekämpfen (1Tim 1,3). Bei seinem Abschied hatte er selbst die Ältesten der Gemeinde ausdrücklich zur Wachsamkeit vor ihnen gemahnt (Apg 20,29–31). Nun war es sein Anliegen, Timotheus den Rücken zu stärken im Kampf gegen die eingedrungenen Irrlehrer. Das wird schon an der Häufigkeit und Dringlichkeit deutlich, mit der er in beiden Timotheusbriefen immer wieder auf dieses Thema zurückkommt (1Tim 1,3–11. 18–20; 4,1–7.16; 6,3–5.20–21; 2Tim 2,14–18.23–26; 3,1–9.13; 4,3–4). Alle seine Anweisungen zur Gemeindeordnung im 1. Timotheusbrief dürfen nicht unabhängig von diesem übergreifenden Anliegen des Apostels gesehen und ausgelegt werden, ja sie sind geradezu von diesem Anliegen eingerahmt (1,3–11; 6,20–21). Dabei wird deutlich, dass es Paulus nicht nur um eine Verhaltenskorrektur einzelner, fehlgeleiteter Gemeindeglieder ging, sondern um die Wahrung des guten Rufes der Gemeinde vor den Augen der Außenstehenden (1Tim 3,7; 5,14; 6,1). Je mehr die Gemeinde wuchs, desto stärker war sie der öffentlichen Kritik ausgesetzt. Kritische Beobachtungen der Gemeindeversammlungen konnten sich rasch zu einem niederschmetternden Urteil über deren schädlichen Einfluss auf die Gesellschaft verdichten und Anlass geben zu negativen Gerüchten und hämischem Spott, der in der ehrenorientierten Gesellschaft seine zerstörerische Wirkung nicht verfehlen konnte.[273] Das wiederum konnte für viele zum Glaubenshindernis und nicht zuletzt ein Anlass für

272 Siehe dazu die Untersuchungen von Upson-Saia zur Diskussion um die Kleidung von Frauen, die sich der Askese verschrieben hatten (2011, 57–83).

273 Das Ausmaß solch zerstörerischer Kritik lässt die ausführliche apologetische Antwort des Kirchenvaters Origenes auf die Schmähungen des Celsus ahnen. Siehe *Origenes: Gegen Kelsos* (Koetschau 1986).

eine regelrechte Verfolgung der Gemeinde werden.[274] Die Betrachtung der paulinischen Anweisungen an die Frauen aus diesem Blickwinkel beeinflusst ihre Auslegung nicht unerheblich, denn wenn die Irrlehren deren Verhalten in den Versammlungen negativ beeinflussten, so gab das dem Apostel berechtigten Anlass, korrigierend einzugreifen. Dann aber wäre die Annahme, dass diese Anordnungen der „klarste Text" der Schrift zum Dienst der Frau in der Gemeinde oder der „Ausgangspunkt" der biblischen Lehre diesbezüglich für alle Zeiten und Kulturen sei, zu Recht in Frage zu stellen (Scholer 1986, 213).

Betrachtet man nun die Anordnungen im Einzelnen, so fällt zunächst auf, dass Paulus sie mit der Autorität des „Verkündigers, Apostels und Lehrers der Heiden im Glauben und in der Wahrheit" (2,7) ausspricht. Das gibt ihnen eine große Eindringlichkeit. Er beginnt mit einer Anweisung an die Männer. Sein einleitendes: „So will ich nun" erlaubt keinen Widerspruch. Die Männer der Gemeinde sollten an jedem Ort beten, und zwar „ohne Zorn und *dialogismos.*" Das im Deutschen oft mit „Zweifel" übersetzte Wort bedeutet eher „Streiterei, Wortgefecht". Damit ist ein direkter Bezug zu 1Tim 1,4.6 erkennbar und man muss vermuten, dass die Männer der Gemeinde an dieser Stelle von der Irrlehre betroffen waren und Korrektur brauchten. Die Ermahnungen an die Frauen werden nun mit dem gleichen Verb direkt angeschlossen. Es geht also um den gleichen Kontext der Gemeindeversammlung. Paulus korrigiert das Verhalten der Frauen an mehreren Punkten: zum einen ihre äußere Aufmachung (V. 9–10), zum anderen ihr Verhalten beim Lernen (V. 11) und schließlich ihr Auftreten als Lehrende (V. 12–15). Alle Anweisungen tragen das gleiche Gewicht. In ihnen kommt wieder das doppelte Anliegen des Apostels zum Ausdruck, dass alle Gemeindeglieder als gleichrangige Geschwister in Christus an den Versammlungen teilnehmen sollten, dass sie dies aber innerhalb der Rahmenbedingungen der vorherrschenden Gesellschaftsstruktur auf unanstößige Weise tun sollten. Dabei musste der Apostel wieder die Frauen besonders ermahnen, ihre Freiheit in Christus nicht zu missbrauchen und dadurch die sittlichen Maßstäbe der römisch-griechischen Welt

274 Hilfreiche Hinweise zum Verständnis solcher Zusammenhänge geben auch die Ausführungen und Zitate von Margaret MacDonald in ihrem Buch *Early Christian Women and Pagan Opinion* über Urteile und Anschuldigungen gegen die frühen Christen durch ihre ungläubigen Zeitgenossen mit den möglichen Folgen der Christenverfolgung durch die römischen Behörden (MacDonald 1996). Mir persönlich ist die Bedeutung der öffentlichen Meinung in einer für das Evangelium neu erschlossenen Gegend in einer schamorientierten Kultur aus eigener Erfahrung gegenwärtig. Unter den Tutunakú in unserem Arbeitsgebiet machten immer wieder rufschädigende Gerüchte über die Missionare und die Glieder der christlichen Gemeinde die Runde, die schamorientierten Menschen allen Mut zur Nachfolge nehmen und andere von der Gemeinde fernhalten konnten.

wie auch des Judentums zu verletzen (Scholer 1986, 201). Scholer bezeichnet dabei das Anliegen des Apostels um ein dezentes Äußeres der Frauen und ihre Unterordnung und Ruhe im öffentlichen Gottesdienst als „zwei Seiten einer Medaille in dem kulturellen Kontext des ersten Jahrhunderts, in dem die Herrschaft des Mannes und der Glaube an die Unterordnung und Minderwertigkeit der Frau selbstverständlich waren" (Scholer 1986, 202).

So beginnt V. 9 mit der Ermahnung, dass die Frauen sich in *katastole kosmio*, „würdigem Benehmen oder würdiger Haltung" (Gemoll 1920, 422) mit Scham und Besonnenheit schmücken sollten. Es ging also um ein „anständiges", unauffälliges Äußeres.[275] Paulus führt an, was nicht dazu gehörte: Haarflechten, Goldschmuck und Perlen oder aufwändige Kleidung. Ein auffallender äußerer Schmuck konnte in der römisch-griechischen Welt verschiedenes ausdrücken: Die Absicht, Männer zu verführen,[276] ein Zur-Schau-Stellen des eigenen Reichtums, um soziales Prestige zu gewinnen,[277] in jedem Fall aber wurde er im Zusammenhang mit dem römischen Ehrenkodex als Zeichen der mangelnden Bereitschaft der Frau gesehen, sich ihrem Mann unterzuordnen (Scholer 1986, 202; Barton 2001, 25). Eine demonstrative Darstellung von äußerem Schmuck war unter allen diesen Gesichtspunkten bei den sittenbewussten Autoren der griechisch-römischen und der jüdischen Literatur verpönt (Keener 1992, 104; Thraede 1972, 211.224; Winter 2003, 104). Dagegen setzt der Apostel nun das, „was sich ziemt für Frauen, die sich zur Gottesfurcht bekennen": gute Werke (V. 10). Damit forderte er die Frauen zu einem Verhalten auf, das im äußeren Erscheinungsbild den römischen und jüdischen Sittenidealen entsprach und in ihrem Tun

275 Für eine ausführliche Information aus außerbiblischen Quellen über die Erwartungen der Gesellschaft an dieser Stelle verweist Scholer auf seinen Artikel „Women's Adornment: Some Historical and Hermeneutical Observations on the New Testament Passages" in der Zeitschrift *Daughters of Sarah* 6 (1,1980), 3–6. Siehe dazu auch die Monografie von Kristi Upson-Saia zu diesem Thema (2011).

276 C. Keener stellt die Bedeutung dieses Aspektes heraus und führt zahlreiche antike jüdische und griechische Quellen an, die zum Ausdruck bringen, dass aufwändiger Schmuck und insbesondere Frisuren bei Frauen als Teil ihrer Verführungskunst angesehen wurden (Keener 1992, 104). Auch D. Moo betont diesen Aspekt (Moo 1991, 182). Dies kann für eine Zeit, in der die Frau vor allem als sexuelles Wesen gesehen wurde, gut nachvollzogen werden.

277 Diese Gewohnheit wird als Laster der römischen Matronen in der Antike vielfach angeprangert (Keener 1992, 104). Dem Vergnügen der Frauen an Prunk und Angeberei wurde durch die Gesetze des Oppius schon 215 v. Chr. ein Riegel vorgeschoben, aber später strebten die Römerinnen wieder mit kostbarer Kleidung und teuren Wagen nach sozialem Prestige (Pomeroy 1985, 271. 276–278). Zeitgenössische Philosophen sprachen sich in diesem Zusammenhang heftig gegen die übertriebene äußere Aufmachung von Frauen oder jungen Mädchen aus (Keener 1992, 104).

die Liebe Christi zum Ausdruck brachte, ohne die Grenzen des für Frauen als ehrenhaft empfundenen zurückhaltenden Verhaltens zu überschreiten. Dies war der ihnen zur Verfügung stehende kulturelle Rahmen, um Außenstehende von der Glaubwürdigkeit des Evangeliums zu überzeugen. B. Winter kommentiert: „Die öffentliche Wahrnehmung der christlichen Ehefrauen war eine kritische Angelegenheit in der Gesellschaft; diese konnten den Feinden der jungen christlichen Gemeinde in Ephesus in die Hände spielen, wenn sie sich kleideten wie Prostituierte der Oberklasse" (Winter 2003, 121).

Die folgende Ermahnung des Apostels betrifft das Lernen der Frauen in der Gemeinde, ähnlich wie in 1. Korinther 14. Dass er das Lernen der Frauen in der Versammlung hier, mehr noch als in 1Kor 14,35, so ausdrücklich voraussetzt und offensichtlich befürwortet, ist bemerkenswert. Das Lernen der Frauen im Kontext einer aus Männern und Frauen zusammengesetzten gemischten öffentlichen Versammlung war in der römisch-griechischen Welt nach wie vor unüblich, ebenso wie im Synagogengottesdienst. Die Christinnen aber sollten lernen, die Heilige Schrift selbst zu erforschen, ein sicheres Fundament der christlichen Lehre bekommen und in der Lage sein, sich mit der Zeit eine eigene theologische Meinung zu bilden. Nur so konnten sie zu ebenbürtigen Diskussionspartnerinnen und Mitarbeiterinnen der Männer in der Gemeinde werden. Aber auch hier kam es wieder auf ihr Verhalten in diesem Prozess an, das anderen nicht zum Anstoß werden sollte. Das angemessene Verhalten von Frauen beim Lernen in der Öffentlichkeit beschreibt der Apostel, ähnlich wie in 1Korinther 14,34, mit den Begriffen „in Stille" und „in aller Unterordnung".[278] Was Paulus damit sagen wollte, wird auch im Blick auf diese Stelle von verschiedenen Auslegern unterschiedlich gedeutet.[279] Ich schließe mich den Auslegern an, die diese Stelle im ähnlichen Sinn wie 1 Korinther 14 als Ermahnung zu einem angemessenen und

278 Payne weist darauf hin, dass die Aufforderung an Frauen, zu lernen, hier in scharfem Kontrast steht zur Abwesenheit von Frauen auf allen Listen von Studenten in Schulen von Ephesus in jener Zeit (Payne 2009, 314).

279 Manche Ausleger betonen bewusst den Aspekt der grundsätzlich geltenden Unterordnung der Frau unter ihren Mann, ja der Frauen generell unter die männliche Autorität, die in ihrem Schweigen beim Lernen in der Versammlung zum Ausdruck kommt (Moo 1991, 183). So zieht zum Beispiel S. Clark bei der Übersetzung des Wortes *hypotage* für „Unterordnung" den englischen Begriff „submissiveness" dem der „subordination" vor und betont damit die Grundsätzlichkeit der Unterordnung (Clark 1980, 195). A. Strauch bezeichnet das Wort *hypotage* auch in diesem Kontext als „Schlüsselwort, mit dem die Beziehung der Frau zum Mann ausgedrückt wird" (Strauch 2001, 94). Auch Neuenhausen weist in diese Richtung, wenn er sagt: „Es geht also nicht um die Frage, ob eine Frau reden darf oder nicht, sondern vielmehr, ob ihr Reden ein Signal von Herrschaft oder mangelnder Unterordnung ist. Das heißt, das Reden

respektvollen Lernverhalten der Frauen in Ephesus verstehen und zwar nach den „allgemein geltenden Verhaltensnormen für Frauen in jüdischen und griechisch-römischen Kulturen“ (Scholer 1986, 203).

Ein scharfes und unerbittliches Verbot gibt der Apostel den Frauen im Blick auf das Lehren (V. 12). Da dies die einzige Stelle im Neuen Testament ist, an der ein solches Verbot ausgesprochen wird, muss angenommen werden, dass der Apostel einen wichtigen Grund dazu hatte. Will man diese Anweisung nicht durch eine oberflächliche wörtliche Auslegung missverstehen, so muss sie unbedingt im Kontext des geistlichen Gesamtkonzeptes des Apostels gesehen werden, das sowohl eine Gleichrangigkeit der Geschlechter in Christus als auch die Rücksichtnahme des Christen auf sein soziokulturelles Umfeld einschließt. Betrachtet man das angesprochene Problem des Lehrens in der Gemeinde unter beiden Aspekten, so wird die Spannung geradezu spürbar, die im Blick auf die Beteiligung von Frauen an einem solchen Dienst in einer Gemeinde der römisch-griechischen Welt des ersten Jahrhunderts in der Luft lag:

Einerseits spricht der Apostel, entsprechend seiner theologischen Grundeinstellung, nirgendwo grundsätzlich über einen Geschlechterunterschied, wenn es um das Lehren geht. Er betont, dass der Heilige Geist seine Gaben in der Gemeinde ohne Unterschied „jedem persönlich zuteilt, wie er will“ (1Kor 12,11), und zwar mit dem Ziel, dass alle Gaben „zum allgemeinen Nutzen“ eingesetzt werden (1Kor 12,7; Röm 12,6–8). Für die Praxis der Gemeindeversammlung ermahnt er die Gemeindeglieder an einigen Stellen, sich gegenseitig zu lehren, ohne dabei einen Unterschied zwischen Männern und Frauen zu machen (z. B. 1Kor 14,26; Kol 3,16). Dabei verwendet er jeweils den auch hier benutzten Begriff *didasko* für „lehren“.

Andererseits drückt die unerbittliche Anweisung in 1Tim 2,12 ebenso klar aus, dass der Apostel bei dieser Tätigkeit doch einen Unterschied zwischen den Geschlechtern

---

oder Lehren der Frau ist dann ein Problem, wenn es als Zeichen mangelnder Unterordnung verstanden werden kann“ (2018, 75).

Andere sehen in den Begriffen „in Stille“ und „in aller Unterordnung“ lediglich eine Beschreibung der adäquaten Art und Weise des öffentlichen Lernens von Frauen im Kontext der damaligen Welt. Für Karaman steht dabei das Verhältnis zwischen dem „untergeordneten stillen Lernenden und dem autoritativen Lehrer“ im Vordergrund der Argumentation (2018, 162). B. Witherington sieht in V. 11 die Anweisung zu einem korrekten Verhalten für einen Lernenden, der eine Lehre in aller Stille in sich aufnimmt und sich ihr unterordnet (Witherington 1990, 193). Ebenso argumentiert C. Keener (1992, 107) und erinnert daran, dass derselbe Begriff für „Stille“ *hesychia,* auch in 1Tim 2,2 für ein „ruhiges Leben“ benutzt wird, das für Männer und Frauen erstrebenswert ist (Keener 1992, 108). Das Ehepaar Kroeger weist darauf hin, dass das Begriffspaar „Stille und Unterordnung“ in der Antike eine Formel war, die „Bereitschaft zum Hören“ zum Ausdruck brachte (Clark Kroeger 1992, 32).

machte. Zur Klärung dieses Befundes muss bedacht werden, dass der Begriff *didasko* ein großes Bedeutungsspektrum hat.[280] Er schloss alle Arten des Lehrens und eine große Vielfalt von Diensten in der Gemeinde ein: Eine formlose gegenseitige Unterweisung der Gläubigen im privaten Gespräch, geistliche Lehren, die in den Versammlungen durch die Weissagungen weitergegeben wurden (1Kor 14), die regelrechte Abhandlung von Lehrfragen und schließlich auch die Weitergabe der apostolischen Lehre. Diese stellte die Grundlage des christlichen Glaubens dar, wurde von den Aposteln weitergegeben und war zur Zeit des Apostels Paulus noch im Prozess ihres Entstehens bis zu ihrer endgültigen Festschreibung im Kanon des Neuen Testamentes (Liefeld 1987, 51).

Der Rahmen, in dem sich Frauen am Lehrdienst der Gemeinde beteiligen konnten, war nun durch mehrere Faktoren begrenzt. Sie hatten zum einen keine Ausbildung in der Heiligen Schrift. Den jüdischen Frauen war eine solche bisher bewusst vorenthalten worden, und die Frauen aus heidnischem Hintergrund hatten noch weniger Information, auf die sie hätten aufbauen können, um eine gesunde christliche Lehre weiterzugeben. Zudem war die generelle Bildung der meisten Frauen auf ein begrenztes Basiswissen beschränkt und schloss die in der Antike sehr wichtige und für Männer übliche Ausbildung im öffentlichen Sprechen nicht ein (Winter 2003, 115). So musste jedes Lehren, bei dem es darauf ankam, systematisch auf der Grundlage der Heiligen Schrift geistliche Wahrheiten darzustellen, schon aus diesem Grund vorerst den Männern vorbehalten bleiben, die entweder als Juden die Heilige Schrift ohnehin gut kannten oder als Heiden mit Bildung das fehlende Wissen durch das Gespräch mit anderen und durch eigenes Studium der Schrift nachholen konnten. Weitere eingrenzende Faktoren für einen Lehrdienst der Frau waren der Statusunterschied zwischen Mann und Frau und die gesellschaftliche Einschätzung der Lehrtätigkeit. Diese war in der griechisch-römischen Welt und auch im Judentum der damaligen Zeit hoch angesehen und mit viel Prestige verbunden. Ein Lehrer war eine Autoritätsperson, der man sich unterordnete, vor allem dann, wenn es sich um einen Lehrer religiöser oder philosophischer Inhalte handelte.[281] Da Frauen aber generell einen niedrigen Status in der Gesellschaft und gegenüber Männern keinerlei Autorität hatten, kam für sie eine Lehrfunktion oder gar die öffentliche Position eines Lehrers der Gemeinde nicht in Frage (Liefeld 1987, 51). In der antiken Literatur gibt es auch keinen Hinweis

280 W. Liefeld gibt einen guten Überblick (Liefeld 1987, 51), eine deutsche Übersetzung dazu findet sich bei A. Kuen (Kuen 1998, 189).

281 In Griechenland galt das im Gegensatz zum Judentum nicht für die Ämter des Priesters oder Propheten.

auf Frauen in einer öffentlichen Lehrposition (Winter 2003, 116).[282] Eine Frau, die Männer belehren wollte, musste sich dem Vorwurf aussetzen, dass sie sich auf schamlose Weise Autorität über diese anmaßte, die ihr nicht zustand. Ihre Lehre würde dementsprechend negativ aufgenommen, ihr guter Ruf als anständige Frau beschädigt und ihr Ehemann beschämt, der sie nicht in der gebührenden Unterordnung gehalten hatte (Barton 2001, 60). Die Ausübung eines Lehrdienstes durch eine Frau konnte also für ihr eigenes Ansehen, das ihrer Familie und das der ganzen Gemeinde mehr negative als positive Folgen haben, wenn er nicht mit viel sozialem Feingefühl in den Rahmen eingepasst war, den die Gesellschaft für ein anständiges Verhalten vorgab (Keener 1992, 111).

Wie stark Paulus selbst diesen Rahmen und andere soziale Fakten seiner Gesellschaft als unüberwindlich empfand, wird nicht zu beantworten sein. Auf jeden Fall war es seine tiefste Überzeugung, dass das Evangelium den existierenden sozialen Rahmen nicht auf rebellische Weise sprengen, sondern diesen langsam von innen verändern wollte. Dazu mussten aber seine Vertreter das Evangelium innerhalb der vorgegebenen Grenzen glaubwürdig ausleben. Nur so konnte sich auch der große soziale Abstand zwischen Mann und Frau langsam verringern und der Aktionsradius der Frauen entsprechend größer werden. Dieser Prozess musste, wie in der Ehe, so auch in der Gemeinde von den Männern ausgehen, die die nötige Autorität dazu hatten. Ein eigenwilliges Auftreten der Frauen als selbsternannte Lehrerinnen musste als anmaßende Herrschaft verstanden werden und Irritationen und Streit in der Gemeinde auslösen. Nur die Männer konnten mit der Zeit die geistliche Gleichrangigkeit der Frauen sichtbar werden lassen, ihre Schwestern in Christus im Ansehen heben und ihren Gaben zur Entfaltung helfen. Dazu mussten sie aber ihr Ehrgefühl nach dem Vorbild Christi umorientieren lassen und auch in der Gemeinde zu Dienern werden, denen die Entfaltung aller Gaben zum Besten des Leibes wichtiger war als ihre eigene Ehrenposition in einer aus der Gesellschaft übertragenen Hierarchie.

Den Frauen der meisten Gemeinden, in denen Paulus wirkte, scheint all dies bewusst bzw. in ihrem kulturellen Empfinden verankert gewesen zu sein. Es ist anzunehmen, dass sie sich in ihrem kulturellen Rahmen bewegten, ihren Lehrdienst auf

282 Bruce Winter fasst die Forschungsarbeit von M. Hemelrijk zum Bildungsstand der Frauen im Römischen Reich *Educated Women* so zusammen: „Hemelrijk gibt in ihrem extrem gründlichen Werk zur Bildung der Frauen keinen Anhalt für die Existenz von Frauen in offiziellen Lehrpositionen auf irgendeinem Bildungsniveau außerhalb des Hauses" (Winter 2003, 116). Karaman unterstreicht das und spezifiziert für Kleinasien: „Es war sehr selten, ja nahezu unmöglich in Kleinasien, Gelegenheiten zu finden, bei denen Frauen andere lehrten. Außerdem war öffentliches Reden keine anerkannte Tätigkeit für Frauen" (2018, 163).

unauffällige Weise im privaten Raum ausübten und sich dabei an die Regeln des Anstandes hielten, wie es von Priscilla beschrieben wird, die Apollos gemeinsam mit ihrem Mann in ihrem Haus unterwies und dabei offenbar keinerlei Anstoß erregte (Apg 18,26). In keinem anderen Brief musste der Apostel darüber ein Wort verlieren. Auch Timotheus schien eine solche Problematik nicht bekannt zu sein.

Umso mehr muss in 1. Timotheus 2,12 angenommen werden, dass Paulus hier einen Missstand im Verhalten der Epheserinnen korrigierte, den er nicht dulden konnte: Frauen der Gemeinde hatten sich offenbar eine unangemessene Lehrposition angemaßt und damit eine ungehörige Herrschaftsposition über die Männer eingenommen.[283] Das Wort *authentein* für „herrschen", das nur an dieser Stelle im Neuen Testament gebraucht wird, drückt ganz in diesem Sinn eine Herrschaft aus, die jemand an sich reißt, ohne dazu berechtigt zu sein.[284] Im Zusammenhang mit der beschriebenen Irrlehre hatten die betroffenen Frauen offenbar an dieser Stelle ihr Feingefühl verloren und sich aufgrund einer falschverstandenen Geistlichkeit zum Lehren kompetent und berechtigt gefühlt, wie Paulus es von den Irrlehrern in der Gemeinde allgemein feststellt (1Tim 1,7).

Paulus begründet sein Lehrverbot an die Frauen mit zwei Fakten aus der Urgeschichte: Mit der Ersterschaffung des Mannes (V. 13) und mit der Verführung der

---

283 Zur Beziehung zwischen „lehren" und „herrschen" in diesem Vers gibt es wieder verschiedene Positionen unter Auslegern: Für einige werden damit zwei Tätigkeiten nebeneinandergestellt, die zwar inhaltlich miteinander verbunden, aber hier nicht unauflöslich verknüpft sind. So interpretiert zum Beispiel D. Moo und schließt aus diesem Befund, dass hier beide Tätigkeiten, die oftmals durch ein und dieselbe Person ausgeübt würden, unabhängig voneinander für Frauen gegenüber Männern verboten seien (Moo 1991, 187). Andere sehen zwischen beiden Verben eine Verbindung im Sinn eines Hendiadyoin. Dann wäre hier nur ein Lehren verboten, das eine Herrschaft der Frau über den Mann impliziert, also nicht jede Art von Lehren. Diese Möglichkeit erwägen zum Beispiel A. Kuen (1998, 196) und auch R. und C. Clark Kroeger (1992, 84). Das Ehepaar Clark Kroeger schlägt im Blick auf die Irrlehre in Ephesus noch eine ganz andere Übersetzungsweise vor: „Ich erlaube einer Frau nicht zu lehren und sich als Ursprung des Mannes darzustellen, sondern sie soll sich fügen. Denn Adam wurde zuerst erschaffen, dann Eva" (Clark Kroeger 1992, 103).

284 So fasst R.W. Pierce (1993, 348–349) die Bedeutung des Wortes aufgrund mehrerer Studien zusammen, die im Verlauf der Debatte zum Dienst der Frau in den 1980er Jahren in den USA gemacht wurden. Dieses Bedeutungsspektrum des Wortes hatte auch eine Untersuchung von R. und C. Kroeger (1992, 84–86) ergeben, auch B. Winter bestätigt den Bedeutungsschwerpunkt des Machtmissbrauches (Winter 2003, 116–117). Siehe hierzu auch Belleville (2005, 205–223) und Payne (2009, 361–397). Allerdings gibt es auch Ausleger, die aufgrund einer anderen Untersuchung von G. Knight III (1984, 154) auf einer Bedeutung des Wortes in dem neutralen Sinn von „Autorität ausüben" bestehen, so zum Beispiel D. Moo (1991, 186–187), S. Foh (1989, 81–82).

Frau im Sündenfall (V. 14). R. und C. Clark Kroeger weisen darauf hin, dass er damit genau den gängigen Verdrehungen der Genesisberichte entgegentrat, die behaupteten, dass Eva vor Adam existiert habe und ihm das Leben eingehaucht habe (Clark Kroeger 1992, 120–122), und dass Adam vor allem verführt wurde, weil er weniger Erkenntnis hatte als Eva (Clark Kroeger 1992, 122–125). Der Apostel erinnerte in seiner Argumentation an die biblischen Fakten und ermahnte damit gleichzeitig die Frauen, ihren rechtmäßigen Platz in der Gemeinde wieder einzunehmen: Zum einen sollten sie daran denken, dass sie dem Mann als dem Erstgeschaffenen den nötigen Respekt nicht schuldig bleiben durften. Zum anderen erinnerte er sie daran, dass sie im Kontext der Irrlehre gerade bewiesen hatten, wie verführbar und damit untauglich zu einer Lehrfunktion sie waren.[285] Die Argumentation des Paulus lässt sich hier also gut nachvollziehen. Die Frauen in Ephesus sollten aus zwei Gründen nicht lehren: Sie sollten dem Mann als dem Erstgeschaffenen seinen Ehrenvorrang nicht rauben durch ein anmaßendes An-sich-Reißen einer Tätigkeit, die in die Domäne des Mannes gehörte. Außerdem waren sie weder befähigt noch berechtigt, zu lehren – zu einem Zeitpunkt, wo sie ihre Verführbarkeit gegenüber Irrlehren gerade unter Beweis gestellt hatten.

Die für den heutigen Leser eigenartige Gedankenführung des Apostels in V. 15 wird am ehesten verständlich, wenn man auch sie in Verbindung mit den beschriebenen Irrlehren liest: Paulus selbst schreibt, dass die Irrlehrer verboten zu heiraten (1Tim 4,3). Aus späteren gnostischen Texten weiß man, dass es bei aller Erhöhung des „weiblichen Prinzips“ (Clark Kroeger 1992, 172) auch Tendenzen gab, die weibliche Sexualität herabzuwerten und das Gebären von Kindern als heilshinderlich abzulehnen (Neudorfer 2004, 133; Clark Kroeger 1992, 172–173).[286] Dem setzt der Apostel entgegen: Sie soll gerettet werden *dia*, „durch“ das Kindergebären (hindurch). Aus den vielen Auslegungsmöglichkeiten, die es zu diesem Satz gibt,[287] scheint es meines

285 Dass Paulus damit nicht von der grundsätzlich größeren Verführbarkeit der Frauen spricht, sondern von dem konkreten Fall der Frauen von Ephesus, lässt 2Kor 11,3 vermuten, wo er die Tatsache, dass Eva sich verführen ließ, als Warnung für eine ganze Gemeinde benutzt.

286 Das Ehepaar Clark Kroeger zeigt diese Denkweise in einem fortgeschrittenen Stadium aus mehreren gnostischen Texten auf. So wird zum Beispiel in einem Text von einer „Progression von Bosheiten“ auf folgende Weise gesprochen: „Die Frau kam nach der Erde, und die Ehe kam nach der Frau, und die Geburt folgte der Ehe und die Zerstörung folgte der Geburt“ (Clark Kroeger 1992, 172). In manchen Texten der Gnosis wird dem Gedanken Ausdruck gegeben, das Heil komme durch die Männlichkeit und eine Frau könne nur gerettet werden, wenn sie keine Kinder mehr gebäre, sondern zum Mann werde (Clark Kroeger 1992, 173).

287 Zu den verschiedenen Auslegungsweisen wird auf theologische Kommentare verwiesen. C. Keener nennt in einem Überblick drei Hauptmöglichkeiten: 1. Die Frauen sind in den Heilsplan eingeschlossen und werden gerettet, weil Maria den Erlöser zur Welt gebracht hat. Hier

Erachtens am wahrscheinlichsten, dass der Apostel klarstellte, dass Frauen auch dann gerettet werden, wenn sie Kinder gebären, vorausgesetzt, sie bleiben im Glauben. Damit ruft er die Frauen der Gemeinde in Ephesus aus der Verwirrung durch die Irrlehrer zurück zu ihrer wichtigsten Rolle und Aufgabe in der Gesellschaft, der Mutterschaft.

Fragt man nun nach der Bedeutung dieser Anweisungen für die heutige Zeit, so muss man sich wieder bewusst machen, dass die Heilige Schrift für alle Menschen und Kulturen dieser Erde gilt. Gerade bei diesem Textabschnitt wird besonders deutlich, welch einen Unterschied für sein Verständnis der kulturelle Kontext macht, in dem er gelesen wird. Auch heute gibt es Kulturen, in denen das Verhältnis zwischen Männern und Frauen grundsätzlich ähnlich strukturiert ist wie in der römischen Gesellschaft des ersten Jahrhunderts. So wären die Anweisungen des Apostels in 1Tim 2,8–15 in einer christlichen Gemeinde, die sich in einer heutigen Ehrenkultur mit muslimischem Hintergrund formt, sofort verständlich und wörtlich umzusetzen: Obwohl Frauen in solchen Kulturen die Würde und Freiheit, die ihnen in Christus zukommt, zutiefst schätzen, dürfen sie diese keinesfalls durch eigenwillige eingreifende Veränderungen in ihrem äußeren Erscheinungsbild oder durch ein selbstbestimmtes und forderndes Auftreten Männern gegenüber zum Ausdruck bringen. Eine gemeinsame Versammlung von Männern und Frauen als Brüder und Schwestern in Christus in diesem Kontext wird ähnliche Unsicherheiten für das Verhalten der Frauen mit sich bringen, wie dies zur Zeit des Paulus im Römischen Reich der Fall war.

Für ihre Fragen nach der adäquaten Kleidung und nach ihrer verbalen Beteiligung am Gottesdienst werden die Antworten des Apostels eine sofort verständliche Hilfe sein. Und auch für den Fall, dass eine Frau in einer falsch verstandenen schwärmerischen Geistlichkeit einen unangemessenen Lehrdienst vor Männern übernehmen wollte, würden die Anweisungen des Apostels genauso zur Hilfe werden, wie dies bei den ursprünglichen Hörern der Fall war. Wie in biblischen Zeiten würde nämlich ein solches Verhalten die Ehre der Frauen verletzen und ihre Ehemänner tief beschämen. Das Ansehen der ganzen Gruppe in ihrer Gesellschaft würde nachhaltig aufs Spiel gesetzt, und sie müsste mit heftiger Verfolgung rechnen. In einer solchen Gesellschaft muss die geistliche Gleichrangigkeit von Mann und Frau mit größter Vorsicht

---

bezieht sich das Gebären also nur auf die Geburt Jesu, der die Erlösung für Mann und Frau erworben hat. 2. Obwohl Eva die Sünde in die Welt gebracht hat, kann die Frau gerettet werden, wenn sie vor Gott gerecht lebt, das heißt ihre mütterliche Rolle gut ausfüllt. 3. Die Rettung bezieht sich auf den Vorgang der Geburt in einer Zeit, wo die Müttersterblichkeit sehr hoch war und man die Hilfe der Gottheiten im Geburtsgeschehen sehr bewusst erhoffte (Keener 1992, 118–120).

und erheblichen Einschränkungen in den vorgegebenen sozialen Grenzen ausgelebt werden. Das wird sowohl in den Familien wie auch in den Versammlungen der Gemeinde praktisch ähnlich aussehen wie in den Gemeinden, an die Paulus schrieb. Statt einer Willkürherrschaft des Mannes über die Frau wird es zu dem kommen, was G. Theißen als „familiären Liebespatriarchalismus" bezeichnet (Theißen 1989, 210). Die Führungsposition des Mannes und damit seine Ehre bleibt unangefochten. Frauen und Kinder sind zwar untergeordnet und müssen gehorchen, aber sie fühlen sich nicht mehr bedroht, sondern geborgen und geliebt. In den Strukturen solcher Gemeinden werden sich diejenigen der Familien widerspiegeln. Leitungs- und Lehrfunktionen werden dabei selbstverständlich in den Händen der Männer liegen.

Wenn nun aber manche Gesellschaften eine grundlegend andere Sozialstruktur haben als die beschriebene, so wird in ihnen die Frage nach der Umsetzung dieser Anweisungen zu einem schwierigen Problem. Dies ist in besonderer Weise in den Kulturen des „Christlichen Abendlandes" der Fall. Hier hat durch einen intensiven gesellschaftlichen Wandel die kollektivistische Sozialstruktur einem ausgeprägten Individualismus Platz gemacht: Männer wie Frauen können und müssen ohne Unterschied ihr Leben selbstverantwortlich gestalten. Die Identität einer Person wird nicht mehr an der Ausfüllung einer vorgeschriebenen Rolle im festen Rahmen eines vorgegebenen Beziehungssystems festgemacht, sondern an der persönlichen Leistung des Einzelnen und seiner individuellen Lebensführung. Alle Bildungsmöglichkeiten stehen Frauen wie Männern gleichermaßen offen. In öffentlichen Ämtern und Positionen finden sich Männer und Frauen, je nach Begabung und Leistung auch in hohen Leitungspositionen. Frauen in Lehrämtern bis in die höchsten Ebenen der Universitäten sind eine Selbstverständlichkeit. Die Autorität eines Lehrers ist nicht mehr in erster Linie an seine Person gebunden, sondern an seine Kompetenz. Auch in der Ehe stehen sich zwei Menschen gleicher Würde und auch Bildung gegenüber, die ihre Beziehung eher partnerschaftlich als hierarchisch gestalten. Der Autoritätsabstand zwischen Mann und Frau ist in solchen Gesellschaften nicht mehr zu vergleichen mit demjenigen im Römischen Reich. Er wird zwar auch in westlichen Ländern noch wahrgenommen, ist aber keinesfalls ein alles Handeln durchdringender Faktor.

Wie soll nun in einer solchen Gesellschaft 1Tim 2,8–15 gelesen und befolgt werden? An dieser Stelle gehen die Meinungen der Ausleger grundlegend auseinander, und wir stehen wieder vor einem Kernpunkt der konservativ-theologischen Debatte um den Dienst der Frau in der Gemeinde.[288] Entsprechend den unterschiedlichen Auslegungen wird der Aktionsspielraum der Frauen ebenfalls unterschiedlich definiert.[289]

Angesichts eines solchen Kulturwandels ist es meines Erachtens auch an dieser Stelle nicht Zeichen von mangelnder Bibeltreue, sondern von geistlicher Lebendigkeit und einem missionarischen Anliegen, wenn heutige Ausleger für die Kulturen der westlichen Welt ganz neu fragen, ob nicht das Lehrverbot des Paulus an die Frau in 1Tim 2,12 genau so bewertet werden müsste wie seine Anweisungen über ihr Äußeres im gleichen Kontext (V. 9). Letztere hat man im allgemeinen Konsens in der westlichen Theologie längst unter die Aussagen eingeordnet, die so unmittelbar mit der Umsetzung des Evangeliums in einem bestimmten kulturellen Kontext zu tun haben, dass eine wörtliche Übertragung in den heutigen westlichen Kontext der ursprünglichen Absicht der Aussage nicht mehr gerecht würde, sondern sie in ihrer Wirkung geradezu ins Gegenteil verkehren würde. Auch der Ausschluss von Frauen aus dem Lehr- und Leitungsdienst der Gemeinde wird zunehmend so aufgenommen. Er wird, insbesondere von der jüngeren Generation, nicht mehr als angemessen und den

---

288 Einen guten Überblick über die unterschiedlichen Verständnismodelle gibt A. Ableiter in ihrer Thesis (Ableiter 1996, 25–44; 44–57; 88–89).

289 Die einen halten ein generelles Lehr- und Leitungsverbot für Frauen in der geschlechtergemischten Gemeindeversammlung aufgrund dieser Anweisung für zeitlos gültig, weil sie dieses als gottgewollten Ausdruck einer dahinter stehenden göttlichen Geschlechterordnung verstehen. So argumentieren die Vertreter des *Council of Biblical Manhood and Womanhood* und erstellen eine genaue Liste von Dienstmöglichkeiten für Frauen in der Gemeinde auf dieser Basis (Piper 1991, 58), die jeden Lehr- oder Leitungsdienst einer Frau vor Männern ausklammert. Ebenso argumentieren W. Neuer (1993) und A. Strauch (2001).

Für andere ist zwar die hierarchische Geschlechterordnung ein Gebot Gottes, sein Ausdruck durch ein generelles Lehr- und Leitungsverbot an die Frauen in der Gemeinde jedoch nicht (z. B. Neuenhausen 2018, Hardmeier 2013). Für manche sollten sich Einschränkungen eines solchen Dienstes der Frau lediglich auf ein „autoritatives" Lehren und Leiten beschränken. Was genau damit gemeint ist, wird wiederum unterschiedlich definiert. So argumentieren in unterschiedlichen Variationen H. Hempelmann (1997), K. Riebesehl (2004) und auch A. Kuen (1998).

Wieder andere finden in der Heiligen Schrift keine gottgewollte hierarchische Geschlechterordnung und halten das Lehrverbot des Apostels für einen Ausdruck der Rücksicht auf die im Römischen Reich des ersten Jahrhunderts geltende Sozialstruktur. Entsprechend plädieren sie für eine Mitarbeit der Frauen in allen Bereichen des Gemeindelebens je nach ihren Begabungen. Das ist die Ansicht der Ausleger, die den *Christians for Biblical Equality* nahestehen, wie zum Beispiel G. Bilezikian und die Gruppe von Gelehrten, die ihre Beiträge zur Frauendiskussion in den Sammelbänden von Mickelsen (1986) und Pierce und Groothuis (2005) zusammengestellt haben. Diese Sicht vertreten auch Smith und Kern (2000), Ortberg (2004), Payne (2009), Westfall (2016) und Braun (2019).

Autoritätsverhältnissen entsprechend empfunden, sondern als künstliche Aufrechterhaltung einer vergangenen Sozialstruktur und geradezu als Diskriminierung der Frau. Wenn aber Menschen das Evangelium, dessen Hauptperson die Frauen stets ermutigt und erhoben und schließlich von dem Fluch der Sünde befreit hat, zurückweisen, weil sie von der patriarchalischen Struktur einer Gemeinde abgestoßen sind, so ist eine erneute theologische Standortklärung an dieser Stelle unbedingt gerechtfertigt.

Das größte Problem dabei ist wieder die Frage, ob hinter dem Lehrverbot eine theologische Begründung steht, die es zu einem zeitlosen göttlichen Verbot macht, das nicht ohne geistliche Verluste übertreten werden kann. Da Paulus auf die Schöpfung verweist, stellt sich an dieser Stelle wieder die grundsätzliche Frage nach der gottgewollten Schöpfungsordnung für die Geschlechterbeziehung. Die traditionelle Auslegung sieht in den Hinweisen des Apostels auf die Schöpfung in zwei seiner Anweisungen an Frauen (1Kor 11,8–9 und 1Tim 2,13–14) eine ausreichende Begründung einer gottgewollten hierarchischen Geschlechterordnung. Betrachtet man jedoch den dargestellten gesamtbiblischen Befund, so muss dieses „selbstverständliche“ Postulat in Frage gestellt werden. Dann aber muss eine solche Auslegung des Lehrverbotes als geistliche Überhöhung der ursprünglichen Anweisung verstanden werden, die der eigentlichen Absicht des Autors bei ihrer Abfassung nicht gerecht wird, sondern sie geradezu ins Gegenteil verwandelt. Man muss annehmen, dass das Lehrverbot aus seinem ursprünglichen Zusammenhang herausgehoben wurde, im Lauf der Kirchengeschichte mit außerbiblischem Gedankengut über die Frau und auch über geistliche Dienste und Ämter befrachtet wurde und dann zu einem der Leittexte für Stellung und Dienst der Frau in der Gemeinde gemacht wurde.

Im theologischen Gesamtkonzept des Neuen Testamentes jedenfalls beruhen geistliche Dienste, der Lehr- und Leitungsdienst eingeschlossen, auf der Begabung durch den Heiligen Geist, der in der Verteilung seiner Gaben keine Geschlechterunterschiede macht (siehe Apg 2,16–18). Auch geht es in der Gemeinde Jesu nach den klaren Worten ihres Herrn und Meisters sowie der Apostel nicht in erster Linie um Ämter und Hierarchien, sondern um den gegenseitigen und gemeinsamen Dienst aller Glieder am Leib unter ihrem Herrn, Christus. Ämter und Funktionen sollten zum Dienst führen und nicht zur Herrschaft und Kontrolle. Vollmacht und Weisheit für alle Dienste sowie die Bewahrung vor Irrlehren und Irrwegen, kommen von Gott durch den Heiligen Geist, nicht aus bestimmten Charakteristika von Menschen. Der höchste Maßstab in allen Lehr- und Lebensfragen ist die Heilige Schrift, die allen Gläubigen gleichermaßen zugänglich ist, und nicht ihre Auslegung durch bestimmte Personen. Aus dieser Perspektive gibt es keinen Unterschied zwischen Mann und Frau in den Qualifikationskriterien zu verschiedenen Diensten.

Allerdings hat sich in der Tradition der christlichen Kirche die Lehre von der gottgewollten Geschlechterhierarchie tief in die Empfindungen von gläubigen Männern und Frauen eingegraben und steht inzwischen im Gegensatz zu ihren gesellschaftlichen Erfahrungen. Bedenkt man nun, dass eine solche hierarchische Schöpfungsordnung im Schöpfungsbericht selbst nicht erwähnt wird, sondern von außen aus den Anweisungen des Apostels Paulus in ihn hineingelesen werden muss, berechtigt dies meines Erachtens zu der erneuten Frage, wie der Apostel selbst diese Ordnung gesehen hat. Sowohl in 1Kor 11 als auch in 1Tim 2 spricht er von der Tatsache, dass der Mann vor der Frau geschaffen wurde. Wenn der Apostel nun den Schöpfungsvorsprung des Mannes vor der Frau in einer Ehrenkultur als Grund dafür anführt, dass die Frau dem Mann Respekt schuldet, so kann man meiner Ansicht nach daraus nicht schließen, dass er von einer grundsätzlichen hierarchischen Schöpfungsordnung für die Geschlechterbeziehung ausging, die die Frauen aus theologischen Gründen für alle Zeiten von bestimmten Diensten in der Gemeinde ausschließen sollte.

Dennoch sah er in der Reihenfolge der Schöpfung den Grund für eine gewisse Vorrangstellung des Mannes als Erstgeschaffenem. Der wissenschaftliche Befund des universalen „natürlichen Autoritätsvorsprunges" des Mannes vor der Frau unterstreicht ein solches Konzept. Auch wenn dieser Vorsprung des Mannes Teil der Identität von Mann und Frau ist und vor allem des männlichen Ehrgefühls, bedeutet dies nicht, dass der Erstgeschaffene vor Gott ein Recht hat, über die Zweitgeschaffene zu herrschen. Auch wenn diese Möglichkeit ihm nach dem Sündenfall gegeben wurde, dürfen Mann und Frau als Erlöste gerade in der Gemeinde Jesu eine andere, heile Beziehung darstellen und einander und miteinander ihrem Herrn dienen.

Neuenhausen schreibt hoffnungsvoll: „Die Gemeinde könnte der Ort sein, wo Mann und Frau wieder den gemeinsamen Auftrag leben. Die Gemeinde könnte der Ort sein, wo Männer und Frauen sich endlich aus der ewigen Frage nach ‚wer hat am meisten zu sagen?' verabschieden, wo sie keine Angst voreinander und dem Einfluss des anderen haben. Die Gemeinde könnte der Ort sein, an dem der Glanz Gottes in der Beziehung zwischen Mann und Frau wieder neu sichtbar wird" (2018, 94).

Dies ist in einer westlichen Gesellschaft ohne kulturelle Hindernisse möglich, bedeutet aber eine Herausforderung für die Männer, ihren lange etablierten Herrschaftsanspruch niederzulegen. Dies aber sollen sie nicht aus Zwang tun, sondern freiwillig und im Sinn und nach dem Vorbild ihres Herrn Jesus Christus.[290] Dabei

290 Robinson spricht von einer „subordinate masculinity" und stellt Paulus als Beispiel einer solchen Christus untergeordneten und damit sich auch anderen Menschen unterordnenden Männlichkeit vor (Robinson 2019, 113–157).

sollen die Frauen sie unterstützen, indem sie mit ihrem Respekt das männliche Ehrgefühl nicht verletzen und sich nicht in Positionen drängen, die die Männer ihnen nicht gern überlassen. Der Einbeziehung von Frauen in den Lehr- und Leitungsdienst der Gemeinden stehen also keine grundsätzlichen theologischen Hindernisse im Weg, wohl aber in manchen Situationen die Notwendigkeit des Respekts und des behutsamen Umgangs mit dem Ehrgefühl des Mannes.[291]

3.9 Zusammenfassende Gedanken zum gesamtbiblischen Befund

Betrachtet man nun den beschriebenen gesamtbiblischen Befund zur Stellung der Frau nochmals im Überblick, so zeigt sich, dass ein hermeneutischer Zugang, bei dem der Gedankengang in der Auslegung konsequent dem Verlauf der Heilsgeschichte und ihren theologischen Implikationen folgt und bei dem die ursprüngliche Absicht der biblischen Autoren in ihrem jeweiligen Kontext als hermeneutische Kontrolle ernstgenommen wird, einen grundlegenden Perspektivenwechsel in dem umstrittenen Thema zur Folge hat: Während der traditionelle systematisch-theologische Zugang einzelne praktische Anweisungen des Apostels Paulus an die Frauen der ersten Gemeinden als zentrale und bestimmende Aussagen zu Stellung und Dienst der Frau festlegt und von ihnen aus alle anderen Stellen der Schrift beleuchtet und wertet bis hin zum Schöpfungsbericht, ergibt sich mit dem hier dargestellten Zugang ein Gesamtbild vom Wesen und Dienst der Frau, das sich widerspruchslos in den heilsgeschichtlichen Gesamtbefund der Schrift einordnet: Der Schöpfungsbericht darf für sich selbst sprechen und muss nicht Dinge aussagen, auf die der Ausleger ohne Kenntnis der Anweisungen des Paulus nie gekommen wäre. Auch das Strafwort Gottes an die Frau in Genesis 3,16 darf das sein, als was es gegeben wurde, und muss nicht isoliert zu einer Segensordnung uminterpretiert werden. Die Person Jesu Christi hat in dieser Gesamtschau auch im Blick auf die Frau den zentralen Platz, der ihr zusteht, und muss zu dieser Thematik nicht nur unter dem Aspekt betrachtet werden, dass er lediglich männliche Jünger zum Aposteldienst auswählte. Sein Erlösungswerk kommt in allen seinen Auswirkungen auch für die Frau und ihre Rolle beim Sündenfall zur Geltung: Wenn die Macht der Sünde, Satans und des Todes durch ihn besiegt

291 Sumner kommentiert in ihrer Monografie *Men and Women in the Church* (2003) dazu aus ihrer eigenen Führungserfahrung im christlichen Gemeindekontext: „Die meisten Männer folgen einer weiblichen Leiterin gern, solange sie sie als Männer respektiert" (2003, 97; Übersetzung: H. S.).

und gebrochen ist, dann gilt dies auch für das Herrschaftsverhältnis zwischen den Geschlechtern als Folge des Sündenfalls. Mann und Frau dürfen als Erlöste wieder gleichrangig und vereint vor Gott stehen. Dass der Apostel Paulus in seiner Grundaussage darüber in Galater 3,28 nicht nur eine soteriologische Tatsache feststellt, die für die soziale Praxis keine Bedeutung hat, zeigt der Kontext des Verhältnisses zwischen Juden und Heiden und das Ringen des Apostels um dessen Umsetzung im sozialen Miteinander von Juden und Heiden in der Gemeinde. Auch die Anweisungen des Apostels an die Frauen in seinen Briefen reflektieren dieses Anliegen, die geistliche Wirklichkeit der Gleichrangigkeit von Mann und Frau vor Gott in angemessener Weise in eine soziale Realität umzusetzen.

Dies geschieht in der bekannten Spannung des Christenlebens zwischen dem „Schon-jetzt" dieser geistlichen Wirklichkeit und dem „Noch-nicht" der irdischen Realitäten in einer von der Sünde gezeichneten Welt, die erst in der Zukunft ganz aufgelöst sein wird, wenn in einem neuen Himmel und einer neuen Erde der sichtbaren Verwirklichung aller Aspekte der Erlösung nichts mehr im Weg stehen wird. Solange dies nicht der Fall ist, werden Christen darum ringen müssen, das „zu werden, was sie sind".

Für das Verhältnis zwischen Mann und Frau hat dieses Ringen einen starken kulturabhängigen Aspekt, da der Umgang mit dem Geschlechterverhältnis tief in die kulturellen Strukturen einer Gesellschaft eingegraben ist. Der Apostel Paulus erwähnt diese kulturelle Dimension im Zusammenhang mit seinem Dienst an vielen Stellen. Sein grundlegendes Prinzip für den Umgang mit ihr macht er deutlich: Die Freiheit in Christus muss an manchen Stellen freiwillig eingeschränkt werden, um kulturelle Empfindungen nicht zu verletzen und der Ausbreitung des Evangeliums nicht zu schaden. Dieses Prinzip kommt auch in seinem Umgang mit der Geschlechterbeziehung zum Ausdruck. Es zeigt sich in seinen Anweisungen an die Frauen in der Ehe und in der Gemeindeversammlung. Diese reflektieren die kulturelle Realität seiner Zeit und Welt stark, die Paulus voraussetzt und im Blick auf die Gesellschaftsstrukturen weder verändern will noch kann. Sie zeigen jedoch auch die Geradlinigkeit, mit der der Apostel eine Beziehung der gegenseitigen Unterordnung und des gemeinsamen Dienstes von Mann und Frau anstrebt.

Ein so geheiltes Geschlechterverhältnis entspricht dem ursprünglichen Entwurf des Schöpfers, verherrlicht den Erlöser und lässt die Welt einen Blick in die zukünftige Welt Gottes tun. Der Prozess dorthin wird sich in verschiedenen Kulturen je nach Ausgangslage unterschiedlich gestalten, das Modell eines Anfangs in einer stark patriarchalisch strukturierten, kollektivistischen Ehrenkultur gibt der Apostel. Insgesamt muss von diesem Anfang aus jedoch mit einer Eigendynamik gerechnet werden, die bei zunehmendem Einfluss des Evangeliums in einer Gesellschaft auch die Sozialstrukturen und Gesetze verändert. Dabei hilft Paulus mit seinen Anweisungen den Frauen, der Gefahr zu widerstehen, für sich selbst vorzeitig und auf ungebührliche Weise Positionen zu fordern, die die Ehre des Mannes als „Erstgeschaffenem" beschädigen und den Geschlechterkampf neu entzünden. Wo Gesellschaftsveränderungen mit einer Hebung der Stellung der Frau bereits stattgefunden haben, darf man die ursprüngliche Absicht des Apostels Paulus für die Geschlechterbeziehung nicht durch eine theologische Überhöhung seiner aus dem ursprünglichen Zusammenhang herausgelösten Anweisungen an die Frauen zu einer göttlichen Schöpfungsordnung verdunkeln und den Umgang mit diesen Anweisungen zudem zum Kriterium der Bibeltreue machen.

Ein solcher hermeneutischer Zugang kann nach meiner Ansicht die Unstimmigkeiten beantworten, die der biblische Befund im Blick auf die Frauenfrage zu enthalten scheint. Die anfangs erwähnte „inspirierte Doppeldeutigkeit" an dieser Stelle könnte damit aufgelöst werden und zu einer Eindeutigkeit werden, die dem Wesen Gottes, seinem ursprünglichen Schöpfungsentwurf für Mann und Frau und dem Erlösungswerk Jesu meiner Meinung nach eher entsprechen würde als eine ewig gültige hierarchische Geschlechterordnung.

KAPITEL 4

FRAUEN IN DER GESCHICHTE DER KIRCHE

4.1 Die ersten 500 Jahre

Befragt man nun die Kirchengeschichte, wie sich das neue Verhältnis zwischen Mann und Frau in Christus in der Gemeinde Jesu nach den Ansätzen der Apostel weiterhin gestaltet hat, so steht man vor einem ambivalenten, eher bedrückenden Bild.

Zunächst fällt auf, dass in der Kirchengeschichtsschreibung, wie auch in der säkularen Geschichtsschreibung, Frauen bis zum Ende des 20. Jahrhunderts kaum Erwähnung finden, selbst an den Stellen nicht, wo sie herausragende Beiträge leisteten, wie dies in der Missionsgeschichte häufig der Fall war (Tucker und Liefeld 1986, 13; Clark 1996, 2). Die Kirchenhistorikerin Bernadette Brooten bemerkt dazu: „Das Fehlen von Quellen über Frauen ist ein Teil der Geschichte der Frauen" (Brooten 1985).[292, 293]

Fragt man nach der konkreten Weiterentwicklung der Ansätze des Apostels Paulus im Blick auf das Miteinander der ungleichen Menschengruppen, die er in Galater 3,28 erwähnt, so lässt sich ein einheitlicher Trend entdecken:

---

292 Zitiert in *Women and Religion* (Clark 1996,2). Siehe dazu auch die Ausführungen von Lienemann-Perrin (2012, 11–14).

293 Manche Autoren und Organisationen versuchen, dieses Defizit in heutiger Zeit auszugleichen, so zum Beispiel die Hermannsburger Mission in dem von Jobst Reller herausgegebenen Sammelband *„Die Mission ist weiblich": Frauen in der frühen Hermannsburger Mission* (2012).

Nach dem Tod des Apostels breitete sich das Evangelium weiterhin rasch aus. Bis zum Ende des dritten Jahrhunderts gab es keine Gegend im römischen Weltreich mehr, die nicht davon berührt worden wäre (Neill 1990, 30). Als wichtigen Faktor für dieses „bemerkenswerte Phänomen" nennen der britische Missionshistoriker S. Neill und der kanadische Theologe R. Longenecker neben der „brennenden Überzeugungskraft" und der großen Leidensbereitschaft der ersten Christen ihre in der Antiken Welt einmalige Gemeinschaft, „in der alle ohne Unterschied willkommen waren…, aus der die jahrhundertealten Diskriminierungen von Juden und Heiden, von Sklaven und Freien, von Griechen und Barbaren, von Mann und Frau wirklich verbannt zu sein schienen" und die „weltweit durch das Prinzip zusammengehalten wurde: ‚ein Herr, eine Glaube, eine Taufe' (Eph 4,5)" (Neill 1990, 32–33; Longenecker 1984, 39.60.89).[294] Die Gläubigen bezeugten ihren Herrn ohne Unterschied und gemeinsam bis zum Tod und erwiesen der Gesellschaft praktische Liebesdienste ohne Ansehen der Person (Neill 1990, 33). T. R. Glover schreibt dazu: „Wo es dem Römischen Reich nicht gelang, Einheit zu befehlen, brachte die Kirche sie instinktiv hervor" (Glover 1975, 143). Dabei schafften die Gläubigen es offenbar, durch einen moralisch hochstehenden Wandel den Respekt der Gesellschaft zu gewinnen.[295]

Die Position der Frau in der frühen christlichen Gemeinde wurde bereits ausführlich beschrieben. Noch im zweiten Jahrhundert waren Frauen an allen Aktivitäten der Gläubigen beteiligt, dabei gab es offenbar auch Evangelistinnen und Predigerinnen (Schuller 1995, 86;).[296] Es wird berichtet, dass Frauen als Wanderpredigerinnen umherzogen und tauften (Thraede 1972, 260). Wie die Männer starben auch sie mutig als Märtyrerinnen (Neill 1990, 34; Brox 1982, 223; Lienemann-Perrin 2012, 16–17). Insgesamt ist jedoch die Berichterstattung bis ca. 180 n. Chr. spärlich (Wetzel 2003, 9). Zusammenfassend wird von einer „Unbefangenheit im Umgang der Geschlechter"

294 Siehe dazu auch Wetzel (2019, 32–33).

295 Das kommt deutlich zum Ausdruck in dem Kommentar eines unbekannten Zeitgenossen über die Christen der damaligen Zeit: „… sie befolgen die einheimischen Sitten, was Kleidung, Nahrung und das Leben im Allgemeinen angeht … und doch leben sie in ihren eigenen Ländern nur wie Pilger … Sie heiraten und haben Kinder wie jedermann – aber sie setzen ihre Kinder nicht aus. Sie teilen ihre Mahlzeiten miteinander, aber nicht ihre Frauen. Sie sind im Fleisch, aber sie leben nicht nach dem Fleisch. Sie leben weiter auf der Erde, aber ihre Staatsbürgerschaft ist im Himmel …". Zitiert in Glover 1975, 160. Auch Wolfgang Klippert bringt in seinem Überblick über den geschichtlichen Wandel des Frauenbildes zum Ausdruck, dass die Aufwertung der Frau in der christlichen Gemeinde vom Heidentum deutlich wahrgenommen wurde, ja zum Spott und Vorwurf gegen die Gemeinde verwandt wurde (2018, 101).

296 Siehe dazu auch Lienemann-Perrin (2012, 9–10) und LaCelle-Peterson (2008, 155–166).

unter den Christen bis ins zweite Jahrhundert hinein gesprochen (Thraede 1972, 243; Schuller 1995, 84).

Die junge Kirche wurde in zunehmendem Maß von außen und innen bedroht:[297] Spott und Verfolgung brachen immer wieder aus (Wetzel 2000, 1; Glover 1975, 239ff), und Irrlehrer aller Art, vor allem aus dem Bereich der Gnosis, standen auf (Neill 1990, 29). Das Aufkommen des Montanismus in Kleinasien führte zu einer Spaltung der Kirche im zweiten Jahrhundert (Sawyer 1996, 108; Klippert 2018, 101). Außerdem musste sich die Gemeinde Jesu der Tatsache stellen, dass die Wiederkunft Jesu sich länger verzögerte als erwartet und man sich auf die langfristige Auseinandersetzung mit der kulturellen Umwelt und ein Leben in ihr einrichten musste (Sawyer 1996, 107). Der Synkretismus wurde zur ernsthaften Bedrohung.

All dies führte zu einer Verschiebung der Schwerpunkte in Lehre und Praxis: Zur Abwehr der synkretistischen Bedrohung wurde der neutestamentliche Kanon zum Ende des zweiten Jahrhunderts abgeschlossen (Wetzel 2000, 2; 2019, 42; Sawyer 1996, 108) und das apostolische Glaubensbekenntnis formuliert (Wetzel 2000, 2; 2019, 43). Es kam zu einer starken Betonung der Orthodoxie. An die Stelle der persönlichen Beziehung zu Christus trat dabei allerdings mehr und mehr das Wissen um Glaubensinhalte. Dazu kamen Ansätze einer neuen Werkgerechtigkeit (Wetzel 2000, 1). Die Unterscheidung zwischen Klerus und Laien verschärfte sich und die Lehre vom monarchischen Episkopat wurde entwickelt (Wetzel 2000, 1–2; 2019, 43). Schließlich formte sich die hierarchische Leitungs- und Ämterstruktur der Kirche heraus. In der Auseinandersetzung mit Gegnern des Christentums bekam die christliche Apologetik und in ihr die Beschäftigung mit der griechischen Philosophie und deren Verhältnis zum Christentum einen wichtigen Stellenwert.

Von dieser Entwicklung war das Geschlechterverhältnis stark betroffen: Die beschriebene Unbefangenheit des Anfangs musste einer zunehmenden Befangenheit, Trennung, Spannung und Hierarchie Platz machen. Ausgelöst durch den Spott der Gegner über die Prominenz der Frauen in der christlichen Gemeinde kam es zu strikten Ermahnungen und Vorschriften im Blick auf deren Verhalten und Aufmachung (Neill 1990, 35; Sawyer 1996, 115). In Abwehr gnostischer Lehren wurde die Sünde Evas mit ihren Konsequenzen hervorgehoben.[298] All dies gab den in jener Zeit häufig

297 Für eine ausführliche Beschreibung dieser Entwicklung und der Reaktionen der Kirche darauf siehe die umfassende Monografie von Klaus Wetzel zur Geschichte der christlichen Mission (Wetzel 2019).

298 So konnte der Kirchenvater Tertullian (160–230 n. Chr.) schreiben: „Wisst ihr nicht, dass ihr alle Evas seid? Die Strafe Gottes für dieses euer Geschlecht gilt auch in unserer Zeit. Die Schuld besteht also auch weiter … Ihr seid das Eingangstor des Teufels; ihr … seid die ersten

zitierten Anweisungen des Paulus für das Verhalten der Frau in der Gemeinde ein schweres theologisches Gewicht (Thraede 1972, 242; Sawyer 1996, 115): Aus praktischen Anweisungen für das Gemeindeleben unter Erlösten wurden göttliche Grundordnungen, die mit dem Sündenfall Evas begründet wurden. In der sich festigenden Kirchenordnung mit ihren hierarchischen Strukturen und einem zunehmenden Sakramentalismus wurde die Frau aus dem Gemeindeleben mehr und mehr verdrängt (Kassian 1996, 14). Nach K. Thraede kannte die römische Gemeinde um 250 n. Chr. bereits keine weiblichen Gemeindebeamten mehr (Thraede 1972, 241–242).

Ein wichtiger Einschnitt für die Stellung der Frau in der frühen Kirche war das Toleranzedikt des Kaisers Konstantin (313 n. Chr.), das schließlich zur Einführung des Christentums als Staatsreligion durch Kaiser Theodosius führte (380 n. Chr.). In kurzer Zeit wurde aus einer verfolgten Untergrundkirche die privilegierte Volkskirche, in die Volkmassen strömten und in der sich nun die römisch-griechische Kultur aufs Engste mit dem Christentum verband (Wetzel 2000, 3; 2019, 49–75; Neill 1990, 37). Die Kirche nahm in ihrer Struktur ganz die Züge der römischen Gesellschaft an (Bristow 1988, 113). Wo früher Hausgemeinden gewesen waren, wurden jetzt zunehmend Kirchen und Bischofssitze gebaut. Die hierarchische Ämterordnung und feste Gottesdienstordnungen wurden ausgebaut (Neill 1990, 37). Für die Frauen wird zunächst noch das Diakonissenamt genannt, ansonsten gibt es seit dieser Zeit nur noch wenig Informationen über ihre Rolle in der Gemeinde (Torjesen 1987, 66). Die christliche Theologie setzte sich nun intensiv mit der griechischen Philosophie auseinander und wurde von ihr durchsetzt und geprägt. Entsprechend lässt sich in den Schriften der Kirchenväter beobachten, wie im Blick auf Wesen und der Stellung der Frau zunehmend die in der Kultur vorherrschenden Meinungen der griechischen Philosophen übernommen wurden. Ein sehr prägendes Beispiel ist der Kirchenvater Augustinus (354–430 n. Chr.), der in besonderer Weise zur Entwicklung des „christlichen" Frauenbildes beigetragen hat. Geprägt von der Philosophie des Aristoteles fiel es ihm schwer, die volle Gottebenbildlichkeit der Frau anzuerkennen:

„Die Frau ist mit ihrem Mann zusammen das Abbild Gottes, d. h. die beiden zusammen sind ein ganzes Abbild. Doch in ihrer Funktion als Gehilfin, einer Aufgabe, die nur ihr allein zukommt, ist sie nicht das Abbild Gottes; was aber den Mann betrifft,

---

Übertreter des göttlichen Gesetzes … Ihr habt so leichthin das Bild Gottes im Menschen zerstört. Wegen eurer Übertretung … musste gar der Sohn Gottes sterben." Zitiert aus *Ohne Unterschied?* (Smith 2000, 114) und aus *What Paul Really Said about Women* (Bristow 1988, 28).

so ist er auch für sich allein genommen ebenso vollständig und umfassend das Abbild Gottes, als sei er mit der Frau zu einer Einheit verbunden."[299]

Entsprechend betonte er für das Geschlechterverhältnis die Ersterschaffung des Mannes, eine hierarchische Eheordnung und die Gehorsamspflicht der Frau (Sawyer 1996, 152.155). Die Bedeutung der Frau als Gehilfin des Mannes reduzierte Augustinus auf die Fortpflanzung.[300] Für das „Übel der Lust", das nach Augustinus mit dem menschlichen Sexualakt und der Fortpflanzung verbunden ist, machte er allerdings die Erbsünde verantwortlich (Thraede 1972, 252). Die Ehe, die er als „Bund mit dem Tod" (Bristow 1988, 28) bezeichnete, befürwortete er dennoch um des „natürlichen Gutes" der Fortpflanzung willen. Dabei mahnte er allerdings: „Aber derjenige nutzt dieses Gut schlecht, der es bestialisch nutzt, so dass sein Ziel die Lustbefriedigung ist statt der Wunsch nach Nachkommen."[301] Im Übrigen war er davon überzeugt, dass die Ehe die Meditation, das Studium und die Freundschaft mit Männern behindere (Clark 1996, 58). und gab der Ehelosigkeit als geistlich höherstehender Lebensweise den Vorzug.

Die Gedanken des Augustinus beeinflussten das Denken der nachfolgenden Generationen in der römisch-katholischen Kirche nachhaltig, nach J. T. Bristow „so weit, dass sie für die Kirche eine Autorität bekamen, die der der Bibel selbst nahe kommt" (Bristow 1988, 114), und wurden zum bestimmenden geistigen Erbgut des ganzen Mittelalters (Störig 1970, 153). Durch den ebenfalls sehr prägenden, etwa gleichzeitig mit Augustinus wirkenden Kirchenvater Hieronymus (ca. 342–420) wurde das Konzept von der Frau als Verführerin in der Kirche vertieft und betont (Longenecker 1984, 90). Für ihn war die Askese die höchste Form der Hingabe an Gott und der effektivste Weg, ihm nahe zu kommen. Durch seinen Einfluss wurden viele, Männer und auch Frauen, ab dem vierten Jahrhundert vom Klosterleben als Alternative zur Ehe angezogen (Torjesen 1987, 67; Lienemann-Perrin 2012, 17).[302] Damit war im fünften Jahrhundert in der christlichen Kirche das Ideal des Paulus von der Gleichrangigkeit und Gemeinschaft von Mann und Frau in Christus dem des Aristoteles von ihrer grundsätzlichen Ungleichheit und hierarchischen Trennung gewichen. Dabei wurden die

299 So ins Deutsche übertragen in *Ohne Unterschied?* (Smith 2000, 114).

300 D. Sawyer zitiert ihn diesbezüglich in *Women und Religion in the First Christian Centuries* (Sawyer 1996, 152): „Wie viel angenehmer ist es für die Gemeinschaft und für das Gespräch, wenn zwei männliche Freunde beieinander sind als ein Mann und eine Frau … Mir fällt kein anderer Grund für die Erschaffung der Frau als Hilfe des Mannes ein als die Zeugung von Nachkommenschaft."

301 Zitiert in Clark 1996, 61.

302 Zur Entwicklung des Mönchtums siehe Wetzel 2019, 89–90.131–134.

Anweisungen des Apostels als Autorität benutzt, um das Konzept des Aristoteles zu untermauern (Bristow 1988, 114).

Aber nicht nur das Ideal der Einheit zwischen Mann und Frau, sondern auch das der Einheit zwischen Juden und Heiden und zwischen Sklaven und Herren war inzwischen in der Kirche verlorengegangen. R. Longenecker beschreibt, wie sich im Lauf der ersten fünf Jahrhunderte zwischen Juden und Heidenchristen ein tiefer Graben bildete, nicht zuletzt auf Grund einer antijüdische, Polemik der Kirchenväter. Er kommentiert diese Entwicklung so: „Tatsächlich hat die Kirche den jüdischen Separatismus mit einem ‚christlichen' Antisemitismus beantwortet, was einer Verleugnung und Umkehrung von Paulus' Argumentation … und der harterkämpften Entscheidung des Apostelkonzils in Jerusalem gleichkommt …" (Longenecker 1984, 43). Ebenso weist er darauf hin, dass sich gegen Ende des zweiten Jahrhunderts bei den Kirchenvätern auch für das Verhältnis zwischen Herren und Sklaven die Schwerpunkte verschoben, weg von der Betonung der gegenseitigen Annahme und Rücksicht hin zur Begründung der Notwendigkeit von Misstrauen gegenüber Sklaven, ja ihres Missbrauchs (Longenecker 1984, 62). So sprach Klemens von Alexandrien wie Aristoteles und Plato davon, dass Sklaven von Natur und Geburt aus niedriger seien als freie Menschen und deshalb nur zum Dienen taugten (Longenecker 1984, 62). Augustinus bezeichnete die Sklaverei als Strafe Gottes für Sünde, die man nicht abschaffen könne bis zur Wiederkunft Jesu (Longenecker 1984, 63).

Es ist also festzustellen, dass in den ersten fünfhundert Jahren der Kirchengeschichte zwar gewaltige Fortschritte in der Ausbreitung des Christentums und der Festigung kirchlicher Strukturen gemacht wurden, dass dabei jedoch seine ursprüngliche Lebendigkeit und das besondere Merkmal der Christen, die Einheit und Gleichrangigkeit aller Glieder am Leibe Jesu, weitgehend auf der Strecke blieben. Für die Frau bedeutete dies ihre erneute Abwertung, die Einschränkung ihrer Aktivitäten und ihren weitgehenden Ausschluss aus einer aktiven Beteiligung am Gemeindeleben.

4.2 Die Frau in der Kirche des Mittelalters

In den folgenden Jahrhunderten wurde nun die römisch-katholische Kirche das Instrument der Christianisierung Europas. Sie wurde damit auch zur Vermittlerin der antiken römisch-griechischen Kultur an das entstehende „Christliche Abendland" (Wetzel 2003, 11).[303] Im Blick auf die Stellung und Funktion der Frau fällt dabei eine

303 Eine ausführliche Beschreibung dazu siehe bei Wetzel (2019, 137–160).

deutliche Ambivalenz auf: Das Frauenbild der Kirchenführer blieb weiterhin von Augustinus und Aristoteles geprägt: Die Frau wurde im Vergleich zum Mann als minderwertiges Wesen gesehen, das in der Hierarchie der Kirche wenig Berücksichtigung fand. Gleichzeitig kam es aber zu einer zunehmenden Marienverehrung und einer Idealisierung der weiblichen Jungfräulichkeit. Viele Frauen blieben in der Folge unverheiratet, verbrachten ihr Leben im hauptamtlichen geistlichen Dienst im Kloster und wurden dafür teilweise hoch angesehen (Tucker und Liefeld 1987, 129–134; Klippert 2018, 104, siehe auch LaCelle-Peterson 2008, 167–175).

Im sechsten Jahrhundert beschäftigten sich einige Synoden mit dem Status der Frau. Mit einer knappen Mehrheit legte man sich 585 n. Chr. in Macon darauf fest, dass die Frau kein seelenloses Wesen sei. 567 n. Chr. war sie in Tour noch beschuldigt worden, Männer als „Schlange" zur Sünde zu verführen, und auf einer Synode in Auxerre zur gleichen Zeit war sie als von Natur aus unrein bezeichnet worden. Entsprechende Einschränkungen ihrer Teilnahme am kirchlichen Leben waren jeweils die Folge (Tucker 1987, 131). Versuchten Frauen dennoch, in lokalen Gemeinden aktiv mitzuarbeiten, löste das in der Regel Unruhe aus. Das offizielle Gemeindeamt der Diakonisse war „wegen der Schwachheit dieses Geschlechts" bereits 533 n. Chr. abgeschafft worden (Tucker 1987, 133). So war es vor allem das Klosterleben, das Frauen Gelegenheiten zum geistlichen Dienst bot. Im sechsten und siebten Jahrhundert nahm die Zahl der Klöster rasch zu, viele wurden von Frauen gegründet und geleitet (Wetzel 2019, 158–159). Einige der Äbtissinnen wurden sehr einflussreich. Herausragende Frauen in dieser Stellung waren zum Beispiel Lioba, die Cousine des Bonifatius aus England, die er zur Unterstützung seiner Arbeit nach Deutschland rief (Tucker 1987, 136; Wetzel 2019, 158) und Hilda von Whitby in England (Torjesen 1987, 71 ff).

Die Klöster waren vielfach die einzigen für Frauen zugänglichen Ausbildungsstätten, sie wurden zu Zentren der Literatur, Kunst und Musik, aber auch unterschiedlicher Formen der Spiritualität. Vor allem die Mystikerinnen waren für ihre geistliche Kraft bekannt und gesucht. Die herausragende deutsche Mystikerin war Hildegard von Bingen im elften Jahrhundert (Tucker 1987, 149). Aber auch bei vielerlei sozialen Aktivitäten an Armen und Kranken waren Nonnen tätig. Dass die Klöster weitgehend unabhängig von den kirchlichen Autoritäten betrieben wurden, machte sie immer wieder zu Zielscheiben von Verdächtigungen und Anschuldigungen aller Art. Verschiedene Restriktionen wurden ihnen auferlegt, viele Klöster auch geschlossen (Tucker 1987, 133–151). Insgesamt sind sich die Kirchenhistoriker darüber einig, dass die Klöster im Mittelalter Frauen einen Platz und eine Gelegenheit zum geistlichen Dienst boten, den sie sonst in der Kirche nicht finden konnten (Tucker 1987, 144). Als Alternative zum Klosterleben entstand im 12. und 13. Jahrhundert für unverheiratete Frauen die Bewegung der Beginen, die in Lebensgemeinschaften zusammenlebten, sozial tätig waren und von C. Bynum als „wohl die erste Frauenbewegung in der Geschichte der westlichen Welt“ bezeichnet wurde (Tucker 1987, 161; Lienemann-Perrin 2012, 17–18).

Die theologische Einschätzung des Wesens und der Stellung der Frau änderte sich auch in der Scholastik nicht. Vom 12. Jahrhundert ab wurde das gesamte Werk des Aristoteles in Europa bekannt und verbreitet, und die Kirche förderte und forderte in zunehmendem Maß seine Lektüre. Man stellte Aristoteles als Vorgänger Christi in weltlichen Dingen dem Johannes dem Täufer als Vorgänger Christi in geistlichen Dingen an die Seite (Störig 1970, 170). Damit war auch sein Frauenbild weiterhin und verstärkt prägend.

Der wichtigste Theologe des Mittelalters, der der römisch-katholischen Lehre bleibend seinen Stempel aufgedrückt hat, war Thomas von Aquin (1225–1274). Papst Leo XIII. erklärte im Jahr 1879 das Studium seiner Theologie für obligatorisch in allen römisch-katholischen Ausbildungsstätten. Bezüglich der Frau bestätigte Thomas die Sicht des Aristoteles, dass die Frau eine minderwertige Fehlkonstruktion sei und das Resultat einer Schwäche in der Zeugungskraft ihres Vaters (Tucker 1987, 164). Er ging davon aus, dass die Frau in erster Linie von sexuellem Verlangen bestimmt sei, der Mann dagegen vom Verstand. Es war seine Überzeugung, dass die Frau in allem vom Mann abhängig sei, der Mann von der Frau jedoch nur für die Fortpflanzung (Tucker 1987, 164).[304] Auch die Beziehungen von Mann und Frau zu Gott hielt Thomas für voneinander verschieden. Seiner Meinung nach kennt und liebt nur der Mann Gott wirklich und gewohnheitsmäßig, nicht die Frau (Bristow 1988, 117). So scheint es nur natürlich, dass der Gelehrte sich sehr grundsätzlich gegen die Ordination von Frauen aussprach. J. T. Bristow betont, dass durch Thomas von Aquin die Missachtung der Weiblichkeit vollständig in die christliche Theologie integriert worden sei, „gegründet auf die Autorität der Auslegung des Apostels Paulus durch Aristoteles, Augustinus und Thomas von Aquin“ (Bristow 1988, 117).

Ähnlich, wenn auch nicht so ausschließlich negativ wie Thomas von Aquin, äußerte sich der vielverehrte mittelalterliche Gelehrte und Mystiker Bonaventura.[305] Entspre-

304 Ruth Tucker zitiert ihn: „Die Frau ist dem Mann untergeordnet wegen der Schwäche ihrer Natur, und zwar in geistiger und körperlicher Hinsicht … Der Mann ist Anfang und Ende der Frau, gerade so wie Gott Anfang und Ende jedes Geschöpfes ist … Die Frau lebt in Unterordnung aufgrund des Naturgesetzes, das ist beim Sklaven nicht der Fall … Kinder sollten ihren Vater mehr lieben als ihre Mutter“ (Tucker 1987, 164; Übersetzung: H. S.).

305 Während er einerseits die Seele der Frau als „der des Mannes völlig gleich“ bezeichnete (Healy 1956, ii), konnte er gleichzeitig sagen: „Die Frau ist eine Schande für den Mann, ein

chend empfiehlt er den Männern seiner Zeit, äußerst vorsichtig Intimitäten, Gespräche und Blicke von Frauen zu meiden, die sich für viele als Anlass zum Ruin erwiesen hätten.[306]

Entsprechend diesen Lehren wurden im späteren Mittelalter Anstrengungen unternommen, den Dienst der Frau in der Kirche weiter zu beschneiden. Auch ihre Stellung in der Ehe wurde weiter erniedrigt und ihr Betätigungsfeld auf dem Konzil von Trient erneut strikt auf das Haus beschränkt: „Sie sollte willig zu Hause bleiben und nicht danach streben, das Haus ohne die Erlaubnis ihres Ehemannes zu verlassen" (Bell 1990, 128).[307]

Auch die folgenden kirchlichen Entscheidungen zur Stellung der Frau und ihren Dienstmöglichkeiten in der Kirche blieben von dieser theologischen Einschätzung geprägt. Alle Theologen, die seither von Thomas von Aquins geschliffener Theologie profitiert haben, haben auch sein Frauenbild aufgenommen. Es muss angenommen werden, dass dieses Bild der Frau für ungezählte christliche Theologen grundlegend wurde für ihre Vorstellung von der „göttlichen Schöpfungsordnung" und dass es auch zur „Brille" wurde, durch die sie die Anweisungen des Apostels Paulus im ersten Korinther- und ersten Timotheusbrief lasen.

Tucker und Liefeld gehen davon aus, dass die beschriebene Sicht über die Frau auch zu den Hexenverfolgungen im späten Mittelalter beigetragen hat, die ja zum weitaus größten Teil Frauen betraf (Tucker 1987, 167–168).

Doch Thomas von Aquin blieb nicht völlig unwidersprochen: Die englischen Franziskaner Roger Bacon und Duns Scotus legten bereits im 13. Jahrhundert „die Axt an die Wurzel der Scholastik" (Störig 1970, 183), indem sie die Unvereinbarkeit der Lehren des Aristoteles mit der Grundhaltung des christlichen Glaubens aufzeigten und forderten, die Naturwissenschaften und die Philosophie „aus dem scholastischen Dienstverhältnis zu lösen" (Störig 1970, 184). Bereits hier kündigte sich auch eine

---

Tier in seinen Räumen, eine ununterbrochene Sorge, ein nie endendes Problem, eine tägliche Störung, der Ruin des Haushaltes, ein Hindernis seiner Einsamkeit, die Zerstörung eines tugendhaften Mannes, eine bedrückende Last, eine unersättliche Biene, Eigentum und Besitz des Mannes." Zitiert in *Woman According to Saint Bonaventure* (Healy 1956, 46; Übersetzung: H. S.).

306 Zitiert in Healy 1956, 47.

307 So konnte im 16. Jahrhundert ein Geistlicher seiner Nichte vor ihrer Heirat schreiben, sie solle ihren Mann als Herrn und Meister betrachten, ihn ehren und ihm gehorchen. Sie solle die Eheschließung als einen Akt ihres Verkaufes in die Sklaverei betrachten und entsprechend demütig und untertan sein… Zitiert von John T. Bristow aus einem Abschnitt eines Briefes von St. Robert Bellarmine (1542–1621) (Bristow 1988, 118).

höhere Bewertung des Individuums an und seine Befreiung aus den hergebrachten Bindungen, die ein Grundelement aller folgenden europäischen Kulturentwicklung wurde (Störig 1970, 193). Im Humanismus und der Renaissance kam diese Loslösung dann zum Tragen und setzte neue Kräfte und Gedanken frei. Ein gewaltiger geistiger Wandel im 16. Jahrhundert erfasste alle Bereiche der europäischen Kultur. Auch *La Quelle des Femmes*, die Frage nach Wesen und Stellung der Frau, wurde von den Denkern der Renaissance, wie zum Beispiel Erasmus, neu gestellt (Tucker 1987, 171). R. Tucker stellt fest: „Bereits vor der Reformation entwickelte sich in Gelehrtenkreisen ein zunehmendes Bewusstsein für die Gleichwertigkeit der Frau“ (Tucker 1987, 172; Übersetzung: H. S.).

4.3 Die Frau zur Zeit der Reformation

Ein wichtiges Charakteristikum der Reformation, in der der christliche Glaube sich aus der Umklammerung der mittelalterlichen Kirche löste und zu seinem ursprünglichen Leben erwachte, war die Wiederentdeckung des allgemeinen Priestertums aller Gläubigen. Dadurch kam es auch zu einer größeren Freiheit und Wertschätzung der Frau in der Reformation (Head 1990, 149). Dennoch waren die Folgen der Reformation für die Stellung der Frau nach der Einschätzung vieler Historiker ambivalent: Als Ehefrau stieg ihre soziale Position und Achtung. Martin Luther, wie auch Calvin, wertete die Ehe sehr hoch als Ordnung Gottes und Schutz vor der Unmoral und machte sie zur Pflicht für jeden, der nicht die Gabe der Ehelosigkeit habe. Die alternative Lebensform im Kloster verurteilten die Reformatoren als nicht schriftgemäß (Clark 1996, 145). Damit wurden die Lebens- und Dienstmöglichkeiten der Frau ganz auf die häusliche Sphäre beschränkt. Ihre Unterordnung unter den Mann war für Luther eine naturgegebene Selbstverständlichkeit (Clark 1996, 146; Tucker 1987, 173–174). Th. Head kommentiert: „Die Reformation Martin Luthers versetzte die Frauen aus dem Kloster in die Küche“ (Head 1990, 150). So war, wie M. Jung feststellt, „das emanzipatorische Potenzial der Reformation zwar groß, es wurde jedoch damals nicht entfaltet“ (Jung 1983, 4). Durch die Forderung nach einer Schulbildung für Mädchen wurde diese Entfaltung wenigstens langfristig angelegt (Tucker und Liefeld 1987, 173). Der Gedanke, auch kirchliche Ämter für Frauen zu schaffen, wurde wohl diskutiert, aber nicht umgesetzt (Jung 1983, 49). So blieb der evangelischen Frau nach der Auflösung der Klöster nur noch die Möglichkeit der Ehe. Die Alternative eines von Männern unabhängigen, dem geistlichen Dienst gewidmeten Lebens gab es nicht mehr (Head 1990, 167–168; Tucker 1987, 172).

Im Umfeld der Reformation wagten es allerdings einige Frauen, auf der Basis des allgemeinen Priestertums an der öffentlichen Diskussion um die neue Glaubenslehre und sogar um die Stellung der Frau teilzunehmen, sei es durch Schriften oder auch Ansprachen. Herausragende Beispiele waren Marie Dentière in Genf (Tucker 1987, 179), Katharina Zell in Straßburg (Jung 1983, 1–3) und auch die erste Liederdichterin der evangelischen Kirche, Elisabeth Cruciger (Ev.Gesangbuch 1996, 1565). Allerdings wurden solche Frauen von Geistlichen beider Konfessionen mit Argwohn betrachtet. Die Reformatoren waren sich mit den römisch-katholischen Amtsträgern darin einig, dass man Frauen von einem öffentlichen geistlichen Dienst fernhalten sollte (Head 1990, 160–161).

So wurde in der Reformation die Würde der Frau als Mensch und als Ehefrau gehoben, nicht aber ihre Stellung in der Gemeinde Jesu. Das Konzept des allgemeinen Priestertums hob den Status der Laien in ihrer Verantwortung vor Gott. Es eröffnete den Frauen jedoch keine Gelegenheit, ihre Gaben wie Männer in der Gemeinde einzubringen. Alle offiziellen Ämter blieben ihnen verschlossen (Tucker 1987, 205).[308]

4.4 Im Wandel von Gesellschaft und Kirche nach der Reformation

Die Frage nach der Stellung der Frau stellte sich jedoch nicht nur im Rahmen der Reformation, sondern trat überall da hervor, wo nach der Loslösung des europäischen Denkens von der Umklammerung der mittelalterlichen Theologie über die gesellschaftlichen Implikationen der neuen Freiheit des Menschen nachgedacht wurde. Die „Frauenfrage" ist seitdem eines der meistdiskutierten und kontroversesten Themen in der westlichen Welt geblieben. Die Geschichte ihrer Diskussion kann nicht unabhängig von den großen gedanklichen und gesellschaftlichen Entwicklungen der Neuzeit betrachtet werden. Verschiedenste Einflüsse theologischer und gesellschaftlicher Art verbanden sich zu unterschiedlichen Frauenbildern, die keinesfalls nur in die Kategorie „biblisch" und „unbiblisch" eingeteilt werden können, wie dies leider in konservativen Kreisen vielfach vereinfachend geschieht. Im Folgenden soll versucht werden, die Entwicklung der Frauenfrage in den Gesellschaften und Kirchen der westlichen Welt mit ihrer gegenseitigen Verschränkung in groben Zügen nachzuvollziehen, um die heutige Diskussion dieser Frage besser einordnen zu können.

Grundsätzlich bewegte sich das europäische Denken nach seiner Loslösung von den Vorgaben und der Herrschaft der Kirche des Mittelalters in seiner Beziehung zur

308 Siehe dazu auch die Ausführungen von LaCelle-Peterson (2008, 175–180).

geistlichen Dimension in zwei Richtungen: In der Reformationsbewegung kam es zu einer Loslösung des christlichen Glaubens von der Herrschaft der römisch-katholischen Kirche und von ihrem Anspruch, Vermittlerin des Heils zu sein, nicht aber von der Anerkennung der Existenz und absoluten Autorität Gottes und der Heiligen Schrift als bindender göttlicher Offenbarung. Vielmehr unterwarf sich hier der menschliche Geist bewusst der Autorität der Heiligen Schrift, und es kam zu deren besonderer Hochschätzung als einziger Autorität in Glaubens- und Lebensfragen.

Die Aufklärung dagegen brachte eine Erhebung der menschlichen Vernunft zur letzten Autorität hervor. Der Mensch machte sich autonom, dem Glauben an Gott wurde ein Bereich innerhalb des menschlichen Denkens und Empfindens zugewiesen, der sich dem Urteil der nachprüfbaren Wissenschaften unterstellen musste und von diesen jederzeit infrage gestellt werden durfte.

Unter den neuen gedanklichen Voraussetzungen wurden nun in den nachfolgenden Jahrhunderten alle bestehenden Denkweisen, Ordnungen und Strukturen hinterfragt. Die westliche Welt brach auf allen Gebieten in eine neue Zeit auf. Teil dieses Prozesses war auch eine ausgeprägte Bibelkritik, mit der sich dann die Theologen und Kirchen auseinandersetzen mussten, und die auch Anlass zu heftigen innerkirchlichen Kämpfen um den rechten Glauben wurde. Auseinandersetzungen um die Autorität der Heiligen Schrift und ihr Verständnis haben seither den Protestantismus in Europa geprägt und immer wieder die Sorge um die unverfälschte Lehre zum Hauptthema werden lassen, hinter dem Fragen des praktischen geistlichen Lebens und der Gestaltung des Gemeindelebens zurückstehen mussten. In den hundertfünfzig Jahren unmittelbar nach der Reformation wurde dabei aus dem Bekenntnis und der „Glaubensgewalt" der Reformation (Störig 1970, 200) ein mehr und mehr erstarrendes Lehrgefüge, das Züge einer erneuten Werkgerechtigkeit und Unduldsamkeit aufwies (Brandt 1978, 72; Störig 1970, 200). Für die Stellung der Frau in den protestantischen Kirchen war dies in zweifacher Weise folgenschwer: Zum einen schloss die einseitige Betonung der theologischen Diskussion die Frauen aus der Beteiligung am kirchlichen Leben von vornherein aus, da ihnen der Zugang zur höheren Bildung verwehrt war.[309] Zum anderen wurde die Position der Reformatoren zur Stellung der Frau zum Bestandteil der Orthodoxie, der für lange Zeit nicht mehr zur Diskussion gestellt wurde.

309 Eine Untersuchung aus England aus den Jahren 1530–1730 stellt ein allgemeines Analphabetentum der Frauen um 89 Prozent fest (Lerner 1993, 58). Man kann davon ausgehen, dass dies in Deutschland nicht viel anders war.

Im 18. und 19. Jahrhundert kam es in den europäischen Gesellschaften zu den bekannten heftigen gesellschaftlichen Unruhen und Umwälzungen, bei denen einerseits alles grundsätzlich infrage gestellt wurde, was vorher als gottgegebene Ordnung gegolten hatte, zum anderen aber auch der Widerstand von gesellschaftserhaltenden Kräften gegen den Liberalismus und jegliche Gesellschaftsveränderung aktiviert wurde. So formierten und festigten sich zwei Lager, die sich gemäß ihren Grundsätzen unversöhnlich gegenüberstanden: Die eine Seite kämpfte für die persönliche Freiheit und die Gleichberechtigung aller Menschen, die andere für den Erhalt der festgefügten hierarchischen Gesellschaftsordnungen, die als in ihrer Stabilität und Übersichtlichkeit dem Chaos der „trügerischen Freiheiten" entgegenwirkend amgesehen wurden (Dittrich 1967, 58.61). Die Motivationen kamen auf beiden Seiten aus christlichen und nichtchristlichen Quellen: So begründeten die freiheitsliebenden Nachkommen der christlichen Pilgerväter in Nordamerika das Recht auf Freiheit und Gleichberechtigung aller Menschen mit der Schöpfung und machten damit die biblische Schöpfungsordnung in ihrer ursprünglichen Bedeutung und Kraft zur Grundlage der ersten Demokratie der Welt. Aber die Forderung nach der Freiheit und ungehinderten Entfaltung des Individuums war ebenso ein Grundgedanke der Aufklärung, der als gesellschaftliche Folge aus der Mündigerklärung des menschlichen Verstandes abgeleitet wurde (Dittrich 1967, 10–12). In der Französischen Revolution fanden diese Gedanken dann in besonders radikaler Form gesellschaftlichen Ausdruck.

Auch unter den Gegnern einer Gleichberechtigung aller Menschen und Gesellschaftsschichten gab es christliche und andere Motivationen. So wurde von manchen die bestehende hierarchische Gesellschaftsstruktur als christliche Ordnung verteidigt und der Gehorsam gegenüber der Autorität der regierenden Schicht als göttlich geboten angesehen (Dittrich 1967, 58.61). Von anderen wurde das hierarchische Gesellschaftssystem aus dem Bedürfnis nach Stabilität und Sicherheit oder dem Streben nach dem Erhalt eigener Privilegien verteidigt.

Dabei haben sich oftmals die Vertreter der protestantischen Orthodoxie, wie auch die der römisch-katholischen Kirche in unkritischer Weise mit den konservativ orientierten Kräften der Gesellschaft verbunden und alle individualistischen Tendenzen sowie Impulse zu mehr Freiheit oder sozialer Gerechtigkeit unter dem Generalvorwurf des Liberalismus und der Bibelkritik verworfen. Die in der Heiligen Schrift enthaltenen Anstöße zur Freiheit und Gleichheit aller Menschen aufgrund der Schöpfung und Erlösung wurden dabei eher übergangen und in der Auslegung der Anweisungen des Apostels Paulus zum Verhalten des Christen in seiner Gesellschaft die hierarchische Gesellschaftsordnung des Römischen Reiches im ersten Jahrhundert zur gottgewollten „biblischen Gesellschaftsordnung" erklärt und zum gesellschaftlichen Leitbild nach biblischer Vorgabe gemacht.

So kam in dem komplexen Spannungsfeld von theologischen und gesellschaftlichen Erwägungen vom 17. Jahrhundert an bis in die heutige Zeit auch die Frage nach der Stellung der Frau sowohl in den verschiedenen gesellschaftlichen Kreisen als auch in den Kirchen der westlichen Welt nicht mehr zur Ruhe, sondern Diskussionen an dieser Stelle brachen immer wieder auf und nahmen im Lauf der Zeit an Heftigkeit und Häufigkeit zu (Offen 2000, 22.31.33).

Die Aufbruchstimmung in ein neues Zeitalter mit der zunehmenden Betonung der Freiheit und Gleichheit aller Menschen und der Wertschätzung der freien Einzelpersönlichkeit rief unter den Frauen des neu entstehenden Bürgertums zunehmend den Wunsch nach Beteiligung an der Gestaltung der neuen Zeit und nach der Gleichberechtigung der Geschlechter hervor (Offen 2000, 22). In der allgemeinen sozialen Umbruchsituation forderten sie vor allem einen ungehinderten Zugang zur Bildung (Offen 2000, 37–44; Lerner 1993, 58), das Recht auf die Teilnahme am Arbeitsprozess und am öffentlichen Leben (Offen 2000, 44–52), einen Status als Bürgerinnen sowie das Wahlrecht (Offen 2000, 52–58). Den Forderungen nach einer Gleichberechtigung der Geschlechter stand in Gesellschaft und Kirchen eine heftige Opposition gegenüber, die sich vor allem auf den natürlichen Geschlechterunterschied berief, der die Geschlechterrollen determiniere (Offen 2000, 66–67).[310] Im Rahmen dieser Diskussion formierten sich in den Städten Europas Frauenvereine, und im frühen 19. Jahrhundert fanden schließlich die ersten organisatorischen Zusammenschlüsse zu einer Frauenbewegung mit breiterer gesellschaftlicher Wirkung statt.[311]

In den großen christlichen Kirchen änderte sich im beschriebenen Zeitraum wenig an der vorgegebenen Rolle der Frau (Tucker und Liefeld 1987, 207). Die Sorge um die rechte Lehre erschien als vordringlich, und die Forderungen nach einer Gleichberechtigung der Frau wurden in der Kirche vielfach unter jene zerstörerischen Tendenzen des Liberalismus eingeordnet, die die Autorität der Schrift und die Integrität der Gesellschaft gleichermaßen untergrüben (Brandt 1978, 91–92).

---

310 So forderte Immanuel Kant, die Frauen sollten sich nicht erdreisten, selbständig zu denken, sondern sich auf ihre primäre Rolle besinnen, die Moral des Mannes durch Manipulation zum Guten zu beeinflussen (Offen 2000, 71).

311 In Deutschland bekam 1865 mit der Gründung des „Allgemeinen Deutschen Frauenvereins" durch Louise Otto-Peters die bürgerliche Frauenbewegung formale Züge. Eine gute Übersicht über die Entwicklung und Geschichte der deutschen Frauenbewegung gibt R. Nave-Herz in ihrem Buch *Die Geschichte der Frauenbewegung in Deutschland* (1977).

Mitten in dieser unruhigen und bedrückenden gesellschaftlichen und kirchlichen Situation brach sich durch Gottes Eingreifen geistlich wieder die „ursprüngliche lebendige Glaubensgewalt" der Reformation (Störig 1970, 200; Brandt 1978, 97ff) Bahn, die im deutschen Pietismus und dann den von England und Amerika ausgehenden Erweckungsbewegungen des 18. und 19. Jahrhunderts Ausdruck fand. Diese Bewegungen hatten in der westlichen Welt prägende geistliche und gesellschaftliche Auswirkungen und brachten schließlich auch die weltweite protestantische Missionsbewegung in Gang.[312] In ihnen wurden das persönlich angeeignete Heil und das allgemeine Priestertum der Gläubigen wieder betont, und so tat sich von Anfang an in ihrem Rahmen auch für Frauen wie selbstverständlich ein großes geistliches Betätigungsfeld auf.

Bereits im Zusammenhang des frühen Pietismus in Deutschland im ausgehenden 17. und beginnenden 18. Jahrhundert kam es zu einem „großen Aufbruch frommer Frauen" (Jung 1999, III), die sich vom geistlichen Dienst nicht abhalten ließen und sogar in der Öffentlichkeit auftraten mit Ansprachen, Predigten und öffentlichen Gebeten, Bücher schrieben und Lieder dichteten, soweit ihre Bildung dies erlaubte (Jung 1999, III, Zimmerling 1999).[313] Sie wurden einerseits von manchen Vätern des Pietismus unterstützt und gefördert, waren aber auch heftigen Anfeindungen und Schmähungen ausgesetzt, und zwar gleichermaßen von Vertretern der weltlichen wie der kirchlichen Obrigkeit (Jung 1999; Zimmerling 1999). Ihren Dienst mussten sie immer wieder neu begründen und rechtfertigen. Zu öffentlichen Ämtern für Frauen in den protestantischen Kirchen kam es auch unter dem direkten Einfluss des frühen Pietismus nicht.[314] Lediglich in der durch den Grafen Nikolaus Ludwig von Zinzen-

312 Eine übersichtliche Darstellung der Zusammenhänge gibt K. Wetzel in seinem Buch *Wie handelt Gott in der Geschichte?* (Wetzel 1984, 43–69). Siehe auch die Ausführungen von LaCelle-Peterson (2008, 181–194).

313 Martin H. Jung hat eine beeindruckende Quellensammlung von „Autobiographien frommer Frauen aus Pietismus und Erweckungsbewegung" aus dem 17. und 18. Jahrhundert zusammengestellt (Jung 1999).

314 Tucker und Liefeld zitieren das Werk des anglikanischen Theologen John Bewick als typisch für die generelle Haltung der Kirchenvertreter zum Lehr- und Leitungsdienst der Frau im 17. Jahrhundert: „Die Art der Prophetie, die in der Auslegung der Schrift besteht, und im Ableiten von lehrmäßigen und praktischen Schlussfolgerungen zur Belehrung von anderen, kann an dieser Stelle (1Kor 11) nicht gemeint sein, dessen bin ich sicher. Denn an dieser Art der Prophetie haben die Töchter Gottes keinerlei Anteil oder Gemeinschaft mit den Söhnen Gottes; denn Gott hat sie ausgeschlossen" (Tucker 1987, 209; Übersetzung: H. S.). Die Puritaner wandten sich in besonders schroffer Weise gegen einen öffentlichen Gemeindedienst der Frau, da sie befürchteten, „dass die minderwertigen Predigtversuche von Frauen Schande über den geistlichen Beruf bringen würden und dass ihre Teilnahme daran ihn ‚übel und verachtet' machen würde" (Tucker 1987, 216; Übersetzung: H. S.). Andererseits traten sie wie

dorf (1700–1760) entstandenen Herrnhuter Brüdergemeine, in der das allgemeine Priestertum bewusst im Gemeindeleben zum Ausdruck gebracht wurde, durften Frauen in allen Ämtern wie Männer mitarbeiten.[315] In England waren es vor allem die Quäker, die bereits im 17. Jahrhundert eine Gleichrangigkeit zwischen den Geschlechtern im geistlichen Dienst zum Ausdruck brachten (Tucker 1987, 227). Ihr Gründer George Fox verteidigte engagiert die uneingeschränkte Mitarbeit der Frau im geistlichen Dienst gegen heftige Opposition von innen und außen.[316] In der Erweckungsbewegung des 18. Jahrhunderts in England und in Amerika, die dann später große Teile Deutschlands erreichte, spielten die Frauen eine wichtige Rolle (Brandt 1978, 151). John Wesley, der unter der Verkündigung aus Herrnhuter Kreisen zu einem lebendigen persönlichen Glauben gekommen war (Brandt 1978, 149), gestattete Frauen in der Erweckungsbewegung zunehmende Freiheiten im geistlichen Dienst (Tucker 1987, 240–241). R. Tucker schreibt: „Wesley war schließlich so überzeugt von der Richtigkeit des Dienstes der Frau, dass er Frauen öffentlich dazu ermutigte zu predigen, und das, obwohl er um die Opposition wusste, die sie damit auf sich ziehen würden" (Tucker 1987, 242). Auch der amerikanische Erweckungsprediger Jonathan Edwards ermutigte Frauen zum evangelistischen Dienst. Allerdings wurde der öffentliche Dienst der Frauen auch in diesen Bewegungen vielfach nicht als „Normalfall" angesehen, sondern als eine besondere Maßnahme Gottes in besonderen Zeiten (Tucker 1987, 244). In der Tat kam am Ende solcher Erweckungszeiten mit der Institutionalisierung der durch sie entstandenen Gemeinden und Organisationen häufig auch der freimütige Dienst der Frauen bald zum Ende (Tucker 1987, 242.244).

Im 19. Jahrhundert nahmen in den Ländern Europas und auch in Amerika die politischen und sozialen Unruhen zu: Die praktische Umsetzung der Prinzipien

---

Luther für die Bildung der Frau ein und hoben ihre Position als Ehefrau, so dass sie nach R. Tuckers Einschätzung doch einen positiven Beitrag leisteten zu einer Hebung der Stellung der Frau in der Gesellschaft (Tucker 1987, 217).

315 Peter Zimmerling beschreibt Leben und Dienst der Erdmuthe Dorothea von Zinzendorf als anschauliches Beispiel (Zimmerling 1999, 9–21) und von Anna Nitschmann, der zweiten Frau Zinzendorfs, ist bekannt, dass sie über viele Jahre das Amt einer „Ältestin" in der Gemeine innehatte (Jung 1999, 151), das sie mit großem Verantwortungsbewusstsein ausübte (Jung 1999, 154).

316 Er betonte dabei das Recht der „weissagenden Töchter" (Joel 2) und warnte und mahnte deshalb: „Ihr, die ihr die Töchter verfolgt, über die der Geist Gottes ausgegossen wurde, und die ihr ihnen nicht glaubt, ihr verachtet das Gebot der Apostel … Schämt euch für immer, und lasst alle eure Münder für immer verstummen, die ihr den Geist der Weissagung in den Töchtern verachtet, und sie ins Gefängnis bringt und die weiblichen Mitarbeiter am Evangelium behindert" (zitiert in Tucker 1987, 227; Übersetzung: H. S.).

der Freiheit und Gleichberechtigung aller Menschen wurde in allen Bereichen eingefordert. Dabei trafen wieder liberale, nationale und auch revolutionäre Kräfte im neuen Bürgertum auf den harten Widerstand der Vertreter der bestehenden Gesellschaftsordnungen, die häufig von den großen Kirchen unterstützt wurden (Offen 2000, 78). Durch die industrielle Revolution wurde die soziale Gerechtigkeit zum wichtigen Thema, und auch die Diskussion um den Platz der Frau wurde heftiger. Ihre Stellung in der Gesellschaft verbesserte sich im 19. Jahrhundert wie nie zuvor in der Menschheitsgeschichte (Tucker 1987, 245). Im Bürgertum nahm die Bildung der Frauen rasch zu, sogar der Zugang zu den Universitäten wurde ihnen in einigen Ländern allmählich eröffnet (Offen 2000, 79).[317] Auch am Arbeitsleben und dem öffentlichen Leben der werdenden Industriegesellschaften waren Frauen zunehmend beteiligt (Offen 2000, 82). Gleichzeitig wurden auch immer wieder Gegenstimmen zu dieser Entwicklung laut, die protestierten und die Rückkehr der Frauen zu ihrer traditionellen Rolle forderten.[318] Der bis in die Gegenwart reichende gesellschaftliche Kampf um die Emanzipation der Frau etablierte sich im Bewusstsein der Menschen. Die verschiedenen Zweige der Frauenbewegung in ganz Europa organisierten sich und schlossen sich auch zu internationalen Organisationen zusammen. Sie kamen aus verschiedenen Hintergründen und verfolgten unterschiedliche Ziele. So gab es eine sozialistische Frauenbewegung, mehrere kirchliche, eine jüdische und mehrere politische, die sich lediglich einig waren in dem Anliegen, die Idee von Gleichheit, Mündigkeit und Selbständigkeit der Menschen auch für die Frau in die Praxis umzusetzen (Nave-Herz 1997, 41; vgl. Raedel 2017, 5–29).[319] Die protestantischen Kirchen waren im

317 In Deutschland geschah dies vergleichsweise spät: Erst 1896 gab es die ersten sechs Abiturientinnen, die zunächst nur als Gasthörerinnen in Deutschland studieren konnten (Nave-Herz 1997, 32). Erst um die Jahrhundertwende erhielten Frauen das lang erkämpfte Immatrikulationsrecht an den Universitäten deutscher Länder.

318 So schrieb H. Jacobs in Deutschland: „Im übrigen aber ist die durch Natur und Evangelium gebotene Arbeitsteilung zwischen den Geschlechtern die, dass der Mann für Kampf und Arbeit bestimmt ist, die Frau aber in der Pflege reiner, warmer und inniger Gefühle, in der Bewahrung der Güter, die der Mann erworben, in der Ordnung … des Hauses, die von Gott ihnen anvertraute Aufgabe suche …" (Zitiert in Nave-Herz 1997, 17).

319 Als Gründerin der deutschen Frauenbewegung gilt Louise Otto-Peters (1819–1895), die 1865 den „Allgemeinen Deutschen Frauenverein" ins Leben rief. Sie formulierte ihre Forderungen so: „Eine Versündigung, nicht nur am Weibe, sondern an der Menschheit, am Prinzip der Schöpfung ist' s: das Weib in Knechtschaft zu stoßen und darin zu erhalten, es auf den engen Kreis der Häuslichkeit beschränken zu wollen und somit auszuschließen von jenen anderen Zwecken des Menschentums, welche sich nicht auf die Familie beziehen" (Nave-Herz 1997, 12).

19. Jahrhundert entsprechend den Zeitströmungen mit dem theologischen Ringen um die soziale Frage und um das Verhältnis von Staat und Kirche, vor allem aber mit der Auseinandersetzung um die historische Glaubwürdigkeit der Bibel und dem Kampf gegen den Liberalismus beschäftigt (Brandt 1978, 173–180). Die Frauenfrage wurde zwar diskutiert, trat aber hinter den genannten Problemen zurück.

Gleichzeitig brach sich eine zweite große Erweckungsbewegung in Amerika, England und später auch in Deutschland Bahn. Wieder waren Frauen von Anfang an wie selbstverständlich an dieser beteiligt. Diese Bewegung löste in Antwort auf die Nöte der Zeit eine mächtige soziale Reformbewegung aus, die ebenfalls an vielen Stellen von Frauen getragen wurde. Humanitäre Hilfe und die Verkündigung des Evangeliums gingen dabei Hand in Hand. Unter der Organisation und Leitung von Frauen entstand in Amerika und England die Sonntagsschulbewegung (Tucker 1987, 250–251), in England wurde die Heilsarmee ins Leben gerufen, in der Frauen und Männer in gleicher Weise dienten (Tucker 1987, 265), in Deutschland entstand durch die Initiative von Johann Hinrich Wichern die „Innere Mission", in deren „Anstalten der rettenden Liebe" unzählige Frauen tätig waren (Brandt 1978, 158–161). 1836 wurde durch Theodor Fliedner in Kaiserswerth das Diakonissenwesen gegründet. Damit eröffnete sich erstmals seit der Reformation für die Frauen innerhalb der protestantischen Kirchen die Möglichkeit zu einem vielfältigen hauptamtlichen geistlichen Dienst (Brandt 1978, 159–161; Zimmerling 1999, 84–88). In England und Amerika engagierten sich Männer und Frauen der Erweckungsbewegung für die Abschaffung der Sklaverei (Wetzel 1984, 63; Torjesen 1987, 86–87), andere kämpften mit um das Wahlrecht für Frauen (Tucker 1987, 273).

Im Rahmen dieser Erweckungsbewegung waren Frauen, mehr noch als im Jahrhundert davor, auch zunehmend am öffentlichen Verkündigungsdienst beteiligt (Tucker 1987, 257). Dies war ein auffälliges Phänomen, das auch in Deutschland zu beobachten war. Frauen wie Hedwig von Redern und Christa von Viebahn sind in diesem Zusammenhang zu nennen (Conrad 1998, 70–74). Besonders auch Diakonissen waren aktiv an der biblischen Verkündigung und Lehre beteiligt, vor allem im Rahmen der Gemeinschaftsbewegung (Herrmanns 1991, 19). Der öffentliche Verkündigungsdienst von Frauen war ein Teil der Erweckungs- und der Heiligungsbewegung, der sich nicht unterdrücken ließ. Gottes Berufung zu diesem Dienst war die Rechtfertigung solcher Frauen (Tucker 1987, 259–260; Zimmerling 1999, 96). Als herausragende Beispiele sind Phoebe Palmer in Amerika (1807–74) zu nennen, die in ihrem Dienst 25 000 Menschen zum Heil in Christus geführt haben soll (Tucker 1987, 263), sowie Catherine Booth in England, die mit ihrem Mann zusammen die Heilsarmee gründete und in London in Gottesdiensten regelmäßig vor Tausenden von Menschen predigte (Tucker 1987, 264–265). In Deutschland waren es in dieser Zeit Frauen wie Eva von Tiele-Winckler (Zimmerling 1999, 214), Christa von Viebahn (Butzkamp 2007, 10–16) und Dora Rappard (Zimmerling 1999, 95–98) die in einem gesegneten Verkündigungsdienst standen. Diese Frauen begegneten heftigem Widerstand aus Gesellschaft und Kirchen, hatten aber auch immer starke männliche Befürworter. Einflussreiche Förderer des Verkündigungsdienstes von Frauen waren zum Beispiel die amerikanischen Erweckungsprediger Charles Finney (Tucker 1987, 252) und Dwight L. Moody (Tucker 1987, 273), in Deutschland sind in diesem Zusammenhang Philipp Jakob Spener, Gerhard Tersteegen und vor allem Nikolaus Ludwig von Zinzendorf zu nennen (Zimmerling 1999, 7).

Vor allem aber aus der durch die Erweckungsbewegungen angestoßenen modernen Missionsbewegung ist der Dienst von unzähligen Frauen nicht wegzudenken (Patterson 1989, 62). Hudson Taylor (1832–1905), der als Vater der sogenannten Glaubensmissionen gilt, förderte, forderte und verteidigte den Dienst von Frauen in der China Inland Mission in allen Funktionen. Im Blick auf die Schöpfung und die Erlösung in Christus sah er Frauen als gleichberechtigt und gleich ausgerüstet zum geistlichen Dienst an, und im Blick auf die Verlorenheit der Völker und die Dringlichkeit des Missionsauftrages angesichts der baldigen Wiederkunft Christi sah er ihren Einsatz in der Weltmission geradezu als geboten und dringend an (Conrad 1998, 78; Tucker 1987, 317–318; Wetzel 2019, 434). Ebenso dachte der schwedische Erweckungsprediger und spätere Gründer von mehreren Missionsgesellschaften bzw. Gemeindeverbänden Fredrik Franson (1852–1908), der den Verkündigungsdienst von Frauen leidenschaftlich verteidigte und förderte (Patterson 1989, 62–63; Conrad 1998, 58–61). Erstaunlicherweise war und ist die Kritik gegen den Dienst von Frauen auf den Missionsfeldern im Allgemeinen deutlich verhaltener als gegen ihre Mitarbeit im gleichen geistlichen Dienst in der europäischen oder amerikanischen Heimat (Hiebert 1982, 459; Tucker 1987, 309). V. Patterson und F. Hiebert weisen allerdings in diesem Zusammenhang darauf hin, dass der Beitrag von Frauen in Missionsberichten und -statistiken immer auffällig unterrepräsentiert blieb, obwohl 55–60 Prozent aller Missionare in Übersee weiblich sind (Patterson 1989, 64; Hiebert 1982, 459).

Auch im 20. Jahrhundert nahm das Ringen um die Stellung und den Dienst der Frau in den Gesellschaften und Kirchen des christlichen Abendlandes nicht ab. In den Zeiten der Weltkriege traten Frauen zunächst wieder in den Hintergrund und nahmen im nationalen Interesse die traditionelle unterstützende Rolle ein (Patterson 1989, 64; Offen 2000, 251.257). Nach dem ersten Weltkrieg ging der lang gehegte Wunsch nach dem Wahlrecht für Frauen in den meisten Ländern Europas in Erfüllung, in Deutschland im November 1918. Die Weimarer Verfassung schrieb dann erstmals gleiche

Rechte und Pflichten für Männer und Frauen fest. Im Nationalsozialismus wurde die Rolle der Frau ganz den Maßgaben und Bedürfnissen des Staates angepasst.

Grundsätzlich stand Adolf Hitler offen zu seiner „patriarchalisch-autoritären Haltung" gegenüber Frauen (Nave-Herz 1997, 42).[320] So gingen ihnen manche Rechte wieder verloren,[321] ihr Wert als Mütter stieg. Für Hitler war das Wochenbett das „Schlachtfeld der Frau" (Nave-Herz 1997, 44), die Idee der Emanzipation der Frau hielt er für eine „Ausgeburt jüdischen Intellekts" (Nave-Herz 1997, 44).

Nach dem zweiten Weltkrieg, in dem Frauen gezwungenermaßen viele verantwortliche Aufgaben in der Gesellschaft übernommen und gemeistert hatten, kam es in vielen Familien zu einem „erzwungenen Matriarchat", in dem die Hauptlast der Erziehung und Versorgung der Familie und viel Aufbauarbeit bei den Frauen lag. Das Bild der „Trümmerfrau" hinterließ in Deutschland nach dem Krieg einen tiefen Eindruck einer leistungsfähigen Weiblichkeit. Das gab den Forderungen der Frauen nach einer völligen rechtlichen Gleichstellung mit dem Mann in den Nachkriegsjahren Auftrieb, gleichzeitig wurde dieses Anliegen zunächst den Anforderungen des Wiederaufbaus unterstellt.

Nach dem Ende des zweiten Weltkrieges wurde die Organisation der Vereinten Nationen zur Vertreterin der Menschenrechte, unter die auch die Gleichberechtigung von Mann und Frau eingeschlossen und zum ausgesprochenen Ziel für die ganze Menschheit erklärt wurde: Der Glaube an die Würde und den Wert des Menschen und an gleiche Rechte von Männern und Frauen und von großen und kleinen Nationen wurde zum Leitgedanken der Vereinten Nationen (Offen 2000, 375). Auch in das Grundgesetz der Bundesrepublik Deutschland wurde 1949, wenn auch gegen harten Widerstand, der Grundsatz der Gleichberechtigung zwischen Mann und Frau eingefügt (Nave-Herz 1997, 50). Dennoch musste die Präsidentin des Deutschen Ärztinnenbundes im Blick auf dessen Umsetzung 30 Jahre später (1979) in einer öffentlichen Rede noch fragen: „Meine Damen und Herren Abgeordnete, … sind Sie bereit, Ihr

320 So schrieb Joseph Goebbels: „Der Führer entwickelt ganz neue Gedanken über unsere Stellung zur Frau. … Die Frau ist Geschlechts- und Arbeitsgenossin des Mannes … Der Mann ist Organisator des Lebens, die Frau seine Hilfe und sein Ausführungsorgan" (zitiert in Nave-Herz 1997, 42). Die Tatsache, dass keine weiblichen Abgeordneten von der NSDAP ins Parlament entsandt wurden, verteidigte Goebbels 1933 mit dem Hinweis, dass „Dinge, die dem Mann gehören, dem Mann auch verbleiben müssen, und dazu gehört die Politik und die Wehrhaftigkeit des Volkes" … (Nave-Herz 1997, 42).

321 So wurde ihnen das passive Wahlrecht entzogen und die Zulassung zur Habilitation an den Hochschulen. Die Zahl weiblicher Studenten wurde auf zehn Prozent beschränkt. Manche Berufe durften Frauen nicht mehr ausüben.

Angebot auf Mitwirkung der Frau auch wirklich in die Praxis umzusetzen? …" (Nave-Herz 1997, 51).

Diese Frage stellte seit dem Ende der 1960er Jahre auch die aus der Studentenbewegung hervorgegangene weltweite „Neue Frauenbewegung", die ihre Wurzeln in den USA hatte, sich rasch in der westlichen Welt ausbreitete und sowohl dem Begriff als auch dem Anliegen des Feminismus breites Gehör verschafft hat (Nave-Herz 1997, 78). Sie entstand im Rahmen der allgemeinen antiautoritären Bewegung der 1968er Jahre aus der Frustration von Frauen über das sich immer wieder neu etablierende asymmetrische Geschlechterverhältnis (Nave-Herz 1997, 53–55; Tucker 1987, 403). Typisch für diese Bewegung war das Fehlen von übergeordneten Strukturen. Sie fand ihren Ausdruck in den sogenannten „Frauenzentren", einem Netz von Diskussionsgruppen zu frauenrelevanten Themen (Nave-Herz 1997, 57).

Die Bewegung umfasste Frauen mit sehr unterschiedlichen Zielsetzungen. Gemeinsam war ihnen nur der Wunsch, sich der eigenen Weiblichkeit im Gegensatz und in Abgrenzung zum Mann bewusst zu werden (Nave-Herz 1997, 60). In der Bewegung wurden viele, zum Teil radikale Auffassungen formuliert zu Themen wie Homosexualität oder Abtreibung, aber auch zur Institution der Ehe, Struktur der Familie und politischen Richtungen, die in manchen gesellschaftlichen und kirchlichen Kreisen Anlass zu höchster Besorgnis um die Grundwerte des menschlichen Lebens, vor allem den Bestand der Familie als Grundeinheit der Gesellschaft gaben (Nave-Herz 1997, 57–63). Die Bewegung stieß verschiedene Projekte an wie feministische Gesundheitszentren, Schwangerschaftsberatungszentren, Frauenhäuser, Frauenverlage und viele andere. Sie organisierte interdisziplinäre Kongresse über frauenrelevante Fragestellungen und förderte die Frauenforschung. Eine feministische Theologie und Pädagogik wurden konzipiert (Nave-Herz 1997, 63–70). Vertreterinnen der Bewegung nutzten jede Gelegenheit, um weltweit für die Gleichberechtigung von Mann und Frau einzutreten (Nave-Herz 1997, 79). Die feministische Bewegung hat die alte Frauenfrage zu einer neuen Herausforderung werden lassen und eine allgemeine Sensibilisierung der westlichen Gesellschaften für diese Thematik bewirkt, die es vorher so nicht gab. Seit den 1990er Jahren ist es stiller um sie geworden. Eine ihrer Vertreterinnen sagt dazu: „Das Wort Feminismus kommt nur noch selten vor. Über das Verhältnis zwischen den Geschlechtern nachzudenken, ist normal geworden. Das Erreichte ist inzwischen alltäglich" (Nave-Herz 1997, 100).

Blickt man nun auf den Umgang der Kirchen mit der Herausforderung der Frauenfrage seit dem 19. Jahrhundert, so wird deutlich, dass sie an dieser Stelle zur Auseinandersetzung mit Einflüssen und Impulsen aus verschiedenen Quellen gezwungen wurden. Da waren zum einen die Forderungen aus der Gesellschaft, die eine Umsetzung der Gleichberechtigung der Geschlechter auch für den kirchlichen Dienst verlangten. Dieser Forderung nachzugeben, wurde für manche Kirchenvertreter, je nach Schriftverständnis und gesellschaftspolitischer Überzeugung, zunehmend zur Selbstverständlichkeit, für andere aufgrund von theologischen Bedenken oder von Sorgen um die moralischen Werte und die Integrität von Familie und Gesellschaft zur Gewissensnot. Die Entwicklung der neueren feministischen Bewegung in den 1970er und 1980er Jahren schien vielen Vorbehalten Recht zu geben. Hier schien es in der Tat nicht mehr um eine Chancengleichheit für Mann und Frau zu gehen, sondern um eine grundsätzliche Infragestellung aller ethischen Werte, die bisher das christliche Abendland geprägt hatten. Die in der feministischen Theologie dann geforderte Veränderung des christlichen Gottesbildes und völlig neue Lesart der Heiligen Schrift musste den heftigen und unerbittlichen Widerstand von bibel- und bekenntnistreuen Christen in allen Kirchen hervorrufen. Der Begriff „Feminismus“ wurde zum Inbegriff der Rebellion gegen die Autorität der Heiligen Schrift und gegen alle christlichen Werte und damit zu einem „Reizwort“, das jederzeit heftige Gegenreaktionen hervorrief.[322] Damit erschwerte, verschärfte und polarisierte die feministische Bewegung der 1960er und 1970er Jahre die innerkirchliche Diskussion um die Stellung der Frau und prägte ihr einen sehr grundsätzlichen Charakter auf, der weit in das Schriftverständnis und die sittlichen Grundlagen des christlichen Glaubens hineingriff.

Aber nicht nur von säkularer Seite wurde die Frauenfrage an die Kirche herangetragen: Auch die engagierte, selbstverständliche und fruchtbare Beteiligung von Frauen an den Ereignissen und Aktivitäten der Erweckungsbewegungen und der Heiligungsbewegung hinterließ einen tiefen Eindruck bei den Verantwortlichen der verschiedenen Kirchen und Gemeinschaften im protestantischen Raum der westlichen Länder. Dazu kamen die leidenschaftlichen Appelle von angesehenen Erweckungspredigern wie Charles Finney, Dwight L. Moody und Frederik Franson, Missionsleitern wie Hudson Taylor und auch von Frauen wie Catherine Booth, die Dienste der Frauen nicht einzuschränken, sondern zu nutzen. Dabei wurde immer auf die Gleichwertigkeit, aber auch Gleichrangigkeit von Mann und Frau aufgrund der Schöpfung und Erlösung verwiesen und auf ihre gleiche Begabung durch den Heiligen Geist; die einschränkenden Anweisungen des Apostels Paulus wurden von ihrer zentralen Position weggerückt in den Kontext der Gegebenheiten jener Zeit und Kultur, in die

322 W. Neuer beschreibt in den ersten Kapiteln seines Buches sehr gut die Grundstimmung unter den schriftgebundenen Gläubigen an dieser Stelle (Neuer 1993, 12–14). Er schrieb sein Buch, das 1981 erschien, geradezu als Beitrag zur „Auseinandersetzung der Christen mit dem Feminismus in und außerhalb der Kirche“ (Neuer 1993, 16).

sie hineingesprochen worden seien. Gleichzeitig konnten Frauen von bewegenden persönlichen Berufungen zum Verkündigungs- und Missionsdienst berichten, die es ihnen unmöglich machten, Gott nicht auf diese Weise zu dienen.[323]

Die Reaktion der verschiedenen Kirchen und Gemeinschaften war vielfältig und kontrovers und ist es bis heute geblieben. Wir können feststellen, dass sowohl in Amerika als auch in Europa die großen protestantischen Kirchen und Denominationen ihre Türen für den Dienst der Frau in öffentlichen Funktionen und Ämtern bis in die Mitte des 20. Jahrhunderts weitgehend verschlossen hielten (Tucker 1987, 359). So übten die Frauen ihren geistlichen Dienst weiterhin im Rahmen des „Erlaubten" unter Kindern und Frauen, in inoffiziellen Tätigkeiten oder in der Mission aus. In Deutschland waren es vor allem die Diakonissen, die sich auch am Verkündigungsdienst beteiligten, allerdings nicht im Rahmen der regulären kirchlichen Gottesdienste, sondern in Hauskreisen, Bibelstunden und Gemeinschaftskreisen (Herrmanns 1991, 19). In Amerika gestanden die Denominationen, die aus der Heiligungsbewegung[324] oder der Pfingstbewegung[325] entstanden waren, den Frauen von Anfang an einen eigenen Dienst zu. Allerdings beobachten R. Tucker und W. Liefeld, dass Frauen vor allem in den Anfängen der Gemeinden uneingeschränkt mitwirkten. Mit deren Strukturierung und Institutionalisierung übernahmen die Männer in aller Regel die Leitungsfunktionen und beschränkten in der Folge das Aufgabenfeld der Frauen (Tucker 1987, 364.371.373).[326] Insgesamt schätzen R. Tucker und W. Liefeld, dass die regulären Gelegenheiten zur geistlichen Mitarbeit in den protestantischen Gemeinden bis in die Mitte des 20. Jahrhunderts in der westlichen Welt für Frauen im Vergleich zum 19. Jahrhundert eher wieder ab- als zunahmen (Tucker 1987, 392.396).

323 R. Tucker beschreibt das Phänomen vieler außergewöhnlicher Berufungen von Frauen zum vollzeitlichen Dienst und zur Verkündigung des Wortes Gottes im 19. Jahrhundert als „sehr wichtigen Faktor für die Rechtfertigung einer Rolle der Frau im christlichen Dienst" (1987, 259).

324 So zum Beispiel die Kirche des Nazareners und die Gemeinden der Heilsarmee (Tucker 1987, 370–373).

325 So zum Beispiel die Gemeinden der *Assemblies of God* (Tucker 1987, 364).

326 J. James beobachtet dazu: „Wo die freien Gruppen sich zu organisierten Kirchen zusammenschlossen, nahmen Leiterschaft und Einfluss der Frauen ab. In den kirchlichen Strukturen wurde das Gemeindeleben zur Routine; die ‚zufällig' verteilten Geistesgaben verliehen nicht mehr die notwendige Autorität zum Amt." Zitiert in Tucker (1987, 373; Übersetzung: H. S.).

Dies änderte sich erst durch die Herausforderung der feministischen Bewegung in den 1960er und 1970er Jahren.[327] Der Ton der Diskussion um die Stellung der Frau verschärfte sich, und in den großen protestantischen Denominationen kam es unter ihrem Einfluss nach und nach zur Zulassung der Frauen zu allen kirchlichen Ämtern. So wurde auch in allen deutschen Landeskirchen zwischen 1969 und 1991 die Frauenordination durchgesetzt.[328] Dieser Schritt wurde als „Sündenfall der Kirche" (Slenczka 1991, 5–13) einerseits und als Schritt zur Praktizierung des allgemeinen Priestertums in einer Christus gemäßen „herrschaftsfreien Gemeinde der Gleichen" (Pöhlmann 1991, 14–19) andererseits gewertet. R. Tucker und W. Liefeld beschreiben ähnliche Auseinandersetzungen für die Anglikanische Kirche in Großbritannien und viele protestantische Denominationen in den Vereinigten Staaten (Tucker und Liefeld 1987, 377–389), die vielfach bis in die heutige Zeit anhalten.

Evangelische Christen, die zur „missionarisch ausgerichteten, bibelorientierten Erweckungschristenheit" gehören (Holthaus 1993, 53), nehmen dabei keine einheitliche Position ein. Vielmehr bekam die Diskussion unter ihnen seit den 1970er Jahren, vor allem in den USA, eine besondere Leidenschaftlichkeit, ja führte, wie bereits erwähnt, letztlich 1986 zur Spaltung der Evangelical Theological Society.[329] Hierbei spielte das Erstarken der fundamentalistischen Bewegung innerhalb der evangelikalen Bewegung in Amerika eine nicht zu unterschätzende Rolle. Diese entstand zu Beginn des 20. Jahrhunderts als „Allianz von Gleichgesinnten im Kampf mit dem Liberalismus", der es zunächst vor allem um die Reinerhaltung der Lehre und das rechte Bibelverständnis ging (Holthaus 1993, 53). Das fundamentalistische Schriftverständnis legte zunehmend Wert auf ein über das gemeinsame Bekenntnis zur Unfehlbarkeit und Autorität der Heiligen Schrift hinausgehendes Konzept ihrer Irrtumslosigkeit (Holthaus 1993, 56). Dabei benutzen die Vertreter eines fundamentalistischen Schrift-

327 Im Kontext der 4. UN-Weltfrauenkonferenz in Peking im Jahr 2010 setzte sich schließlich der Gedanke des Gender Mainstreaming durch mit dem Ziel, dass Männer und Frauen weltweit zu einem neuen Verständnis ihrer Rollen finden und in gleichem Ausmaß an der Gestaltung der Gesellschaft teilhaben sollten. Man beschloss, dass die Gender-Frage in den gesellschaftlichen Mainstream gelangen und in alle Prozesse eingeflochten werden sollte (Raedel 2017, 32–36).

328 Im Rahmen der Entscheidung der letzten Landeskirche, Schaumburg-Lippe, im Oktober 1991, wurden die unterschiedlichen Standpunkte, vor allem im Bereich der Hermeneutik und der Beurteilung der Tradition der Kirche nochmals zum Ausdruck gebracht. Sie sind in einer *idea-Dokumentation* (28/91, 2–23) ausführlich dargestellt.

329 Eine ausführliche Beschreibung der Auseinandersetzung bis in die 1990er Jahre gibt R. W. Pierce in seinem bereits erwähnten Artikel „Evangelicals and Gender Roles in the 1990s: 1Tim 2:8–15: A Test Case" in der Zeitschrift *JETS* (Pierce 1993, 343–355).

verständnisses gern die Eigenbezeichnung „bibeltreu" (Holthaus 1993, 59). Seit 1919 kämpft die fundamentalistische Bewegung nicht nur gegen den Liberalismus in der Theologie, sondern auch um die christlichen Werte der amerikanischen Kultur (Holthaus 1993, 91). Seit 1940 ist sie zunehmend in die amerikanische Öffentlichkeit getreten und hat teilweise einen separatistischen und politischen Zug angenommen (Holthaus 1993, 110).[330] In diesem Zusammenhang trennte sich von ihr die Gruppierung der sogenannten „Neo-Evangelicals", die sich um Billy Graham scharten, ihren Schwerpunkt mehr auf Evangelisation und Mission legten, und die theologische Auseinandersetzung mit dem Liberalismus nur als zweitrangige Aufgabe ansahen (Holthaus 1993, 113). Seit den 1980er Jahren ist der evangelikale Fundamentalismus in Amerika zu einer gestaltenden politischen Kraft geworden (Holthaus 1993, 125), die sich zum Ziel gesetzt hat, die Säkularisierung der amerikanischen Nation aufzuhalten und die Gesellschaft zu Gott und den christlichen Grundwerten zurückzuführen. Dabei wurde inhaltlich vor allem gegen Homosexualität, Abtreibung und die Evolutionslehre gekämpft (Holthaus 1993, 125.126).

Von dieser Entwicklung war und ist die Diskussion um die Stellung der Frau in Familie, Gesellschaft und Gemeinde stark betroffen. Gegen diejenigen, die für eine Gleichrangigkeit von Mann und Frau in Ehe und Gemeinde eintraten, stand und steht vielfach bis heute die Anklage im Raum, kein bibeltreues Verhältnis zur Heiligen Schrift zu haben sowie die Integrität der Familie und die Moral der Gesellschaft zu gefährden (Cochran 2005, 156.160). So kam es in den 1980er Jahren in vielen konservativ-evangelischen Kreisen zur erneuten Betonung eines hierarchischen Geschlechterverhältnisses als der „biblischen Geschlechterordnung". Diese Entwicklung lässt sich besonders gut am Vorgehen der Southern Baptist Convention verfolgen, die unter dem Einfluss von Fundamentalisten von der bereits praktizierten Ordination von Frauen Abstand nahm und im Jahr 2000 ein Bekenntnis zu einer hierarchischen Geschlechterordnung in ihr Glaubensbekenntnis einführte (Cochran 2005, 158–160).

Über die Bibelschulbewegung und die Gründung von freien bibeltreuen theologischen Akademien durch amerikanische Missionare kam es zu einer breiten Beeinflussung der erwecklicher Kreise im deutschen Kontext in die gleiche Richtung. In der Sorge um die Bibeltreue angesichts des Liberalismus wurde mit Blick auf die Frauenfrage das traditionelle hermeneutische Vorgehen, die Anweisungen des Paulus zu den

330 Besonders kämpferische Vertreter waren Carl McIntire und die Gruppe um Bob Jones, den Gründer der Bob-Jones-Universität. Letzterer beurteilte die geistliche Situation seiner Zeit so: „Die größte Schlacht aller Zeiten wird jetzt geschlagen. Es ist die Schlacht zwischen Orthodoxie und Modernismus" (zitiert in Holthaus 1993, 117).

Leittexten eines biblischen Frauenbildes zu machen, zur einzig möglichen Auslegung erklärt, die die Autorität der Schrift nicht untergrabe. Damit wurde in der Tat die Frauenfrage zu einem Testfall der Bibeltreue gemacht. Dabei hat man aus den Augen verloren, dass gerade die Väter der Erweckungsbewegungen, in denen die sogenannte evangelikale Bewegung und auch die fundamentalistische Bewegung ihre Wurzeln haben, die Frauenfrage, ebenfalls anhand der Heiligen Schrift, ganz anders beurteilten und bereits im 19. Jahrhundert für den vollen Einsatz der Frau im geistlichen Dienst eintraten, noch bevor der säkulare Zeitgeist diesen Gedanken in die Gemeinde Jesu wirksam hineintragen konnte.

Zusammenfassend hat sich in der Kirchengeschichte der westlichen Welt in einem langen schmerzlichen Prozess für die Stellung der Frau das bestätigt, was der Apostel Paulus mit seinen „ambivalenten" Aussagen vor Augen hatte. Das in Galater 3,28 formulierte Ideal der Gleichrangigkeit und Einheit aller Erlösten in Christus kam für die Beziehung zwischen Mann und Frau von Anfang an und bis heute immer dann und dort zum praktischen Ausdruck in der Gemeinde Jesu, wo das allgemeine Priestertum aller Gläubigen ernstgenommen und umgesetzt wurde. Dies geschah vor allem in Erweckungszeiten und in Gemeinden, die das Wirken des Heiligen Geistes sowie die Aufgaben der Evangelisation und Mission mehr betonten als die Etablierung von Strukturen und Ämtern, die also mehr Bewegung als Institution blieben.

Der in den einschränkenden Anweisungen des Paulus an die Frau zum Ausdruck gebrachte Hinweis darauf, dass die Frage nach der Stellung der Frau nicht nur eine geistliche Komponente hat, sondern dass in der Praxis diesbezüglich auch auf komplizierte kulturelle Zusammenhänge und Empfindungen Rücksicht genommen werden muss, hat sich in der Geschichte als realistisch und weise erwiesen. So haben christliche Frauen sich in ihrem Verhalten in der Öffentlichkeit auch im Rahmen der Kirche immer an den gesellschaftlichen Empfindungen orientieren müssen und in der Regel von öffentlichen Funktionen, deren Ausübung von Frauen in der Gesellschaft als anstößig empfunden wurden, solange Abstand genommen, bis der gesellschaftliche Widerstand nachließ.

Tragischerweise hat aber die Kirche in der Geschichte des Abendlandes diesen Prozess immer wieder selbst verzögert: Durch eine statische Auslegung der paulinischen Anweisungen und die Erhebung einer hierarchischen Familien- und Gesellschaftsordnung zur göttlichen Norm ist die Kirche in ihrer Geschichte eher zum Garanten der römisch-griechischen Geschlechterordnung geworden und hat oftmals die Chance verpasst, für die sich wandelnde Gesellschaft Vorbild einer in Christus geheilten Geschlechterbeziehung zu sein, in der Mann und Frau sich im gemeinsamen Dienst für ihn ergänzen.

4.6 Die Stellung der Frau in der protestantischen Missionsbewegung

Mit der von den Ländern der westlichen Welt ausgehenden christlichen Missionstätigkeit wurde durch Vorbild und Lehre auf den Missionsfeldern auch ein Bild von der „christlichen“ Geschlechterordnung vermittelt, das zugleich immer ein Spiegel der kulturellen Verhältnisse in den Heimatländern der Missionare, ihrer theologischen Prägung und der Vorgaben der aussendenden Denomination und Missionsgesellschaft war.

Das so vermittelte abendländisch-christliche Frauenbild wirkte zunächst in fast allen Kulturen befreiend für die einheimischen Frauen, da es ihnen eine neue Würde als geliebte und dem Mann gleichwertige Geschöpfe Gottes gab, die sie in den meisten nichtchristlichen Weltanschauungen nicht hatten. Zudem arbeiteten die Missionare vielfach der sozialen und legalen Unterdrückung von Frauen entgegen und förderten deren Bildung.[331] Das brachte dem christlichen Glauben auch unter seinen Feinden vielfach Hochachtung ein (Tucker 1987, 330–331;).[332] Die Auswirkungen der christlichen Lehre auf das Ehe- und Familienleben an vielen Orten war ebenfalls beeindruckend: Ehemänner hörten auf, ihre Frauen und Kinder zu misshandeln, und begannen, ihnen mit Liebe und Respekt zu begegnen (Tucker 1987, 331–332).

Gleichzeitig wird jedoch, wie bereits erwähnt, in Darstellungen der Missionsgeschichte auch deutlich darauf hingewiesen, dass an anderen Stellen, vor allem in matrilinearen Gesellschaften, die christliche Missionsarbeit den Status der Frau nicht gehoben, sondern erniedrigt habe.[333] Das betraf ihre Stellung in der Familie und ihre Teilnahme am geistlichen Dienst der Gemeinde, wo Frauen vielfach keinen Platz zur Mitarbeit innerhalb der kirchlichen Strukturen fanden, obwohl sie stets die Mehrheit der Gläubigen darstellten (Tucker 1987, 333). F. Hiebert zitiert den Kommentar einer Christin aus Ghana über die Situation der Frauen in den traditionellen Gemeinden ihres Landes: „Die Rückschläge, die sie im Blick auf Leitungspositionen in der Gemeinde erleben, sind vor allen Dingen auf importierte westliche Vorurteile gegen Frauen in kirchlichen Ämtern zurückzuführen“ (Hiebert 1982, 458; Übersetzung: H. S.). So wird es verständlich, wenn die Moderatorin einer internationalen

---

331 Siehe dazu beispielhaft die Beschreibung der Entwicklung in Tansania in Wetzel 2019, 525.

332 So zitiert R. Tucker den heftigen Gegner des christlichen Glaubens Arya Samaj aus Indien: „… ein degenerierter Hinduismus hatte unsere Frauen versklavt. Sie waren zu Analphabetentum, Götzendienst, Aberglauben, Leid, Schinderei und Teilnahmslosigkeit verurteilt … Durch die christlichen Missionen wurden die Dummheit und Verkehrtheit dieser Behandlung unserer Frauen überzeugend ans Licht gebracht“ (Tucker 1987, 331; Übersetzung: H. S.).

333 Siehe dazu z. B. die differenzierten Ausführungen von Masenya 2004, 47–48.

Frauenkonferenz der westlichen Gastreferentin öffentlich zu verstehen gab: „... auf gar keinen Fall wollen wir Bürger zweiter Klasse werden, so wie ihr es in der Kirche geworden seid" (Herzel 1981).[334] R. Tucker und W. Liefeld weisen darauf hin, dass dieser „weibliche Faktor" als einer der Gründe dafür gelten muss, dass die Kirchen Afrikas so lange schwach und von westlicher Hilfe abhängig geblieben sind: Obwohl es eine gute Anzahl von willigen und theologisch ausbildungsfähigen Frauen in den Gemeinden gab, mussten diese vielfach ohne einheimische Lehrer und Leiter funktionieren, wenn keine Männer verfügbar waren (Tucker 1987, 334). Wie in den westlichen Ländern suchten sich auch in den Missionsgebieten die Frauen in solchen Situationen dann inoffizielle eigenständige geistliche Betätigungsfelder in evangelistischen Frauengruppen und Bibelstudienkreisen und trugen so mächtig zur Ausbreitung des Evangeliums bei. Eine der wirksamsten evangelistischen Frauenbewegungen im 20. Jahrhundert entstand in Zaire als „Women of the Good News", die in den 1980er Jahren über 30 000 missionarisch und diakonisch tätige Mitarbeiterinnen hatte und übergemeindlich tätig war. Hier konnten die Kräfte der Frauen in strukturierter Form im geistlichen Dienst eingesetzt werden und sich auch Führungsqualitäten entwickeln (Tucker 1987, 339).[335] An anderen Orten, vor allem in Asien, waren einheimische Frauen als umherziehende Bibelfrauen tätig und spielten so für die Ausbreitung des Evangeliums und auch im Lehr- und Ausbildungsdienst eine entscheidende Rolle (Hiebert 1982, 459).[336] Dennoch blieb ihnen, vor allem im Bereich der konservativen Denominationen, nach dem Vorbild und unter dem Einfluss der westlichen Kirchen, an vielen Stellen ein offizieller Dienst verschlossen (Tucker 1987, 358).

Anders scheint dies in den Gemeinden der neuen einheimischen Erweckungsbewegung zu sein, die sich seit dem Ende des 20. Jahrhunderts in Asien, Afrika und Lateinamerika ausbreitet und Ausgangspunkt einer neuen globalen Weltmissionsbewegung ist. Diese spontane, eher charismatisch orientierte Erweckungsbewegung einheimischer Christen, die als „grassroots Christianity" oder als „Volksprotestantismus" bezeichnet wird (Escobar 2003, 14), ist weitgehend unabhängig von ausländischem Einfluss und als Ausdruck dafür zu sehen, dass das Evangelium vielfach zu einem „Selbstläufer" geworden ist (Wetzel 1998, 23). Sie ist gekennzeichnet durch die Betonung der persönlichen Bekehrung und eines lebensverändernden Herzensglaubens, der sich an der Person Jesu orientiert und mit dem Wirken des Heiligen Geistes

334 Zitiert in Tucker 1987, 333 und in Hiebert 1982, 458.

335 Als weitere Beispiele siehe auch die Berichte von Frieder Ludwig zur Biografie von Paulina Dlamini (Ludwig 2012, 115–124).

336 Siehe z. B. Gladson Jathanna über die *Bible women* in Indien (Jathanna 2012, 125–132).

rechnet. Die Gläubigen versammeln sich meist in Hausgemeinden, die oft sehr schnell wachsen. Der Gottesdienst wird sehr partizipativ und spontan gestaltet, die Predigt ist meist mehr narrativ als systematisch, die Musik der Kultur entsprechend angepasst. Ein Hauptkennzeichen dieser Bewegung ist „die zunehmende Umsetzung des allgemeinen Priestertums aller Gläubigen in die Tat" (Wetzel 1998, 75). Wie in allen beschriebenen Erweckungsbewegungen, so ist auch hier die Beteiligung von Frauen an allen Aktivitäten auffällig. So werden die in den letzten Jahrzehnten von ausländischer Hilfe völlig unabhängig entstandenen Hausgemeinden in China zu 85 Prozent von Frauen geleitet (Hiebert 1982, 460). Ein ausländischer Beobachter äußerte die Überzeugung, dass die Frauen der Schlüssel für das Überleben des Christentums in China unter kommunistischer Herrschaft seien (Tucker 1987, 357). Auch in den unabhängigen Gemeinden Afrikas und der charismatisch-evangelikalen Gemeindebewegung Lateinamerikas spielen Frauen eine wichtige Rolle (Sundkler 2000, 684–685; Brusco 1993, 144.154). Eine Frucht dieser Erweckungsbewegung ist das rasch zunehmende Engagement der Kirchen Asiens, Afrikas und Lateinamerikas an der Weltmission. Ihre missionarische Dynamik ist für westliche Mitarbeiter und Kirchen längst zum Vorbild geworden (Wetzel 1998, 76.104–105).

Das Bild der Christenheit hat sich durch diese Entwicklung in den letzten Jahrzehnten deutlich verändert: Sie ist weltweit verbreitet und verwurzelt und deshalb kulturell vielfältig geworden. Ihr zahlenmäßiger Schwerpunkt liegt dabei nicht mehr im westlichen Kulturkreis, sondern hat sich in die Länder Asiens, Afrikas und Lateinamerikas verlagert (Wetzel 1998, 93–99; Pocock, Van Rheenen und McConnell 2005, 131–151). Mit dieser Verschiebung geht auch eine Verlagerung von theologischen Schwerpunkten einher: So macht der lateinamerikanische Theologe S. Escobar darauf aufmerksam, dass manche theologischen Fragestellungen, mit denen sich westliche Theologen in den vergangenen Jahrhunderten beschäftigt und die sie in der theologischen Ausbildung auf den Missionsfeldern weitergegeben haben, für die Gemeinden in Asien, Afrika und Lateinamerika von eher untergeordneter Bedeutung, andere dafür wichtiger sind (Escobar 2003, 133–134). Mit der maßgeblichen Beteiligung von Theologen und Missiologen aus dem Globalen Süden an den Diskussionen um das Schriftverständnis innerhalb der weltweiten Gemeinde Jesu muss nun gerechnet werden. S. Escobar weist darauf hin, dass es dabei zu einer Wiederentdeckung der Bibel als Missionsbuch und des Heiligen Geistes als Kraftquelle der Mission kommt (Escobar 2003, 119–126). Durch die „sich entwickelnden nicht-westlichen Betrachtungsweisen der Heiligen Schrift" (Escobar 2003, 135) ist bereits ein lebhafter theologischer Dialog zwischen Theologen aus den jungen und alten Kirchen um hermeneutische Fragen in Gang gekommen. Der lateinamerikanische Theologe mahnt: „Diejenigen, die begonnen haben, das Wort mit ihren eigenen Augen zu lesen und darauf zu antworten, müssen im weltweiten theologischen Dialog gehört werden" (Escobar 2003, 135; Übersetzung: H. S.).[337] Dabei wird der hermeneutische Fokus vermehrt auf die Person Jesu fallen und auf den Missionsstil des Paulus als Vorbild für die eigene Missionstätigkeit (Escobar 1996, 5). Für die aus persönlicher Erfahrung heraus für soziale Ungerechtigkeiten besonders sensiblen Christen aus den Ländern des Globalen Südens werden die sozialen Auswirkungen des Evangeliums auf der Grundlage von Galater 3,28 vermehrt eine Rolle spielen (Escobar 2003, 150.152–153). Sie sehen in Christus eine neue Menschheit vor sich, in der Grieche und Nichtgrieche, Weiser und Unweiser, Jude und Heide, Herr und Sklave, Mann und Frau sich auf eine neue Weise begegnen (Escobar 2003, 158). So erinnert der Theologe A. Fernando aus Sri Lanka daran, dass es eine Aufteilung zwischen einem individuellen und einem sozialen Evangelium nicht gibt (Escobar 2003, 147). S. Escobar fasst diese Entwicklung so zusammen: „Von der Front des Missionslebens kommt eine Debatte, die sowohl die säkularen Normen herausfordert als auch die Theologie wiederbelebt" (Escobar 2003, 159; Übersetzung: H. S.).

Dass dabei auch ein erneutes konsequentes Durchdenken der Beziehung zwischen Mann und Frau nicht im Keim erstickt werden oder auf der Strecke bleiben möge, ist mein aufrichtiger Wunsch. Das wird für Theologen in stark hierarchisch strukturierten Gesellschaften nicht leicht sein, und die Teilnehmer der Willowbank-Konsultationen haben damals das Thema Frau sicher nicht umsonst zunächst aus ihren Überlegungen ausgeklammert (Willowbank Report 1981, 315). Eine hoffnungsvolle Entwicklung diesbezüglich deutet sich in den Abschlusserklärungen des Lausanner Komitees für Weltevangelisation von der Weltmissionskonferenz in Manila 1989 und mehr noch vom Forum zur Weltmission in Pattaya, Thailand, 2004 an, in denen für den gemeinsamen und partnerschaftlichen Dienst von Mann und Frau im Reich Gottes geworben wird.[338] Nach der Einschätzung von R. Tucker und W. Liefeld wird das zukünftige Wachstum der Gemeinde Jesu im Globalen Süden in großem Ausmaß davon abhängen, wie die Frauen in das Leben und den Gesamtdienst der Gemeinde eingebunden werden. Es ist vorauszusehen, dass die kulturellen Hindernisse für eine volle Mitarbeit von Frauen im Gemeindeleben durch die vermehrte Bildung von Frauen und die Betonung ihrer Würde durch die UNO in den meisten Gesellschaften abnehmen werden. Dabei bleibt zu hoffen, dass die in der westlichen

---

337 Andrew Walls spitzt diesen Gedanken zu, wenn er sagt: „Theology in the Third World is now the only theology worth caring about" (zitiert in Dyrness 1990, 13).

338 Die Erklärungen können im Internet unter www.lausanne.org abgerufen werden.

Welt so tief verwurzelten theologisch-hermeneutischen Bedenken gegen die Gleichrangigkeit und den uneingeschränkten Dienst der Frau in der Gemeinde Jesu in dem beschriebenen christozentrischen und geistbetonten biblisch-theologischen Ansatz der nichtwestlichen Ausleger nicht doch wieder Raum gewinnen und die Stellung der Frau in Ehe und Gemeinde erneut einschränken, wie es schon so oft in der Kirchengeschichte geschehen ist. Beispiele der uneingeschränkten Einbindung von Frauen in den Gemeindedienst in verschiedenen Gruppierungen charismatischer und nichtcharismatischer Prägung auf der Nord- und Südhalbkugel unserer Erde machen Mut, das geistliche Potenzial der Frauen ohne Furcht zu nutzen, zur Ehre Gottes und zur Freude von Mann und Frau im gemeinsamen Dienst für ihn.

KAPITEL 5

PRAXIS: EIN BIBLISCHES FRAUENBILD KONTEXTUALISIEREN

In diesem letzten Kapitel soll nun mit den Ergebnissen dieser Arbeit an die ursprüngliche Fragestellung aus der Praxis der Missionsarbeit angeknüpft und versucht werden, Leitlinien zur Kontextualisierung eines schriftgemäßen Frauenbildes in verschiedenen Kulturen aufzuzeigen. Als konkretes Beispiel soll die mir so vertraute Situation in der beschriebenen Erweckungsbewegung unter den indigenen Tutunakú in Mexiko dienen, aus der die Fragestellung entstand.

5.1 Die eigene Standortbestimmung

Angesichts der unübersichtlichen Diskussion um die schriftgemäße Stellung der Frau, der geschichtlichen Entwicklung der „Frauenfrage" in Gesellschaften, Kirchen und Missionsbewegungen weltweit sowie der zunehmenden kritischen Anfragen von Theologen aus Asien, Afrika und Lateinamerika an das Schriftverständnis westlicher Kollegen sollten Missionare im kulturübergreifenden Dienst ihren eigenen Standpunkt in der Frauenfrage anhand der Heiligen Schrift gründlich klären, bevor sie zu dieser Problematik im Kontext einer fremden Kultur Stellung nehmen. Die Verantwortung, die Missionare, vor allem in Pioniersituationen, an dieser Stelle tragen, wird oft unterschätzt: Ihr Vorbild und ihre Lehrmeinung prägen das Gottesbild, das Schriftverständnis und das Selbstbild von Männern und Frauen. Dies wird sich in deren Entscheidungen zur Einführung neuer „christlicher" Gewohnheiten niederschlagen, die zunächst die entstehenden Gemeinden, dann aber auch die Gesellschaft beeinflussen.

5.1.1 Die Auseinandersetzung mit der eigenen Weltsicht

Missionare im kulturübergreifenden Dienst haben sich in den letzten Jahrzehnten zu Recht sensibilisieren lassen für mögliche Einflüsse ihrer eigenen kulturellen Prägung auf das „traditionelle" abendländische Schriftverständnis zur Rolle der Frau und gehen nicht mehr so selbstverständlich wie früher davon aus, dass sich dieses mit dem tatsächlichen biblischen Befund deckt.

Dabei muss zunächst an den beschriebenen inhaltlichen Einfluss der griechischen Philosophie auf die westliche Theologie und Bibelauslegung gedacht werden. Durch sie wurde das Bild von dem minderwertigen Wesen der Frau im Vergleich zum Mann in das christliche Denken eingeführt und zum Denkraster gemacht, durch das die biblischen Texte gelesen und ausgelegt wurden.

Nichtwestliche Theologen weisen aber auch auf den strukturellen Einfluss des griechischen Denkens auf das westliche Schriftverständnis hin: „Die westliche Theologie ist nicht gekennzeichnet durch eine durchgängige Anwendung einer grammatisch-historischen Auslegung, um die Schrift sprechen zu lassen. Vielmehr ist ein dogmatischer Zugang der dominierende Faktor gewesen, durch den konkurrierende theologische Systeme die Schrift zum Schweigen gebracht haben" (Padilla 1981, 71–72). Gerade in der Frauenfrage führt der von nichtwestlichen Christen bevorzugte chronologisch-narrative Zugang zur Heiligen Schrift zu anderen Ergebnissen als der westliche eher systematische.

So besteht für angehende Missionare aus westlichem Kontext viel Anlass, sich der Heiligen Schrift im Blick auf das „christliche" Frauenbild noch einmal intensiv zuzuwenden und um ein Verständnis des biblischen Befundes zu ringen, das sie zur Grundlage des Kontextualisierungsprozesses in jeder Kultur machen können.

5.1.2 Die gründliche Untersuchung des biblischen Befundes

Die vorliegende Arbeit ist das Resultat eines solchen Klärungsprozesses. Ihre Ergebnisse sollen zunächst nochmals thesenartig zusammengefasst werden.

5.1.2.1 Die Fakten der Heilsgeschichte

Zunächst sind die Eckpunkte der Geschlechterbeziehung zu nennen, die sich aus der Heilsgeschichte ergeben und deshalb zu den unverrückbaren Kernpunkten der christlichen Lehre über Mann und Frau gehören, die in jeder Kultur Basis und Ziel der Geschlechterbeziehung unter Christen werden sollten:

1. Nach dem biblischen Schöpfungsbericht wurden Mann und Frau als Gottes Ebenbild in zwei verschiedenen, sich ergänzenden Ausführungen geschaffen und bekamen gemeinsam den doppelten Auftrag, sich zu vermehren und sich

die Erde untertan zu machen. Aus dem biblischen Schöpfungsbericht lässt sich für die Beziehung zwischen Mann und Frau weder eine hierarchische „Schöpfungsordnung" noch eine geschlechtsspezifische Aufgabenzuweisung ableiten.

2. Im Rahmen des Sündenfalles wird die Sünde der Frau, wie auch die des Mannes, als freie und bewusste Entscheidung eines entscheidungsberechtigten Menschen zum Ungehorsam gegen Gott beschrieben, nicht als Folge der Verletzung einer gottgewollten hierarchischen Geschlechterordnung.

3. Die Herrschaft des Mannes über die Frau wird nach dem Sündenfall als von Gott erlaubte Konsequenz der Sünde eingeführt, ebenso wie der Geburtsschmerz und das Unkraut im Strafwort an den Mann.

4. Die Herrschaft des Mannes über die Frau entwickelt sich bereits in den ersten menschlichen Kulturen. Seitdem zeigt sie sich bis heute mehr oder weniger deutlich in allen Kulturen.

5. In seinem Heilshandeln mit dem Volk Israel knüpft Gott an die im Alten Orient übliche hierarchische Sozialstruktur an und handelt souverän in ihr, durch sie und auch gegen sie. Die Stellung der Frau im Alten Testament entspricht dieser Struktur und der kollektiven und vorläufigen Natur des Alten Bundes zwischen Gott und dem ganzen Volk. Dabei wird die Vorrangstellung und Herrschaft des Mannes über die Frau vorausgesetzt, aber nicht von Gott geboten.

6. Jesus Christus ist das Zentrum der Heilsgeschichte. In seinem Verhalten gegenüber Frauen weist er in Wort und Tat die Richtung zu der ursprünglich von Gott geplanten Geschlechterbeziehung, die im Reich Gottes wiederhergestellt wird. Dabei ordnet er sich als jüdischer Mann des ersten Jahrhunderts in den vorgegebenen kulturellen Rahmen ein, ohne sich auf die übliche Erniedrigung der Frau einzulassen. Vielmehr hebt er die Frau aus ihrer untergeordneten Stellung heraus und setzt durch seine ungezwungene und nahe Interaktion mit Frauen Zeichen der von Gleichrangigkeit und Gemeinsamkeit gekennzeichneten Geschlechterbeziehung im Reich Gottes.

7. Das Erlösungswerk Jesu Christi schafft eine neue geistliche Wirklichkeit, in der jeder Mensch, unabhängig von Volkszugehörigkeit, Herkunft, Geschlecht oder sozialem Status durch den Glauben an Christus in gleicher Weise Zugang zu Gott und zum allgemeinen Priestertum der Gläubigen hat und in der auch das Herrschaftsverhältnis des Mannes über die Frau keine zwingende Macht mehr besitzt. Jesus Christus hat den Weg zu einer geheilten Geschlechterbeziehung

freigemacht, in der Mann und Frau gleichrangig vor Gott stehen und ihm gemeinsam und in gegenseitiger Ergänzung mit ihren Gaben dienen können.

8. Im Reich Gottes, das mit der Ankunft Jesu Christi begonnen hat und bei seiner Wiederkunft in Vollkommenheit sichtbar werden wird, darf das Verhältnis zwischen Mann und Frau auf dem Boden der Erlösung in Christus und im Blick auf die zukünftige Herrlichkeit nach dem ursprünglichen Schöpfungswillen Gottes gestaltet werden. Dabei soll nicht das im Strafwort nach dem Sündenfall ausgesprochene Herrschaftsverhältnis, sondern die geistliche Wirklichkeit aufgrund der Erlösung die Zielrichtung angeben. Dies geschieht in der Spannung zwischen dem „Schon-jetzt" und „Noch-nicht" und muss in der Gemeinde Jesu in der jeweils vorgefundenen sozialen Wirklichkeit in den Kulturen dieser Welt unterschiedlich umgesetzt werden.

5.1.2.2 Die Umsetzung der geistlichen Fakten in die soziale Wirklichkeit

Für den Prozess der Umsetzung der beschriebenen geistlichen Wirklichkeit in die Realität der irdischen Geschlechterbeziehung von Gläubigen in verschiedenen Kulturen ist das Vorbild des Apostels Paulus wegweisend. In seinem Verhalten und seinen Anweisungen an die Gläubigen im Römischen Reich lassen sich einige allgemeine Prinzipien erkennen, nach denen er selbst sein Verhalten als Christ in seinem kulturellen Umfeld gestaltete und die er auch den Gläubigen zur Nachahmung anbefahl. Diese wandte er dann auch konkret auf den Umgang zwischen Mann und Frau an.

1. Ausgangs- und Anknüpfungspunkt für die praktische Umsetzung der Wahrheiten des Evangeliums ist die bestehende soziale Wirklichkeit einer gegebenen Kultur. In ihrem Rahmen, nicht gegen sie, soll die geistliche Wirklichkeit zum Ausdruck kommen (Phil 2,15; Röm 13,1–7; 1Kor 7,17). Dass dabei dieser kulturelle Rahmen vom Evangelium auch infrage gestellt wird und sich unter seinem Einfluss langfristig verändert, muss allerdings erwartet werden.

2. Gegen die bestehende Gesellschaftsordnung soll nicht mit Gewalt und Rebellion vorgegangen werden (Phlm; 1Kor 7,20–22; 1Tim 6,1–2). Veränderungen müssen in den Herzen der Gläubigen beginnen und durch die Wirkung des Evangeliums von innen nach außen geschehen (Eph 5,21–6,9). Dabei ist eine langfristig gesellschaftsverändernde Eigendynamik zu erwarten.

3. Bei der Umsetzung geistlicher Wahrheiten in die Praxis soll auf die Empfindungen anderer Glaubender Rücksicht genommen werden: Niemand soll durch das Verhalten von Glaubensgeschwistern in seinem geistlichen Wachstum gehin-

dert oder zur Sünde veranlasst werden. Die Liebe kann also geistliche Freiheiten und Rechte einschränken (1Kor 8,7–13).

4. Die ungehinderte Verkündigung und Ausbreitung des Evangeliums ist eine Priorität, die nicht durch kulturell unangemessenes Verhalten gefährdet werden darf. Auch dieses Anliegen kann geistliche und persönliche Rechte und Freiheiten einschränken (1Kor 9).

Im Blick auf die Geschlechterbeziehung lassen sich in den Anweisungen des Apostels entsprechend seinen Prinzipien folgende Leitlinien zum Verhalten von Mann und Frau in der Familie und in den Gemeindeversammlungen erkennen:

a. In der Ehe soll im Rahmen der gegebenen Sozialstruktur eine Beziehung der gegenseitigen Unterordnung angestrebt werden, in der die Eheleute sich in der Liebe Christi und unter seiner Herrschaft gegenseitig dienen und nicht der eine über den anderen herrscht (Eph 5,21; 1Kor 7,3–4). In einer hierarchischen Geschlechterbeziehung sollen Veränderungen nicht durch die Rebellion und Emanzipationsbemühungen der Frau stattfinden, sondern durch die freiwillige Aufgabe des Herrschaftsanspruchs durch den Mann nach dem Vorbild Christi und aus der Verbindung zu ihm. In diesem Prozess soll die Ehre des Mannes durch das respektvolle Verhalten der Frau besonders berücksichtigt und geschützt werden (Eph 5,22–33).

b. In der Gemeinde soll die geistliche Wirklichkeit der Einheit und Gleichrangigkeit von Mann und Frau in der Teilnahme beider am Gemeindeleben durch die Ausübung ihrer geistlichen Gaben zum Wohl der Gemeinde zum Ausdruck kommen (Gal 3,28; Röm 16,1–16). Dabei soll in der Form der Beteiligung von Mann und Frau im öffentlichen Gottesdienst eine besondere kulturelle Sensibilität und gegenseitige Rücksichtnahme vorherrschen. Als besonders vulnerable Stellen im Geschlechterverhältnis müssen dabei die Gefahr der sexuellen Unmoral (1Tim 2,9–10), die der Verletzung der Ehre des Mannes (1Kor 11,1–10) und die Folgen des häufigen Bildungs- und Erfahrungsunterschiedes sowie der Statusunterschied zwischen Mann und Frau in der Gesellschaft (1Tim 2,11–15) berücksichtigt werden.

5.2 Das Verständnis der Geschlechterbeziehung in der Gastkultur

Nach der kritischen Überprüfung des eigenen Schriftverständnisses muss der Missionar ein Verständnis erwerben für die Charakteristika und Hintergründe der

Geschlechterbeziehung in seinem Gastland. Dies sollte möglichst „aus der Perspektive der Menschen“ geschehen und mit einem großen Respekt vor der Sichtweise der anderen Kultur verbunden sein (Kraft 1979, 261).

5.2.1 Das universale Geschlechtermuster erwarten

Wie in Kapitel 2 beschrieben, muss zunächst in jeder Kultur das bekannte universale kulturelle Grundmuster erwartet werden:

1. Es wird geschlechtsspezifische Normvorstellungen geben, die bezeichnen und vorschreiben, wie Männer und Frauen sind und sich verhalten müssen. Entsprechende kulturelle Regeln und Sanktionen sorgen für deren Einhaltung. Diese sind in manchen Kulturen, zum Beispiel in der muslimisch-arabischen Welt, sehr klar definiert und lassen wenig Spielraum zu abweichendem Verhalten. In anderen Kulturen sind sie eher unscharf und flexibel, wie zum Beispiel im heutigen Westeuropa.

2. Außerdem wird es immer zu einer gewissen Trennung der Lebens- und Arbeitswelten von Mann und Frau kommen. Als extreme Beispiele sind wiederum die muslimisch-arabischen Kulturen zu nennen, wo es zwischen Mann und Frau außer der sexuellen Beziehung nur wenige Berührungspunkte gibt. Auf der anderen Seite des Spektrums gibt es Gesellschaften, in denen Mann und Frau vieles gemeinsam erleben und gestalten. Dies ist in manchen Stammesgesellschaften in Afrika, Asien und Lateinamerika der Fall und auch größtenteils in den westlichen Kulturen.

3. Auch wird sich eine Aufteilung der Wirkungsbereiche in den öffentlichen Raum für den Mann und den privaten-häuslichen Raum für die Frau in allen Kulturen finden. Das Spektrum der Gestaltungsmöglichkeiten reicht hier von der Unsichtbarkeit der Frau in der Öffentlichkeit in manchen muslimisch geprägten Kulturen bis hin zu einer ausgewogeneren, wenn auch nicht gleichmäßigen Verteilung von Männern und Frauen im öffentlichen und privaten Raum, wie sie in manchen Stammesgesellschaften zu beobachten ist und tendenziell auch in den Kulturen der westlichen Länder.

4. Ebenso wird der von Männern und Frauen anerkannte Autoritätsvorsprung des Mannes vor der Frau in allen Gesellschaften der Welt anzutreffen sein. Dieser kann und wird sich in kollektivistischen Gesellschaften mit ihren zugeschriebenen Rollen deutlicher entfalten als in individualistischen, wo Status und Autorität durch Leistung erworben werden können.

Als Wurzel dieses universalen Grundmusters muss nach den Erkenntnissen dieser Arbeit zunächst der „natürliche Autoritätsvorsprung“ des Mannes gesehen werden, den ihm seine biologische Disposition ermöglicht, zum anderen aber die sündenfallbedingte Neigung, seinen Vorsprung an Kraft und Durchsetzungsvermögen nicht zum gemeinsamen Wohl, sondern zum eigenen Vorteil und zur Herrschaft über die Frau auszunutzen.

5.2.2 Die Geschlechterbeziehung der Gastkultur im Einzelnen erfassen

Im genannten Gestaltungsspektrum gilt es nun für den Missionar, die Geschlechterbeziehung in seiner Gastkultur genau zu erfassen, bevor er ethische Hilfestellungen anhand der Schrift geben kann. Dies soll nun im Folgenden beispielhaft für die Tutunakúkultur im Kontext der mexikanischen Hauptkultur geschehen.

5.2.2.1 Die Geschlechterbeziehung in der Hauptkultur Mexikos

Bedingt durch die Geschichte hat sich in den lateinamerikanischen Ländern eine recht einheitliche „Hauptkultur“ gebildet, die man bis zu einem gewissen Grad verallgemeinernd beschreiben kann (Pescatello 1973, xiii).[339] Auch die mexikanische Hauptgesellschaft trägt die allgemeinen Züge der lateinamerikanischen Kulturen. Sie entstand nach der Eroberung Mexikos durch die Spanier aus der Verbindung zwischen den spanischen Eroberern und den Frauen der besiegten indigenen Völker.

Die Hauptcharakteristika der für die lateinamerikanischen Kulturen typischen Geschlechterbeziehung können mit E. Stevens unter den Stichworten des „Machismo“ und seines Gegenstückes, des „Marianismo“, beschrieben werden, die Stevens als „Phänomen der Neuen Welt mit uralten Wurzeln in den Kulturen der Alten Welt“ bezeichnet (Stevens 1973, 91). Der Machismo wird dabei als „Kult der Männlichkeit“ definiert, dessen Hauptkennzeichen eine übertriebene Aggressivität des Mannes ist, verbunden mit einer starren Unnachgiebigkeit in der Beziehung zu anderen Männern und einer Arroganz und sexuellen Aggressivität im Verhältnis zu Frauen (Stevens 1973, 90). Das Verhältnis zwischen Mann und Frau bezeichnet der mexikanische Schriftsteller Octavio Paz als Beziehung der „Gewalt, die von der zynischen Macht des Mannes und der Ohnmacht der Frau bestimmt wird“ (Paz 1998, 81). Paz streicht für den mexikanischen Mann noch besonders seine Unerschütterlichkeit und Unverwundbarkeit und die entsprechende Verschlossenheit als typische Eigenschaften heraus (Paz 1998, 85). Der Machismo durchdringt die Mestizo-Gesellschaften aller

339 Aus persönlicher Beobachtung kann ich für die mexikanische Gesellschaft bestätigen, was in den angegebenen Literaturstellen zum Ausdruck kommt.

Länder Lateinamerikas in allen sozialen Klassen (Stevens 1973, 91) und bestimmt das Geschlechterverhältnis in großem Maß. Die Frau ist in den Augen des Macho Objekt und Instrument des Mannes und zugleich das unbegreiflich andere Wesen, das man nie wirklich versteht und gerade deshalb in gewisser Weise auch verehrt (Paz 1998, 191). Das weibliche Gegenstück zum Machismo wird mit dem weniger bekannten Begriff des Marianismo beschrieben, der als „Kult der weiblichen geistlichen Überlegenheit" bezeichnet werden kann. Er wurzelt in der Verehrung der indianischen Muttergöttin Tonantzin und der römisch-katholischen Jungfrau von Guadalupe und besteht in der Schaffung und Verehrung eines weiblichen Stereotyps, der „wahren Frau", als Halbgöttin, moralisch dem Mann überlegen und geistlich stärker als er (Stevens 1973, 94). Diese geistliche Überlegenheit wird als Quelle ihrer Fähigkeit zur Selbstlosigkeit, Demut, Geduld und Opferbereitschaft dem Mann gegenüber gesehen, den sie mit einem Kind vergleicht, dem man nichts übel nehmen darf. Die innere Grundhaltung der Lateinamerikanerin gegenüber Männern ist die der traurigen *mater dolorosa* über deren Unverbesserlichkeit und Sündhaftigkeit (Jaquette 1973, 23). Dabei geht sie von der sexuellen Untreue der Männer aus, die in der Tat vielfach eine oder mehrere Geliebte neben ihren Ehefrauen haben, und auch von ihrer Verantwortungslosigkeit und Unzuverlässigkeit.

In der Praxis sind die Arbeits- und Lebensbereiche von Mann und Frau in der mexikanischen Gesellschaft meist deutlich voneinander getrennt. Der Bereich der Frau ist die häusliche Sphäre, ihr Aufgabenfeld die Versorgung und Erziehung der Kinder und die häuslichen Arbeiten, an denen sich der Mann kaum beteiligt. Der Anteil der Frauen, die außerhäuslich arbeiten, ist deutlich geringer als in Westeuropa und Nordamerika. Die öffentliche Sphäre ist der Arbeits- und Handlungsbereich des Mannes. Die Verhältnisse ändern sich jedoch an dieser Stelle derzeit rasch.

Die Familie hat in Lateinamerika einen zentralen und sehr hohen Stellenwert. Eingebettet in ein weites und zuverlässiges Verwandtschafts- und Patenschaftsnetz ist sie eine unauflösliche, wichtige und einflussreiche Einheit jeder Gesellschaft, von der für die Lebensführung jedes Mitgliedes sehr viel abhängt. Formal ist sie stark patriarchalisch strukturiert. Von Frauen und Kindern wird Unterordnung und Gehorsam gegenüber dem Mann und Vater der Familie erwartet. Dessen Ehre wird empfindlich getroffen, wenn seine Familie nicht entsprechend diesen Vorgaben „in Ordnung ist". Gleichzeitig aber ist die Frau in der Familie, vor allem in ihrer Stellung als Mutter, die „zentrale Person, um die sich alle Familienmitglieder scharen und mit der sie durch geistliche und emotionale Bande verbunden sind" (Jaquette 1973, 18–19), und sie hat als solche viel Einfluss und Macht (Pescatello 1973, xiv).

5.2.2.2 Wesentliche Einflussfaktoren auf die Geschlechterbeziehung in der mexikanischen Hauptgesellschaft

Der wichtigste und grundlegende Einflussfaktor auf die heutige Form der Geschlechterbeziehung in Mexiko muss in der besonderen Geschichte Lateinamerikas gesucht werden. E. Stevens weist darauf hin, dass die spanischen Eroberer aus einer Ehrenkultur kamen, in der das Männlichkeitsideal im 16. und 17. Jahrhundert besonders ausgeprägte Züge der Unnahbarkeit, Wildheit und Angeberei trug (Stevens 1973, 91), die dann in der Neuen Welt in überhöhter Weise ausgelebt und weiterentwickelt wurden. Das Bild der ohnmächtigen, passiven indigenen Frau hat zu dem entsprechenden Frauenbild beigetragen. Das Feudalherrensystem der Kolonialzeit hat das Verhältnis zwischen Mann und Frau in die gleiche Richtung der asymmetrischen hierarchischen Beziehung beeinflusst.

Ein wichtiger Einflussfaktor auf das Frauenbild in Mexiko war auch die Religion. Nachdem die Götter der indigenen Völker sich als machtlos und bedeutungslos erwiesen hatten, war es der spätmittelalterliche römische Katholizismus iberischer Ausprägung, der das „Sinngebungsmuster" (Pezaro 1991, 104) für die Geschlechterbeziehung in der neu entstehenden Mischgesellschaft lieferte. Dabei spielten das Vorbild der männerdominierten römisch-katholischen Ämterhierarchie und die lehrmäßige Weitergabe des mittelalterlichen Frauenbildes ebenso eine Rolle wie die Verehrung der Jungfrau von Guadalupe. Eine Möglichkeit der Beteiligung am religiösen Leben kam den Frauen als Ordensfrauen im Dienst der „religiosas" zu, die in vielen Gemeinden bei dem vorherrschenden starken Priestermangel das religiöse Leben durch ihren Lehr- und Leitungsdienst aufrecht erhielten.

Die Auswirkungen der protestantischen Missionsarbeit des 20. Jahrhunderts auf das Geschlechterverhältnis waren ambivalent. Einerseits brachte die Verkündigung des Evangeliums mit dem Aufruf zur persönlichen Bekehrung für viele Männer Hilfe und Befreiung vom Alkoholismus und sexueller Unmoral und machte sie zu verantwortungsvollen und treuen Familienvätern. Andererseits wurde die Unterordnung der Frau geistlich untermauert, und in der Gemeinde verstummte unter der Predigt der vielfach fundamentalistisch und konservativ eingestellten Missionare die Stimme der Frau weitgehend für viele Jahre. In den früh eingerichteten Ausbildungsstätten für einheimische Prediger wurde ein entsprechendes Frauenbild als göttliche Schöpfungsordnung gelehrt und damit die patriarchalische Grundstruktur der mexikanischen Gesellschaft für die „evangélicos" als Norm bestärkt und geistlich untermauert. In den neueren unabhängigen einheimischen Gemeindebewegungen werden nun die Gaben der Frau vermehrt im geistlichen Dienst und in der Gottesdienstgestaltung eingesetzt. Wie weit das beschriebene Schriftverständnis dieser Gemeinden und

Bewegungen das evangelische Frauenbild grundsätzlich und langfristig beeinflussen wird, bleibt abzuwarten.

Eine wichtige und stabilisierende Einflussgröße auf das Geschlechterverhältnis in der mexikanischen Hauptgesellschaft ist die Tatsache, dass Status und Rollen für Mann und Frau mehr zugeschrieben als erworben werden und zutiefst Teil der Identität und des Ehrgefühls der Menschen sind. Grundsätzliche gesellschaftliche Veränderungen an dieser Stelle werden auf großen Widerstand stoßen.

Auch die scharfe soziale Schichtung der Gesellschaft wirkt sich auf die Beziehung zwischen Mann und Frau aus: Die Auswahl der Ehepartner wird vielfach von sozialen Erwägungen bestimmt und das Auswahlspektrum ist auf die eigene soziale Schicht beschränkt. Das sexuelle Ausleben von Gefühlen findet vielfach, vor allem bei den Männern, neben der Ehe mit Partnern aus einer anderen Schicht statt (Paz 1998, 192–193).

Eine der wichtigsten, aber auch unberechenbarsten Einflussgrößen auf das Geschlechterverhältnis in der Gegenwart ist der rasche Wandel der Gesellschaft. Durch die zunehmende höhere Bildung für Männer und Frauen aller sozialer Schichten nimmt die Zahl der Frauen in akademischen Berufen und hohen gesellschaftlichen Positionen und auch ihre Mobilität rasch zu. Entsprechend steigen ihr Selbstbewusstsein und ihr Handlungsspielraum, und das Frauenbild ändert sich insgesamt. Die Gleichberechtigung der Geschlechter wird von der Regierung gefördert. So ist zu erwarten, dass es auch zu einer zunehmenden Individualisierung der Gesellschaft mit einer entsprechenden Rückwirkung auf die Sozialstruktur kommen wird.

5.2.2.3 Die Geschlechterbeziehung bei den Tutunakú

Viele indigene Volksgruppen Mexikos, so auch die Tutunakú, konnten nach der Eroberung durch die Spanier nur in unzugänglichen Berggebieten weiter existieren und lebten bis weit ins 20. Jahrhundert hinein weitgehend unabhängig von der Hauptkultur nach ihren ursprünglichen kulturellen Gebräuchen. So blieb auch die Geschlechterbeziehung unter den Tutunakú lange von der Entwicklung der Hauptgesellschaft unabhängig, und es bildeten sich weder der beschriebene Machismo noch der entsprechende weibliche Marianismo aus. Vielmehr war das Verhältnis zwischen Mann und Frau deutlich ausgewogener: Nach meiner derzeitigen Kenntnis gibt es keinen einflussreichen Mythos, der ein abwertendes Frauenbild vermittelt hätte, auch lässt das Selbstbewusstsein der Tutunakú-Frauen kein solches vermuten.

Allerdings wird im Stamm eine deutliche Geschlechtertrennung praktiziert, die sich in vielen Bereichen zeigt: So sind manche Arbeiten sehr geschlechtsspezifisch zugeordnet. Zum Beispiel ist die Zubereitung des Grundnahrungsmittels, der Tortillas, und das Waschen am Fluss immer Frauensache, das Ausstreuen der Maissaat und das Schleifen der Machete immer Männersache. Andere Tätigkeiten werden allerdings von Männern und Frauen auch gemeinsam erledigt wie die Maisernte oder die Einkäufe auf dem Markt. Gemeinsamkeiten zwischen Männern und Frauen, die nicht familiär verbunden sind, werden strikt vermieden. So können Männer und Frauen nicht allein miteinander sprechen, in Versammlungen des Dorfes oder auch der Kirche stehen bzw. sitzen sie getrennt.

Die Unterscheidung der Wirkungsbereiche in die öffentliche und häusliche Sphäre ist dabei nicht besonders ausgeprägt. Die Männer dominieren zwar im öffentlichen Bereich und die Frauen im häuslichen, aber die Frauen nehmen auch aktiv an vielen Aspekten des öffentlichen Lebens teil. Im familiären Bereich sind sie für die Versorgung der Familie oft weitgehend allein zuständig, da die Männer durch lange Abwesenheitszeiten oder ihre Trinkgewohnheiten an dieser Stelle eher unzuverlässig sind.

Die Beziehung zwischen Eheleuten ist nicht grundsätzlich hierarchisch angelegt. Nach Auskunft von Mitarbeitern der Verfasserin hat in der Ehebeziehung jeweils der das Sagen, der den stärkeren Charakter hat. Dabei kann es sehr wohl vorkommen, dass Frauen von ihren Männern geschlagen werden, aber auch der umgekehrte Fall ist möglich, wenn auch seltener. Der Autoritätsvorsprung des Mannes ist zwar wahrnehmbar, aber nicht sehr ausgeprägt. Die Abstammungsrechnung ist bilinear, die Wohnweise meist patrilokal, manchmal jedoch auch matrilokal. Im Erbvorgang erhält der jüngste Sohn das elterliche Wohnhaus, das übrige Eigentum wird jedoch unter Söhnen und Töchtern verteilt. Die Familie und die Sippe haben eine große Bedeutung für die Tutunakú. Diese Gruppe ist die Bezugsgröße des Individuums, dessen Lebensweg weitgehend von ihr festgelegt wird. Kinder spielen eine große Rolle und werden liebevoll behandelt.

Das Verhältnis der Tutunakú zur Sexualität ist natürlich und sehr bestimmend, aber auch schambesetzt. So kommen sexuelle Beziehungen außerhalb der Ehe bei Männern und Frauen häufig vor, werden aber heimlich gepflegt.

5.2.2.4 Einflussfaktoren auf das Geschlechterverhältnis unter den Tutunakú

Als wichtigster Faktor für die Entwicklung und Erhaltung der von der mexikanischen Hauptgesellschaft so abweichenden Beziehung der Geschlechter bei den Tutunakú muss ihre Isolation gesehen werden. So konnten sie ihr ursprüngliches Stammesleben mit seiner Sozialstruktur bis in die Mitte des 20. Jahrhunderts ungehindert ausleben. Der einzige mögliche Einfluss von außen war, abgesehen von vereinzelten Handelskontakten mit der Hauptgesellschaft, die oberflächliche römisch-katholische Christianisierung des sonst animistischen Stammes. Dabei fällt aber auf, dass die Tutunakú aus der römisch-katholischen Lehre inhaltlich fast ausschließlich die innige Beziehung zur Jungfrau von Guadalupe und einigen Heiligen übernommen haben, die sie in der gleichen Art verehren wie vorher ihre männlichen und weiblichen Götter. Am Geschlechterverhältnis der Tutunakú hat sich durch den Einfluss der römisch-katholischen Kirche wahrscheinlich kaum etwas geändert. So fehlen die Konzepte des Machismo und Marianismo völlig, ebenso die für die Ehrenkultur typische Koppelung der Ehre des Mannes an ein bestimmtes geschlechtsspezifisches Verhalten der Frau. Mann und Frau werden vielmehr trotz der familienorientierten Sozialstruktur mit der entsprechenden Festlegung ihrer Rollen nicht nur als Vertreter von Männlichkeit oder Weiblichkeit, sondern auch als Individuen wahrgenommen, die für ihr eigenes Leben und ihre Entscheidungen selbst verantwortlich sind.

Als wirksamer Einflussfaktor auf die ausgewogene Geschlechterbeziehung und die gute Stellung der Frau in der Tutunakú-Gesellschaft ist die jahrhundertealte Wirtschaftsweise als Pflanzer und Maisbauern zu nennen. Dabei bestellten sie ihre kleinen, meist an Steilhängen liegenden und somit für schweres Gerät unzugänglichen Felder stets in Handarbeit und Männer und Frauen waren immer in gleichem Ausmaß an der Feldarbeit beteiligt. Als die Männer begannen, als Händler über die Dörfer zu ziehen, blieb die religiös und sozial hoch bewertete Feldarbeit weitgehend im Verantwortungsbereich der Frauen.

Auch die bilineare Abstammungsrechnung ebenso wie das Erbverhalten sind Einflussfaktoren und zugleich Ausdruck des eher ausgewogenen Geschlechterverhältnisses.

Die animistische Weltsicht mit einer starken Betonung der Fruchtbarkeit und der Verehrung von weiblichen und männlichen Gottheiten trug ebenfalls eher zu dem ausgewogenen Geschlechterverhältnis bei.

Als erster prägender Einflussfaktor von außen auf das Geschlechterverhältnis in manchen Tutunakú-Dörfern muss die protestantische Missionsarbeit gesehen werden, die in der Mitte des 20. Jahrhunderts begann. Sie geschah zunächst durch amerikanische Missionare evangelikal-fundamentalistischer Prägung und mexikanische Evangelisten aus der Hauptgesellschaft. Die Predigt des Evangeliums hatte eine sichtbar verändernde Wirkung auf das Leben der vielfach vom Alkoholismus stark betroffenen Indigenen, die sich besonders auch in heilenden Familienbeziehungen zeigte und im Rückgang der Unmoral unter den Gläubigen. An der Geschlechterbeziehung im Stamm änderte sich zunächst nichts Grundsätzliches, allerdings wurde in den Gemeinden von Anfang an durch die alleinige Einsetzung von Männern in verantwortungsvolle Positionen und Ämter eine „biblische" Geschlechterordnung eingeführt, die die Tutunakú von sich aus so sicher nicht gewählt hätten.

Ein umfassender, flächendeckender und dauerhafter Wandel der Tutunakú-Kultur wurde wenig später eingeleitet durch die Bemühungen der mexikanischen Regierung, die indigenen Völker Mexikos so rasch wie möglich an die Hauptgesellschaft anzuschließen. Innerhalb weniger Jahre entstanden Straßen, Schulen und Gesundheitszentren in fast allen Dörfern der Stammesgebiete. Intensive Kontakte mit der Außenwelt erschließen den Tutunakú neue Perspektiven, Wünsche und Möglichkeiten, gehen aber auch mit einer kulturellen Verunsicherung in vielen Lebensbereichen einher. Der unaufhaltsame Gesellschaftswandel betrifft auch die Geschlechterbeziehung:

Durch die gemeinsame Schulbildung wurde die Geschlechtertrennung der Jugendlichen im Stamm recht plötzlich aufgehoben. Dadurch wurde einerseits der natürliche und freundschaftliche Umgang zwischen Mann und Frau gefördert, aber auch sexuelle Spannungen. Unmoral und zahlreiche Verdächtigungen diesbezüglich sind häufige Begleiterscheinungen dieser neuen Gemeinsamkeit.

Da die Männer zunehmend wochenlang das Dorf verlassen, um in den Städten zu arbeiten, wird das Familienleben vielfach empfindlich unterbrochen, und Männer und Frauen leben in völlig verschiedenen Welten. Für die Männer ist dabei die Neigung groß, das in der Hauptgesellschaft übliche Frauenbild zu übernehmen und ebenso die dort übliche sexuelle Doppelmoral. Durch die neue Errungenschaft des Fernsehens wird das Männer- und Frauenbild der Hauptgesellschaft auch im Stammesgebiet zunehmend in die eigene Weltanschauung integriert. Durch die oft monatelange Abwesenheit vieler Männer wird die soziale Position der Frauen in den Dörfern zwar gestärkt, wirtschaftlich werden sie jedoch abhängiger von ihren Männern, da die traditionelle Feldarbeit an ökonomischer Bedeutung verliert. Die Gesamtheit der neuen Einflussfaktoren auf das Geschlechterverhältnis unter den Tutunakú muss als sehr stark und in ihrer Wirkung zur Zeit noch unvorhersehbar eingeschätzt werden. Insgesamt muss angenommen werden, dass es sich dem der Hauptgesellschaft angleichen wird.

5.2.2.5 Die Stellung der Frau in einer Erweckungsbewegung in und um das Tutunakúdorf San Andrés Tlayehualancingo

In den 1990er Jahren kam es in einem vorher weitgehend von der Zivilisation und auch vom Evangelium unberührten Gebiet des Tutunakú-Stammes durch eine integrierte medizinisch-evangelistische Missionsarbeit zu einer Erweckungsbewegung, die vor dem Öffnungsprozess der Gegend für die Hauptgesellschaft begann und bis heute fortwirkt.

Das Evangelium bewirkte offensichtliche Veränderungen im Leben Einzelner und ganzer Familien. Im Blick auf das Geschlechterverhältnis fiel dabei vor allem die Zunahme der Fürsorglichkeit und Verantwortlichkeit der Ehemänner und Väter auf und die Abnahme der alkoholbedingten Streitereien und Schlägereien. Die Männer und Frauen der jungen Gemeinde beteiligten sich gleichermaßen an der Evangelisation ihrer Verwandten und Freunde und an den Aktivitäten der entstehenden Gemeinde, vergleichbar den biblischen Beschreibungen aus der frühen Gemeinde zur Zeit des Apostels Paulus. Die Geschlechtertrennung blieb dabei erhalten: In dem kleinen Kirchengebäude entstand eine Männerseite und eine Frauenseite, ohne dass je darüber gesprochen wurde. Die Wahrung des guten Rufes der Gemeinde durch eine Vermeidung von Situationen, die ihre sexuelle Integrität unterminieren könnte, war den Gläubigen wichtig.

Erst als die Gemeinde institutionelle Formen annahm und Leitungsstrukturen und Ämter eingeführt wurden, kam auch die Tatsache zum Tragen, dass die neue Gemeinde Teil eines seit vielen Jahren bestehenden mexikanischen Gemeindeverbandes sein würde, der *Unión de Iglesias Evangélicas Mexicanas*, der alle die Gemeinden landesweit zusammenschließt, die von den Missionaren unserer amerikanischen Partnermission in Mexiko gegründet wurden. Damit waren die Strukturen vorgegeben und auch die Regelung, dass Frauen sowohl aus dem Lehrdienst als auch aus allen Gremien ausgeschlossen waren, in denen über die Gestaltung des Gemeindelebens entschieden wurde. Den neuen Tutunakú-Geschwistern wurden die geschlechtsspezifischen Unterschiede und Regelungen für den Einsatz ihrer Gaben anhand der Schrift bewusst gemacht. Für meine Mitarbeiterinnen und mich selbst wurde an dieser Stelle die Frage nach der Stellung der Frau in der Schrift zu einer bedrückenden und ungeklärten Problematik. In die kulturell weitgehend nichthierarchische Beziehung zwischen Mann und Frau wurde hier nun im Kontext des Evangeliums und anhand von „Beweistexten" aus der Heiligen Schrift eine hierarchische Geschlechterordnung eingeführt.

Inzwischen ist durch die intensiveren Kontakte mit dem Kirchenverband das hierarchische Geschlechterverhältnis als biblische Ordnung in den jungen Gemeinden lehrmäßig gründlich verankert worden. Dennoch ist an dieser Stelle bei den Tutunakú nach wie vor eine Flexibilität in der Handhabung zu bemerken, und die Bereitschaft, auf unkonventionelle Weise Frauen in den Dienst einzubeziehen, ist groß. Andererseits werden die Männer, die im Rahmen ihrer arbeitsbedingten langen Stadtaufenthalte die Gemeinden der Hauptgesellschaft besuchen, dort immer wieder auf das „biblische" Geschlechterverhältnis aufmerksam gemacht. Wiederum spüren sie auch den Umbruch, in dem die ganze mexikanische Gesellschaft sich an dieser Stelle befindet, und beobachten die unterschiedliche Handhabung durch evangelische Gemeinden verschiedener Denominationen.

Wie nun ein nicht einheimischer Missionar die jungen Tutunakú-Gemeinden in diesem Prozess begleiten wird, hängt vor allem von seinem Schriftverständnis über die gottgewollte Stellung der Frau ab. Als „geistliche Eltern" dieser jungen Christen, deren Rat nach wie vor besonders ernst genommen wird, empfinden mein Mann und ich an dieser Stelle eine besondere Verantwortung. Die jungen Tutunakú-Gemeinden stehen diesbezüglich an einer Weggabelung: Entweder sie ordnen sich in die übliche hierarchische Geschlechterordnung des Kirchenverbandes ein, wie dies ältere Gemeinden an anderen Stellen des Stammesgebietes getan haben. Erfahrungsgemäß wird sich dann mit der Zeit die Beteiligung der Frauen am Gemeindeleben auf den Putzdienst und die Sicherstellung der Verpflegung auf besonderen Veranstaltungen beschränken. Oder sie werden mit ihrer kulturellen Vorprägung, die nicht durch das schwere Gewicht einer hierarchischen Weltanschauung und des entsprechenden Empfindens von Mann und Frau belastet ist, zu Vorreitern und Vorbildern einer gleichrangigen Geschlechterbeziehung in Ehe und Gemeinde, in der auch die Gaben der Frau in vollem Umfang genutzt werden. Da sie vor allem ihrem Herrn und seinem Wort gehorsam sein wollen, wird sich ihr Weg am Schriftverständnis entscheiden. Diese Arbeit ist damit ein zentraler Baustein des Kontextualisierungsprozesses an dieser Stelle.

5.3 Schritte zu einem schriftgemäßen und kulturrelevanten Frauenbild

Auf der Basis des bisher Gesagten sollen nun die praktischen Schritte und Orientierungspunkte aufgezeigt werden, die in jeder Missionssituation zum Kontextualisierungsprozess eines biblischen Frauenbildes gehören. Als Beispiel soll wieder vor allem die Situation der jungen Tutunakú-Gemeinden um San Andrés Tlayehualancingo dienen, Ausgangslage und konkrete Lösungen werden jedoch in jeder Kultur unterschiedlich sein.

5.3.1 Sich in die Ausgangslage der kulturellen Gegebenheiten vor Ort einfügen!

Westliche Missionare werden in den meisten Kulturen der Erde ein Geschlechterverhältnis vorfinden, das sie möglicherweise in verschiedener Hinsicht als ungerecht und untauglich empfinden, und in dem vor allem motivierte Missionarinnen sich unwohl und eingeengt fühlen. Die Diskrepanz zum eigenen Empfinden wird sicher vor allem in einem muslimischen Umfeld spürbar sein, wird aber auch von Missionarinnen anderswo beschrieben.[340] Das Bedürfnis, dem sofort ein eigenes korrigierendes Verhalten entgegen zu setzen oder ein verurteilendes Urteil abzugeben, ist menschlich

340 Eindrückliche Beispiele dieses Empfindens werden in dem Buch *Frontline Women: Negotiating Crosscultural Issues in Ministry* von Missionarinnen geschildert (Kraft 2003).

verständlich. Will man jedoch das Vertrauen der Menschen gewinnen und sie mit der verändernden Kraft des Evangeliums in Berührung bringen, so kann dies nur innerhalb ihrer eigenen Kultur geschehen. Das Motto des Apostels Paulus an dieser Stelle „Obwohl ich frei bin von allen, habe ich mich doch allen zum Knecht gemacht, um desto mehr Menschen zu gewinnen" (1Kor 9,19), ist hier für kulturgrenzüberschreitend arbeitende Missionare wegweisend! Aus Liebe zu den Menschen der Gastkultur müssen sie deren sozialen Rahmen im Blick auf die Geschlechterbeziehung so weit wie möglich beachten und sich in ihn einpassen. Dies war für mich selbst im Tutunakú-Stamm sicher längst nicht so schwierig und tiefgreifend wie für Missionare an anderen Orten der Welt. Neben der Tatsache, dass das Tragen von Hosen für Frauen im Stamm unüblich war, war es vor allem die Beachtung der Geschlechtertrennung, auf die ich mein Augenmerk richten musste: Es durfte zu keinem Gespräch mit einem Mann allein kommen, auch das direkte Anblicken eines Mannes musste vermieden werden. Selbst mit meinem eigenen Mann konnte ich in der Öffentlichkeit keine Vertraulichkeiten austauschen, anfangs nicht einmal gemeinsam durchs Dorf gehen. Die männlichen Mitglieder unseres Mitarbeiterteams mussten besonders darauf achten, keine Frau allein zu besuchen. Ein unvorsichtiges Übertreten dieser Kulturregeln hätte das scharf beobachtete und ohnehin oft verleumdete Team und damit das Evangelium sofort in den Verdacht gebracht, die sexuelle Unmoral zu fördern.

5.3.2 Für eine gründliche, umfassende und angemessene biblische Lehre sorgen!

Veränderungen in der Geschlechterbeziehung können nur als Teil eines umfassenden Prozesses gesehen werden, der mit der Verkündigung des Evangeliums und der Frage nach seiner ethischen Umsetzung in Gang gebracht wird. Dabei zielt die Verkündigung des Evangeliums in einer neuen Kultur nicht in erster Linie auf eine Verhaltensänderung der Menschen oder gar kultureller Institutionen, sondern auf eine Herzensbeziehung der Menschen mit Gott, die von Vertrauen und Vertrautheit geprägt ist und sich in dem Verlangen äußert, seinem Willen entsprechend zu leben. In kulturellen Begriffen ausgedrückt, richtet sich das Evangelium mit allen seinen Implikationen an den innersten Kern einer Kultur, ihre Weltanschauung. Nichts weniger als die Grundannahmen, nach denen die Menschen die Welt interpretieren, ihre „mentale Straßenkarte",[341] sollen durch das Evangelium verändert werden. Nur von einer Veränderung dieses innersten Kerns aus können dann auch bleibende äußere

341 Siehe die Ausführungen zur Struktur einer Kultur in Kapitel 2 dieser Arbeit.

Veränderungen wachsen. Dieser Prozess ist tiefgreifend und langwierig. Entscheidend für seine Entwicklung ist eine gründliche und umfassende biblische Lehre, die es den jungen Christen möglich macht, nicht nur einzelne wichtige Ausschnitte aus der Schrift zu verstehen, sondern das ganze Bild des Handelns Gottes mit dem Menschen. Ein wiederholtes ganzheitliches Nacherzählen der Gesamtbotschaft der Heiligen Schrift ist dabei in den meisten Kulturen besonders hilfreich. Dies gilt vor allem für Völker, die nur wenig oder keinen Zugang zu schriftlichem Material haben.[342] Auf die Aussagekraft einer solchen Betrachtung der Gesamtbotschaft der Heiligen Schrift im Blick auf ein biblisches Frauenbild wurde bereits mehrfach hingewiesen. So kann zuverlässig herausgestellt werden, wie sich die heilsgeschichtlichen Ereignisse auf die Stellung der Frau auswirken.

Dabei wird bereits bei der Nacherzählung der Schöpfungsgeschichte ein für manche Kulturen revolutionär neues Frauenbild vor Augen geführt, das der Frau eine ungeahnte Würde zuspricht. In manchen Kulturen mag dieses Frauenbild so neu und dem bekannten Konzept vom Wesen der Frau so konträr sein, dass es Widerstand in den Hörern hervorruft und ein geduldiges, mehrfaches Erzählen der Schöpfungsgeschichte notwendig macht (A. H. 2000, 154). In der mexikanischen Hauptgesellschaft wird das Männlichkeits- und Weiblichkeitskonzept hier herausgefordert. Bei den Tutunakú wurde die Schöpfungsgeschichte im Blick auf die Stellung der Frau zwar freudig aufgenommen, rief aber keine besondere Verwunderung hervor. Es bestätigte sich, dass hier offenbar das Konzept von der grundsätzlichen Minderwertigkeit und Unterordnung der Frau fehlte, das in so vielen Gesellschaften selbstverständlich ist. Nachdem den Tutunakú jedoch inzwischen dennoch die göttliche Schöpfungsordnung als Begründung für die Unterordnung der Frau unter den Mann und ihren Ausschluss aus bestimmten Gemeindeämtern angeführt wurde, müsste dieser Lehrprozess erneut stattfinden. Meiner Ansicht nach sollte man in der interkulturellen Verkündigung des Heilsplanes Gottes besonders darauf achten, das ursprüngliche biblische und unter den Weltanschauungen der Menschen einmalige Konzept von der Frau als gleichwertigem und gleichrangigem Geschöpf und Ebenbild Gottes nicht durch einen hierarchischen Zug überlagern zu lassen, der dem Schöpfungsbericht fremd ist. Das biblische Frauenbild des Schöpfungsberichtes sollte allerdings nicht nur in Frauenkreisen herausgestellt werden, wie dies häufig der Fall ist, sondern besonders auch den Männern nahegebracht werden.

342 Auf beeindruckende Weise werden die Vorteile eines solchen chronologischen Nacherzählens der biblischen Geschichten zum Beispiel von einer Bibellehrerin unter Frauen aus muslimischem Hintergrund beschrieben (A. H. 2000, 146–173).

Auch die übrigen oben erwähnten Zusammenhänge der Heilsgeschichte in ihrer Auswirkung auf die Stellung von Mann und Frau sollten in der biblischen Lehre aufgezeigt werden. Die Geschichten aus dem Leben Jesu und aus der Apostelgeschichte, die die Menschen in vielen Kulturen so sehr lieben und als Vorbild für ihr Leben und ihren Dienst sehen, illustrieren das befreite Geschlechterverhältnis, das Paulus dann in Galater 3,28 zum Ausdruck bringt. Grundsätzlich ist in vielen Gemeinden des Globalen Südens ein starkes Bewusstsein dafür gewachsen, dass „mit dem Kommen Jesu Christi alle die Menschheit zertrennenden Barrieren niedergerissen wurden und eine neue Menschheit in und durch die Kirche Form annimmt" (Padilla 1985).[343] Wenn die biblische Lehre dann auf diese Weise bei den Anweisungen des Paulus in seinen Briefen angelangt sein wird, werden die jungen Christen diese in das Gesamtkonzept einzuordnen wissen und entsprechend ihrer kulturellen Situation in die Praxis umsetzen können. Paul Hiebert weist darauf hin, wie wichtig es in diesem Prozess der biblischen Unterweisung ist, dass die Gemeinde am Bibelstudium und an der Bibelauslegung stets aktiv beteiligt ist, so dass sie ausgerüstet wird für den Kontextualisierungsprozess (Hiebert 1985, 187).

5.3.3 Die einheimischen Geschwister ermutigen, die Praxis ihrer Geschlechterbeziehung anhand der Bibel auszuwerten und kulturentsprechend auf das Ziel hin zu verändern!

Mit der beschriebenen gründlichen biblischen Unterweisung über die geistliche Dimension des biblischen Frauenbildes und des Geschlechterverhältnisses ist die Richtung für eine schriftgemäße Umsetzung dieser Beziehung in die Praxis für jede Kultur gegeben: In Ehe und Gemeinde darf eine gleichrangige Beziehung zwischen Mann und Frau angestrebt werden, in der sie sich in ihrer Verschiedenheit ergänzen und gemeinsam mit ihren jeweiligen Gaben Gott dienen.

Für den Vollzug ist nun das Vorgehen der ersten Christen an dieser Stelle wegweisend. Die Anweisungen des Apostels Paulus in seinen Briefen weisen auf besonders vulnerable Stellen in diesem Prozess hin, die sich ergeben, wenn im kulturellen Empfinden das Konzept von der Minderwertigkeit der Frau und von dem unüberbrückbaren hierarchischen Abstand zwischen den Geschlechtern tief eingegraben ist und die Identität von Mann und Frau maßgeblich bestimmt. Dabei ist zu bedenken, dass an dieser Stelle nicht nur Individuen betroffen sind, sondern die zentrale Institution jeder Kultur, die Familie mit ihrer Struktur und in ihren durch die Rollen von

343 Zitiert in *The New Global Mission* (Escobar 2003, 168–9)

Mann und Frau geregelten Funktionen, sowie die Geschlechterbeziehung im öffentlichen Bereich, wo Sichtbarkeit, Status und Ehre vielfach nur zum Selbstverständnis des Mannes, nicht aber zum kulturellen Bild der Frau gehören. So ist in der Zeit der Umorientierung für das Verhalten von in Christus neu gewordenen Männern und Frauen größte Vorsicht, Weisheit und gegenseitige Rücksicht im Umgang miteinander geboten, zumal jede Veränderung von der Gesellschaft mit großem Interesse beobachtet und bewertet wird. Forderungen nach raschen Veränderungen im Namen des Evangeliums werden an dieser Stelle massiven kulturellen Widerstand hervorrufen, wie die Geschichte an vielen Stellen beweist. Dies kann Unfrieden in der Gemeinde selbst auslösen, den Ruf der Gemeinde nach außen beschädigen und die Ausbreitung des Evangeliums behindern. Der Apostel Paulus hatte bei seinen Anweisungen zum Geschlechterverhältnis diese Aspekte im Blick. Charles Kraft weist außerdem eindringlich auf die Gefahr der Verunsicherung und Destabilisierung einer Kultur durch zu rasche Veränderungen hin und mahnt westliche Missionare, gerade im Blick auf die Geschlechterrollen zu großer Zurückhaltung bei Veränderungsvorschlägen und zur intensiven Einbeziehung der einheimischen Geschwister in jeden Schritt des Kontextualisierungsprozesses (Kraft 1996, 322–326). Als gedankliche Grundlage für ihr Vorgehen schlägt er vor:

„Gott wird jedes Rollenmuster, das er in einer Gesellschaft vorfindet, als Ausgangspunkt akzeptieren. Seine Grundbotschaft wird dann sein, dass die Menschen in Beziehungen der Liebe zu ihm und zu allen Mitmenschen leben … und zwar innerhalb der Sozialstruktur, in der sie leben. Wenn allerdings Rollen- und Beziehungsmuster dazu benutzt werden, andere zu unterdrücken, dann wird Gott den Unterdrücker zur Verantwortung ziehen, vor allem dann, wenn er behauptet, auf Gottes Seite zu stehen" (Kraft 1996, 325; Übersetzung: H. S.).

5.3.3.1 Vulnerable Stellen im Geschlechterverhältnis

Orientiert man sich an den praktischen Anweisungen des Paulus zum Verhalten von Männern und Frauen in der Ehe und in den Gemeindeversammlungen, so fällt auf, dass der Apostel immer wieder auf die folgenden „vulnerablen Stellen" eingeht, die sich bis heute beim Umsetzen einer in Christus gegründeten Geschlechterbeziehung als kritisch und problematisch erweisen und deshalb besonderer Beachtung bedürfen:

1. Paulus spricht die Auswirkungen der ausgeprägten Geschlechtertrennung an, die es in der römisch-griechischen und jüdischen Gesellschaft gab und die auch heute in vielen Kulturen üblich ist: Sie beruht auf dem Konzept der völligen Andersartigkeit von Mann und Frau, die nur in der sexuellen Begegnung Berührungspunkte haben. Im Übrigen sind die Erlebniswelten strikt getrennt. Die Geschlechterbezie-

hung ist in solchen Kulturen vielfach durch eine emotionale Distanz gekennzeichnet und durch eine Überbetonung der Sexualität, wobei die Identität der Frau häufig auf ihre Sexualität beschränkt wird. In einer solchen Atmosphäre ist eine natürliche und freundschaftliche Beziehung zwischen Mann und Frau ohne sexuelle Untertöne kaum vorstellbar und wird von der ständigen Gefahr der Unmoral begleitet.[344]

Diese Polarisierung und Trennung soll nun in Christus sowohl in der Ehe als auch in der Gemeinde überwunden werden. Den Weg dahin für die Ehe zeigt der Apostel in seinen Haustafeln auf. Vor allem in dem ungewohnten Kontext der gemischten Gemeindeversammlung kommen Fragen zur Praxis des Verhaltens von Männern und Frauen in diesem Prozess auf. In manchen Kulturen sind Männer und Frauen es gar nicht gewöhnt, gemeinsam an öffentlichen Versammlungen teilzunehmen. So ist die Gegenwart von Vertretern des anderen Geschlechtes ungewohnt und erregend. Scham, der Drang, sich gut darzustellen, sexuelle Spannungen und die Gefahr der Unmoral sind immer gegenwärtig. Wo Männer gewohnheitsmäßig Frauen vor allem als Sexualobjekte betrachten, ist es schwer, dies plötzlich in der Gemeindeversammlung nicht mehr zu tun. Ebenso ist es für die Frauen schwer, sich selbst nicht mehr nach diesen Kategorien einzuschätzen und darzustellen. Hier geben die Ermahnungen des Apostels Paulus den Frauen eine wichtige Orientierungshilfe: Als Christinnen sollen sie sich in der Gemeindeversammlung dezent kleiden und schmücken und nicht auffällig verhalten. Für Menschen aus muslimischem Hintergrund sind diese Anweisungen besonders hilfreich für die schwierige Situation des Übergangs zur gemeinsamen Anbetung und zum gemeinsamen Dienst.

Auch in der mexikanischen Hauptgesellschaft weisen sie auf wichtige Spannungspunkte im Geschlechterverhältnis hin: Soll dort zwischen Mann und Frau eine innere Annäherung stattfinden und das Ziel der gegenseitigen Unterordnung und des gemeinsamen Dienens erreicht werden, werden beide ihr Verständnis von Männlichkeit und Weiblichkeit ablegen und am Vorbild Jesu neu prägen lassen müssen. Der Mann wird lernen müssen, seine Frau als ebenbürtigen Menschen zu lieben und selbst ein verantwortlicher verlässlicher Partner zu werden. Dies ist ein langwieriger Prozess, in dem der Mann viel Hilfe und Ermutigung zur Neuorientierung braucht. In besonderer Weise wird ihm dabei die Haltung seiner Frau helfen, wenn sie von einem formalen Gehorsam und der häufig empfundenen gewissen inneren Verachtung in

344 Diese Sexualisierung der Geschlechterbeziehung wird zum Beispiel aus der muslimischen Welt beschrieben, wo Frauen regelmäßig mit sexuellen Belästigungen in der Öffentlichkeit rechnen müssen. Frauen und Mädchen aus anderen Kulturen, aber auch einheimische Frauen in muslimischen Ländern empfinden dies als große Beschämung und Bedrohung (Jensma 2002, 22; van Dalen 2002, 43–59)

Christus zu einer echten Wertschätzung und einer respektvollen Liebe ihm gegenüber kommt. In den Gemeindeversammlungen kann die Frau nur durch ein dezentes und würdevolles Verhalten den inneren Abstand auf gute Weise verringern und zur echten Partnerin des Mannes werden, ohne in die Stereotype der Verführerin und des Sexualobjekts eingeordnet zu werden.

Von großer Bedeutung ist der Aspekt der Geschlechtertrennung mit ihren Folgen auch in der Tutunakú-Kultur. Sowohl in der Gesellschaft als auch besonders in der jungen Gemeinde besteht die ständige Sorge um die sexuelle Moral und den guten Ruf der Gemeinde. So wird jeder Einzelkontakt zwischen Männern und Frauen gemieden, und die nach Geschlechtern getrennte Sitzordnung in der Versammlung ist den Gläubigen wichtig. Bereits die Kinder bestehen in ihren Kindergruppen auf einer getrennten Sitzordnung. Eine erzwungene Geschlechtermischung würde zu heftigem Schamgefühl und kulturellem Widerstand führen. Diese ausgeprägte Empfindung wird zum Problem, wenn die jungen Tutunakú an Freizeiten mit anderen Jugendlichen aus dem mexikanischen Kirchenverband teilnehmen und sich entsetzen über die körperliche Nähe, die dort zwischen den Geschlechtern üblich ist. So bevorzugen sie inzwischen ihre eigenen Jugendfreizeiten. Andererseits hat sich unter Glaubensgeschwistern durch gemeinsame Aktivitäten inzwischen das Verhältnis entspannt und gelockert, und es ist abzusehen, dass die Geschlechtertrennung im Stamm ohnehin durch den gemeinsamen Schulbesuch in den kommenden Generationen zurückgehen wird. In der Übergangszeit ist es hilfreich, wenn Missionare von außen die verunsicherten Geschwister an dieser Stelle begleiten. Die Ermahnungen der Apostel zu dezenter Kleidung und Schmuck und zurückhaltendem Verhalten für die Mädchen und Frauen geben dabei Orientierung.

2. Ein sehr vulnerabler Punkt in der Entwicklung der Geschlechterbeziehung ist in vielen Kulturen das Ehrgefühl des Mannes. Dies trifft bis heute auf die Ehrenkulturen des Mittelmeerraumes zu und ist in den muslimisch geprägten Kulturen besonders ausgeprägt. So ist der Veränderungsprozess in der Geschlechterbeziehung, bei dem der Mann sich in seinem Frauenbild und seiner Praxis des Umgangs mit Frauen völlig umorientieren muss, stark überschattet von der Problematik des männlichen Ehrgefühls. Dies gilt für die Veränderungen in der Ehebeziehung und noch mehr für die Gestaltung der Geschlechterbeziehung in der Gemeindeversammlung. An vielen Stellen ist das Ehrgefühl und damit die tiefste Identität des Mannes von der neuen Stellung der Geschlechter in Christus betroffen. Dieses Empfinden muss sich langsam am Vorbild Jesu und unter seiner Herrschaft umorientieren und darf dabei nicht verletzt werden. Dass diese Problematik in Ehrenkulturen keinesfalls leicht genommen oder übergangen werden darf, zeigt der Apostel Paulus in den meisten seiner Ermah-

nungen an die Frauen auf: Soll die Geschlechterbeziehung sich heilsam entwickeln und nicht in Bitterkeit und Abwehr führen, so dürfen sie in Ehe und Gemeinde ihren Männern keinesfalls den Respekt schuldig bleiben. In der Praxis wird der Erweis des Respektes in jeder Kultur andere Schwerpunkte haben. Hier wird wieder in Gemeinden aus muslimischem Hintergrund eine besondere Sensibilität gefordert sein. Aber auch in der mexikanischen Hauptgesellschaft kann die Ehre des Mannes durch ein zu forsches oder selbstbewusstes Auftreten seiner Frau in der Gemeindeversammlung verletzt werden, vor allem dann, wenn Außenstehende sich abfällig darüber äußern. So ist nach den derzeitigen Sitten an dieser Stelle im Blick auf den Lehrdienst von Frauen vor Männern und auf Leitungsaufgaben Vorsicht und Feingefühl geboten. In der Tutunakú-Gesellschaft spielt dieser Aspekt keine wesentliche Rolle. Das Ehrgefühl der Männer hat mit dem Verhalten ihrer Frauen nur selten etwas zu tun. Was die Aufgaben in der Gemeinde angeht, hat man eher den Eindruck, dass die Männer stolz sind, wenn sie tüchtige oder gebildete Frauen haben, die sich in der Gemeindearbeit nützlich machen.

3. Auch der Bildungsunterschied zwischen Männern und Frauen kann in manchen Kulturen bis heute ein Problempunkt bei der Entwicklung der Geschlechterbeziehung sein. Nach wie vor haben in den meisten Kulturen der Erde die Frauen weniger Schulbildung als die Männer. Auch hier gibt der Apostel Paulus wertvollen Rat: Die Frauen sollen mit der Hilfe ihrer Männer lernen, aber nicht durch das vorzeitige Übernehmen eines Lehrdienstes ihre Männer in Verlegenheit und die Gemeinde durch Irrlehren in Gefahr bringen.

5.3.3.2 Die Dynamik der Entwicklung der Geschlechterbeziehung

Da die Ausgangssituation der Geschlechterbeziehung in jeder Kultur anders ist, wird auch der konkrete Prozess ihrer Veränderung durch das Evangelium variieren. Setzt man als Ziel die Beziehung, die in der Schöpfung und in Galater 3,28 zum Ausdruck kommt, so ist der Weg dorthin in verschiedenen Kulturen unterschiedlich lang und von unterschiedlichen Widerständen erschwert. In den meisten Gesellschaften darf zunächst nur mit einer langsamen Veränderung des Frauen- und Männerbildes durch die Heilige Schrift gerechnet werden, die sich dann in einer veränderten Haltung von Mann und Frau zueinander ausdrückt. In äußeren Regeln und Normen wird sich dies, zunächst in der Gemeinde, meist nur sehr langsam niederschlagen. Paul Hiebert weist darauf hin, dass Entscheidungen zu konkreten Veränderungen dabei nicht vom Missionar, sondern von den einheimischen Christen selbst getroffen werden müssen: „Sie kennen ihre alte Kultur besser als der Missionar und können sie auch besser kritisieren, nachdem sie eine biblische Orientierung bekommen haben“ (Hiebert 1999, 187;

Übersetzung: H. S.). Das sollte im Konsens möglichst vieler geschehen: „Die Menschen werden dann selbst darauf achten, dass die Entscheidungen auch durchgesetzt werden, die sie gemeinsam getroffen haben" (Hiebert 1999, 187; Übersetzung: H. S.). All dies ist ein langsamer Prozess, in dem der Missionar nicht ungeduldig werden darf. Zu einer Veränderung in der Gesellschaft, die sich dann möglicherweise in Gesetzen und Strukturveränderungen niederschlägt, kommt es oft erst nach Generationen, wenn überhaupt. Andererseits darf der Veränderungsprozess aber auch an keiner Stelle vorzeitig abgebrochen werden. Daran kann der Missionar die Gemeinde immer wieder erinnern und bei konkreten Anlässen darauf hinweisen. Charles Kraft weist auf die Spannung hin, in der Missionare an dieser Stelle stehen: „Ein Grundproblem bei einem solchen Veränderungsprozess ist es, den Impuls zur Veränderung aufrecht zu erhalten und gleichzeitig sicherzustellen, dass der Prozess möglichst wenig traumatisch verläuft" (Kraft 1979, 347; Übersetzung: H. S.). Er drückt aber auch Zuversicht aus: „Ich glaube, dass Gott seinen Kindern die Einsicht, das Verlangen und die Kraft zur Veränderung im Umgang mit kulturellen Mustern geben will, unabhängig davon, ob die Strukturen selbst geändert werden oder nicht" (Kraft 1996, 326; Übersetzung: H. S.).

Im Fall der Tutunakú war die Ausgangssituation für die Geschlechterbeziehung nur an wenigen Stellen mit der zu vergleichen, in die der Apostel Paulus seine Ermahnungen ursprünglich hineinschrieb. Die Anleitungen des Apostels werden entsprechend den unterschiedlichen Voraussetzungen auch auf sehr natürliche Weise unterschiedlich aufgenommen und wirken sich in den Familien unterschiedlich aus: Manchen dienen sie als Mahnung an die Männer, ihre Frauen nicht zu unterdrücken, sondern nach dem Vorbild Jesu selbstlos zu lieben. In anderen Ehen ermahnt die gleiche Schriftstelle eher die Frauen, ihre Männer nicht zu übergehen oder gar vor die Tür zu setzen, sondern sie zu lieben, zu achten und in die täglichen Entscheidungen einzubeziehen. Beides habe ich erlebt. Anders als in der mexikanischen Hauptgesellschaft wurde hier die Notwendigkeit der grundsätzlichen Unterordnung der Frau unter den Mann nie zu einem wichtigen oder drängenden Thema. Trotz mancher Versuche von außen, eine grundsätzliche hierarchische Eheordnung zu betonen, stößt eine solche Lehre bisher bei den Tutunakú auf einen kulturellen Widerstand. Aus der Ausgangslage und Perspektive ihres nicht hierarchisch festgelegten Eheverständnisses sehen sie in den Anweisungen des Paulus auch nicht das Gebot einer grundsätzlich hierarchischen Eheordnung. Die Regelungen für die Gemeindeversammlung, durch die die Frauen aus manchen Ämtern und Funktionen ausgeschlossen sind, haben sie gegen ihr kulturelles Empfinden als „biblische Ordnungen" aufgenommen. Hier kam es also zu einem durch eine bestimmte Schriftauslegung begründeten Rückschritt auf dem

Weg zu einem ungehinderten gemeinsamen Dienst von Mann und Frau. Angesichts der Erkenntnisse aus dieser Arbeit wird es in der weiteren Begleitung der einheimischen Christen mehr noch als früher unser Anliegen sein, ihnen grundsätzliche theologische Bedenken gegen den vollen Einsatz der Frau in der Gemeinde zu nehmen und sie zu ermutigen, die Gaben der Frauen in vollem Umfang in den Diensten der Gemeinde zu nutzen. Dies muss allerdings im vorsichtigen Einvernehmen mit den führenden Vertretern des Kirchenverbandes geschehen. Möglicherweise können die Tutunakú in ihrer kulturellen Unbefangenheit im Blick auf die Geschlechterbeziehung den Geschwistern aus der Hauptgesellschaft diesbezüglich zu einem ermutigenden Vorbild werden für ein Geschlechterverhältnis, in dem Mann und Frau als Erlöste einander und gemeinsam ihrem Herrn dienen und ihn dadurch ehren.

NACHWORT

AUSBLICK ZUR WEITEREN ENTWICKLUNG DER DISKUSSION UM DIE STELLUNG DER FRAU IN DEN CHRISTLICHEN GEMEINDEN DER WESTLICHEN WELT

Seit der Verfassung dieser Arbeit und der Veröffentlichung der ersten Auflage dieses Buches hat die Diskussion um die Stellung und Rolle der Frau in der christlichen Gemeinde zwar in der Literatur an Schärfe abgenommen, in der Gemeindepraxis schafft sie aber vor allem im Zusammenhang mit der Besetzung von Lehr- und Leitungsdiensten immer noch viel Unruhe und hat nach wie vor das Potenzial, Gemeinden und Gemeindeverbände zu spalten. Diese Entwicklung macht Autorinnen und Autoren zunehmend zu schaffen und sie bemühen sich um Wege, aus der Polarisierung der Sichtweisen herauszufinden und auch in der Praxis ein gemeinsames Handeln zu ermöglichen.

Dazu müsste allerdings zunächst von allen an der Diskussion Beteiligten anerkannt werden, dass es zu dieser Thematik in der Tat zwei grundsätzlich verschiedene valide Auslegungsansätze gibt, die beide jeweils die Autorität der Schrift uneingeschränkt anerkennen und nicht mit dem alternativen Etikett „bibeltreu" oder „nicht bibeltreu" versehen werden dürfen.[345] Kommt es nicht zu einer solchen Anerkennung der unterschiedlichen Ansätze, werden sich diese Auslegungslager weiterhin unversöhnlich gegenüberstehen und einander die Treue zur Heiligen Schrift absprechen – mit den entsprechenden spaltenden Folgen für die Gemeinden.

Der entscheidende Unterschied zwischen beiden Lagern bleibt die Frage, ob es eine göttliche Schöpfungsordnung gibt, die eine Vorrangstellung des Mannes beinhaltet und in Ehe und Gemeinde fordert, oder ob die Asymmetrie der Geschlechter eine

345 Siehe hierzu auch die Ausführungen von Sumner (2007, 254).

„Sündenfallordnung“ ist, die auf dem Boden der Erlösung in Christus überwunden werden darf und sollte. An dieser Frage entscheidet sich letztlich, welche Freiheiten bzw. Grenzen der Stellung und dem Dienst der Frau in der Gemeinde Jesu Christi zugeschrieben werden.

Obwohl sich beide Positionen als „Lehrfragen“ unvereinbar gegenüberstehen,[346] fordern Autoren aus beiden Lagern einen weiteren Gesprächsprozess, der nicht beendet werden sollte, bis ein gemeinsamer Ausweg gefunden ist (z. B. Sumner 2007, 256–265, Neuenhausen 2018, 128–143). Dieser Prozess sollte, so Sumner, unter folgenden Vorgaben stattfinden: (1) Er darf Beziehungen zwischen Christen nicht beschädigen. (2) Die Teilnehmer dürfen ihre jeweilige Sicht nicht mit der objektiven Erkenntnis der Wahrheit Gottes verwechseln, sondern sollten anerkennen, dass es hier um einen Konflikt von Meinungen und Interpretationen geht (2007, 251–255).

Für eine weitere Diskussion unter den genannten Voraussetzungen werden von einigen Autoren bereits konkrete Schritte und Aspekte vorgeschlagen, die einen Ausweg möglich machen könnten und sämtlich bedenkenswert sind. [347]

Einen meines Erachtens an dieser Stelle hoffnungsvollen Weg aus der inhaltlichen Sackgasse der Diskussion zeigt Lee-Barnewall (2016) auf: Sie fordert einen konsequenten Paradigmenwechsel weg von der Kategorie „Über- und Unterordnung“ im Geschlechterverhältnis zur Kategorie „Gegenseitige Unterordnung“ und „Einander-Dienen“ im Sinne Jesu.[348]

In diesem Sinn möchte ich mich dem hoffnungsvollen Ausblick von Hardmeier anschließen: „Es geht um ein heiliges Experiment mit dem Ziel der Wiederherstellung des ursprünglich ungetrübten Verhältnisses zwischen Mann und Frau. ... Die christliche Gemeinde ist das Laboratorium der neuen Menschheit, die Gott schafft, in der alles, auch das Verhältnis zwischen Mann und Frau, zurechtgerückt wird. ... Sie ist der Ort, wo Gott schon begonnen hat, alles neu zu machen – auch das Verhältnis der Geschlechter“ (2013, 130–131). Dass auch dieses Buch wieder einen Beitrag dazu leisten möge, dass wir gemeinsam einen solchen Ausweg aus der schmerzhaften Geschlechterdebatte in der Gemeinde Jesu finden, ist mein aufrichtiges Anliegen.

---

346 Blocher spricht für den Stand der Diskussion in Nordamerika von einem „deadlock“ (2007, 239), Sumner beklagt die Spaltung unter konservativ-evangelischen Theologen an dieser Stelle, die den Geist Gottes betrübe (2007, 250).

347 Siehe dazu zum Beispiel Sumner (2007, 256 – 265) und Neuenhausen (2018, 128–143).

348 Ähnliche Gedanken kommen von Marshall (2005, 186–204), Payne (2009) und Westfall (2016, 101). Im deutschsprachigen Raum wird dieser gedankliche Weg auch in den Ausführungen von Neuenhausen (2018) und Hardmeier (2013) sichtbar.

Vor einzelnen Männern und Frauen liegt dabei die Herausforderung, ihre je unterschiedlichen Empfindungs- und Handlungsmuster im Blick auf ihr Miteinander immer wieder am Wort Gottes abzugleichen – und in gemeinsamer „mutiger Demut“ in ihrer jeweiligen Kultur glaubwürdig umzusetzen.[349]

349 Der Ausdruck „bold humility“ stammt von dem südafrikanischen Missiologen David Bosch. In der neueren Literatur fällt an dieser Stelle auf, dass Frauen dabei vor allem zur „boldness“ ermutigt werden (siehe z. B. Small 2020 und Hammond 2019), Männer mehr dazu, in Demut ihre Macht mit Frauen zu teilen um Jesu willen (Hiestand 2017, 101–118).

BIBLIOGRAFIE

Ableiter, Astrid 1996. *Das Lehrverbot für die Frau in 1. Timotheus 2,11–15. Darstellung und Auswertung verschiedener exegetischer Auslegungsmöglichkeiten im evangelikalen Bereich unter Berücksichtigung hermeneutischer Gesichtspunkte.* Masterarbeit, Columbia International University – externes Studienzentrum Akademie für Weltmission, Korntal.

Adyanthaya, Hira B. 2003. *Foreword* in: Renavikar 2003, 9–11.

Ager, Lynn Price 1980. *The Economic Role of Women in Alaskan Eskimo Society.* In: Bourguignon 1980, 305–318.

A., H. 2000. *Discipleship of Muslim Background Believers through chronological Bible Storying.* In: Love und Eckheart 2000, 146–173.

Albright, William Foxwell 1968. *Yahweh and the Gods of Canaan: A Historical Analysis of Two Contrasting Faiths.* London: Athlone Press (Jordan Lectures in Comparative Religion. School of Oriental and African Studies. University of London. Vol. 7).

Bamberger, Joan 1974. The Myth of Matriarchy: Why Men Rule in Primitive Society. In: Rosaldo und Lamphere 1974, 263–280.

Baroja, Julio Caro 1965. Honour and shame: A historical account of several conflicts. In: Peristiany 1965b, 79–95.

Baron-Cohen, Simon 2004. *Vom ersten Tag an anders: Das weibliche und das männliche Gehirn.* Düsseldorf, Zürich: Walter.

Barton, Carlin A. 2001. *Roman honor: The fire in the bones.* Berkeley: University of California Press.

Barton, Ruth Haley 1998. *Equal to the task: Men & women in partnership.* Downers Grove: InterVarsity Press.

Barton Payne, Philip 1986. Response. In: Mickelsen 1986, 118–132.

Baumert, Norbert 1992. *Frau und Mann bei Paulus – Überwindung eines Missverständnisses.* Würzburg: Echter.

Bell, Rudolph M. 1990. Telling her sins: Male confessors and female penitents in Catholic Reformation Italy. In: Coon 1990, 118–133.

Belleville, Linda L. 2005. Teaching and usurping authority: 1 Timothy 2:11–15. In: Pierce und Groothuis 2005, 205–223.

Berger, Klaus 2012. *Priesterweihe auch für Frauen?* Münster: Aschendorff.

Bergmann, U. 1995. „zr“, *THAT.* Hrsg. von Ernst Jenni. 5. Auflage. Bd 2, 256–259. Gütersloh: Gütersloher Verlagshaus Chr. Kaiser.

Bertman, Stephen 2003. *Handbook to Life in Ancient Mesopotamia.* New York: Facts on File, Inc.

Beyerhaus, Peter et al. 1974. *Alle Welt soll sein Wort hören. Lausanner Kongress für Weltevangelisation.* Neuhausen-Stuttgart: Hänssler.

Bilezikian, Gilbert 1985². *Beyond Sex Roles: What the Bible Says About a Woman's Place in Church and Family.* Grand Rapids: Baker.

Bilezikian, Gilbert 1987. Hierarchist and Egalitarian Inculturations. *JETS* 30/4 (December): 421–426.

Bischof-Köhler, Doris 2004². *Von Natur aus anders: Die Psychologie der Geschlechtsunterschiede.* Stuttgart, Berlin, Köln: Kohlhammer.

Blocher, Henri 2007. Women, ministry and the gospel: Hints for a new paradigm? In: Husbands und Larsen 2007, 239–249.

Bonwetsch, G., Dittrich-Gallmeister, E., Dittrich, J. et al. 1967. *Grundriss der Geschichte für die Oberstufe der Höheren Schulen.* Zweibändige Ausgabe. Bd. 2: Die moderne Welt. Von den bürgerlichen Revolutionen bis zur Gegenwart. 2. Auflage, bearbeitet und erweitert von J. Dittrich und E. Dittrich-Gallmeister unter Mitwirkung von Hans Herzfeld. Stuttgart: Ernst Klett.

Borland, James 1991. Women in the life and teachings of Jesus. In: Piper und Grudem 1991, 113–123.

Bottéro, Jean 2001. *Everyday life in Ancient Mesopotamia.* Mit Beiträgen von André Finet, Bertrand Lafont and Georges Roux. Aus dem Französischen ins Englische übersetzt von Antonia Nevill. Edinburgh: University Press.

Bourdieu, Pierre. 1965. The sentiment of honour in Kabyle society. In: Peristiany 1965b, 191–242.

Bourguignon, Erika (Hrsg.) 1980. *A World of Women: Anthropological Studies of Women in the Societies of the World.* New York: Praeger.

Bowker, John (Hrsg.) 1999. Frauen. *Das Oxford-Lexikon der Weltreligionen.* Aus dem Englischen übersetzt und bearbeitet von Karl-Heinz Golzio. Darmstadt: Wissenschaftliche Buchgesellschaft.

Bräumer, Hansjörg 2000. Geschaffen als Mann und Frau. In: Mack und Stricker 2000, 28–37.

Brandenburg, Hans 1992. *Ich hatte Durst nach Gott: Aus dem Leben und Dienen von Christa von Viebahn.* Aus Quellen mit Hilfe der Aidlinger Schwesternschaft zusammengestellt. Aidlingen: Verlag des Diakonissenmutterhauses.

Brandt, Theodor 1978. *Kirche im Wandel der Zeit. Teil II. Reformation bis Gegenwart.* Wuppertal: R. Brockhaus.

Braun, Annegret 2019. *Warum Eva keine Gleichstellungsbeauftragte brauchte: Gottes Idee für Frauen und Männer.* Holzgerlingen: SCM R. Brockhaus.

Brednich, Rolf Wilhelm, Schneider, Annette und Werner, Ute (Hrsg.) 2001. Natur – Kultur: Volkskundliche Perspektiven auf Mensch und Umwelt. 32. Kongress der Deutschen Gesellschaft für Volkskunde in Halle vom 27.9. bis 1.10.1999. Münster; München; Berlin: Waxmann.

Bristow, John Temple 1988. *What Paul Really Said About Women.* San Francisco: Harper & Row Publishers.

Brox, Norbert 1982. Zur christlichen Mission in der Spätantike. In: Kertelge, Karl (Hrsg.): *Mission im Neuen Testament* (Quaestiones disputatae. Hrsg. Karl Rahner und Heinrich Schlier. Band 93). Freiburg, Basel, Wien: Herder, 190–237.

Bruce, F. F. 1982. *The Epistle to the Galatians: A Commentary on the Greek Text.* Grand Rapids: Eerdmans.

Brüdergemeinden im Bund Evangelisch-Freikirchlicher Gemeinden 1992. Zum Dienst der Frau in der Gemeinde. Stellungnahme des Bruderrates vom Januar 1992. *idea-Dokumentation.* Nr. 5: 5–7.

Brusco, Elizabeth 1993. The reformation of machismo: Asceticism and masculinity among Colombian evangelicals. In: Garrard-Burnett, Virginia und Stoll, David (Hrsg.): *Rethinking Protestantism in Latin America.* Philadelphia: Temple University Press.

Butzkamp, Schwester Heidi 2007. Christa von Viebahn – eine Frau mit weitem Horizont, in: Diakonissenmutterhaus Aidlingen (Hrsg.), *Farbenfrohes Leben in Schwarz-Weiß-Grau.* Holzgerlingen: Hänssler, 10–16.

Cahill, Lisa Sowle 1996. *Sex, Gender, and Christian Ethics.* Cambridge: Cambridge University Press.

Carson, Donald A 1991. „Silent in the churches": On the role of women in 1 Corinthians 14:33b–36. In: Piper und Grudem 1991, 140–153.

Carson, Donald A (Hrsg.) 2016. *The Enduring Authority of the Christian Scriptures.* Grand Rapids: Eerdmans.

Cate, Mary Ann und Downey, Karol (Hrsg.) 2002: *From Fear to Faith: Muslim and Christian Women.* Pasadena: William Carey.

Chodorow, Nancy 1974. Family structure and feminine personality. In: Rosaldo und Lamphere 1974, 43–66.

Christians for Biblical Equality. „Men, women and biblical equality". Position paper. www.cbeinternational.org.

Clark, Elizabeth A. 1983. *Women in the Early Church: Message of the Fathers of the Church.* Wilmington: Michael Glazier.

Clark, Elizabeth A. 1990. Early christian women: Sources and interpretation. In: Coon 1990, 19–35.

Clark, Elizabeth A. 1996. *Women and Religion: The Original Sourcebook of Women in Christian Thought.* New revised and expanded edition. San Francisco: Harper.

Clark, Stephen B. 1980. *Man and Woman in Christ: An Examination of the Roles of Men and Women in Light of Scripture and the Social Sciences.* Ann Arbor: Servant Books.

Clark Kroeger, Richard und Clark Kroeger, Catherine 1992. *I Suffer Not a Woman: Rethinking 1 Timothy 2:11–15 in Light of Ancient Evidence.* Grand Rapids: Baker.

Clark Kroeger, Richard und Clark Kroeger, Catherine 2004. *Lehrverbot für Frauen? Was Paulus wirklich meinte – Eine Auseinandersetzung mit 1. Timotheus 2,11–15.* Aus dem Amerikanischen übersetzt von Kerstin und Jens Uhder. (TVG-Orientierung. Hrsg. von Helmut Burkhardt, Reinhard Frische und Gerhard Maier.) Wuppertal: R. Brockhaus und Gießen: Brunnen.

Clarke, Andrew D. 2008. *A Pauline Theology of Church Leadership.* London: T&T Clark.

Clough, Miryam 2017. *Shame, the Church and the Regulation of Female Sexuality.* London und New York: Routledge.

Clouse, Bonnidell und Clouse, Robert G. (Hrsg.) 1989. *Women in Ministry: Four Views.* With contributions from Robert D. Culver, Susan Foh, Walter Liefeld and Alvera Mickelsen. Downers Grove: InterVarsity Press.

Cochlovius, Joachim 2000. *Die Frau in der Nachfolge Jesu heute.* Walsrode: Gemeindehilfsbund.

Cochran, Pamela D. H. 2005. *Evangelical Feminism: A History.* New York and London: New York University Press.

Cohick, Lynn H. 2009. *Women in the World of the Earliest Christians.* Grand Rapids: Baker Academic.

Columbia International University 1997. *Progress of Redemption.* Study Guide. Bradford Mullen, Hrsg. Columbia: Columbia International University.

Conn, Harvie M. 1984. *Eternal Word and Changing Worlds: Theology, Anthropology, and Mission in Trialogue.* Grand Rapids: Zondervan.

Conrad, Christa. 1998. *Der Dienst der ledigen Frau in deutschen Glaubensmissionen. Geschichte und Beurteilung.* With an extended English summary. (Mission Scripts Bd. 12.) Bonn: Verlag für Kultur und Wissenschaft. Edition afem.

Coon, Lynda L., Haldane, Katherine J. und Sommer, Elisabeth W. (Hrsg.) 1990: *That Gentle Strength: Historical Perspectives on Women in Christianity.* Charlottesville and London: University of Virginia.

Council on Biblical Manhood and Womanhood. „The Danvers Statement". www.cbmw.com.

Culver, Robert D. 1989. A Traditional view: Let your women keep silence. In: Clouse und Clouse 1989, 25–52.

Cunningham, Loren und Hamilton, David Joel mit Janice Rogers 2000. *Why not Women? A Fresh Look at Scripture on Women in Missions, Ministry and Leadership.* Seattle: YWAM Publishing.

Dalen van, Emily 2002. Raising radiant daughters in dark places. In: Cate und Downey 2002, 43–59.

D'Angelo, Mary Rose 2007. Gender and geopolitics in the work of Philo of Alexandria: Jewish piety and imperial family values. In: Penner und Vander Stichele 2007, 63–88.

Dearman, J Andrew 1992. *Religion & Culture in Ancient Israel.* Peabody: Hendrickson Publishers.

Deaver, Sherri 1980. The contemporary Saudi woman. In: Bourguignon 1980, 19–41.

Denich, Bette S. 1974. Sex and power in the Balkans. In: Rosaldo und Lamphere 1974, 243–262.

Dollard, John 1980. The acquisition of new social habits. In: Linton 1980, 442–464.

Drane, J. W. 1996. „Gnosis/Gnostizismus". In: Burkhardt, Helmut, Grünzweig, Fritz, Laubach, Fritz und Maier, Gerhard. *Das große Bibellexikon.* 1. Taschenbuchauflage. Bd. 2. Wuppertal: Brockhaus. Gießen: Brunnen, 734–739.

Edwards, Felicity 1995. Spirituality, consciousness and gender identification: A neo-feminist perspective. In: King 1995, 177–191.

Elberfelder Studienbibel mit Sprachschlüssel. 2001. Das Alte Testament. Revidierte Fassung. Erstellt auf der Basis der Hebrew-Greek Key Study Bible. Hrsg. von Spiros Zodhiates. Deutsche Bearbeitung von Herbert Klement und Frank Albrecht et al. Wuppertal: Brockhaus.

Engelken, Karen 1990. *Frauen im alten Israel: Eine begriffsgeschichtliche und sozialrechtliche Studie zur Stellung der Frau im Alten Testament.* Stuttgart: Kohlhammer.

Erickson, Millard J. 1998. *Christian Theology.* 2. Auflage. 4. Druckausgabe (2001). Grand Rapids, Michigan: Baker Books.

Escobar, Samuel 1996. Mission studies past, present, and future. *Missiology* 24: 3–29.

Escobar, Samuel 2002. *Changing Tides: Latin America and World Mission Today.* American Society of Missiology Series, No. 31. Maryknoll: Orbis Books.

Escobar, Samuel 2003. *The New Global Mission: The Gospel From Everywhere to Everyone.* (Christian Doctrine in Global Perspective, David Smith und John Stott, Hrsg.) Downers Grove: InterVarsity.

Esposito, Elena 2003. Frauen, Männer und das ausgeschlossene Dritte. In: Pasero und Weinbach 2003, 63–79.

Evangelischer Gemeinschaftsverband Siegerland und Nachbargebiete 1992. Die Frau in der Gemeinde Jesu. Arbeitspapier des Vorstandes vom Oktober 1988. *idea-Dokumentation.* Nr. 5: 8–21.

Evangelisches Gesangbuch 1996. Ausgabe für die Evangelische Landeskirche in Württemberg. Stuttgart: Gesangbuchverlag.

Fee, Gordon D. 1987. *The First Epistle to the Corinthians.* Reprint (1991). (The New International Commentary on the New Testament. F. F. Bruce, Hrsg.) Grand Rapids: Eerdmans.

Fee, Gordon D. 1990. Issues in Evangelical Hermeneutics: Hermeneutics and the Nature of Scripture. *Crux* Vol. XXVI. No. 2. (June): 21–26.

Fee, Gordon D. 1990. Issues in Evangelical Hermeneutics, Part III: The Great Watershed - Intentionality & Particularity/Eternality: 1 Timothy 2:8–15 as a Test Case. *Crux* Vol. XXVI. No. 4. (December): 31–37.

Fee, Gordon D. und Stuart, Douglas 1996. *Effektives Bibelstudium.* Übersetzt aus dem Amerikanischen von Detlev Stieghorst. 3., überarbeitete Auflage. Asslar: ICI.

Fee, Gordon D. 2005. Praying and prophesying in the assemblies: 1 Corinthians 11:2–16. In: Pierce und Groothuis 2005, 142–160.

Fee, Gordon D. 2005. Male and female in the new creation: Galatians 3: 26–29. In: Pierce und Groothuis 2005, 172–185.

Fee, Gordon D. 2005. Hermeneutics and the gender debate. In: Pierce und Groothuis 2005, 364–381.

Felker Jones, Beth 2015. *Faithful: A Theology of Sex.* Grand Rapids: Zondervan.

Felker Jones, Beth 2017. Embodied from creation through redemption: Placing gender and sexuality in theological context. In: Hierstand, Gerald und Wilson, Todd: *Beauty, Order, and Mystery: A Christian Vision of Human Sexuality.* Downers Grove, InterVarsity, 21–30.

Foh, Susan 1989. A male leadership view: The head of the woman is the man. In: Clouse und Clouse 1989, 69–105.

Frame, John M. 1991. Men and women in the image of God. In: Piper und Grudem 1991, 225–232.

Gardner, Jane F. 1995. *Frauen im antiken Rom: Familie, Alltag, Recht.* Übersetzt von Kai Brodersen. München: C. H. Beck.

Gemoll, Wilhelm 1920. *Griechisch-Deutsches Schul- und Handwörterbuch.* Wien: F. Tempsky und Leipzig: G. Freytag.

Genfer Studienbibel 1999. Holzgerlingen: Hänssler.

George, Timothy 2007. Egalitarians and complemetarians together? A modest proposal. In: Husbands und Larsen 2007, 266–288.

Gerster, Daniel und Krüggeler, Michael 2018. Masculinities in world religions. Some introductory remarks. In: Gerster, Daniel und Krüggeler, Michael (Hrsg.), *God's own gender? Masculinities in World Religions.* (Religion in der Gesellschaft. Hrsg. Von Matthias Koenig et al. Band 44.) Baden-Baden: Ergon.

Glover, T. R. 1975. *The Conflict of Religions in the Early Roman Empire.* New York: Cooper Square Publishers.

Goldberg, Steven 1977. *The Inevitability of Patriarchy.* London: Temple Smith.

Grenz, Stanley J. und Kjesbo, Denise Muir 1995. *Women in the Church: A Biblical Theology of Women in Ministry.* Downers Grove: InterVarsity Press.

Groothuis, Rebecca Merrill 1994. *Women Caught in the Conflict: The Culture War between Traditionalism and Feminism.* Vorwort von Kenneth S. Kantzer. Grand Rapids, Michigan: Baker.

Groothuis, Rebecca Merrill 1997. *Good News for Women: A Biblical Picture of Gender Equality.* Grand Rapids: Baker Books.

Groothuis, Rebecca Merrill 2005. „Equal in being, unequal in role": Exploring the logic of woman's subordination. In: Pierce und Groothuis 2005.

Grudem, Wayne 1991. The Meaning of *kephale* („Head"): A response to recent studies. In: Piper und Grudem 1991, 425–468.

Gundry, Patricia 1977. *Woman be Free.* Grand Rapids: Zondervan.

Gundry, Patricia 1987. *Neither Slave nor Free.* San Francisco: Harper & Row.

Habets, Myk und Wood, Beulah (Hrsg.) 2011. *Reconsidering Gender: Evangelical Perspectives.* Eugene: Pickwick.

Hamilton, David Joel 2000a. Daughters of Pandora. In: Cunningham und Hamilton 2000, 71–83.

Hamilton, David Joel 2000b. Daughters of Eve. In: Cunningham und Hamilton 2000, 93–99.

Hamilton, David Joel 2000c. Distorting the image. In: Cunningham und Hamilton 2000, 101–109.

Hamilton, David Joel 2000d. Jesus broke down the walls. In: Cunningham und Hamilton 2000, 111–128.

Hamilton, David Joel 2000e. The question of headship. In: Cunningham und Hamilton 2000, 159–175.

Hamilton, James M. Jr. 2007. What women can do in ministry: Full participation within Biblical boundaries. In: Husbands und Larsen 2007, 32–52.

Hammond, Inka. 2019[5]. *Tochter Gottes, erhebe dich: Vom Schmerz zum Sieg. Vom Sieg zum Segen.* Holzgerlingen: SCM R. Brockhaus.

Hardmeier, Roland 2013. *Himmelstöchter! Warum die Stärke der Frau in der Kirche gebraucht wird. Und warum das biblisch ist.* Gießen: Brunnen.

Hartmann, Andreas 2001. Biologie der Kultur. In: Brednich 2001, 21–29.

Haubeck, Wilfried 1996. „Schriftgelehrte". In: Burkhardt, Helmut, Grünzweig, Fritz, Laubach, Fritz und Maier, Gerhard (Hrsg.): *Das große Bibellexikon.* 1. Taschenbuchauflage. Bd. 5, 2179–2180. Wuppertal: Brockhaus. Gießen: Brunnen.

Haubeck, Wilfried 2000. Frauen in der Begegnung mit Jesus und in seiner Nachfolge. In: Mack und Stricker 2000, 210–221.

Hauke, Manfred 1982. *Die Problematik um das Frauenpriestertum vor dem Hintergrund der Schöpfungs- und Erlösungsordnung.* Konfessionskundliche und kontroverstheologische Studien 46. Paderborn: Bonifatius.

Hausding, Christel, Baumann, Hans-Joachim et al. 1992. *Die Frau in der Gemeinde. Denkanstöße.* Erarbeitet von einem Arbeitskreis des Synodalgesprächskreises „Lebendige Gemeinde". Evangelische Sammlung in Württemberg.

Hauser-Schäublin, Brigitta 2001. Von der Natur in der Kultur und der Kultur in der Natur: Eine kritische Reflexion dieses Begriffspaares. In: Brednich 2001, 11–20.

Hayley Barton, Ruth 1998. *Equal to the Task. Men and Women in Partnership at Work – at Church – at Home.* Downers Grove: Inter Varsity Press.

Hayter, Mary 1987. *The New Eve in Christ: The Use and Abuse of the Bible in the Debate about Women in the Church.* Plymouth: Latimer Trend & Company.

Head, Thomas 1990. The religion of the femelettes: Ideals and experience among women in Fifteenth- and Sixteenth-Century France. In: Coon 1990, 149–175.

Healy, Sr. Emma Therese 1956. *Woman according to Saint Bonaventure.* Erie: Georgian Press.

Hempelmann, Heinzpeter 1997. *Gottes Ordnungen zum Leben: Die Stellung der Frau in der Gemeinde.* Theologische Zeitfragen. Lahr, Bad Liebenzell: VLM.

Hering, James P. 2007. *The Colossian and Ephesian Haustafeln in theological context: An Analysis of their Origins, Relationships and Message.* TR 260. New York: Peter Lang.

Herrmanns, Heinrich 1991. Beitrag für die Entscheidung zur Frauenordination. *idea-Dokumentation.* Nr. 28: 19–23.

Herskovits, Melville J. 1980. The processes of cultural change. In: Linton 1980, 143–170.

Hess, Richard S. 2005. Equality with and without innocence: Genesis 1–3. In: Pierce und Groothuis 2005, 79–95.

Hesselgrave, David J. und Rommen, Edward 2000. *Contextualization: Meanings, Methods, and Models.* Pasadena: William Carey.

Hiebert, Frances 1982. Missionary women as models in the cross-cultural context. *Missiology* 10: 455–460.

Hiebert, Paul G. 1985. *Anthropological Insights for Missionaries.* Grand Rapids: Baker Books.

Hiestand, Gerald 2017. Put pain like that beyond my power: A Christocentric theodicy with respect to the inequality of male and female power. In: Hiestand und Wilson 2017, 101–118.

Hiestand, Gerald und Wilson, Todd (Hrsg.) 2017. *Beauty, Order, and Mystery: A Christian Vision of Human Sexuality.* Downers Grove: InterVarsity.

Hines, Melissa 2004. *Brain Gender.* Oxford: Oxford University Press.

Hofstede, Geert 1997. *Cultures and Organization: Software of the Mind.* New York et al: McGraw-Hill.

Hofstede, Geert et al 1998. *Masculinity and Femininity: The Taboo Dimension of National Cultures.* (Cross-Cultural Psychology Series, hrsg. von Walter J. Lonner und John W. Berry, Vol. 3.) Thousand Oaks, London, New Delhi: Sage Publications.

Hogan, Pauline Nigh 2008. *„No longer male and female“: Interpreting Galatians 3.28 in early Christianity.* (Library of New Testament Studies (Mark Goodacre, Hrsg., Vol. 380.) London: T&T Clark.

Hörster, Gerhard. „Frauen auf die Kanzel?“ *PUNKT* 7/8 (1985): 5–8. Witten: Bundes-Verlag.

Holthaus, Stephan 1993. *Fundamentalismus in Deutschland: Der Kampf um die Bibel im Protestantismus des 19. und 20. Jahrhunderts.* (Biblia et Symbiotica. Hrsg. Thomas Schirrmacher. Bd. 1.) Bonn: Verlag für Kultur und Wissenschaft.

Holthaus, Stephan und Vanheiden, Karl-Heinz (Hrsg.) 2002[2]. *Die Unfehlbarkeit und Irrtumslosigkeit der Bibel.* Hammerbrücke: Bibelbund-Verlag. Nürnberg: VTR. Hammerbrücke: jota.

Hübner, Ulrich und Knauf, Ernst Axel (Hrsg.) 2002. *Kein Land für sich allein: Studien zum Kulturkontakt in Kanaan, Israel /Palästina und Ebirnari für Manfred Weippert zum 65. Geburtstag.* (Orbis Biblicus et Orientalis Nr. 186.) Freiburg/Schweiz: Universitätsverlag und Göttingen: Vandenhoeck & Ruprecht.

Hull, Gretchen G. 1987. *Equal to Serve: Women and Men in the Church and Home.* Old Tappan, N. J.: Revell.

Hurley, J. B. 1973. Did Paul require veils or the silence of women? A Consideration of 1 Cor. 11:2–16 and 1 Cor 14:33b–36. *WTJ* 35 (2):200.

Husbands, Mark 2007. Reconciliation as the dogmatic location of humanity: „Your life is hidden with Christ in God". In: Husbands und Larsen 2007, 127–147.

Husbands, Mark und Larsen, Timothy (Hrsg.) 2007. *Women, Ministry and the Gospel: Exploring new Paradigms.* Downers Grove: InterVarsity.

Ide, Arthur Frederick 1982. *Woman in the Ancient Near East.* Mesquite: Ide House.

Idestrom, Rebecca G. S. 2007. Deborah: A role model for Christian public ministry. In: Husbands und Larsen 2007.

Inch, Morris A. 1982. *Doing Theology across Cultures.* Grand Rapids: Baker Books.

Inch, Morris A. 1986. *Making the Good News Relevant: Keeping the Gospel Distinctive in any Culture.* Nashville: Nelson.

Ilan, Tal 1995. *Jewish Women in Greco-Roman Palestine: An Inquiry into Image and Status.* (Texte und Studien zum Antiken Judentum 44. Hrsg. Martin Hengel und Peter Schäfer.) Tübingen: J. C. B. Mohr Siebeck.

Ivarsson, Fredrik 2007. Vice lists and deviant masculinity: The rhetorical function of 1 Corinthians 5: 10–11 and 6:9–10. In: Penner und Vander Stichele 2007, 163–184.

Jathanna, Gladson 2012. Biblewomen and the missionary ideal of the Hermannsburg Mission in India. In: Reller 2012, 125–132.

Jacobs, Donald R. 1981. Conversion and culture – An anthropological perspective with reference to East Africa. In: Stott und Coote 1981, 131–145.

Jaquette, Jane S. 1973. Literary archetypes and female role alternatives: The woman and the novel in Latin America. In: Pescatello 1973, 3–27.

Jensen, E. 1992. The value of women and world view. *Themelios.* Vol 17. No. 3. (April/May): 12–14.

Jensma, Jeanne 2002. Facing fear. In: Cate und Downey 2002, 17–30.

Jeremias, Joachim 1962. *Jerusalem zur Zeit Jesu: Eine kulturgeschichtliche Untersuchung zur neutestamentlichen Zeitgeschichte.* 3., neubearbeitete Auflage. Göttingen: Vandenhoeck & Ruprecht.

Jeremias, Joachim 1971. *Neutestamentliche Theologie.* Erster Teil. Gütersloh: Gütersloher Verlagshaus Gerd Mohn.

Jewett, Paul King 1975. *Man as Male and Female: A Study in Sexual Relationships from a Theological Point of View.* Grand Rapids: Eerdmans.

Johnson, Alan F. 1984. A Response to problems of normativeness in Scripture: Cultural versus permanen. In: Radmacher und Preus 1984, 257–282.

Johnston, Robert K. 1986. Biblical authority und interpretation: The test case of women's role in the church und home updated. In: Mickelsen 1986, 30–41.

Jung, Martin H. 1988. Reformation für Frauen? Das Beispiel der Katharina Zell. *Uni Nova. Wissenschaftsmagazin der Universität Basel.* Nr. 83 (Dezember). Gekürzte www-Ausgabe: http://www.zuv.unibas.ch/uni_nova/083/04c_jung/home.shtml.

Jung, Martin H. 1999. *„Mein Herz brannte richtig in der Liebe Jesu“ – Autobiographien frommer Frauen aus Pietismus und Erweckungsbewegung: Eine Quellensammlung.* Bearbeitet, erläutert und herausgegeben von Martin H. Jung. Aachen: Shaker.

Käser, Lothar 1998[2]. *Fremde Kulturen: Eine Einführung in die Ethnologie für Entwicklungshelfer und kirchliche Mitarbeiter in Übersee.* Erlangen: Verlag der Evang.-Luth. Mission. Lahr: Verlag der Liebenzeller Mission.

Kaiser, Walter C. Jr. 1979. *Toward an Old Testament Theology.* Grand Rapids: Zondervan.

Kaiser, W. und Waltke, B. 1986. A CT Institute Supplement on Women in the Church. *Christianity Today.* (October): 12–13.

Karaman, Elif Hilal 2018. *Ephesian Women in Greco-Roman and Early Christian Perspective.* Hochschulschrift University of Manchester (2015). Tübingen: Mohr Siebeck.

Kardiner, Abram 1980. The concept of basic personality structure as an operational tool in the social sciences. In: Linton 1980, 107–122.

Kassian, Mary, Adeney, Miriam, Thompson, Jean und Briscoe, Jill 1996. Life forum on women's issues. Interviews by Wendy Murray Zoba and Helen Lee. *Christianity Today.* (April): 14–21.

Keener, Craig S. 1992. *Paul, Women and Wives: Marriage and Women's Ministry in the Letters of Paul.* Peabody: Hendrickson Publishers.

Ken Phin, Pang 1989. Die Stellung und der Beitrag der Frau in der frühen Geschichte der Basler Mission in China. In: Baseler Mission (Hrsg.): Missionsgeschichte aus der Sicht der Frau. *Texte und Dokumente.* Nr. 12.

Kimball, Cynthia Neal 2005. Nature, culture and gender complementarity. In: Pierce und Groothuis 2005, 464–480.

King, Ursula (Hrsg.) 1995. *Religion and Gender.* Oxford/UK and Cambridge/USA: Blackwell.

Klippert, Wolfgang 2018. Der geschichtliche Wandel des Frauenbildes. In: Neuenhausen 2018, 100–118.

Kluckhohn, Clyde und Kelly, William H 1980. The concept of culture. In: Linton 1980, 78–106.

Knight, George W. III 1977. *The New Testament Teaching on the Role Relationship of Men and Women.* Grand Rapids: Baker.

Knight, George W. III 1984. *Authenteo* in reference to women in 1 Timothy 2:12. *New Testament Studies* 30 (January): 143–157.

Knight, George W. III 1991. Husbands and wives as analogues of Christ and the church: Ephesians 5:21–33 and Colossians 3:18–19. In: Piper und Grudem 1991, 165–178.

Köstenberger, Andreas J., Schreiner, Thomas und Baldwin, H. Scott (Hrsg.) 1999. *Frauen in der Kirche: Eine kritische Untersuchung zu 1. Timotheus 2,9–15.* Übersetzt von Andreas J. Köstenberger. Gießen: Brunnen.

Köstlin, Konrad 2001. Kultur als Natur – des Menschen. In: Brednich 2001, 1–10.

Koetschau, Paul 1986. *Origenes: Gegen Celsus.* Übersetzung von Paul Koetschau. Ausgewählt und bearbeitet von Karl Richter. München: Kösel.

Kraft, Charles 1979. *Christianity in Culture: A Study in Dynamic Biblical Theologizing in Cross-Cultural Perspective.* Maryknoll: Orbis.

Kraft, Charles 1981. The Church in Culture – A Dynamic Equivalence Model. In: Stott und Coote 1981, 211–230.

Kraft, Charles 1996. *Anthropology for Christian Witness.* Maryknoll: Orbis Books.

Kraft, Marguerite G. (Hrsg.) 2003. *Frontline Women: Negotiating Crosscultural Issues in Ministry.* Pasadena: William Carey Library.

Krass, Alfred C. 1981. Mission as inter-cultural encounter – A sociological perspective. In: Stott und Coote 1981, 231–256.

Kroeger, Catherine 1987. The apostle Paul and the Greco-Roman cults of women. *JETS* 30/1 (March): 25–38.

Kuen, Alfred 1998. *Die Frau in der Gemeinde.* Aus dem Französischen übersetzt von Rainer Güting. Wuppertal: R. Brockhaus.

Kumar, S. Ananda 1981. Culture and the Old Testament. In: Stott und Coote 1981, 33–48.

Labhardt, Alfred 1935. Die natürliche Rolle der Frau im Menschheitsproblem und ihre Beeinflussung durch die Kultur. Rektoratsrede, gehalten am 16. November 1934. In: *Basler Universitätsreden.* 6. Heft. Basel: Helbing & Lichtenhahn.

LaCelle-Peterson, Kristina. 2008. *Liberating Tradition: Women's Identity and Vocation in Christian Perspective.* Grand Rapids: Baker Academic.

Lakey, Michael 2010. *Image and Glory of God: 1 Corinthians 11: 2–16 as a Case Study in Bible, Gender and Hermeneutics.* London: T&T Clark.

Lamphere, Louise 1974. Strategies, cooperation, and conflict among women in domestic groups. In: Rosaldo und Lamphere 1974, 97–112.

Larkin, William J. Jr 1988. *Culture and Biblical Hermeneutics: Interpreting and Applying the Authoritative Word in a Relativistic Age.* Grand Rapids: Baker Book House.

LaSor, W. S., Hubbard, D. A. und Bush, F. W. 2000. *Das Alte Testament: Entstehung – Geschichte – Botschaft.* Aus dem Amerikanischen übersetzt und herausgegeben von Helmuth Egelkraut. 4., durchgesehene und erweiterte Auflage der deutschen Ausgabe. Gießen, Basel: Brunnen.

Lausanne Committee for World Evangelization 1989. *The Manila Manifesto: The Twenty-one Affirmations.* http://www.lausanne.org.

Lausanne Committee for World Evangelization 2004. *The Lausanne 2004 Forum Summary Affirmations.* http://www.lausanne.org.

Lausanner Verpflichtung 1974. In: *Alle Welt soll sein Wort hören. Lausanner Kongress für Weltevangelisation.* Deutsche Ausgabe. Zusammengestellt von Peter Beyerhaus, Karl-Heinz Bormuth, Frederik Burklin et al. Band 1. Neuhausen-Stuttgart: Hänssler, 9–18.

Lazenby, Henry 1987. The image of God: Masculine, feminine, or neuter? *JETS* 30/1 (March): 63–70.

Lee-Barnewall, Michelle 2016. *Neither Complementarian nor Egalitarian: A Kingdom Corrective to the Evangelical Gender Debate.* Grand Rapids: Baker.

Lefkowitz, Mary R. und Fant, Maureen B. 1982. *Women's Life in Greece and Rome.* London: Duckworth.

Lenz, Karl 1998. *Soziologie der Zweierbeziehung: Eine Einführung.* Opladen: Westdeutscher Verlag.

Lenz, Karl (Hrsg.) 2003. *Frauen und Männer: Zur Geschlechtstypik persönlicher Beziehungen.* Weinheim: Juventa.

Lerner, Gerda 1993. *Die Entstehung des feministischen Bewusstseins. Vom Mittelalter bis zur ersten Frauenbewegung.* Aus dem Englischen übersetzt von Walmot Müller-Falkenberg. Frankfurt am Main, New York: Campus.

Leupold, Andrea 2003. Liebe und Partnerschaft: Formen der Codierung von Ehen. In: Pasero und Weinbach 2003, 217–274.

Levering, Miriam 1999. „East Asian Buddhism", in Young, Serinity (Hrsg.): *Encyclopedia of Women and World Religion.* Vol. 1. New York: Macmillan Reference, 119–124.

Lexikon Hinduismus 2002. „Mann und Frau". http://religion.orf.at/projekto2/religionen/hindu.

Liebelt, Markus 2001. Frauenordination. *Bibel und Gemeinde.* Nr. 3: 37–58.

Liefeld, Walter L. 1986. Women, submission and ministry in 1Corinthians. In: Mickelsen 1986, 134–160.

Liefeld, Walter L. 1987. Women and the nature of ministry. *JETS* 30/1 (March): 49–61.

Liefeld, Walter L. 1989. A plural ministry response. In: Clouse und Clouse 1989, 112–116.

Liefeld, Walter L. 1989. A plural ministry view: Your sons and your daughters shall Prophesy. In: Clouse und Clouse 1989, 127–153.

Lienemann-Perrin, Christine. 2012. Den Frauen in der Missionsgeschichte Namen und Gesichter geben. In: Reller 2012, 7–23.

Lingenfelter, Sherwood 1992. *Transforming culture.* Grand Rapids: Baker.

Linton, Ralph (Hrsg.) 1980. *The Science of Man in the World Crisis.* Reprint of the 1945 edition. New York: Octagon Books.

Llobera, Josep R. 2003. *An Invitation to Anthropology: The Structure, Evolution and Cultural Identity of Human Societies.* New York. Oxford: Berghahn Books.

Lobo Gajiwala, Astrid, Theckanath, Varghese und Braganza Passanha, Raynah (Hrsg.) 2012. *Gender Relations in the Church: A Call to Wholeness and Equal Discipleship.* Delhi: Media House.

Long, Frederick J. 2007. Christ's gifted bride: Gendered members in ministry in Acts and Paul. In: Husbands und Larsen 2007, 98–123.

Longenecker, Richard N. 1984. *New Testament Social Ethics for Today.* Grand Rapids: Eerdmans.

Love, Fran 2000. Developing women leaders. In: Love und Eckheart 2000, 199–221.

Love, Fran und Eckheart, Jeleta (Hrsg.) 2000. *Longing to Call them Sisters.* Pasadena: William Carey Library.

Lowe, Stephen D. 1991. Rethinking the female status/function question: The Jew/Gentile relationship as paradigm. *JETS* 34/1 (March): 59–75.

Ludwig, Frieder 2012. Das „gefilterte" Leben der Paulina Dlamini, 1856–1942: Einführende Überlegungen zur Biographie der „Apostelin in Nordzululand". In: Reller 2012, 115–124.

Luhmann, Niklas 2003. Frauen, Männer und George Spencer Brown. In: Pasero und Weinbach 2003, 15–62.

Mack, Cornelia und Stricker, Friedhilde (Hrsg.) 2000. *Begabt und beauftragt – Frausein nach biblischen Vorbildern.* Holzgerlingen: Hänssler.

Maccoby, Eleanor Emmons und Jacklin, Carol Nagy 1974. *The Psychology of Sex Differences.* Stanford, California: Stanford University Press.

Maccoby, Eleanor Emmons 1999. *The Two Sexes: Growing up Apart, Coming Together: The Family and Public Policy.* Cambridge, Massachusetts and London: The Belknap Press of Havard University Press.

MacDonald, Margaret Y. 1996. *Early Christian Women and Pagan Opinion: The Power of the Hysterical Woman.* Cambridge: University Press.

Mac Donald, Margaret Y. 2003. Was Celsus right? The Role of women in the expansion of early Christianity. In: Balch, David L. und Osiek, Carolyn (Hrsg.): *Early Christian families in context: An interdisciplinary dialogue.* (Religion, Marriage, and Family, Hrsg. Don S. Browning und David Clairmont.) Grand Rapids and Cambridge: William Eerdmans, 157–184.

MacDonald, William 1990. *Believer's Bible Commentary. New Testament.* Mit Beiträgen von Art Farstad. Nashville: Thomas Nelson Publishers.

Marshall, Howard I. 1981. Culture and the New Testament. In: Stott und Coote 1981, 17–31.

Marshall, Howard I. 2005. Mutual love and submission in marriage: Colossians 3:18–19 and Ephesians 5:21–33. In: Pierce und Groothuis 2005, 186–204.

Masenya, Madipoane (ngwana'Mphahlele) 2004. *How Worthy is the Woman of Worth? Rereading Proverbs 31:10–31 in African-South Africa.* (Bible and Theology in Africa Vol. 4.) New York et al: Peter Lang.

May, Stan 2005. „Ugly Americans" or ambassadors of Christ? In: *Evangelical Missions Quarterly.* 41/ 3 (July): 346–352.

Mayer, Günter 1987. *Die jüdische Frau in der hellenistisch-römischen Antike.* Stuttgart: Kohlhammer.

Mayers, Marvin K. 1987. *Christianity Confronts Culture: A Strategy for Crosscultural Evangelism.* Revised and enlarged Edition. Grand Rapids: Zondervan.

McQuilkin, Robertson 1980. Limits of cultural interpretation. *JETS* 23/2 (March): 113–114.

McQuilkin, Robertson 1984. Problems of normativeness in Scripture: Cultural versus Permanent. In: Radmacher und Preus 1984, 219–240.

Mead, Margaret 1992. *Mann und Weib: Das Verhältnis der Geschlechter in einer sich wandelnden Welt.* Mit einem Nachwort von Dr. Imogen Seger. Frankfurt am Main, Berlin: Ullstein.

Mickelsen, Alvera M. (Hrsg.) 1986. *Women, Authority and the Bible.* Downers Grove: InterVarsity Press.

Mickelsen, Berkeley und Mickelsen, Alvera M. 1986. What does *kephale* mean in the New Testament? In: Mickelsen 1986, 97–117.

Mickelsen, Alvera M. 1989a. An egalitarian view: There is neither male nor female in Christ. In: Clouse und Clouse 1989, 173–206.

Mickelsen, Alvera M. 1989b. An egalitarian response. In: Clouse und Clouse 1989, 117–123.

Moo, Douglas 1991. What does it mean not to teach or have authority over men? 1 Timothy 2:11–15. In: Piper und Grudem 1991, 179–193.

Müri, Sabine 2001. *Mann und Frau als Ebenbild Gottes: Gleichgeordnet, gleichgewichtig und gleichbegnadet? Fragen in Bezug auf eine geschlechtsspezifische Bestimmung des Menschen.* Seminararbeit. Columbia International University, Deutscher Zweig, Korntal.

Murdock, George Peter 1980. The common denominator of cultures. In: Linton 1980, 123–142.

Nassehi, Armin. 2003. Geschlecht im System. Die Ontologisierung des Körpers und die Asymmetrie der Geschlechter. In: Pasero und Weinbach 2003, 80–104.

Nave-Herz, Rosemarie 1997. *Die Geschichte der Frauenbewegung in Deutschland.* 5. überarbeitete und ergänzte Auflage. Lizenzausgabe. Bonn: Bundeszentrale für politische Bildung.

Nefsky, Marilyn F. 1995. Liberator or pacifier: Religion and women in Japan. In: King 1995, 291–310.

Neill, Stephen C. 1981. Religion and culture: A historical introduction. In: Stott und Coote 1981, 1–13.

Neill, Stephen C. 1990. *Geschichte der christlichen Missionen.* Herausgegeben und ergänzt von Niels-Peter Moritzen. Übersetzt von Paul-Gerhard Nohl. 2., ergänzte Auflage. (Erlanger Taschenbücher Bd. 14.) Erlangen: Verlag der Ev.-Luth. Mission.

Neudorfer, Heinz-Werner 2004. *Der erste Brief des Paulus an Timotheus: Historisch-theologische Auslegung.* Wuppertal: Brockhaus.

Neuenhausen, Ulrich 2018. *Gemeinsam gesegnet: Männer und Frauen im Dienst für Jesus Christus.* Hammerbrücke: Jota.

Neuer, Werner 1993. *Mann und Frau in christlicher Sicht.* 5., neu bearbeitete Auflage. Gießen; Basel: Brunnen.

Nicholls, Bruce J. 1979. *Contextualization: A Theology of Gospel and Culture.* (Outreach and Identity: Evangelical Theological Monographs, World Evangelical Fellowship Theological Commission, Klaus Bockmühl, Hrsg., No. 3). Downers Grove: InterVarsity Press.

Nicholls, Bruce J. 1981. Towards a theology of gospel and culture. In: Stott und Coote 1981, 49–62.

Nida, Eugene A. 1964. *Toward a Science of Translating.* Leiden: Brill.

Nitschmann, Anna 1999. „Eine Braut des Lammes zu sein, ist schön.“ Autobiografie. In: Jung 1999, 151–168.

Noble, Lowell L. 1975. *Naked and not Ashamed: An Anthropological, Biblical, and Psychological Study of Shame.* Jackson, Michigan: Jackson Printing.

Offen, Karen 2000. *European Feminism, 1700–1950: A Political History.* Stanford: Stanford University Press.

Ortberg, John 2004. *Die Frau schweige?: Gaben in der Gemeinde – ein Diskussionsbeitrag.* Holzgerlingen: Hänssler.

Ortlund, Raymond C. Jr 1991. Male-female euality and male headship: Genesis 1–3. In: Piper und Grudem 1991, 95–112.

Ortner, Sherry B. 1974. Is female to male as nature is to culture?. In: Rosaldo und Lamphere 1974, 67–87.

Osborne, Grant R. 1977. Hermeneutics and women in the church. *JETS* 20 (December): 337–352.

Osborne, Grant R. 1989. Women in Jesus’ ministry. *Westminster Theological Journal* 51: 259–291.

Osborne, Grant R. 1991. *The Hermeneutical Spiral: A Comprehensive Introduction to Biblical Interpretation.* Downers Grove: InterVarsity.

Otwell, John H. 1977. *And Sarah Laughed: The Status of Women in the Old Testament.* Philadelphia: The Westminster Press.

Packer, J. I. 1986. Understanding the differences. In: Mickelsen 1986, 295–299.

Packer, J. I. 1991. Let’s stop making women presbyters. *Christianity Today* (February): 18–21.

Padgett, Alan 1984. Paul on women in the church: The contradicitions of coiffure in 1 Corinthians 11:2–16. *JSNT* 20: 69–86.

Padgett, Alan 1986. Feminism in First Corinthians. *EQ* 4: 121

Padgett, Alan 1987. The Pauline rationale for submission: Biblical feminism and the *hina* clauses of Titus 2:1–10. *EQ* 59 (January): 39–52.

Padilla, René 1981. Hermeneutics and culture – A theological perspective. In: Stott und Coote 1981, 63–78.

Patterson, Virginia 1989. Women in missions: Facing the 21st century: Social and Biblical considerations require changes. *Evangelical Missions Quarterly.* Vol 25, No 1 (January): 62–71.

Pasero, Ursula (Hrsg.) 2002. *Wie natürlich ist das Geschlecht? Gender und die Konstruktion von Natur und Technik.* Wiesbaden: Westdeutscher Verlag.

Pasero, Ursula und Weinbach, Christine (Hrsg.) 2003: *Frauen, Männer, Gender Trouble: Systemtheoretische Essays.* (Suhrkamp Taschenbuch Wissenschaft 1637.) Frankfurt am Main: Suhrkamp.

Payne, Philip B. 2009. *Man and Woman, One in Christ: An Exegetical and Theological Study of Paul's Letters.* Grand Rapids: Zondervan.

Paz, Octavio 1998. *Das Labyrinth der Einsamkeit. Essay.* Aus dem Spanischen übersetzt und mit einer Einführung von Carl Heupel. Frankfurt am Main: Suhrkamp Taschenbuch.

Penner, Todd und Vander Stichele, Caroline (Hrsg.) 2007. *Mapping Gender in Ancient Religious Discourses.* Leiden, Boston: Brill.

Peristiany, J. G. 1965a. Introduction. In: Peristiany 1965b, 9–18.

Peristiany, J. G. (Hrsg.) 1965b: *Honour and Shame: The Values of Mediterranean Society.* Published in Association with the Social Science Centre, Athens (The Nature of Human Society Series. Julian Pitt-Rivers and Ernest Gellner, Hrsg.). London: Weidenfeld and Nicolson.

Pescatello, Ann (Hrsg.) 1973. *Female and Male in Latin America. Essays.* Pittsburgh: University of Pittsburgh Press.

Pezaro, Angelika 1991. *Normenwandel und Normkonflikte im Akkulturationsprozeß.* (Sozialwissenschaftliche Studien zu internationalen Problemen. Hrsg. von Diether Breitenbach und Manfred Werth, Nr. 162.) Saarbrücken, Fort Lauderdale: Breitenbach Publishers.

Pierce, Ronald W. 1993. Evangelicals and gender goles in the 1990s: 1 Tim 2:8–15: A test case. *JETS* 36/3 (September): 343–355.

Pierce, Ronald W. 2005. Contemporary evangelicals for gender equality. In: Pierce und Groothuis 2005, 58–75.

Pierce, Ronald W. 2005. From Old Testament law to New Testament gospel. In: Pierce und Groothuis 2005, 96–109.

Pierce, Ronald W. und Groothuis, Rebecca Merrill 2005. *Discovering Biblical Equality: Complementarity without Hierarchy.* Downers Grove: InterVarsity.

Pilgermission St. Chrischona 1992. Der Dienst der Frau in der Gemeinde. Vorläufiges Arbeitspapier vom Oktober 1991. *idea-Dokumentation.* Nr 5, 21–29.

Piper, John 1991. A Vision of biblical complementarity: Manhood and womanhood defined according to the Bible. In: Piper und Grudem 1991, 31–59.

Piper, John und Grudem, Wayne 1991. An overview of central concerns: Questions & Answers. In: Piper und Grudem 1991, 60–92.

Piper, John und Grudem, Wayne (Hrsg.) 1991 (2006 erschien eine zweite Auflage). *Recovering Biblical Manhood and Womanhood: A Response to Evangelical Feminism.* Wheaton: Crossway Books.

Pitt-Rivers, Julian 1965. Honour and social status. In: Peristiany 1965b, 19–78.

Pitt-Rivers, Julian 1977. *The Fate of Shechem or the Politics of Sex: Essays in the Anthropology of the Mediterranean.* (Cambridge Studies and Papers in Social Anthropology.) Cambridge, London, New York, Melbourne: Cambridge University Press.

Pocock, Michael, Van Rheenen, Gailyn und McConnell, Douglas 2005. *The Changing Face of World Missions: Engaging Contemporary Issues and Trends.* Grand Rapids: Baker Academic.

Pöhlmann, Horst Georg 1991. Votum für die Ordination von Frauen: Ordination und geistliches Amt der Frau. *idea-Dokumentation.* Nr. 28: 14–19.

Pomeroy, Sarah B. 1985. *Frauenleben im Klassischen Altertum.* Aus dem Englischen übersetzt von Norbert F. Mattheis. (Kröners Taschenbuchausgabe Band 461.) Stuttgart: Alfred Kröner.

Poythress, Vern Sheridan 2006. The church as family: Why male leadership in the family requires male leadership in the church. In: Piper und Grudem 1991, 233–247.

Radmacher, Earl D. und Preus, Robert D. (Hrsg.) 1984. *Hermeneutics, Inerrancy, & the Bible: Papers from ICBI Summit II.* Grand Rapids: Zondervan.

Raedel, Christoph 2017. *Gender: Von Gender-Mainstreaming zur Akzeptanz sexueller Vielfalt.* Gießen: Brunnen.

Ramm, Bernard 1998². *Biblische Hermeneutik.* Aus dem Amerikanischen übersetzt von Detlev Stieghorst. Asslar: ICI – Deutsches Büro.

Rehn, A. 1996. Rom. *Das Große Bibellexikon.* 1. Taschenbuchauflage. Band 5, 2002–2010.

Reller, Jobst (Hrsg.) 2012: *„Die Mission ist weiblich": Frauen in der frühen Hermannsburger Mission.* Berlin: LIT.

Renavikar, Madhavi D. 2003. *Women and Religion: A Sociological Analysis.* Jaipur and New Delhi: Rawat Publications.

Riebesehl, Klaus 2004. *Leitlinien zum Dienst der Frau in der Gemeinde.* Radevormwald: Evangelische Gesellschaft für Deutschland.

Rienecker, Fritz 1970¹³. *Sprachlicher Schlüssel zum Griechischen Neuen Testament nach der Ausgabe von D. Eberhard Nestle.* Gießen: Brunnen.

Robinson, Brian J. 2019. *Being Subordinate Men: Paul's Rhetoric of Gender and Power in 1 Corinthians.* Lanham: Fortress Academic.

Rodriguez Mosquera, Patricia M. 1999. *Honor and Emotion: The Cultural Shaping of Pride, Shame and Anger.* Dissertationsschrift zur Erreichung des Doktorgrades (PhD) an der Universität von Amsterdam. Amsterdam: Kurt Lewin Instituut.

Ronsdorf, Hans-Jörg 2020: *Frauen, vergebt uns! Was wir Männer wiedergutmachen müssen – Zur Rolle von Frau und Mann.* https://www.frauen-vergebt-uns.de.

Rosaldo, Michelle Zimbalist 1974. Woman, culture, and society: A theoretical overview. In: Rosaldo und Lamphere 1974, 17–42.

Rosaldo, Michelle Zimbalist und Lamphere, Louise (Hrsg.) 1974. *Women, Culture and Society.* Stanford: Stanford University Press.

Sanday, Peggy R. 1974. Female status in the public domain. In: Rosaldo und Lamphere 1974, 189–206.

Sanneh, Lamin 1989. *Translating the Message: The Missionary Impact on Culture.* (American Society of Missiology Series, No. 13.) Maryknoll: Orbis Books.

Sawyer, Deborah F. 1996. *Women and Religion in the First Christian Centuries.* (Religion in the First Christian Centuries. Hrsg.: Deborah Sawyer und John Sawyer.) London and New York: Routledge.

Schaumburg-Lippische Landessynode der EKD 1991. Pro und kontra Frauenordination – Referate und Voten auf der Schaumburg-Lippischen Landessynode der EKD am 5.10.1991 in Bückeburg. *idea-Dokumentation* Nr. 28/91: 2–23.

Schirrmacher, Thomas 1993. *Paulus im Kampf gegen den Schleier: Eine alternative Auslegung von 1. Korinther 11,2–16.* Mit einem Vorwort von Hans-Georg Wünch. (Biblia et Symbiotica 4.) Bonn: Verlag für Kultur und Wissenschaft.

Scholer, David M. 1986. 1 Timothy 2:9–15 & the place of women in the church's ministry. In: Mickelsen 1986, 193–224.

Scholer, David M. 1987. Feminist hermeneutics and evangelical biblical interpretation. *JETS* 30/4 (December): 407–420.

Schreiner, Thomas R. 1991. Head coverings, prophecies and the trinity: 1 Corinthians 11:2–16. In: Piper und Grudem 1991, 124–139.

Schuller, Wolfgang 1995. *Frauen in der griechischen und römischen Geschichte.* (Konstanzer Bibliothek Band 25. Hsg. von Peter Böger et al.) Konstanz: Universitätsverlag.

Schulze, Peter H 1987. *Frauen im Alten Ägypten: Selbständigkeit und Gleichberechtigung im häuslichen und öffentlichen Leben.* Bergisch Gladbach: Lübbe.

Seger, Imogen 1992. Nachwort. In einer sich wandelnden Welt: Margaret Mead 1901–1978, in Mead, Margaret: *Mann und Weib: Das Verhältnis der Geschlechter in einer sich wandelnden Welt.* Neuausgabe, durchgesehen und bearbeitet von Elisabeth Conzelmann. Frankfurt am Main, Berlin: Ullstein, 300–316.

Shapiro, H L 1980. Society and biological man. In: Linton 1980, 19–37.

Siebel, Wigand (Hrsg.) 1984. *Herrschaft und Liebe: Zur Soziologie der Familie.* Berlin: Duncker & Humblot.

Sitarz, Eugen 1983. *Kulturen am Rande der Bibel: Sachbuch über Völker und Götter im Geschichtsfeld Israels.* Stuttgart: Katholisches Bibelwerk.

Sigountos, J G und Shank, Myron 1983. Public roles for women in the Pauline church: A reappraisal of the evidence. *JETS* 26/3 (September): 283–295.

Slenczka, Reinhard 1991. Stellungnahme gegen die Frauenordination: Die Ordination von Frauen zum Amt der Kirche. *idea-Dokumentation.* Nr. 28: 5–13.

Smith, Marylin B und Kern, Ingrid (Hrsg.) 2000. *Ohne Unterschied? Frauen und Männer im Dienst für Gott.* Erarbeitet von der Kommission für Frauenfragen der Weltweiten Evangelischen Allianz (WEF). Aus dem Englischen von Gerhard Kretzer. Theologische Bearbeitung: Ingrid Kern und Friedhilde Stricker. Gießen: Brunnen.

Small, Ebony S 2020. *The leader in you: Discovering your unexpected path to influence.* Downers Grove: InterVarsity.

Snodgrass, Klyne R 1986. Galatians 3:28: Conundrum or Solution? In: Mickelsen 1986, 161–188.

Snodgrass, Klyne R 1990. The ordination of women – thirteen years later: Do we really value the ministry of women? *Covenant Quarterly* 48, No. 3 (August): 34–35.

Soggin, J A 1994. msl. *THAT*[5]. Band 1, 930–933.

Spencer, Aida Besancon 1985. *Beyond the curse: Women called to ministry.* Nashville, Camden, New York: Thomas Nelson Publishers.

Spencer, Aida Besancon. 2005. Jesus' treatment of women in the gospels. In: Pierce und Groothuis 2005, 126–141.

Spiro, Melford E 1980. *Gender and culture: Kibbutz women revisited.* New York: Schocken Books.

Stadelmann, Helge 1995. Die Frau als „Pastorin“ – ja oder nein? Was sagt das NT dazu? *Bibel und Gemeinde* 3: 29–39.

Stadelmann, Helge 2005. *Evangelikales Schriftverständnis: Die Bibel verstehen – Der Bibel vertrauen.* Hammerbrücke: Jota Publikationen.

Stevens, Evelyn P 1973. Marianismo: The other face of machismo in Latin America. In: Pescatello 1973, 89–101.

Stevens, R P 1992. The mystery of male and female: Biblical and trinitarian models. *Themelios.* Vol. 17. No. 3. (April/May): 20–24.

Störig, Hans Joachim 1970. *Kleine Weltgeschichte der Philosophie.* Stuttgart: Kohlhammer.

Stott, John Robert Walmsley 1981. Forword. In: Stott und Coote 1981, vii–x.

Stott, John Robert Walmsley und Coote, Robert T. (Hrsg.) 1981. *Down to Earth: Studies in Christianity and Culture. The papers of the Lausanne consultation on gospel and culture in Willowbank, Bermudas, January 1978.* London, Sydney, Auckland, Toronto: Hodder and Stoughton.

Stott, John Robert Walmsley 1997. *The message of Timothy & Titus.* (The Bible Speaks Today. Hrsg.: J. A. Motyer [OT], John R. W. Stott [NT]).Leicester, InterVarsity Press.

Stratton, Kimberly B. 2007. The rhetoric of „magic“ in early Christian discouse: Gender, power and the construction of „heresy“. In: Penner und Vander Stichele 2007, 89–114.

Strauch, Alexander 2001. *Die Revolution der Geschlechter: Gottes Plan für Mann und Frau.* Aus dem Englischen übersetzt von Svenja Tröps. Bielefeld: CLV.

Sumner, Sarah 2003. *Men and Women in the Church.* Downers Grove: InterVarsity.

Sumner, Sarah 2007. Forging a middle way between complementarians and egalitarians. In: Husbands und Larsen 2007, 250–265.

Sundkler, Bengt und Steed, Christopher 2000. *A History of the Church in Africa.* Cambridge: Cambridge University Press.

Taber, Charles R. 1981. Hermeneutics and culture: An anthropological perspective. In: Stott und Coote 1981, 79–94.

Tanner, Nancy 1974. Matrifocality in Indonesia and Africa and among black Americans. In: Rosaldo und Lamphere 1974, 129–156.

Thatcher, Adrian 2011. *God, Sex and Gender: An Introduction.* Chichester: Wiley-Blackwell.

Theißen, Gerd 1989. *Studien zur Soziologie des Urchristentums.* 3. erweiterte Auflage. (Wissenschaftliche Untersuchungen zum Neuen Testament. Begründet von Joachim Jeremias und Otto Michel. Hrsg. Martin Hengel und Otfried Hofius. Nr. 19.) Tübingen: Mohr Siebeck.

Tidball, Derek 1997. *The Social Context of the New Testament.* (Biblical Classics Library. Originalausgabe 1983.) Carlisle: Paternoster.

Thielmann, Wolfgang 1992. Soll die Gemeinde selbst entscheiden? Freikirchen und die Frauenordination: Baptisten vor Grundsatzentscheidung. *idea-Dokumentation.* Nr. 5: 3–4.

Thießen, Werner 1995. *Christen in Ephesus: Die historische und theologische Situation in vorpaulinischer und paulinischer Zeit und zur Zeit der Apostelgeschichte und der Pastoralbriefe.* Univ. Diss. Heidelberg 1990. (Texte und Arbeiten zum neutestamentlichen Zeitalter Nr. 12.) Tübingen: Francke.

Thomas, Alexander 1993. Psychologie interkulturellen Lernens und Handelns. In: Thomas, Alexander (Hrsg.): *Kulturvergleichende Psychologie: Eine Einführung.* Göttingen, Bern, Toronto, Seattle: Hogrefe, 377–409.

Thraede, Klaus 1972. Frau. Reallexikon für Antike und Christentum (RAC). Band 8: 197–269. Stuttgart: Hiersemann.

Torjesen Malcolm, Kari 1987. *Christinnen jenseits von Feminismus und Traditionalismus: Wenn Frauen wissen, wohin sie gehören.* Aus dem Amerikanischen übersetzt von Antje Balters. Neukirchen-Vluyn: Aussaat- und Schriftenmissionsverlag. (Amerikanische Originalausgabe: *Women at the Crossroads.* Downers Grove: InterVarsity, 1982.)

Trompf, G. W. 1980. On attitudes toward women in Paul and paulinist literature: 1 Corinthians 11:3–16 and its context. *CBQ* 42 (2, April): 196–215.

Tucker, Ruth A. 1986. Response. In: Mickelsen 1986, 111–117.

Tucker, Ruth A. 1988. *Guardians of the Great Commisssion: The Story of Women in Modern Missions.* Grand Rapids: Zondervan.

Tucker, Ruth A. 2005. The Changing Roles of Women in Ministry: The Early Church through the 18th Century. In: Pierce und Groothuis 2005, 23–38.

Tucker, Ruth A. und Liefeld, Walter 1987. *Daughters of the Church: Women and Ministry from New Testament Times to the Present.* Grand Rapids: Zondervan.

Upson-Saia, Kristi 2011. *Early Christian Dress: Gender, Virtue, and Authority.* New York und London: Routledge.

Van Leeuwen, Mary Stewart 2007. Opposite sexes or neighboring sexes? What do the social sciences really tell us? In: Husbands und Larsen 2007, 171–199.

Walsh, Jerome T. 1977. Genesis 2,4b–3,24. A synchronic approach. *JBL* 96: 161–177.

Wells, Paul 2002. Biblische Irrtumslosigkeit heute. In: Holthaus und Vanheiden 2002, 41–53.

Wendel, Saskia 2016. Von der Frauenfrage zum Geschlechterdiskurs: Eine Standortbestimmung theologischer Gender-Forschung. *Herder-Korrespondenz Spezial 1: Marias Töchter: Die Kirche und die Frauen*, 38–41.

Wendel, Ulrich 2003. *Priska, Junia & Co.: Überraschende Einsichten über Frauen im Neuen Testament.* Gießen, Basel: Brunnen.

Westermann, Claus 1994. adam. *THAT* 5.Band 1, 41–57. Gütersloh: Gütersloher Verlagshaus Chr. Kaiser.

Westfall, Cynthia Long 2016. *Paul and Gender: Reclaiming the Apostle's Vision for Men and Women in Christ.* Grand Rapids: Baker.

Wetzel, Klaus 1984. *Wie handelt Gott in der Geschichte?* TVG. Wuppertal, Zürich: Brockhaus. Gießen, Basel: Brunnen.

Wetzel, Klaus 1995. *Kirchengeschichte Asiens.* TVG. Wuppertal, Zürich: Brockhaus. Gießen, Basel: Brunnen.

Wetzel, Klaus 1998. *Wo die Kirchen wachsen: Der geistliche Aufbruch in der Zwei-Drittel-Welt und die Folgen für das Christentum.* (TVG-Orientierung. Hrsg. Helmut Burkhardt, Reinhard Frische und Gerhard Maier. Gegründet von Klaus Bockmühl.) Wuppertal: Brockhaus.

Wetzel, Klaus 2000. Römischer Katholizismus und Mission. Vorlesungsskript. Gehalten im Herbstsemester 2000 an der Columbia International University, Deutscher Zweig, Korntal.

Wetzel, Klaus 2003. Mission in Geschichte und Gegenwart. Vorlesungsskript. Gehalten im Frühjahrssemester 2003 an der Columbia International University, Deutscher Zweig, Korntal.

Wetzel, Klaus 2019. *Die Geschichte der christlichen Mission: Von der Antike bis zur Gegenwart.* Ein Kompendium. Gießen: Brunnen.

Willowbank Report 1981. In: Stott und Coote 1981, 308–342.

Winter, Bruce W. 2001. *After Paul Left Corinth: The Influence of Secular Ethics and Social Change.* Grand Rapids: Eerdmans.

Winter, Bruce W. 2003. *Roman Wives, Roman Widows: The Appearance of new Women and the Pauline Communities.* Grand Rapids und Cambridge, UK: Eerdmans.

Witherington, Ben III 1990. *Women and the Genesis of Christianity.* Cambridge: Cambridge University Press.

Wolff, Hans Walter 2002. *Anthropologie des Alten Testaments.* 7. Auflage in neuer Ausstattung. Gütersloh: Chr. Kaiser. Gütersloher Verlagshaus.

Wright, Christopher J. H. 1983. *Living as the People of God: The Relevance of Old Testament Ethics.* 7. Nachdruck (2000). Leicester: InterVarsity Press.

Wright, Christopher J. H. 1997. *God's People in God's Land: Family, Land and Property in the Old Testament.* (Biblical and Theological Classics Library.) Carlisle: Paternoster.

Zimmerling, Peter 1999[3]. *Starke fromme Frauen: Begegnungen mit Erdmuthe von Zinzendorf, Juliane von Krüdener, Anna Schlatter, Friederike Fliedner, Dora Rappard, Eva von Tiele-Winckler, Ruth von Kleist-Retzow.* Gießen, Basel: Brunnen.

ZUR AUTORIN

Dr. med. Hanna-Maria Schmalenbach lebte mit ihrer Familie 14 Jahre als Missionsärztin und Pioniermissionarin in einem indigenen Volk in Mexiko. Danach studierte sie am deutschen Zweig der *Columbia International University* in Korntal Missiologie (M. A.) und promovierte an der *University of South Africa* (DTh, Missiology). Vier Jahre war sie als Dozentin in Korntal tätig und anschließend neun Jahre als Dozentin und Studienleiterin an der *Mission Academy* der Kontaktmission (Wüstenrot).

Gemeinsam mit ihrem Mann Dr. med. Karl-Heinz Schmalenbach begleitet sie ein einheimisches Missionarsteam in Mexiko und unterrichtet dort an einem Bibelinstitut das Fach Mission.

Hanna-Maria Schmalenbach engagiert sich in Leitungsgremien verschiedener Missionswerke und ist Gemeindereferentin in der Freien evangelischen Gemeinde Tübingen.

WEITERE BÜCHER AUS DEM NEUFELD VERLAG

Kenneth E. Bailey, ***Der ganz andere Vater*** – *Die Geschichte vom verlorenen Sohn aus nahöstlicher Perspektive.* ISBN 978-3-937896-23-6, 4. Auflage 2021

Uwe Birnstein, ***Argula von Grumbach*** – *Das Leben der bayerischen Reformatorin.* ISBN 978-3-86256-048-6, 2014

Friedemann Büttel, ***Mehr!*** *Warum es sich lohnt, Jesus zu folgen.* ISBN 978-3-86256-158-2, 2020

Bruxy Cavey, ***Jesus. Punkt.*** *Gute Nachricht für Suchende, Heilige und Sünder.* Edition Bienenberg, Band 7. ISBN 978-3-86256-094-3, 2019

Bruder Lorenz (herausgegeben von Reinhard Deichgräber), ***All meine Gedanken sind bei dir*** – *In Gottes Gegenwart leben.* ISBN 978-3-937896-56-4, 3. Auflage 2014

Reinhard Deichgräber, ***Du bist begabt und reich beschenkt.*** ISBN 978-3-86256-091-2, 2018

Timothy J. Geddert, ***Das immer wieder Neue Testament.*** ISBN 978-3-86256-161-2, 2021

Timothy J. Geddert, ***Verantwortlich leben*** – *Wenn Christen sich entscheiden müssen.* ISBN 978-3-937896-49-6, 5. Auflage 2019

Jayson Georges, ***Mit anderen Augen*** – *Perspektiven des Evangeliums für Scham-, Schuld- und Angstkulturen.* ISBN 978-3-86256-090-5, 3. Auflage 2020

Stefan Gustavsson, ***Kein Grund zur Skepsis!*** *Acht Gründe für die Glaubwürdigkeit der Evangelien.* ISBN 978-3-86256-150-6, 2. Auflage 2019

Adam Hamilton, ***24 Stunden*** – *Der Tag, der die Welt veränderte.* ISBN 978-3-86256-049-3, 2. Auflage 2015

Adam Hamilton, ***Gegen die Angst*** – *31 Lektionen der Hoffnung für unsichere Zeiten.* ISBN 978-3-86256-163-6, 3. Auflage 2021

Roland Hardmeier, ***Kirche ist Mission*** – *Auf dem Weg zu einem ganzheitlichen Missionsverständnis.* Edition IGW, Band 2. ISBN 978-3-937896-77-9, 2. Auflage 2020

Ulrich Müller, ***Heimat finden*** – *Impulse aus dem Buch Rut.* ISBN 978-3-86256-086-8, 2018

Stuart Murray, ***Nackter Glaube*** – *Christsein in einer nachchristlichen Welt.* Edition Bienenberg, Band 5. ISBN 978-3-86256-046-2, 2. Auflage 2020

Henri J. M. Nouwen, ***Jesus nachfolgen*** – *Nach Hause finden in einem Zeitalter der Angst.* ISBN 978-3-86256-162-9, 2021

Bernhard Ott, ***Tänzer und Stolperer*** – *Wenn die Bergpredigt unseren Charakter formt.* ISBN 978-3-86256-156-8, 2019

Bernhard Ott, ***Wegbegleiter in Krisenzeiten*** – *Impulse von Martin Buber.* ISBN 978-3-86256-165-0, 2020

Ute und Frank Paul (Herausgeber), ***Begleiten statt erobern*** – *Missionare als Gäste im nordargentinischen Chaco.* ISBN 978-3-937896-95-3, 2010

Ute Paul, ***Die Rückkehr der Zikade*** – *Vom Leben am anderen Ende der Welt.* ISBN 978-3-86256-060-8, 2015

Eugene H. Peterson, ***„Nimm und iss …“*** *Die Bibel als Lebensmittel.* ISBN 978-3-86256-045-5, 2014

Heinrich Christian Rust, ***Heilen, trösten, begleiten*** – *Die Heilungskompetenz der christlichen Gemeinde.* ISBN 978-3-86256-151-3, 2019

Hanna Schott, ***Von Liebe und Widerstand*** – *Magda & André Trocmé: Der Mut dieses Paares rettete Tausende.* ISBN 978-3-86256-017-2, 4. Auflage 2018

Glenn J. Schwartz, ***Wenn Nächstenliebe klein macht*** – *Finanzielle Abhängigkeit in Mission und Gemeinde überwinden.* ISBN 978-3-86256-157-5, 2020

David W. Shenk, ***Christen begegnen Muslimen*** – *Wege zu echter Freundschaft.* ISBN 978-3-86256-069-1, 3. Auflage 2016

Anders-Petter Sjödin, ***Verwandelt in Gottes Nähe.*** ISBN 978-3-86256-021-9, 2012

Jean Vanier, ***Ich und Du:*** *dem anderen als Mensch begegnen.* ISBN 978-3-86256-036-3, 2013

Dallas Willard, ***Jünger wird man unterwegs*** – *Jesus-Nachfolge als Lebensstil.* ISBN 978-3-86256-008-0, 5. Auflage 2018

Tom Wright, ***Kleiner Glaube – großer Gott.*** ISBN 978-3-86256-030-1, 2013

John Howard Yoder, ***Die Politik des Leibes Christi*** – *Als Gemeinde zeichenhaft leben.* Edition Bienenberg, Band 3. ISBN 978-3-86256-016-5, 2011

Dieses Buch wurde **in Deutschland** hergestellt.

Das **Papier**, das dafür verwendet wurde, ist FSC®-zertifiziert. Als unabhängige, gemeinnützige, nichtstaatliche Organisation hat sich der *Forest Stewardship Council®* (FSC®) die Förderung des verantwortungsvollen und nachhaltigen Umgangs mit den Wäldern der Welt zum Ziel gesetzt.

Außerdem unterstützen wir ein **Waldschutzprojekt** in Brasilien. Auf über 86.000 Hektar schützt das Projekt *Ecomapuá* den Wald an der Amazonasmündung und verbietet kommerzielle Abholzung. Für die 400 ansässigen Familien schafft es alternative Einkommensquellen, zum Beispiel durch den Handel mit der Açaí-Frucht. So fördert das Projekt die Entwicklung in einer der ärmsten Regionen im Nordosten Brasiliens.

Dieses Buch wurde bewusst nicht in Folie eingeschweißt; unser Versandpartner verwendet zudem Papier und nicht Plastik als Füllmaterial.

Stellen Sie sich eine Welt vor, in der jeder willkommen ist!

neufeld-verlag.de